泉州文庫

饒宗頤題

（明）王 畿 著
閻海文 點校

樗全集

泉州文庫整理出版委員會

商務印書館

前　　言

　　泉州建制一千三百多年，爲中國歷史文化名城和古代海外交通的重要港口。"比屋弦誦，人文爲閩最"，素稱海濱鄒魯、文獻之邦。代有經邦緯國、出類拔萃之才，歐陽詹、曾公亮、蘇頌、蔡清、王慎中、俞大猷、李贄、鄭成功、李光地等一大批傑出人物留下了大量具有歷史、文學、藝術、哲學、軍事、經濟價值的文化遺產。據不完全統計，見載於史籍的著作家有一千四百二十六人，著作多達三千七百三十九種，其中唐五代二十九人三十二種，宋代二百人三百九十一種，元代二十一人四十種，明代五百三十六人一千五百八十五種，清代六百四十人一千六百九十一種；收入《四庫全書》一百一十五家一百六十四種，《四庫全書存目叢書》五十六家七十四種，《續修四庫全書》十四家十七種。二〇〇八年國務院頒布第一批國家珍貴古籍名錄，屬泉人著述、出版者十三種。

　　遺憾的是，雖然泉州典籍贍富，每一時代都有一批重要著作相繼問世，但歷經歲月淘汰、劫難摧殘，加上庋藏環境不良，遺存至今十無二三，多成珍籍孤本。這些文化遺產，是歷史的見證，是泉州人民同時也是中華民族的寶貴文化財富，亟待搶救保護，古爲今用。

　　對泉州地方文獻的搜集與整理，最早有南宋嘉定年間的《清源文集》十卷，明萬曆二十五年《清源文獻》十八卷繼出，入清則有《清源文獻纂續合編》三十六卷問世。這些文獻彙編，或已佚失，或存本極少。二十世紀四十年代，泉州成立"晋江文獻整理委員會"，準備整理出版歷代泉人著作，因經費短缺未果。八十年代，地方文史界發起研究"泉州學"，再次計劃編輯地方文獻叢書，可惜後來也因爲各種條件的限制，其事遂寢。但是這兩次努力，爲地方文獻叢書的整理出版做了準備，留下了珍貴的文獻資料和書目彙編。

　　二〇〇五年三月，中共泉州市委、泉州市政府決定將地方文獻叢書出版工作列爲國民經濟和社會發展第十一個五年規劃的一項文化工程。翌年,正式成立"泉州地方典籍《泉州文庫》整理出版委員會",着手對分散庋藏於全國各大圖書館及民間的古籍進行調查搜集,整理出《泉州文庫備考書目》二百六十七家六百一十四種,以後又陸續檢索出遺漏書目近百家一百八十餘種。經過省内外專家學者多次論證,最後篩選出一百五十部二百五十餘種著作,組成一套有一定規模、自成體系、比較完整,可以概括泉人著作風貌、反映泉州千餘年文化發展脉絡的地方文獻叢書,取名《泉州文庫》,二〇一一年起陸續出版發行。

整理出版《泉州文庫》的宗旨是:遵循國家的文化方針政策,保護和利用珍貴文獻典籍,以期繼承發揚中華民族優秀文化傳統,增進民族團結,維護國家統一,提高民族自信心和凝聚力,加強社會主義核心價值體系建設,增強文化軟實力,爲泉州的物質文明和精神文明建設服務。

《泉州文庫》始唐迄清,原著點校,收録標準着眼於學術性、科學性、文學性、地域性、原創性、權威性,具有全國重要影響和著名歷史人物的代表作優先。所録著作涵蓋泉州各縣(市、區),包括金門縣及歷史上泉州府屬同安縣,曾在泉州任職、寄寓、活動過的非泉籍人氏的作品,則取其内容與泉州密切相關的專門著作。文庫採用繁體字横排印刷,内容涉及政治、經濟、歷史、地理、哲學、宗教、軍事、語言文字、文化教育、文學藝術、科學技術等領域,其中不乏孤稀珍罕舊槧秘笈,堪稱温陵文獻之幟志。

值此《泉州文庫》出版之際,謹向各支持單位、個人和參加點校的專家學者表示誠摯的感謝! 由於涉及的學科和内容至爲廣泛,工作底本每有蛀蝕脱漏,加之書成衆手,雖經反復校勘,但限於水平,不足或錯誤之處還是難免,敬請讀者批評指教。

泉州地方典籍《泉州文庫》整理出版委員會
二〇一一年三月

整理凡例

一、《泉州文庫》(以下簡稱"文庫")收錄對象爲有關泉州的專門著作和泉州籍人士(包括長期寓居泉州的著名人物)著作,地域範圍爲泉州一府七縣,即晋江(包括現在的晋江市、石獅市、鯉城區、豐澤區、洛江區)、南安、惠安(包括泉港區)、同安(包括金門縣)、安溪、永春、德化。成書下限爲一九四九年九月以前(個别選題酌情下延)。選題内容以文學藝術、歷史、地理、哲學、政治、軍事、科技、語言教育等文化典籍爲主,以發掘珍本、孤本爲重點,有全國性影響、學術價值高、富有原創性著作優先,兼及零散資料匯總。

二、每種著作盡量收集不同版本進行比較,選擇其中年代較早、内容完整、校刻最精的版本爲工作底本,并與有關史籍、筆記、文集、叢書參校,文字擇善而從。

三、尊重原著,作者原有注釋與説明文字概予保留。後來增加者,則視其價值取捨。

四、凡底本訛誤衍漏,增字以[ ]表示,正字以( )表示,難辨或無法補正的缺脱文字以□表示,明顯錯字徑直改正,均不作校記。

五、凡底本與其他版本文字差異,各有所長,取捨兩難,或原文脱訛嚴重致點讀困難,或史實明顯錯誤者,正文仍從底本,而於篇末校勘記中説明。

六、凡人名、地名、官名脱誤者,均予改正,訛誤而又查不到出處之人名、地名、官名及少數民族部落名同異譯者,依原文不予改動。

七、少數民族名稱凡帶有侮辱性的字樣,除舊史中習見的泛稱以外,均加引號以示區别,并於校記中説明。

八、標點符號執行一九九六年實施的國家《標點符號用法》。文庫點校循新版二十四史及《清史稿》例,一般不使用破折號和省略號。

九、原文不分段者,按文意自然分段。

十、凡異體字、俗體字、通假字,如非人名、地名,改動又無關文旨者,一般改爲通用字;異體字已經約定俗成、容易辨認者不改。個別著作爲保持原本文字語言風貌,其通假字則不校改。

十一、避諱字、缺筆字盡量改正。早期因避諱所產生的詞彙成爲習慣者不改正。

十二、古籍行文中涉及國家、朝廷、皇帝、上司、宗族等所用抬頭格式均予取消。

十三、文庫一般一冊收錄一種著作,篇幅小的著作由兩種或若干種組成一冊,篇幅大的著作則分成兩冊或若干冊。

十四、文庫採用橫排、繁體字印刷出版。每冊前置前言、凡例。每種著作仿《四庫全書》提要之例,由編者撰寫《校點後記》,簡略介紹作者生平、著作內容及評價、版本情況,説明其他需要説明的問題。

泉州地方典籍《泉州文庫》整理出版委員會辦公室
二〇〇七年二月五日

重刻慕蓼王先生樗全集序

　　自古有真學問，而後有真事業、真文章。世之尚論其學者，必爲遡厥師傳，以誌其尊聞行知之實，由宋迄今，閩學淵源昭昭可考也。若乃夙慧性生，不假師承，而克自振拔，以紹述道學之傳者，則莫如慕蓼王先生。

　　蓋先生少孤，坎壈顛沛之境，靡不備嘗，顧安所得書而讀之，又安所得師而從之？相傳先生耕樵之暇，聞鄉塾書聲，輒欣然諦聽，求其殘書，歸而潛讀，從茲靈悟頓開，發憤力學，首留心於《易》象。維時蔡文莊《蒙引》燦然大行於世，先生殫精玩索，探其奧旨，以追紫陽心傳，間及群經子史，靡不淹通。論者謂先生之學，與紫峰、紫溪相爲伯仲，是以特祠崇祀，即與二先生並列學宮。然則先生無師，近而虛齋即其師，遠而紫陽即其師也。

　　所著《四書》、《易經解》、《樗全集》，門人施邦曜咸序而梓行之。歷世既久，板刻散軼，操觚家罕有見先生遺文者。其裔從孫宗敏君，思闡先型，取其家藏《樗全》舊刻，校對精詳，重付剞劂，以公諸世。後之學者讀先生之文，而能學先生之學，即謂師先生也，可即謂師先生之近師虛齋，而遠師紫陽焉，無不可至。

　　先生三掌文衡，一司國博，授職農曹，纍遷方伯，敭歷中外，美不勝書。蔣若椰先生誌之詳矣，無庸復贅。

　　時乾隆二十四年己卯孟冬，後學郭賡武拜書。

樗全集叙

漢諸儒各守一經，門弟子力禀其師説，既貴不渝。若鐘次文受經丁恭，有功且侯，猶拳拳固遜曰："臣師少府恭也。"蓋當時經術授受，惟精神行誼遞爲傳燈，絶無温飽習氣，故終其身佩且服之，古人之重師若此。余見當世士大夫橋衡，奉席北面，執弟子禮者，大都多文章一日之知遇耳，是何輕視師而重侈售知乎？余曰："是皆從榮名利禄起見也。"若余之佩服吾師王公慕蓼者不然。

余生遭坎壈，在悲哀衰絰之中者十有二年。初年所遇，與吾師彷彿。及吾師督學吾澍，服甫闋，就童子試，吾師拔爲冠軍，是秋即濫叨鄉薦。入見吾師，諄諄面命，不作尋常欷曲語。曰："毋相於侈，毋即於淫，毋以窮達易心，毋以終始改節。秀才讀書，當思爲天下第一流人。"余頓首受教，私念曰："是真吾師也，真吾師也。"余雖不敏，不敢不勉自砥礪，期仰副明教於萬一。

明年，吾師遷江右去，余下第者再。越有六載，吾師藩吾澍，余徼一第歸，見吾師，復諄諄訓諭如前。即僮僕輩，俱傳而諭之曰："汝輩當善事主人，毋作富貴想。"當世士大夫所稱文章之知遇者，有是乎哉？余感吾師成我之德，益佩明教，罔敢失墜，寧拙於逢世，毋巧於居官，以貽門廡羞。

閲十年，一麾得漳守，謁吾師於里居，乞一言爲治漳指南。吾師指示竟日，言地方利病甚悉。愧余黯淺，不能一一見諸政事，吾負吾師矣。迨政及瓜期，赴三山聽殿最於兩臺，就吾師質諸所謬，辱吾師獎借，且賜賀言，以旌之進，誘掖獎勸，皆至教也。時見吾師白髮蒼顔，體貌雖癯，而神氣尚遒，方謂遐齡未艾，余小子奉教有日。不意閲數日省還謁吾師，在牀褥間矣，然猶披衣加冠，言笑自若，余私幸謂必無恙。別數日，而訃音隨至。余撫膺大慟，始悔不能留晉陵數日，與吾師訣也。今而後，不得再奉吾師教矣，爲時幾何，不勝山河之感。

越二年,復叨藩秩來漳,其長公以遺編見示。拜而讀之,見吾師之學,雖博極萬殊,而一本之以正心誠意。言理學,則濂、洛、關、閩,其的派也;言經濟,則伊、皋、稷、契,其芳躅也;言文章,則六經諸史,其印證也。彼月露風華以爲趣,譚天雕龍以爲奇,擷芳漱潤以爲富者,方之不啻爝火之於離照也。誠欲爲天下第一流人,以無負師教,不能舍是編而別有問津矣。余受是編,將服膺以終身焉,其言不朽,其人如生,藜頭麈尾間,時時見吾師哉!惜余質之鈍,領略之未能也,聊叙吾師成我之恩義,以附於簡末,見余佩服吾師,誠有出於榮名利祿之外者。若以是謬作吾師元宴,小子惡乎敢?

姚江門人施邦曜頓首撰。

樗全集叙

今以文集傳世者,於其詞章往復,別有所爲敷析與?抑聽淫衍之不得不爾與?恒見古昔之志,莊端温淑,而舉凡駭磊瞀亂之言,若有所憑而止,如其學之滿恣詭幽,裔裔摶摶,雖其立説之散諸天下,播諸國中,而祇爲諸氏百家之騰口已矣,則甚矣,方正人之文,未有不法律相後先也。

蓋余方鼓篋時,即知七閩清源之上,明經術守先王之道致,而非出於性之所不安。故其所爲奏序、騷賦、議辯、弔誄,咸優游按衍,清真剴朗,有如讀二陸之文,恐其卷盡也。若言之不足以盡志,用文以掩之,非師通經興行之意矣。

憶師之督學吾浙也,當年讀師榜頭文者,人人胸中早置一尸祝。及其身淑,維時人文丕變,樂得師表,而余遂謬以爨下焦桐,辱師賞鑒,拔于儔儕之中,遇以國士,余愧矣。嗣叨一第,來令泉之豐州。蓋豐州爲邑,今名南安也。私心喜甚,謂遊吾師之鄉,得近正人,聞正論,其于民間之利病,政事之得失,有所周詳,可幸無罪焉。及至境謁師,師亦喜甚,謂武榮得余,庶幾可無負此一方民也。然師自乞休林泉,老猶好學,有衛武耄年不倦之風,以致憊于目疾。余公餘造侍,師必欣然出見,步履殊艱,恒以兩青衣代杖策,語次別無間綴,而竟日縈縈必歷陳古循良大法小廉之美蹟,來相勸勉,深有合余筮仕飲冰志意,是余昔方以文字受知,今乃更以道義受知也。

居亡何,余以讀禮去,別師未半載,聞師赴召玉樓。山川悠遠,恨不能奮飛執紼,五内耿耿。兹補舊職,復來令侯官,去泉不數百里而遥。會《樗全集》刻成,盥讀遺文,金石之聲在耳,而梁木之感入懷,亦從揮兩袂淚已。雖然,集何以名樗?嘗觀《本草》圖經,椿、樗二木相似,椿木實而葉香可噉,樗木疏而氣臭,膳夫亦能熬去其臭,故北人呼樗爲山椿,則師以名集,又何樗之不化而爲椿也哉？義蓋有取爾也。

　　余從世兄尚諏之請，勉勒瓛言，忝附不朽，示不敢忘吾師也。如曰效卜子之叙孔刪，余則何敢？至于吾師一生品行，諸君子已詳乎其言之，余惟就《樗全集》言《樗全集》而已矣。

　　四明門人趙珽禹圭甫頓首拜譔。

特祠王方伯文集叙

　　余于王翼邑先生，譜則鴈進，年則父行，文行則不啻蓍蔡而襘祧之也。先生早歲失怙恃，以海東孤童依倚荒郊，屋有四壁，家無片軸，瓶無儲粟，塾有書聲。于先王仁義之説，壁聽而樂之。時輟畊，時竊讀，古人顧歡燃松之照，邴原聞書之泣，不是過也。漬久而心靈，功深而章達。年幾而立，始蔚然雋序間。

　　先生嘗爲余言："吾始而學《易》，以《易》試而格不利，回學《春秋》。《春秋》苦寡侣，然皆演無師之智，而意匠之卒不利如故也。又學《詩》。《詩》幾廢《蓼莪》矣，乃反於《易》，卒用《易》發。吾生平惟取吾夫子詞達躬行之旨爲宗，既不能艱澀以自難，復不欲廢思以徑易。既不能爲不文之行以自縮自遠，復不敢爲無行之文以自取墜落。唯是行止於所不得不行止，而强立於所自强立，以求無負吾人世而已。"

　　夫先生之語余如是，今日者質先生之集而信，以其集質先生之爲人而尤信。居恒聆先生談，汎瀾該洽，六經、諸子、百家，供其揮麈，無問不醻，無理不透，而要澤於雅，非先王之法言不言，非先王之法行不行也。論文則以韓、柳、歐、蘇爲的，近世獨服膺唐應德、王道思，而于王元美衷其材，濟南奇、京山雜無取焉。論學則以濂、洛、關、閩爲派，近世獨服膺蔡文莊、薛文清，而于王陽明衷其曠，泰州傲、廬陵泛無取焉。論事業則常舉"國家無輕縻虛餌之爵禄，世上無便宜富貴之聖賢"二語自勵。故自秕糠于計部，持籌于邊郎，簿書於守，冰鏡於文，典試於蜀滇，護漕於江右，總司於首藩，皆孜孜矻矻，凡綜而經，委而緯，次第而標本，莫不批窾導會，以究竟學仕、仕學之訓，而時見之文章議論者，又鍊格暢氣，相質披文，無非從心性發揮，本道德流注，雖精思不能損其富，雖鴻筆未易增其簡也。

　　嗚呼！余之習先生也詳，而先生之即余也篤。余每見先生而益也，無論聲律身度,可以步趨。即微言嬉謔,亦且道存。蓋余竊自喜專愚,無所似人,獨友之一字,于晚年最爲得力。往者已矣,存可屈指數。有作必示,有往必攜,惟恐吾剷削之盡,而思振之者,張子環也。有作必示,有往必攜,惟恐吾剷削之不盡,而思冥之者,翼邑先生也。無日不晤,晤輒談笑入三昧,超然於天高地下之外,而活我者,黄瑩甫也。無日不晤,晤輒憂盛危明,惻然於臨深履薄之際,而免我者,翼邑先生也。先生今亦已矣,余其夢夢猶人也哉!惟有手先生遺編,涵濡而詠歎焉,以庶幾毋失有述之戒,而不至爲入門之寡也哉?

嗟乎!無意於文而文積焉,有意於行而行成焉,若先生者,其亦無愧於人世矣,其亦可以世矣。韓退之曰:"仁義之言藹如。"余持之以爲先生俎豆之券。

年友弟吕圖南頓首譔。

桴全集序

余友王翼邑先生,以經術名世,而行業所就,卓然大儒。其理劇郡,一切以王者之道行之,爲循吏首。載歷藩臬,雅稱重臣,而最著者,尤在督學使者。蓋先生私言不至耳,私牘不至懷,私眄不至目,故種樹盡嘉實,而剖蚌無逸珠。越人稱冰鑑者,首蘇君禹,而先生繼之,乃清執欲過前彥矣,可不謂大儒之効哉?

先生之謝方伯里居,布衣藿食,真同寒素。閨庭雍穆,而一本于禮。其在里社,頓標通德之門。每臺使報命,輒推轂君,比之彝鼎,遠近咸冀復用,以竟厥施,而先生弗屑也。閒手一編,課兒研北,餘暉不廢。屬綴閱《獨居》、《形役》二賦,及《白髮翁吟》者,可略窺先生情事所鍾矣。

先生之爲文,大都與人子言孝,與人臣言忠,原本六經,而自舒杼軸,水流峰峙,日朗煙裒,不問而知爲大儒之結撰焉。世方望君以棟樑,而君顧以"桴全"命編。嗟乎!天下盡才也,桂可食而伐,漆可用而割者,豈少哉?而後乃服君之遠也。

先生捐館者二載,嗣子諏、諧搜遺集行之,走數百里問序于余。余猶憶驥附時,在湘潭唐先生之門凡八人,翼邑年最長,而蔡司馬敬夫年最少。兩君標格不同,其以名教自持,而道心濟世,均著儒効。敬夫年不竟勳,而鞠躬盡瘁。翼邑位不配望,而身泰道尊。辟之合成一龍,則翼邑爲龍頭,敬夫爲龍腹,余皁帽偶似幼安,顧名德遠遜,殊慚龍尾矣。

敬夫之没也,余爲作狀。今乃更爲先生作弁,笛聲山陽,可勝浩慨。

玄默涒灘之歲,寒孟既望,年友弟龍溪張燮撰。

樗全集序

自文章熾興，古今稱著作家衆，既代不乏人矣。然大都挾材俊而出者，捴藻敷華，足以主齊盟而駭里耳，而文或不衷，則雖工，無取焉。雖有材而不自見其材，片言隻字，率本於聖賢尊經明道之旨，而無敢爲非常可喜之論。要其辭渾樸，其旨則固淵然遠矣。蓋辟之木然，捴藻敷華，文木也，桂、漆、柤梨之屬是也。渾樸者大樹，而謂之樗者也。桂可食，故伐之；漆可用，故割也。柤梨實熟，則剥剚辱，故不免於洩折之患，而樗獨得以自全其天。

余叔父慕蓼，穉齡穎異，舞勺博習樂業。因兵火之遭，怙恃見背，遂抛荒乎墨，溷跡於農圃屠沽間。弱冠始發憤下帷，不藉師事三年，而盡會經書大義，以至諸子百家之言，亦淹貫無餘。蓋其窮奇，其悟亦奇，而澹乎止我色，與乎進我德，閟閟然不以自異也。故由諸生登解元，而成進士，宦遊者二十餘載，所至有老佛之稱，治行著卓異之剡，而中退然若不勝衣。蓋以樗質自全者，而其意一一見之撰述。"樗全"之以名編也，豈有取於無用與？乃典試於蜀，分闈於滇，衡文於東西浙，運斤成風，入彀者無非杞梓梗楠之選，以媚天子而殿家邦，則樗非無所可用，彼亦直寄焉以爲不知者詬厲耳。且其所保與衆異，屏聲色，薄嗜欲，脱然塵芬之外，而一以清真彌固其天年，故又若是之壽也。

余蛾述家傳，自學古入官，莫不竊竊然私以自淑。茲集成，適余奉璽書留都湔除，便道抵里，與家昆季較讐而鐫之梨。雖非樗全本質乎，要之玉蘊珠涵，奇光難削。嘗試取是書而藏之天禄之秘，亦當有太乙老人燃藜杖而照之矣。

侄觀光謹識。

目　　録

重刻慕蓼王先生樗全集序 ………………………… 郭賡武 1
樗全集叙 ……………………………………… 施邦曜 2
樗全集叙 ……………………………………… 趙斑禹 4
特祠王方伯文集叙 ……………………………… 呂圖南 6
樗全集序 ……………………………………… 張　燮 8
樗全集序 ……………………………………… 王觀光 9

樗全集卷一 ……………………………………………… 1
　奏疏 …………………………………………………… 1
　　皇長子冠婚疏代 …………………………………… 1
　　乞改教職疏 ………………………………………… 2
　　宣府催餉疏 ………………………………………… 2
　　脩府學疏代劉郡伯 ………………………………… 4
　揭 ……………………………………………………… 5
　　上巡漕稟揭 ………………………………………… 5
　　上巡漕董稟揭 ……………………………………… 5
　　上總漕稟揭 ………………………………………… 6
　　上趙堂翁稟揭 ……………………………………… 6
　　上江右兩院稟揭 …………………………………… 8
　　上趙堂翁稟揭 ……………………………………… 8
　　上馬制臺稟揭 ……………………………………… 9

上巡漕朱稟揭 ································· 9
議 ··· 10
　　正士風文體議 ································· 10
　　罷奉口關議 ··································· 11
　　重脩紹興學宮議 ······························· 12
　　杭州府節省生絹議 ····························· 13
壽文 ··· 13
　　壽司李章酉生文 ······························· 13
　　壽江玉林乃翁習泉文代 ························· 14
　　壽會稽沈學博文 ······························· 16
　　壽悝南洪親翁八景圖文 ························· 16
　　壽林母李孺人九如圖文 ························· 17
序 ··· 18
　　賀南選君遷太常少卿序代 ······················· 18
　　賀左大方伯養初王公榮遷留都府尹序代 ··········· 19
　　賀越參知吳公榮遷長憲序代 ····················· 21
　　賀司李胡光六考最應召序 ······················· 22
　　賀施四明公祖守漳滿三載考奏績序 ··············· 23
　　賀閏人公祖別駕奏最序 ························· 24
　　重脩紹興府學飭材序代 ························· 26
　　涮士縵弦錄序 ································· 26
　　丙午四川鄉試錄序 ····························· 27
　　癸丑浙江鄉貢齒錄序 ··························· 29
　　浙江武舉鄉試錄後序 ··························· 30
　　重脩龍塘王氏族譜序 ··························· 31
　　龍窟洪氏族譜序 ······························· 32

目錄

徐匡嶽老師春秋訓兒經說序 ········· 33
蜀中楊四明會課序代 ············· 34
紹興劉郡伯會課序代 ············· 35
吳斯協淬劍草序 ··············· 36

樗全集卷二 ···················· 37

序 ························ 37
題蘭谿黃先生手稿序 ············· 37
宋彌虞年兄制義序 ·············· 37
何點蒼門人制義序 ·············· 38
張門人潛樸篇序 ··············· 39
解嘲草自序 ·················· 39

跋 ························ 40
重刻虛齋先生密箴後跋 ············ 40
族譜序後跋 ·················· 41
題映雪軒稿後跋 ··············· 42
賤歷圖跋 ··················· 42

引 ························ 43
賤歷圖譜引 ·················· 43

記 ························ 43
武林脩復南湖記 ··············· 43
武榮邑侯吳父母脩城功德碑記 ········ 45
重建龍塘王氏祖祠記 ············· 46

論 ························ 47
安危本乎人情 ················ 47
君子蚤有譽於天下 ·············· 49

表 ························ 51

3

擬吏部主事儲瓘疏薦謫籍遺才,上嘉納,付部起用謝表弘治元年 …… 51

擬上幸西苑,召黃淮、蹇義、楊士奇、張輔等同遊,賜宴萬歲山麓
　　謝表宣德八年 …………………………………………………… 52

擬宋召輔臣於玉宸殿,觀太宗文翰,各製文刻石,因指詩牌字,
　　問皇太子,應聲以對,賜宴翔鸞閣,奏樂賦詩,侍臣皆賦謝表
　　祥符七年 ………………………………………………………… 53

擬宋承天節,百官上壽。是日皇子加冠禮,司天奏日煇珥,廷臣
　　賀表祥符八年 …………………………………………………… 54

策問 ……………………………………………………………………… 55

　策問 …………………………………………………………………… 55

　課兒孫策問二道 ……………………………………………………… 57

策 ………………………………………………………………………… 58

　第一問 ………………………………………………………………… 58

　第三問 ………………………………………………………………… 62

　第五問 ………………………………………………………………… 65

　防倭標本策 …………………………………………………………… 68

學政 ……………………………………………………………………… 70

　兩浙學政十六條 ……………………………………………………… 70

樗全集卷三

解辨 ……………………………………………………………………… 78

　不惑、知天命解 ……………………………………………………… 78

　大心、小心辨 ………………………………………………………… 79

誌銘　行略 ……………………………………………………………… 81

　大中大夫、江右行省參知情符蔡公墓誌銘 ………………………… 81

　陳贈翁梅谷墓誌銘 …………………………………………………… 83

　龍塘王氏三世合葬墓誌銘 …………………………………………… 85

仲女勤淑墓誌銘 …………………………… 86

　　堂姪心揚墓銘 ……………………………… 86

　　洪壻伯韜墓銘 ……………………………… 87

　　洛陽劉壻乃翁南陽墓銘 …………………… 87

　　陶石簣乃翁先生行略 ……………………… 87

　　自叙行略 …………………………………… 87

　　代蔣犁春序内子行略 ……………………… 89

祭文 …………………………………………… 90

　　祭户部主政郭駟雨親翁文 ………………… 90

　　祭蔣太親翁九觀老先生文 ………………… 91

　　祭吕封翁文 ………………………………… 92

　　祭蔣沂泉封君文 …………………………… 93

　　祭李封翁文 ………………………………… 93

　　代李芳西祭郭益菴文 ……………………… 94

　　祭朱母舅平溪文 …………………………… 94

　　祭太夫人文 ………………………………… 95

　　祭徐母太夫人文 …………………………… 95

　　祭李芳瓊太親翁先生文 …………………… 96

　　祭沈應文封君文 …………………………… 97

　　祭恭人李太親姆文 ………………………… 97

　　祭洪母莊懿傅氏文 ………………………… 98

　　祭洪壻伯韜文 ……………………………… 98

　　祭昇南洪親翁文 …………………………… 99

　　祭陳母淑惠黃孺人文 ……………………… 100

　　祭伯妗林氏文 ……………………………… 100

　　代李芳西祭陳新泉文 ……………………… 101

代施友祭同門姨文	101
代己卯同年祭許參鵬文	102
代洪悒南祭古山乃堂文	102
代郭鵬海祭丘母王氏文	103
代鄭麗池祭陳清波乃弟文	103
代楊仰恂祭王中田夫人謝氏文	104
代李芳西祭王夫人楊氏文	104
祭洪母黃氏文	104
祭洪守愚公文	105
代黃復園祭外父文	105
代一塘祭洪望槐文	106
祭陳君文	107
祭石泉內子文	107
祭金濟漢文	107
祭築泉內子文	108
代陳氏族人祭弟文	108
祭友人陳同吾乃堂文	109
祭洪公文	110
代叔父祭石梅郭外翁文	110
代姪可俞祭外母文	111
代楊鼇山祭友人文	111
代蔣犁春祭內子文	112
代張振軒祭洪壻文	112
祭陳任宇文	113
祭蔣犁春內子文	114
祭母舅朱九溪文	114

樗全集卷四 …… 116

五言古詩 …… 116
題林母節壽册 …… 116

五言排律詩 …… 116
壽李明府太君 …… 116
祝實淮南右轄八月十二日初度 …… 116

五言律詩 …… 117
贈杜鳳林北上春官 …… 117
贈劉台巖北上春官 …… 117
邊馬有歸心 …… 117

五言絕句 …… 117
贈史道卿北上春官 …… 117
同遊慈明寺 …… 117
題王母圖 …… 118
題袁桂軒壽圖 …… 118

七言古詩 …… 118
壽王儀部 …… 118

七言排律詩 …… 118
贈吳刺史奏最 …… 118

七言律詩 …… 119
分祀南郊二首 …… 119
贈鄭制臺得請予告 …… 119
和林計部 …… 119
別李芳西官粵西 …… 119
贈楊仰恂先生赴闕 …… 119
沈道尊壽功雙祝 …… 119

贈南撫軍 ·· 120
　　賀司李秩滿 ·· 120
　　賀閩中憲臬 ·· 120
　　賀繆父母惠陽秩滿 ··································· 120
　　王壯其公祖保障溫陵 ································ 120
　　小沼蓮花二首 ··· 120
　　祝陳母壽二首 ··· 121
　　乾宗婦 ··· 121
七言絕句 ·· 121
　　除夕 ·· 121
　　贈竈 ·· 121
　　歲新 ·· 121
　　春暖 ·· 121
　　立春前一日 ·· 122
　　鞭春口號 ··· 122
　　別分宜張明府 ··· 122
　　過劍浦驛 ··· 122
　　題梅花譜 ··· 122
　　題文昌君像 ·· 122
賦 ··· 122
　　獨居賦 ··· 122
　　形役賦 ··· 123
歌 ··· 124
　　賀四明施老公祖榮壽歌有小引 ·················· 124
　　簡勖思公祖德政歌 ··································· 125
吟 ··· 125

白髮翁吟 ……………………………………………… 125
行 ……………………………………………………………… 125
　　得楊仰恟使君教子二語,作勸學行 …………………… 125
傳 ……………………………………………………………… 126
　　贈奉直大夫梅岡陳先生傳 …………………………… 126
　　徐冢婦張氏貞烈傳 …………………………………… 127
　　施太太夫人吳氏苦節傳 ……………………………… 129
贊 ……………………………………………………………… 130
　　張執吾真贊 …………………………………………… 130
　　洪悝南乃尊像贊 ……………………………………… 130
　　洪悝南乃堂孝惠黃氏像贊 …………………………… 130
　　松石主人自贊 ………………………………………… 131
　　龔姑夫及姑王氏像贊有小引 ………………………… 131
婚啓 …………………………………………………………… 131
　　代蕭岐陽復林聘書 …………………………………… 131
　　代鄭家復蕭翠岑乃孫定聘書 ………………………… 132
　　代蔡家復定聘書 ……………………………………… 132
　　代王家定聘書 ………………………………………… 132
　　代楊鼇山乃郎定聘書 ………………………………… 133
　　代張冲斗復定聘書 …………………………………… 133
　　代楊仰恟復蔡沙塘定聘書 …………………………… 133
　　代張冲斗復婚書 ……………………………………… 134
　　代楊紹欽定聘書 ……………………………………… 134
　　代李芳西爲姪啓馨推迎書 …………………………… 134
　　代楊肖陽復陳壻親迎書 ……………………………… 134
　　代友人復親迎書 ……………………………………… 135

9

代楊鼇山乃子娶婦書……………………135
代楊仰恂乃子娶婦書……………………135
代張允選娶婦書…………………………135
代黃碧山復娶婦書………………………136
代李芳西命姪親迎書……………………136
代李芳西復陳壻親迎書…………………136
復洪壻親迎書……………………………137
代門弟林宸烶親迎書……………………137
復陳惢瑕親翁納幣書……………………137
復陳惢瑕親翁令長郎親迎書……………138

啓……………………………………………138

與各道年啓………………………………138
與廉憲李翼軒……………………………139
與松江楊別駕……………………………139
與松江府張郡伯…………………………139
與同里郭道長……………………………140
與王總戎…………………………………140
與任兵道…………………………………140
與張涵同…………………………………141
與秦湛若…………………………………141
與楊致吾…………………………………141
與黃節吾年兄……………………………142
與武林司李孫偃虹………………………142
與潘吏部代………………………………143
冬至與湖東道沈…………………………143
與福建撫臺黃……………………………143

與鄒南皋	144
與姚江江	144
與宗國博	145
與陳鄉宦	145
與楊總戎	145
與撫按兩院稟啟	146
與林平華	146
與儀郎解方壺	146
中秋與馬制臺啟	147
上趙司徒	147
與張主事代	148
送軍門鄭年啟	148
復淮府年啟	149
中秋復益世府	149
冬至復南贛陳參府	149
復南城縣杜門人年啟	150
中秋復焦總戎	150
復施四明年啟家居	150
復各司道	151
復戶部張鍾山	151
復嚴州府丞陳年兄	151
復嵊縣施公	152
復桐廬縣華公	152
復莊陽初	152
復衢州府張七澤	153
復顏雲漢	153

樗全集卷五 154
啓 154

復武林李總戎 154
復劉凌蒼 154
復嚴州毛公 154
復張十所 155
復秀水縣史省愚 155
復姜翼龍 155
復須日華年兄 156
復陳總戎 156
復天台縣謝年兄 156
復壽昌縣王公 157
復泗洲鄭年兄 157
復金華縣龍公 157
復陸鄉宦 158
復翁周埜 158
復陳侍御 158
復諸暨縣陳公年啓 159
復嵊縣施公年啓 159
復嵊縣施公年啓 160
誕日復嵊縣施公 160
復陳總戎年啓 160
復崇德縣靳公年啓 161
復安福縣李載其門人 161
復孟遊擊 161
復李及泉 162

目　錄

復陳廉憲還冲啓代	162
復王忠菴總戎	163
中秋復陳參將	163
復沈何山	163
中秋復各道啓	164
復陳參將年啓	164
復廬陵蕭無競	164
復莫周二春元	165
重陽復學道胡泰六	165
復恤刑曹積雪	165
復南贛參府陳年啓	166
冬至復嶺北道戴	166
復海陽縣	166
復嶺北道王	167
復徐郡守啓代	167
端陽復喬按院	167
復程蘿陽	168
復董景越	168
復楊總戎	168
復建南道吳生白	169
復參府	169
中秋復李總戎二啓	170
復各道壽	170
端陽復湖州守	170
端陽復北關梁	170
復湖州鄉宦王洪崖	171

13

復大同焦總戎	171
復湖西道張賀壽	171
冬至復各道	171
復巡西道趙年啓	172
復參戎崔	172
復嶺北道	172
候馬制臺啓	173
候連少嵩撫臺	173
候喬按臺	174
候沈蛟門老師	174
候趙心同老師	174
候王按院	175
候座師陳如岡年啓	175
候袞白王老師	176
候浙江按院李懸明	176
候恤部曹積雪	177
候浙江按院李懸明	177
候劉用齋撫臺	178
候王袞白老師	178
候翁青陽宗伯	179
候徐匡嶽老師	179
候漕院唐存憶	180
賀淮王年啓	180
賀益世子年啓	181
賀南贛軍門孟年啓	181
賀總漕軍門陳年啓	182

冬至賀陳參府…………………………………………………182
正旦賀總漕陳…………………………………………………182
賀紹台道壽啓…………………………………………………183
賀撫臺壽啓……………………………………………………183
賀紹興道年啓…………………………………………………184
賀王總戎壽啓…………………………………………………184
賀新任連撫臺…………………………………………………184
元旦賀撫臺高…………………………………………………185
元旦賀按臺鄭環樞……………………………………………185
元旦賀鹺臺張…………………………………………………186
賀按院鄭環樞壽啓……………………………………………186
賀高中丞壽啓…………………………………………………187
賀南贛軍門孟壽啓……………………………………………187
賀南贛孟撫臺壽啓……………………………………………187
賀丁撫臺………………………………………………………188
賀吳本如………………………………………………………188
賀實淮南………………………………………………………189
賀李夢池老師壽………………………………………………189
又賀李夢池壽啓………………………………………………190
賀喬按院回河南………………………………………………190
端陽賀喬按臺…………………………………………………191
錢喬按臺再差山西……………………………………………191
賀文宗馮景貞啓………………………………………………191
賀糧道畢見素…………………………………………………191
賀陽和道秦湛若………………………………………………192
賀連都院少嵩壽………………………………………………192

15

- 賀王衷白老師壽 …… 193
- 賀同部 …… 193

樗全集卷六 …… 194
啓附尺牘 …… 194
- 請徐匡嶽老師啓 …… 194
- 請陳如岡老師壽啓 …… 194
- 請王衷白老師 …… 195
- 中秋請連撫臺 …… 195
- 謝張艋院 …… 195
- 謝總漕王公 …… 196
- 謝九江鈔關啓 …… 196
- 又謝九江鈔關 …… 197
- 謝王雲澤 …… 197
- 謝巡漕唐存憶 …… 197

尺牘 …… 198
- 與宗國博 …… 198
- 與晏懷泉年兄 …… 198
- 復胡瞻明 …… 199
- 與晏懷泉年兄 …… 199
- 與方大哥 …… 199
- 與黃九石 …… 200
- 與鄧環丘 …… 200
- 復呂天池 …… 200
- 與方大哥上舍 …… 201
- 復張賢中 …… 201
- 與黃九石 …… 202

與沈上舍 …………………………………………………… 202

與林奏五 …………………………………………………… 203

復張賢中 …………………………………………………… 203

復樊道人 …………………………………………………… 203

與鄧環丘年兄 ……………………………………………… 204

上李夢池老師 ……………………………………………… 204

復何武莪 …………………………………………………… 204

與沈賢扈 …………………………………………………… 205

與吳純所 …………………………………………………… 205

復李及泉 …………………………………………………… 205

上李夢池老師 ……………………………………………… 206

與林我所 …………………………………………………… 206

與洪星南 …………………………………………………… 206

與楊致吾 …………………………………………………… 207

上王衷白老師 ……………………………………………… 207

與武連城 …………………………………………………… 208

復經恤刑 …………………………………………………… 208

復侯總戎 …………………………………………………… 208

與方老師二孫 ……………………………………………… 209

與李斗初 …………………………………………………… 209

與王總戎 …………………………………………………… 209

與張覺自 …………………………………………………… 210

與李斗初 …………………………………………………… 210

與朱吏部 …………………………………………………… 210

與林省菴 …………………………………………………… 211

與東橋兄 …………………………………………………… 211

17

與可明姪	212
與李印山	212
與劉婿	212
與朱二母舅	213
與朱三母舅	213
與樊兵道	213
與戶曹司廳	214
復江玉林	214
與洪伯恂	214
與可臨姪	215
與杜鳳林	215
與省愚年兄	215
復陳巍石	216
與可絢姪	216
與吳塘表弟	216
與外弟紀春元	216
與于振方	217
復閔曾泉	217
復陳年兄	217
上馬制臺	218
上按臺喬鶴皋	218
與副總戎王仰齋	218
與黃節吾年兄	219
與李翼軒	219
復衢州府張七澤	219
復詹遂安	220

復俞如愚年兄…………………………… 220

復陳成所年丈…………………………… 220

復莊陽初………………………………… 221

復劉參戎………………………………… 221

復須日華年丈…………………………… 221

復紹鄉宜徐龍環………………………… 221

復陳四游年丈…………………………… 222

復陳清波………………………………… 222

上沈蛟門老師…………………………… 222

復程志初………………………………… 223

復泗州鄭年丈…………………………… 223

復陳清波………………………………… 223

復吳白雪年丈…………………………… 224

與兩浙監司……………………………… 224

與南昌府盧真常………………………… 225

與吏部丁蓼初…………………………… 225

復陳如岡老師…………………………… 226

復宣城諭曾年兄………………………… 226

復鮑日葵門人…………………………… 226

復萬總戎………………………………… 227

復樊致虛………………………………… 227

復翁周埜………………………………… 227

與松江楊別駕…………………………… 227

復方冲舍………………………………… 228

復陳廉岳………………………………… 228

與新司李孫偃虹………………………… 228

復大同府高啟塘 …………………………………… 229

復陳參府 …………………………………………… 229

復陸明府 …………………………………………… 229

與鄧壺丘 …………………………………………… 229

復李靜齋年兄 ……………………………………… 230

與無錫縣許門生 …………………………………… 230

復王虞部 …………………………………………… 230

復嵊縣施中尊 ……………………………………… 231

復何芝嶽年兄 ……………………………………… 231

復姜同節公祖 ……………………………………… 231

與林儆瑕年兄 ……………………………………… 232

與樊致虛 …………………………………………… 232

與浙中吳門人 ……………………………………… 233

復周斗垣 …………………………………………… 233

復林樗朋 …………………………………………… 233

復奉新縣 …………………………………………… 234

與張葵軒 …………………………………………… 234

上黃太蒙撫臺 ……………………………………… 234

與建寧府方策阿門人 ……………………………… 235

與孫偃虹 …………………………………………… 235

復黃貞父 …………………………………………… 236

上順天府尹李孟白 ………………………………… 236

復建昌府須日華年兄 ……………………………… 237

與樊致虛 …………………………………………… 237

復仁和縣 …………………………………………… 237

復吳起華 …………………………………………… 238

與鄭渭初年兄	238
與郭希老	238
與會稽學博沈春宇	239
復王省愚年兄	239
與靖州守黃僚友	239
復胡遊府	240
復侯度貞	240
復李斗初年兄	240
復紹興府劉右吾	241
復晏懷泉年兄	241
與紹庠王潾門人	241
與漕運理刑張惺初	242
復陸瑞庭年兄	242
復司理張文宇年兄	242
復金啓心年兄	243
復尹星麓年兄	243
復沈冰壺年兄	243
與黃貞父	244
復沈冰壺年兄	244
復徐匡嶽老師	244
與撫州府陸太尊	245
復學道胡泰六	245
復鄧壺丘	245
復蔡虛臺	245
復馮諸鄉宦	246
復上饒縣	246

上撫臺軍門黃與參 ················· 246
復吉安府祁夷度 ················· 247
復南康府朱司李 ················· 247
上唐騏石老師 ·················· 247

樗全集卷七 ·················· 249
尺牘 ······················ 249
復學道胡泰六 ·················· 249
復黃年兄 ····················· 249
復南康府張太尊 ················· 249
復建昌府同知 ·················· 250
復粵西方伯于振方 ················ 250
復學道胡泰六 ·················· 250
復湖東道沈何山 ················· 251
復南康府 ····················· 251
復撫臺黃與參 ·················· 251
復高安縣 ····················· 252
復進賢縣 ····················· 252
與瑞州府韋司訓 ················· 252
與高安縣 ····················· 252
復恤部曹積雪 ·················· 253
與右堂潘鵬江 ·················· 253
復甘參府 ····················· 253
復瑞州司李 ···················· 254
與德安司李吳灅石門人 ············· 254
與南康府 ····················· 254
與新昌縣 ····················· 255

復巡西道趙紫房	255
復萬百谷	255
復署新昌縣佘別駕	256
與徐匡嶽老師	256
復鄱湖守備	256
復建昌府	257
復宋彌虞年兄	257
復郭青螺	257
復廣信府衛太尊	258
與南昌府朱司李	258
復按院田雙南	258
復德安鄉宦郭仁宇	258
與蘭谿縣莊鶴坡	259
與粵西道臧靜涵	259
又	259
與廣西黃都閫	260
復韓壁哉公祖	260
與戴贊薇	260
復益陽縣董閬風門人	261
與儀真縣王韋軒門人	261
復周斗垣	261
復應天巡撫王玉沙	262
與湖廣糧道劉	262
復建昌府須日華	263
復豐城縣各鄉宦	263
與劉魯南年兄	263

與梁惺田 …………………………………… 264
與潘鵬江 …………………………………… 264
與熊石門 …………………………………… 264
與糧道程電持 ……………………………… 265
復樊致虛 …………………………………… 265
復操江軍門沈華東 ………………………… 265
復太倉道高縣圖年兄 ……………………… 266
與林天㲈 …………………………………… 266
與行人廖對竉門人 ………………………… 266
復浮梁縣 …………………………………… 267
復涂聲宇 …………………………………… 267
與鄔齊雲 …………………………………… 268
復安福縣陳自公 …………………………… 268
與吉安府 …………………………………… 268
與左堂王岵雲 ……………………………… 269
上山東軍門李孟白 ………………………… 269
與武林陸二生 ……………………………… 269
與南靖史邑令門人 ………………………… 270
與門人施四明公祖 ………………………… 270
與周際五門人 ……………………………… 271
與李鹿巢 …………………………………… 271
與林天㲈門人 ……………………………… 272
復兩粵制臺胡泰六 ………………………… 272
復松楊(陽)縣范門人 ……………………… 272
復浙中司道邢 ……………………………… 273
與吳陸諸生 ………………………………… 273

復杭郡陳司李	273
與方伯游蟄初年兄	274
與安福縣李載其門人	274
與郭符所	274
復江右門人	275
與高致衷	275
與洪位穹	275
與康莊衢門人	275
復武榮吳父母	276
與滇南王門人	276
與鄧壺丘	276
與浙左轄胡存蓼	277
又與浙中左轄胡存蓼	277
與吳生白年兄	277
與杭嚴道陸鳳臺	278
復耿都閫	278
復何點蒼門人	278
又復何點蒼門人	279
復康莊衢門人	279
與孫六吉門人	279
與何點蒼門人	280
與臨海張九鼎門人	280
與兩浙道憲	280
復邵武縣學廣文	281
復台州守張人林門人	281
與周際五門人	281

復閔曾泉年兄 …………………………………… 282
　　與武林陸二生 …………………………………… 282
樗全集卷八 ……………………………………………… 283
　家譜勸戒二十則 …………………………………… 283
　　十勸規範 ………………………………………… 283
　　十戒藥石 ………………………………………… 288
樗全集後跋 ……………………………… 王尚諏　294
樗全集後跋 ……………………………… 王尚諧　296
跋 ………………………………………… 王昌纘　297
重刻樗全集後序 ………………………… 王宗敏　299
附錄 ……………………………………………………… 300
　省志人物傳 ………………………………………… 300
　通奉大夫、浙江布政使司左布政使慕蓼王公墓誌銘 …… 蔣德璟　300
　四庫全書總目提要 ………………………………… 303

校點後記 ………………………………………………… 304

樗全集卷一

奏　疏

皇長子冠婚疏代

　　臣等謹題，方今中外臣民，仰望皇上，惟皇長子冠婚爲第一要務。而皇上軫念宗社，深貽遠謀，於本年五月内誕敷聖諭云云，臣等欽此。臣伏惟皇上以仁孝治四海，以禮教天下萬世。冠婚之議，宜即傳行，而至今闕然未舉，雖聖慮淵微，非臣等愚昧所能窺測，然臣聞教莫大於禮，禮莫大於時。時也者，通天地陰陽之泰，而立君臣、父子、夫婦之倫。輕舉而先時不可，重舉而後時不可。考之《記》曰："冠者，禮之始也；婚者，禮之本也。"禮始於冠，冠而後服備，服備而後容體正、顏色齊、辭令順。禮本於婚，婚而後婦順彰，婦順彰而後内和，理家可長久。此禮之大體也。

　　我太祖高皇帝垂統立極，正册立之序，嚴講學之期，定冠婚之年須以十五，所以遵時明禮，謹其始而正其本也。今皇長子年十有七，睿齡向茂，蓄德日新。議冠、議婚，此其時矣。而皇上尚加慎毖，未俞疏請，其大端有二。

　　皇上愛皇長子，欲體加實，不令㢓邇聲色。然陰陽諧合，配于兩儀。刓環管有箴，起居有節，所以調護閑衛者甚具，則何患皇長子氣體不實？皇上愛皇長子，欲學加進，未忍分其精神。然嘉禮肇舉，責以成人。刓輔導有官，日講有課，所以維持培養者甚周，則何患皇長子學習不進？蓋皇上愛皇長子之心愈深，故計之愈密。臣等仰見皇上愛皇長子之心愈切，故請之愈堅。又二宫鼎構，成于不日，倘臨時行禮，必致周章，甚非所以重大典而敬宗祧也。

　　夫編户氓隸，暱愛其子，而冀之成立，閔閔焉，若農望歲。即在哺字，已治杂麻，通媒妁，而早爲之計。矧天子之子，與編户萬萬不同，而可悠悠徐徐，日復一日，虛山川鬼神之所大奉，九廟幽靈之所久眷者哉！曩時出閣講學之議，皇上慎重再四，一旦發自聖斷，中外舉手加額。茲復毅然渙汗，行此大禮，仁孝翔洽，歌頌載道，視昔出閣時，又當何如耶？

伏惟陛下體太祖之心，廣帝王之愛，重本始之統，舉時禮之大，勅下該部，諏吉脩儀，爲皇長子加冠選婚。至於册立之禮，隨次第舉行，則星煇海潤，天地神人之福，永綏於無疆矣。臣愚幸甚，天下幸甚。

乞改教職疏

臣某謹奏，爲比例懇恩，改授教職，以全微命，以圖補報事。

臣原籍福建泉州府晉江縣人，叨中本年進士，除授前職。一介迂儒，猥蒙聖恩，寄以專城百里之任，理當依限趨赴，恪修職業。顧臣有苦情，不得已爲君父一鳴號之。

臣少失怙恃，夙嬰疾疢，祖父母憐其孤煢，負携鞠育。甫及弱冠，祖父母又見背矣。十年四艱，不解衰絰；三世一身，自弔形影。用是苦積傷心，致怔忡錮疾，飲食輒每吐嘔，頭目時或暈眩。辦事以來，雖嘗謁醫診治，而愈治愈作，虛火內焦，精神耗損，以此弱軀，安能臨政牧民？即或勉强抱病而往，勢必曠職瘝官，所以再三思維，與其受譴於後，孰若控訴於今？

查得《大明會典》內一款開載，進士願授教職者聽。又查得先年浙江紹興府諸暨縣知縣張與可，本年廣西慶遠府宜山縣知縣劉思忠，俱除授，未經到任，奏蒙欽賜，准授教職。今臣事理與前例相同，而疾病苦情尤實倍之。伏乞陛下俯垂憐聽，將臣所奏勅下吏部，改臣教職，庶臣得以敷教訓，而陶育士類，亦得以假餘閑而調養微生，倘終不填溝壑，益當矢心淬勵，效犬馬之報於將來矣。

宣府催餉疏

爲庫藏盡罄，情形極急，懇乞聖明軫念重地艱危，亟解倒懸，以固疆圉事。

職某待罪塞垣,職在司餉。夫官以餉爲職,則既受牛羊,義當求牧與芻,求之不得,不忍立視,安敢無言,而處於此?職謹會同巡撫、右副都御史連議,照備邊之策,莫先於兵,尤莫亟於餉。國無兵,則雖雉堞十仞,第空壘耳,誰可憑而守也?兵無餉,則雖貔貅百萬,第餒夫耳,誰可驅而戰也?故自昔石畫心計之臣,談邊事者纚纚具矣,曾能舍兵與餉之外,別規一便宜乎?

我國家之設宣鎮,京師陵寢實藉拱護,譬身之有肩臂,室之有堂廉也。肩臂折則身必斃,堂廉剥而風雨飄飄,旋及室奥,此駮孺子之所明也。職請言宣府兵餉出入之數,而後及今日情形之急。

夫該鎮戎馬共計十二萬有奇,每月餽芻大約用十萬兩。以一歲連閏,及衣花互市諸費,通融計之,當用一百三十餘萬,故額派屯鹽,與主客官民二運數稍稱是。當其盛也,餉不停輸,給不逾時,出入有經,藏多朽貫,邊塵不聳,戎士無譁,內外恬熙,稱泰寧焉。數年以來,師旅繹騷,水旱頻仍,儲偫匱乏,輓輸不繼,官民積欠本鎮餉銀九十六萬餘,軍糧馬料往往後期而給。職以今歲三月受事,問諸藏吏金幾何,曰數十鎰而止耳;問諸庾粟幾何,曰數十鍾而止耳;問諸甲士未受月餉幾何,則曰三春猶延頸以待也。職聽之不勝驚惶,內急告諸部臣,外急告諸督撫及守巡諸道,文狀書揭,絡繹道途。幸四五月之間,民運猶有陸續至者。職將解到銀兩,籌畫拮据,移主就客,借東補西,春夏二時,依程措給,士馬飽騰,邊垣按堵。

不意六月以後,至今幾五閱月,而順天、山東、山西、河南各省直應解錢糧絶無影響。舊餉既已積逋,新餉又復稽延,軍士持牒纍纍控愬,啼飢號寒,塞滿庭階。職以奉漏沃焦,難望於遠,乃顒催索京運,權濟目前。部臣知宣鎮之已迫,苦措處之惟艱,三次截發,止得銀六萬餘兩到庫。封銷甫開,爭取群閧,如飢鷹餓鳶,分噉一鼠。解官輸未告還,而此六萬之金,倏忽盡烏有矣。職見索之如彼之難,散之如此之易,益用惴惴,若集于木。

計今該鎮所需七月糧俸,放給未完。八、九月應放折色糧料,與冬衣布花,見在互市撫賞,及秋成召糴差官預買布貨,共須四十萬金,乃可了此公案。而內憂正殷,外釁輒乘。班白二酋,窺我虛匱,狂狡思逞,儩然離巢,與我對壘,各路軍卒授甲登陴,都護親帥重兵臨邊防禦,茲已八十餘日矣。師行,糧食計費不貲,羽書旁午,迫索如焚。而微職一介郎官,輕如虮蟻,贏縮非得自由,招麾莫肯應令。金既難以點鐵而化,沙又不可唱籌而量,株守空鑰,束手無策,拊胸頓足,慘慘叫號。在事內者,諒職心之悽憂,相與仰屋竊嘆;在事外者,見時勢之鬼甩,不過袖手傍觀。唇火既燃,爛額誰赴?飢不得食,寒不得衣,父母不能有其子,將帥安能令其下乎?萬一此桴腹暴露之衆,怨痛離邊,脫巾反戈,蠢爾醜夷,長驅飲馬,竊恐國家之事,岌岌乎殆矣。

伏乞聖明念九邊惟宣府最重,宣府惟此時最急,勅下該部,蚤議長策,或暫發內帑,或另爲那借,速救倒懸。仍賜嚴旨,催督各省直民運,星夜接濟,則兵餉足而士氣壯,內守固而夷患銷矣。不然,臂折堂剝,猶晏然以爲無恙,而慮不動於耳目,及至勢不可支,全身受斃,室奧幾傾,乃始摘餉臣罪狀,擢髮而數之,亦何及哉!

脩府學疏代劉郡伯

宮牆興圮,係士習重輕,所從來矣。其在於越,士誦法孔子,龍變鵲起,淵源有漸。而其爲郡宮牆,亦宅中而夷,軒敞而邃,哀然頫秦望,而環帶諸名勝,若拱若負,蓋人地兩著焉。夫崇其道,不敢不羲其宮;守其業,不敢不固其址。以越之多士,郡宮牆之勝,發祥鍾異,譬若噓春風而育桃李,故自易易耳。

乃不佞承乏茲土,則首有事學宮。仰而承,其廟貌弗稱也;旁而睨,所爲誦讀之居弗稱也。有蝕於風雨,而淪爲莽礫者,心甚惕焉。且夫越洵多士矣,不括不簇,雖竹箭不登天府,宮牆圮敝,而士邇所爲習,不無一二呰窳,與宮牆俱傾括簇之謂。何則?所謂起其敝而維其新者,余又何說之辭?

於是與我二三同寅大夫,暨諸有位博士掌故,謀所以煥然新之。顧其費靡所從出,則回視諸帑,帑向無羨鏹;圖之贖鍰,而贖鍰亦泯然烏有也。惟我二三同寅大夫,暨諸有位博士掌故,日助余所不逮,以酌處而巫新之,務在出美意而画良法,裁之公私而善其終始,俾廟貌新,神靈妥,士習丕變,而越人士文行自兹永永爲天下前茅。斯則余所爲釋余懼,而亦諸有位之相與以有成也。不揣不量,敢告同盟。

揭

上巡漕稟揭

漕事艱楚,匪朝伊夕,在今日則尤甚焉。職某以憛愚之質,肩紛劇之任,且當衡決之時勢,拮据五穮,黔技都窮。矧江右旱澇頻仍,民既竭盡髓膏,軍亦僅存皮骨。今歲雖邀恩改折,而應運本色者,尚有二十七州縣勉强支吾,交兑報竣。第奉文停止京湖船隻,責成此中代運,修艙之工費,與旗軍之行糧,問之有司,則原無額派;求之南部,則未允支給。職不能點沙礫而成金,舟不可鞭木俑而飛渡,呶呶叫號,假貸司帑又懸磬,而未有所措,坐是窘束,徽繹之繁,蒺藜之據,未足以喻,不審何日得以啓行,而完此局也?伏懇台臺曲垂矜憫,稍寬程限,候錢糧借動給散,即當戴星奔馳,扶服待命。

上巡漕董稟揭

職從客冬奉頒漕單,夙夜拮据,不遺餘力。旗軍之船已搜補脩艙,州邑之糧已督趣齊集,今交兑次第報竣矣。獨行糧一節,除江省有額派者,行催解給,刻期開幫。至於京湖船隻,赴運江右者,月行二糧,本省原無派徵,惟横海留守右等衛動支南邑、新建二縣南折,抵作行糧耳。兹部檄江省代運漕船,即歷年京衛應運之船;而江軍請支糧數,即歷年京軍應支之數。軍藉糧食,糧隨軍轉,此乃坐支,非借支也;乃遵成規,非亂成規也。而部文顧謂代運是該道酌議,非京衛船隻不足而使之代,不知代運之説,本道並無一字議及,彼京衛船非不足而使之代者,實出自北部也。然總之,此船此軍無論南部使之代,北部使之代,其爲代均也。譬則募傭代役,必裹糧而與之,俾無餒乏,方可責其畢力效命。代於人者,享其逸,即推食與人,不爲惠。代人者任其勞,即受人之食,不爲貪。倘絶其糗糒,使假丐于道途,必無幸矣。今日之事,何以異此? 假令江西有餘船,則歲歲當自營自運,奚必以八百餘艘,待協濟於京湖? 又令江西行糧有原派,則歲歲當隨徵隨給,奚必以數千餘兩,專取辦於南、新? 蓋自國家有漕糧以來,斟酌通融,非一日矣。

本道藐爾漕臣,職在輓輸,急迫則呼號以口舌,奔趨則胼胝其手足,力所能者止此耳。若錢糧之出納,一毫一黍,毫不干涉。當此開帮燃眉之際,既不令官軍枵腹以待議論之定,又無有司兑糧原派項下,可以依時給發,躊躇焦慮,罔知所措。伏望台臺念漕務至重,漕限又至急,批行布政司作速計議,姑暫借别項銀兩散給缺軍,仍乞移會總漕,再咨南部,准於南、新撥補,庶淮洪之期不誤,而軍儲大計,藉以無虞矣。

上總漕稟揭

江右地方磽瘠,民無蓋藏,加以疊罹水旱,井里凋瘵,京邊額解遲壓年餘,軍餉、宗禄十缺二三,今其弊,且漸延及漕糧矣。本道承乏四載,殫力支吾,厚藉宸庇,皆幸竣事。兹以停止京湖之船,專責江右獨運,船數不敷,東搜西補,雖費勾調,猶可爲也。而獨行糧一節,除已備呈請咨支南、新二縣南折外,餘一千七百四十六兩,奉批派徵有糧州縣。職再三籌度,非惟起運倉皇,掘井無以解渴,抑且時勢艱難,醫瘡未易剜肉,故止移文布政司通融設處,不敢另議加派。

伏乞台臺速催南部回咨允發,便於支給,至如搜撥未奉派運補數船軍月糧銀兩,欲照全單坐派,則軍數原額,既有多寡不齊,出糧府縣,又恐卒難措辦,仰丐俯允詳議,仍聽各府縣照船分認,庶軍有見糧,漕運可以蚤濟。

上趙堂翁稟揭

宣鎮情形危急已甚,而台臺不見憐察者,豈以事猶可緩,而職徒爾謾説乎? 敢一一披瀝陳之。

蓋嚮者餉司接管，有百萬金在庫者，有五六十萬金在庫者，職與杜郎中交代，雖云二十四萬，而先發與王同知撫賞年例七萬餘兩，報在額中，其實十七萬耳，而此十七萬者，又非贏餘存貯也。杜郎中以內艱，故正、二月糧料未及放給，乃有此數。迨職受事，即次第開發。自正月始，至閏六月終，移主就客，折東補西，殫力支吾，已閱七箇月矣。尾閭日泄，渤澥亦竭，何論牛蹄一窊乎，則勢安得不急？

嚮者該鎮芻餉，亦偶有不繼之時。然而各路倉庾，陳朽相因，便可那移借給，勿論久遠，即三十四年，猶連借數月支放。今總計闔鎮米豆，僅足備戎馬兩月之需。瓶之既罄，罍亦索然，尚可彼此那借乎，則勢安得不急？

嚮者官民二運，互爲灌輸。民運滯，則取給在官；官運遲，則取辦在民。譬摩搔痛癢，左右手可相應也。今延頸懸望，一錙不至，舊欠幾盈百萬，新運絕無影響。七月軍儲，又見告矣。麕聚號呼，若蹈水火。甘言拊柔，報以惡聲。飢鷹餓獅，迫且反噬，肯復就我馴擾乎，則勢安得不急？

嚮者屯團地畝，商鹽召買，及時完納，猶可資助半臂。今屯畝藉口荒蕪，任意逋負；鹽商苦懇滯引，虧減原課。至召買之議，遇豐熟穀賤則買，遇饑歉穀貴則散。今不論豐凶，拘束歲額，庫藏之銀，不得以時發；承買之官，不得以時糴。至有銀一兩，糴米一石者，又甚至領銀踰一二年，不報糴買，及移文行催，乃以月糧叩抵者。夫每軍月糧，不過給六七錢耳，若以一兩糴一石而給之，是倍費也。且銀出庫，而糧未必盡入倉，是空耗也。木有蝥蠹，根必日傷，矧又尋之斧斤乎，則勢安得不急？

嚮者邊塵不驚，計月而廩，士卒緩少須臾，猶或有脫巾狂吠之變。今何時也，順義物故，封襲未定，東西酋長，窺瞰蠢動，在事者，議增募，議調遣，斗粟束芻，皆備責于餉臣。一日無事，已株守空鑰，周呼而莫之應。萬一有事，彼擐甲裹糧者，倉卒便欲立辦，即挺刃當胸，亦必不得之數也。積薪厝火，志士流涕，矧炎炎而上，將及棟宇乎，則勢安得不急？

夫宣府一鎮，肘腋陵京，所託如斯之重也，而五急情形，可憂可懼，亦既大聲疾號且再三矣,而上半年餉金,僅有四萬至鎮,其三萬四千,蒙部文差官赴領,乃鍾通判守候逾五十餘日,竟不可得,豈宣鎮傾危,不足關國家緩急耶？如不其然,職未見可置上谷於度外也。

伏乞台臺念職癡愚,憫職危苦,即遣通判領三萬餘金,亟救燃眉。其已經題者,亦陸續發運,仍懇行文督催各省額餉,限以程期,嚴以參謫,庶幾補牢未晚,涸鮒可活。

上江右兩院稟揭

職以轉餉行役,揚舲北指,而封家姨不與人便,纍朝作梗,躑躅波濤,駴目驚心者屢矣。厚藉宸庇,卒就寧所。五月十六日,舟抵潤州,謁見漕臺。十八日,至廣陵,則總漕陳老先生移鎮於此,三請事而三辭焉,第令閽者受文檄以進。某亦即告成,鼓枻南歸矣。江右漕艘入瓜、儀,已十之八,所不領要束者,特九江、沔陽二幫耳。大約今歲各處糧運,俱盡稽遲,以常規律之,則江右似當任後至之罰;以他省直視之,則江右猶足受前矛之賞。然聞諸道路,河流如綫,枯澀阻壅,過洪之期尚未可定,念之真令人懷杞憂也。餘緒縷縷,容到家日敬布腹心,臨楮曷勝懸戀。

上趙堂翁稟揭

當今部司所稱難者,京庚與邊需是也。顧京庚雖難,然而河伯效靈,漕艘不滯,收發以時,士皆宿飽,所苦者,不過寒暑蒸薄、面目糠垢而已。乃自職瓜代以後,或故或去,既已三易官矣。矧宣鎮之難,且什伯乎？藏無存貯之鏪,廩無積陳之粟。京民兩運,隻輪不至,卒乘萬億,仰喙待命,稍緩支應,怒聲如霆。又左賢不禄,曳河蠢動,增募調防,索餉旁午。據鎮庫所留,僅僅足給六月。目前所急,如開市撫賞,冬衣布花,召發糴買,秋季糧俸,數十萬金之需,不啻燃眉,是將安所取資也？譬之主父,委其子以家政,倉箱一無所有,徒授空鑰,而責之曰:"爾饋賓客,爾飽臧獲。昏暮叩户,爾亟周恤。"此雖克肖之子,不自致跬步,況望諸不材者哉？

职今正以不材承家者也。倉箱匱罄，計畫無復之，惟仰首鳴號于主父之前耳。倘不見憐察，異時者家壁頹傾，即取不材子榜笞而髡鉗之，曾何補于殿最哉？興言及此，顙手酸鼻。

伏乞台臺念宣鎮爲陵寢肘腋，虛乏困詘，日日已甚，呼吸安危，關係匪輕。民運逋負者，嚴文督催；京運遲緩者，陸續接濟，事猶可支吾也。不然，職誠莫知所稅駕矣。

上馬制臺稟揭

某誤蒙委重，董理邊需，而事勢竉詭，日日已甚。客餉久罄，勿論已，乃主餉放餘存貯，嚮猶以萬計，今則僅以千計。纍纍戎士，月費糒糗，數幾不億，視此千金，等九牛一毛耳。況所謂千者，東緝西補，就晷刻立盡乎。又況互市屆期，以撫賞十萬索矣；塞漠畚寒，以冬衣布花十萬索矣；秋成告糴，以召買數萬索矣。而索廩餼者，索芻糧者，環繞庭階，迫如焚溺，餉臣無狀，不能點鐵和戎，不能畫餅療飢。六尺孱軀，株守空藏，而當困阨震撼之衝，內呼則鞭不及腹，外呼則痛不切膚，萬一有他虞，罪其將誰諉耶？伏望察其苦衷，信其急懇，亟發徵令，多方接濟，則餉臣幸甚。

上巡漕朱稟揭

職自潤州謁辭，以夏五末旬抵豫章，漕事又復經始。運官之遴選，旗軍之改僉，舟楫之修造，紛沓多端，殫力料理，微有頭緒。而承乏攝官，提董場闈，遽撤棘以出，蒙台臺差催本年漕折，謹會同署司洪守道查覈完欠數目，具揭呈報外，其未完縣分，容職星夜督催，盡數完解，不敢濡滯，延不了之局，以煩清慮也。至於存留輕齎，爲脩船之費，奉旨遵行，從來已久。江右連年改折，脩船不多，然遷遲未給，已不勝讒懟之怨。今歲全運，計脩葺不下四五千金。窮軍既難剜肉，司道不能點鐵，欲令以敝壞之舟，凌波濤之險，必無幸矣。矧湖廣事同一體，前運俱已留用輕齎，江右漕運，均之國儲，均之王事，而獨忍使之向隅啜泣，無所控籲乎？

伏望台臺鼎音轉達部堂，仍照議單存此輕齎，分給脩船，則闔省軍士，歡欣頌德，而裨益漕務，非淺鮮矣。

議

正士風文體議

蓋聞神霄光而曜宿懸，坤維奠而嶽瀆理。何者？權有所運，而機有所宰也。今天下之士風敝矣，不亟議正之，則風不淳。今天下之文體敝矣，不亟議正之，則體不飭。兩者交敝，日靡日蠹，豈惟不淳且愈蝕，豈惟不飭且愈潰，此當事者所爲蒿目而憂也。顧其正之之權與機，則不在下而在上。國家化治以前，士習樸懿，無所芬華。家食者，恥不脩，不恥聲名之弗耀；居官者，恥不職，不恥位號之不崇。即超詣賢哲，勒勳鼎彝，猶然踽踽卑躬，脩退讓之節，稍有詭於繩衡，兢兢乎不敢隨俗錯寸趾也。

乃今見卵而求時夜，彈雀而擲隋珠。甫廁青衿，便已傲其先生長者，而意氣加之矣。至於競心進取，則脂韋巧借，外避牛鼎之跡，而內甘乞墦膴仕之臍，彼其狙詐鴟張，又奚所不至耶？

夫風發於青蘋之末也，和㟽噓拂，芽苗昭蘇，俄而厲氣中之，則衆竅怒號，榮者以瘁，遂者以折。今之士風，亦已中於厲矣，欲正之者，孰若于師傅而重其權乎。何也？古者學必有師，養之尊，待之厚，天子爲之饋醬酳爵，公卿以下，且憲而乞言焉，故師道立而士習淳也。邇來擯爲寒局，日廩以數溢之粟，從小吏而介末僚，扶服罄折，腰如桔橰，即負牆請業，猶面承背嘲，尚安所操型範而鼓之也？吾故曰："議正士風，必自重師傅之權始。"

國家化治以前，文章溫厚，依於爾雅。雕琢繪絢之觀，不著於簡；風雲月露之巧，不登於堂。即華辭霞蔚，縟旨星稠，要以攄闡性靈，抽三才之秘，豈其詭異爲高，招招乎使天下鶩之如鵠也。迺今飾珠而華其櫝，質羊而蒙之虎，初學操觚，遂已弟狎黄初、大曆，而厭薄不道矣。倘或隻語偶合，則凌厲千秋，自謂靈均以後，獨睹斯奥，狂瀾一倒，彼其漚遊波迅，又何所底極耶？夫體之販而存也，面目肘掌，用相調習。倘或苦於跤蹩，則支離擁腫，指疑於腰，脛大如股。今之文體，亦已幾乎蹩矣，欲正之者，孰若于教化而慎其機乎。何也？古者教必有法，其物備，其防密，内而心知志意，以及耳目手足，莫不謹而範焉，故學術端而文體飭也。邇來鄙爲迂曲，從事於餖飣之習，操尺幅以徼逢年，按策而問，不辨亥豕，甚而乞靈内典，且望洋迷津，尚安所稱捨筏而登彼岸也？吾故曰："議正文體，必自慎教化之機始。"

雖然，上之化下，猶以璽抑塗也，抑之方則方，抑之圓則圓，視所印謂何耳。故桓公一惡紫而紫賤，一絶長纓而國人無復長纓。夫以服玩好惡之微，猶令人速肖若是，矧師傅之重，教化之慎，上之人設誠致行，而士風文體，不灑然一變，是曜宿不繫於神霄，而嶽瀆不麗於坤維，吾不信也。

罷奉口關議

會議得：奉口原無關也，有之，自東征始。既而倭奴宵遁，幕上有烏，東兵撤而關亦報罷矣。乃猶以大工未竣，旋而議復。罷之，其利留在民；復之，其利剥在官。顧官不能薄賦已責，而與民争錐刀之末，非所以廣恩也。官久不能禁暴戢奸，而使民受朘削之毒，非所以飭法也。明明知非，明明苟循，昔賢月攘之誚，政在此耳。

該府有事餘杭，舟經奉口，採聽道路之言，謂奉口關之創名曰邀劫。蓋奉口去安溪不數里而近，徵税徵料，重疊誅求，已屬不堪，况安溪税務官吏正差，中雖賢愚不齊，而尚知所忌畏。若奉口，則官非官，吏非吏，以至書寫巡欄之輩，皆濫託狐媚，僭假虎威，十日一輪，磨牙張喙，如鵜捕魚，如鳶搏鼠，更番下上，不盡不休。又有十三總甲，踞關横噬，高嵩父子其一也。販船到岸，先謁見高老爹，投以贄禮，而後議料，盈縮輕重，任意減增。報數既定，給以照票，或五六分，或七八分，又隨其所販之貨，恣行抽取。販瓶罐者抽瓶罐，販炭薪者抽炭薪，甚且奪搶衣帽，搜索銀錢，商人痛楚，靡所控愬。信若所聞，則邀劫之名匪虛已。今高嵩父子，廣置田宅，幾比素封，而十二總甲，與十日一輪之官吏書巡欄，無不履絲曳縞，饜肥飫甘，是果何處得來也？嗟嗟！茲水販膏血，幾何而能填若曹谿壑哉？乃在事者，猶見泥膠柱，不欲上言已之。竊意閭閻萬億，天府錙銖，當此潦疹之後，孑遺凋瘵，而拘執成例，求足取盈，令其呼號梃刃之下，焦熬鼎鑊之中。譬之刲羊㧾鼈，以羞羹饋，食者甚美，供者甚苦，仁人君子不見則已，見則驚悼投筯焉必也。

邇者潘民部奉璽書來董淛漕，目擊三縣灾黎，未蒙改折，力與撫、按二院合疏，爲民請命。聖天子沛德音，惠而蠲之。均是部使者，赤心漕糧數十萬可以請折，區區奉口稅料，多不過五六百金，寡至二三百金，獨不可請裁，而光昭朝廷令德乎。此上策也。不然，則舉全關羨餘，通融設處。此中策也。又不然，則從合併安溪務之説，聽商民一兩加四而外，仍加二錢，以足歲額。此下策也。然猶愈於奉口不塞，而無藝如故也。大都天下事，宜以公心處之，不可以成心滯之。關言征榷，郡言拊循，脩明職掌，易地皆同，第顧其時何如耳。《損》之用也，以二簋；《革》之孚也，以三就。淛人疲矣，淛力竭矣，勢重則反，物窮則變。茲亦損而革之時也，在事者得無意乎？若以二府爲越俎，爲釣惠，按劍而相盼焉，則裏言滋切，負罪滋多。伏賜炤察裁奪。

重脩紹興學宫議

竊以尼丘誕聖，爰開萬世道學之宗；於越建宫，亦崇一代文明之統。詎期積壞，漸且分崩。明倫堂宇有披橡，大成殿棟無全瓦。啓聖群廡兀若星居，先哲諸祠蕭焉露處。雖學舍未即鞠爲蔬圃，顧堂廉已長棘榛。輯其舊而加新，猶易爲力；待其頹而更革，益難成功。

伏乞天臺振興聖緒，創啓鴻規，鳩聚工才，亟賜脩繕，庶廟貌巍然鼎焕，而斯文蔚乎泰熙。

杭州府節省生絹議

竊觀杭郡，地當劇衝，舟車雜襲，供餽繁夥，額派不敷。歷任郡守，議留生絹，每疋銀三分，以充公費。蓋生絹一疋，官估一兩有奇，往時制度寬長，色澤堅美。自中涓爲政，只論鋪墊之厚薄，不論解絹之好醜。以故機棍設巧，日就輕脆，有以銀五錢買一疋者，有以三錢八分買一疋者，雖道途搬運，內監勒索，不無煩費，然上給其全，下得其半，濫惡售欺，烹割分肥。在事者以絹屬上供，事體隆重，目擊深弊，而不敢議裁，姑聽每疋留存三分，濟本府各項公費之用，陋規因循，所從來久矣。

職受事之初，見各屬營求絹差，請託薦紳，重致贈謝。詢之，稍知其故，遂申呈布政司，凡各縣生絹，聽各縣輪委佐貳，銀自縣給，絹自縣辦。如有差池，責成印官。前銀不必解府，以滋煩擾，而承委解官，猶遵舊例，每生絹一疋，解銀三分到府，備取支費。職思生絹一事，自萬曆十八年，侵犯朋奸欺弊，遁負動以數萬計，貽纍考成，案局未結，官府爲之設法追補，族里爲之牽連賠敗，或殞斃囹圄之中，或呼號桁楊之下。孽自己作者，法固罔貸；禍緣旁及者，彼獨何辜？

職深念痛悼，救助無策，姑力自節損，交際問餽，概從儉薄，各官解來公費，全封貯庫，毫不敢動。審其侵犯死亡，產業盡絕者，將前銀兩，分委各解官收買，代補搭解，每疋定價五錢，可得絹三千四百餘疋。即支柱廣廈，非一木所及，然而完絹一分，亦可結局一分也。自今以往，或仍令解貯餘銀，待補侵絹，抑酌議減派，寬恤民力，雖涓勺不能資逝波，而微潤可稍甦涸鮒矣。謹議。

壽　文

壽司李章酉生文

予不佞視涮學政，試士吳興，嘗手一牘，奇宕超軼之致，迥焉物表，回環撫翫不能釋去，想見其爲人。按牘而晉之，則裒然祭酒諸生者，今司李章公祖也。英姿遠神，鶏群鶴矯，予乃竊自喜曰："文固如其人哉！"

無何，予轄三湘，公以鴻漸之翮，驤首天衢，成進士。予更喜曰："遇固如其文哉！"既而公循銓次，得司李三山。三山者，我閩一大都會也，轂擊肩摩，雷欷雨沘，抱樸與騎狙參半，吞舟與操罟互格。任司李者，每齟齬難之。予則復喜曰："其人其文，凝乎如雲彝之重也，挺乎如霜柏之勁也，炳乎如陽曦之耀也。剚繁負鉅，政足徵矣，奚難三山哉？"

公下車，盡滌苛細，與俗更始。其大指以士當不物於物，然後能物物。一腔徑寸，赤赤灑灑，若披膽肝。而示衡平，鑑空重，輕嬉妍，隨物之所就而材，我無與焉。蓋沍事未周朞，而神明之號，與豈弟之稱，不脛並馳矣。

歲辛酉，閩且比士，公分校內闈，所錄多一時名儁，而最賞拔者，紀生也。紀生爲予室封夫人之弟，居恒讀其文，奇宕超軼，於公差近，乃今而得當公也，聲氣求應，燥濕相從，則衡文又壹如其文哉！茲秋仲念有三日，屬公初度，紀生圖所以壽公者，索予一言爲頌。予掩然左遜而不獲也，則亦以向之知公者頌公云爾。

夫士也，韞韣道藝，而攄發于觚管晷漏之間，匪直鬚眉態度，足於暗中模捉，而極其所至，勳業之宏遠，福履之悠邈，亦無不迸露若睹。方予之手公牘時，予於公未嘗交一臂也，而輒想見其人。何也？文在故也。文在而徵人、徵遇、徵政，又徵公所應求之人，即以是而徵公年，當自有不爽者。雲彝不毀，霜柏後凋，曦耀中天常朗，蓋皆不物於物，而能物物者也。公今日初筮，異日三旌，文雖乘時虎變，而有穀難老，豈物之所能加損乎？昔有生未識麟者，問麟何貌，答之者曰麟之貌似麟。予既知麟，又知其似麟者，而皆於文焉得之，則狥紀生之請，而以文壽公也，固宜。

壽江玉林乃翁習泉文代

予不佞濫竽禮部，分試所收士，凡若干人，而江子國材在焉。國材恂恂若不勝衣，而辭旨訚雅，叩之泠泠中五（玉）聲，談說利害耉若導窾，能還千彙於奏章，摧百雉于繳箭，私心固已奇之。比習政銓曹，益明達朝家體務，充其所至，龔、黃、衛、霍之業,有可憑而覘者。予以此益自賀得士焉。

居無何,國材與同門諸生,並揖而獨前請曰:"家大人春秋六十有一,懸弧之辰近矣,某不材,牽於例,留邸未得職,將乞歸省,願寵一言爲家大人壽。"予謝不敏。因質諸生曰:"先生何若?"諸生曰:"先生諱某,別號習泉,孝友端厚。其學遡濂、洛而上之。伯兄達泉君,起家爲名進士,所敭歷著仁賢聲。先生坎壈百六,少馘于學宮則左,繼書升上庠,則又左。蓋瑤瑰不珍,驊騮不駕,命也。如何?先生居嘗言:'李廣即不侯,猶然領偏師,從車騎、樓船將軍,躍馬氣奮。脫令訕猿技,不得一當意,冉冉以匹夫老,則太史傳喑嗟當益藉藉。始吾有虞世用,今則已矣。成吾志者,其孺子哉!'乃兹國材一發而建幟南宮,釋褐于明天子之庭,先生將夷猶佚曠,翛然兀鏗、喬而三之也,是固宜壽。"

予聞之,整襟而起曰:夫壽親者,壽其志之謂也。先生負壯志弗酬,而幾幸託成於子,美哉!先生之宏也。今國材取道南歸,鬢組沃若,文旒央央。至里門下車,安步入,而登晝錦之堂,問二尊人康臧無恙,肅袍得百拜庭階,手選甘膬滫瀡,跽而奉之,擊鮮踐豆,以速諸父、諸舅,次第稱觴,合樂堂上下,壎篪遞奏,琴瑟在御。此之爲壽,稱壽志乎,曾何俟於予言。若猶未也,則予更有進矣。

今二邊孔棘,生民凋瘵,縣官旰食,而願聞借箸,三事三揖,日夜劈計無休。時不職在螭頭,蓋亦殷殷嫠恤焉。《傳》曰:"子之能仕,父教之忠。"先生鬢髪未銀,又夙有虞世用,寧欲子之暱就槃舞,躬浣厠牏,乃愉快哉?毋亦以王事不遑爲念,亟脂輪而來。一有民社,則蚤作勤思,追蹤龔、黃,以佐元元之急。其儻然效奇也,投硯請纓,攘臂而脩衛、霍之績,封狼居胥,赭蒲類,以紓天子南北顧憂,令隨何不負恥顓文,而武夫無所捧腹,則先生懊不得一當者,可以捋鬚扦頤,而剖符崇封,榮且不朽。所謂壽親志者,意在斯乎?

因爲之歌曰:泉之水,遠流湯湯。允矣君子,純衣元裳。泉之水,遠流灝灝。允矣君子,受福既多。泉之水,遠流漫漫。允矣君子,祚慶無疆。歌竟,因與諸生三觴江子而別之,作壽序。

壽會稽沈學博文

　　不佞之杖馬箠,出都門也,比部弦室尤君,與不佞有桑梓之雅,載酒而飲之郊,且揚觶言曰:"曩余濫竽浙闈之役,得士有沈生者,雄文灝氣,直狎大曆以後。而弟之雙眸烱烱,神光雪煜,與之抵掌談世,八寅之大,利敗如蜩毛,犂乎可指而數也。顧效璞屢矣,未得一當公車。兹且訕策八口,設皋授《易》,騏驥之足視九州,固寸眂也,斗水束芻,詎所稅駕哉?願爲我商謳而壯之。"不佞唯唯。

　　無何,受事於越,機坙未拂,沈君旋擊楫至焉。相視莫逆,締傾蓋歡,久且彌暱。即一色一笑,脈脈意傳,壎篪珪璋之合,未足喻也。

　　適皋月之三日爲沈君初度,凡我同官若而人謀所以壽之。夫壽者,此有所祝,彼有所受,函鰕凝禧,引之無斁,乃稱壽也。今沈君彊齡茂蔚,雖服袍得南面青衿子,猶然一白皙孝廉耳。假令飛觥錯籌,陳鍾案鼓,發幻眇於席曲,廣岡陵之雅調,意非沈君之所受也。無亦騰天衢以遠跡,奮神虹之光鱗,翱翔清序,結帶群英,緝熙漏緒,廓恢鴻經。於斯時也,俎泰華而不滿,吸渤瀣而幾傾,撞萬石以振響,激二籟於齊鳴。彼夫過屠門而大嚼者,雖亦快意,其爲受,與此孰多哉?

　　嘻!沈君勉矣,不佞且助比部君張目也,因以商聲謳退之《駑驥篇》一闋,爲沈君壽。

壽惺南洪親翁八景圖文

　　訓壽之義曰:天人應與彌爾性,則若取之受;福禄爾康,則若得之酬。譬之飲者,觚石斗鍾,舉酬逸逸,夫有所受之也。彼潄漿而醹,餔糟而醃,受既無地,酬將安施?則今之諛壽者是矣。

　　媾戚初度,瑄筵載開,曾不問其所受謂何,而動引《疇》之五福,《詩》之九如,稱觴頌祝,聲歌無序,豆籩不飭,賓既側弁,主亦吐茵,以此語壽,受與酬何居焉?

　　洪翁惺南,予甥挺龍尊甫也。束髮治舉子業,郡邑試輒最,而連不得志於視學使者。及伯子挺龍,采茆黌宫,翁輾然曰:"吾志有托矣,焉用老蠹魚爲?"於是結茅椽,兀坐其中,僅可容膝,啓扉而望,遠峰近流,若拱若揖,寒暑晴晦,皆足裹裹眺玩,景會於心,浩歌慷慨,倦則頽然隱榻,身世都忘,乾坤亦幻,夢蝶化鯤,猶煩註脚,何論卑卑鴟嚇蠅營哉?此其所受,方且渤澥爲罇盂,岱嶽爲殽醢,寰宙爲氆氇,運會爲旦暮,觚石斗鍾未足酬萬之一,漱漿餔糟無庸置喙矣。蓋翁雖謝舉子業不治,而性耽墳籍,喜吟咏,作詩不甚工,多脱略韻律,曰:"吾適吾興耳。咄咄!休文何得以四聲錮我?"故筍鮮留藁,而獨持所占八景相示,即余所稱"遠峰近流,拱揖而會心"者也。

翁以日在斗爲七袠懸弧之晨(辰),予甥挺龍繪《八景圖》,分綴小咏,跽而乞言。予念里居與翁密邇,圖中八景,可割鼎而據也。乃叱御驅馳,不遑燕息,而紫帽、玉浦諸勝,遂全供翁几席。予食指翩翩動矣,因有羨於翁,而侈受酬之説,以爲翁壽。

壽林母李孺人九如圖文

乙丑冬,長至之二日己巳,玉琯葭飛,黄鍾律應,味淡聲希,政林母李孺人設帨之辰,余仲兒尚諧捧九如繪圖,跽請一言,以爲母壽。余披圖觀玩少選,醮之曰:

壽之義有三:壽者,祐也,自天篤之,則爲祐;壽者,酬也,自人答之,則爲酬;壽者,受也,自身承之,則爲受。三音遞轉,皆壽義也。當母之矢髦儀而植遺孤也,丁家不造,閔侮狎至,烝也無戎。母茹荼餔冰,以柔濡堅忍,砥而持之,閔者平,侮者息,和丸畫荻,日討其子於墳索,兹且斌斌乎質有其文,儼然從長者冠履遊矣。謂非祐之自天者耶?

林翁伯仲析箸而居,産殖不甚厚,而規創恢廣,用物宏多。母綜其黍桑之所出入,而衷裁之,贏縮約豐,畢協禮度,而緩急需求,則贈恤施舍,無繫悋。若設罇於五父之衢,時斟酌焉。以故食其德者,莫不曰"仁哉!母也",願報賜以力。謂非酬之自人者耶?

母始稱未亡人時，襁負孱孺子，寧奤風中籜哉？今則問學威儀，外攝於師友之磋琢；怡愉齋慄，內謹於甘脆之盤匜。母慈子孝，姑貞婦順，簾闈雍睦，有倫有序，而箕裘遠業，漸觀厥成。謂非受之自身者耶？

天篤其祐，人答其貺，身承其慶，獲此三者，故全也，而壽之義備矣。乃九如者，臣爲其君歌，孔固也，而以之壽母，不已奢乎？

雖然，與奢寧儉，敦本實也。至於祝釐頌美，古人詠歌，大都主于奢溢，而不主于儉簡。《閟宫》之章曰："萬有千歲，眉壽未有害。"《思齊》之章曰："太姒嗣徽音，則百斯男。"夫壽而萬也，男而百也，我未之前聞也。《詩》皆溢言之，不嫌於奢。嘗試就九如，專徵松柏，彼其生嵁巖之下，蘢蔥而起，與衆卉同芳。及爲飄颸之所摧剥，雪霜之所凌厲，草蔚木脱，而冬夏青青，惟松柏獨也，騰柯布葉，蔭盈數十畝。以斯一如證壽母三義，取類詎不極肖？而況五十春秋，日升月恒，川源方至，既庶且增，而和氣融洩，薰蒸醖釀，麟螽振蟄，山阜岡陵之福，實惟日不足矣，曷云奢也？

余不佞三復九如，載賡《閟宮》、《思齊》二詩，敬附於古人祝壽祝多男之意。仁哉母乎！賢哉母乎！幸倚几以聽，而舉北堂舞綵之觴。

序

賀南選君遷太常少卿序代

不佞嘗讀《易》至《萃》之二曰："引吉，无咎，孚乃利用禴。"夫注澤地上，萬物葳蕤，於斯時也，魚鱗雜襲，咸營八區，則可謂已聚矣。顧賢與愚交爲競，上與下交爲窬，聚不幾於散乎，而獨以一身衡于其間，牽引聯比，闢開塞之途，調平通之軌。進者樂其條暢，退者安於不能，上焉釋其猜嫌，下焉勉於職守。此之爲孚，微妙周貫，百僚於焉受成，萬靈亦於焉受職者也。故曰"利用禴"，又曰"中未變"，則理明理幽，道無兩矣。

我國家設官分職，總之太宰，而董之銓司。士之鱗萃仰流者，惟是銓司參伍之，微論太宰委心以聽，即天子亦虛已以用，無中格焉。邇來人才風俗，不逮往初。天下之士，無論賢愚，皆競於求進，而急於自試其技，下以急投，上以急收之，而未有當也，於是不得不緩持之。下之人見上持之如此其緩也，進取之技益急，而無所售，乃過揣謬度，設為不必然之意，駭立魅於髮上，見攫飯于煤中，捕影為形，蛾真以幻，遂至滋縣官三至之疑，選舉廢閣，署列虛懸，而銓衡之地，俟用倏易，幾為懼府。

自南君之在事也，謂人臣束躬奉法，致令主上不之信，毋亦蔽過竊譽，以自贍其私，不則盈缶之孚闕如，而第操其緩急，以與天子爭於短長之數，何怪乎萃之難也。吾惟取精於地澤，內就而順，外比而悅，濯精被神，以達善進賢為務。有可明白坦遂者，昭焉若揭日月；有可徐回默轉者，悠焉若挽江河，要以開人主不信之心，而潛銷天下不必然之意。故拜命以來，夙夜孜孜，是非採於輿評，好醜決於獨鑑，功狀程其端末，猷念綜其始卒，因名課實，因能授官，如置尊於衢，隨人挹而酌之，俾恩德一歸於上，而我無與乎短長，彼自簪裊、不更，以至大上造、駟車、庶長，朝奏疏記，夕即報可。向之廢閣虛懸者，不數月而茅拔鴻漸，布滿中外，則南君引而萃之之力也，用是得最考，晉貳奉常。天子若曰："子大夫能佐太宰，以序千官，均四海，則馮馮翼翼，嘉薦令芳，寧億鬼神，而函蒙福祉，固足為信君使哉！"《旱麓》之三章曰"豈弟君子，遐不作人"，而繼之"以享以祀，以介景福"。夫作人之豈弟，行於祀享，此幽顯周貫之孚，而禴之所為利用也。蓋南君先乃伯父嘗秉銓軸，以直道顯，不果於大用。南君恪承家訓，純孝著聞，茲所表樹，其亦移孝作忠，而竟乃伯父之志者耶？

不佞與南君從事久，而徑樸不阿，譬諸草木，於臭味為近。然則知南君之深者，無如不佞矣，故為諸君申引《萃》"用禴"之說，而賀之若此。

賀左大方伯養初王公榮遷留都府尹序代

是歲之春，南大京兆闕，政府以越左伯王公請，上俞焉。蓋公蒞越僅踰載，而其望業實久著於關隴之間。公起家縣令，敭歷中外，且餘三十年。其在關中，弼教保釐,中正以率物,和平以信度,惠威協張,剛柔致一,適而行之,布政優優。迨晉而左轄于越也,越固公舊所參知拊循地,歲比薦祲,徵書蜎下,公極力調劑其間,行其所知,推其所欲濟,考土劑宜,程財平賦,猶駕輕車而馳熟路焉。以故朞年所經畫,遂詒越百年之利賴。

今夏恒雨,陽侯肆孽,諸郡邑上傷告沴之牒,織于道。當事者方爲將來杞憂,公乃以便宜假司帑三萬金,委命能吏,告糴賙饑,則所賴以濟於公,而起之溝中瘠者,以雲以霓,奚啻一郡邑、一歲月之爲烈也!予不敏在告里居,耳目時艱,方以富、范大業期公,而公且召拜南大京兆,行矣,予爲輾然者久之。會杭守臣王君某馳書幣,願徵不佞一言,以爲公贈。王君,予會闈所取士也。間者過檇李,謁予廡下,則謂:"某不肖,待罪牧吏之日淺,而郡居省會,居恒得朝夕方伯公,匡其所不逮,而質其惑。竊自欣幸,傅保如臨,若不能一日不左右公者。"乃大京兆之命忽至,安所得此長者而事之?且天子即才公,而欲嚮用公,奚不即畀公節鉞,用鎮撫于兹土,而固必尹也,固必尹而留都也。於乎!是豈知當宁召公意耶?

我國家兩都並建,其交重若提衡。越即東南重地,猶一陲耳。三吴之錢穀,日夜灌輸於司農、司空,猶巨渤之受百川,納而不復吐也。今邊賦籲吂,大役繁興,度支告匱,仰望東南之賦,急若燃眉。藉不獲名岳伯以剸畫其地,爲縣官半壁計橫縱,將軍國浩需而徒手應之耶?

王公爲右伯而三秦治,爲左伯而全越生,其能固已見於天下。兹留都根本奧區,六曹諸司在焉,高皇帝神聖實式靈之,《詩》曰:"京邑翼翼,四方之極。"蓋重之重也。必欲得一人焉,以撫柔豐鎬之遺黎,而蠲國家之緩急,爲東南諸侯倡,非王公不可矣。在漢京兆尹有二王之歌,而包孝肅、蘇子容,皆以民譽尹秣陵,流麗千古,顯融大拜。公行矣,再稔而輯瑞如器,肆覲闕下,天子褒嘉令績,而三事而九列,其掇之也。彼南人之視公内,亦猶越人之視公南耳,一京兆尹足以長私公哉?

予不敏,伏公宇下,忝子民之列,因王君請,遂序而歸之,以爲公左券。

賀越參知吴公榮遷長憲序代

古皖本如吴公，以江左髦譽，綺歲魁賢書，聯掇上第，出四明周先生門，與不佞某有一日知云。公起家神明令，徵爲粉署清班，而祝鳩，而司馬，而常伯，寅清身敏歷之。上章之秋，典文七閩，一時得士，於斯爲盛。說者謂季子觀六樂，晰如觀火，吴氏世不乏季子矣。亡何，公以越參知，仗節駐寶婺間，文經武緯，治行爲諸道最。會越長憲缺且久，主爵者以公請，上俞焉。而兩越憲使之命下，越府臣杭州王君偕諸寅屬，脩一介徵予言，以爲公賀，蓋亦有以窺長憲之於司重哉！

我國家設治官，匄國内外，咸相準。中有中臺，外有監司，固皆耳目之附麗，而紀綱之司府也。監司之職，則掌察所部文武吏功能殿最，舉大綱以須考黜陟；逮巨獄論報，得持衡剖疑，而輕重生殺之；諸郡國吏所不敢決者決之，中丞臺治獄御史所不能廉者廉之。彰善而癉惡，明刑以弼教，樹槐叢棘之下，業業乎職未易舉也。

公故爲豫章宰，哀鰥哲獄，始噬胏而漸畫象賢，能聲四起。其參藩越西也，睟睟穆穆，立乎不倚之塗，行乎亡僅之國，而坐消萑苻、攙槍于鯨海、箐谿間，區區五聲，八辟三刺，無非制義庶乎也者，以稱讞決，嘉石之砥焉，抑又後耳。今者自分部而長臬，自浙西而省會，風聲已預及之。越十一國乾墨吏，固當望風解綬去，而赭衣鈇拲，號于犴者，莫不引頸望公至，甦生之矣。乃公巋然貞度百辟，毋論旌別淑慝，幽明之道通，彰癉之政舉。即如邇者，越風以漓，民雜五方，習詭煽譎。屬歲大潦，跪脆嚚亂，俠邪騰步之魁，橫管囂訟之蠹，兔三狙四，憑陵三尺，而歃爲奸。要以公精幹仁質，輔法而行，越今駸駸嚮化矣。

昔平陽相齊，以齊獄市爲寄。至其舍蓋公而談相術，亦惟清淨寧一之是侈焉。夫清淨固葆身淑世之善物也。公慧日法雲，九轉丹熟，深於《法華》，而不爲《法華》轉其真，以葆身緒餘以淑世。異時衡宰登壇，總文武政刑，而淨寧出之，爲浴日中興第一人，而措天下於化國，刑錯之風，又奚有於耳目之附麗，紀綱之司府，而屹然稱風憲臣哉？

南榮越之慕道也,百舍重繭謁伯陽,噩若慈父,以一言爲調饑。予不佞別公之日久,意公之道日益邵,業日益竑,方將勤重繭而就問道焉,以自儴最。矧辱觚筆爲公役榮矣,敢不拜命！遂書而歸諸王君,藉手獻之。

賀司李胡光六考最應召序

郡司李胡公,考六載最績,榮擢儀曹。公蓋予不穀同年友也,則予於公有鴈行誼。予有杭之役,而公理杭且數歲矣,則於公有同寮誼。先是,杭守臣缺,當事者檄公署郡篆。予至,諸職事胥受成焉,則於公又有後先相成誼。乃予受事甫閱月,而內召之命至,杭士民相與聚族喧于道路,謂:"胡公遷矣,胡公信宜遷,顧何乃敓我父母?"予不穀則曰:前事之成,後事之師也。不穀茲日無有師保,而以父母何?蓋在予之始受事也,嘗謂公曰:郡於今彬彬哉！其在大夫士,歌風蹈雅,講德繹秋,弁纓固林立矣,而鄉里不有遨遊酺醻、捍罔干紀耶？豪右不有侵威睥睨耶？臺隸吏胥不有閃榆佷用而垢甑耶？糈醪之出不有詢冒耶？譁訐不繁而六管不有橫調耶？杭地四周,賓旅織于塗,絡繹供億,不有漏卮饞沒耶？而公則臚臚數計,如指諸掌。不穀矇眄謹拜手受令矣。惟是方今吏道稱難,莫如郡邑有司。司理,郡刑官也。獄訟讞決,於職固有主,然亦古通經方州,得與守臣參校政事短長利病者也。且焉,中丞御史臺按郡國,往往檄司李以從,是司李一人耳,居一郡,而耳目常兼乎他州,與其旁近縣。蹶虞束濕,寬虞骫骳。嚴耿孑之介,則虞稜峻；開茹採之牖,則虞竽濫。稍睨上官意旨,陰陽與俱,則虞脂韋。且上虞耦猜于臺監司,而下虞睽貳于列邑賢豪。令斯固難之難者,自非通才逮質,不絿不競,率歸于正直平康,如胡公者,烏在乎勝其任而愉快也？

公前後在事,折獄而獄晢,署郡而郡治。從臺使者,驅車四履,而四履肅清。吏之懷也,有餘畏焉；民之畏也,有餘懷焉。諸一切捍罔侵威、閃榆詢冒、橫管卮饞之事以蝟集,而公以黎解,靡所薄冰蘗、曬官裹,右閒右,左閒左,而不佐元元之急也者。蓋自是而公廉能聲,騰凌四起,上獲而下信之矣。今且再三載績,上考奏最,方行而掄擢薦嘉。在昔韓稚圭既高第,始授仕,而即司李開封,且日汗浹背，儳劼毋怠。京尹王博文重之曰："若要路在前而爲理若此，眞宰相器也。"呂許國坦夫人推其有宰相材，亦潁川司理實始基之。

今公以名進士，起家理官，受徵書，應橐筆侍從之選。天子方渙然更新，脩勵精，初政有如眜爽。坐甘泉宫，召問胡理臣六載賢勞狀，上之端揆，而揲爵人之柄，次之青瑣花磚，彈壓桓、劉，而以韓、吕之鼎鉉事業期公，命寵斯皇，日可竢也，區區儀曹郎，又何足爲公償哉？

公行有期，二三大夫相與謀爲公贈，以予不穀嘗先一日知公，屬脩贈言。夫予之與公鴈行也，而同寀也，日者後先相成，而契闊有間矣。方惘惘然毋爲後事師，而殊自失於此，又安知所以贈公哉？乃公之治行的皪，上獲下信，章章如是，則邦人士類能言之，微獨不佞矣。因相與和歌賡答，脩爵而祝公，歌《伐木》，諸大夫歌《彤弓》，最後王生不佞，起而終頌奏雅，歌"穆如之清風"以別。

賀施四明公祖守漳滿三載考奏績序

今主上神聖，嘉惠元元，振刷吏治，每登襃郡邑師帥之臣，以風厲天下，意蓋殷殷云。其在閩列郡繡錯，半麗山徼，半麗海壤。山徼者姑未論。海壤之郡四，俱倚海爲外户，而泉與漳纖嗇治生，魚鹽舟楫，盤桓海上，直視若睡榻耳。往隆、萬時，鯨浪不吹，長吏用慈和撫柔之，卧赤子於風濤之上，樂其生業，故見德捷而報最易。乃者末流波靡，奸僞滋萌，隉隙于穴蟻，網漏於吞舟。眚痾傳寬，則見以爲養癰；察淵鋤梗，則見以爲烹鮮。計慮太鋭，則捫彈而邏索炙；圖廻過緩，則逸虎而後關弓。彼繞指而我壯頄，則悠悠者漬其媒蘖；彼掉舌而我塞兑，則嘵嘵者騁其萋菲。于是綱牖日疎，上既闇於生民之術；亂繩不解，下亦喪其樂生之心。而守郡者，欲以閥閲稱最，難矣。

雖然，不足難吾四明施使君也。使君以名進士爲起部郎，分董三殿之役，飭材節費，著有勞績。主爵者廉其賢，簡除刺漳。四牡騑騑，道經温陵，以不敏某向較士二淛，受脱穎之知，式廬脩幣，因繫《白駒》信宿。問其何以治漳也，則拱揖言曰："天地之大德曰生，雷風雨暘，鼓動潤燠。四時之吏，孳生之佐也。守佐天子牧小民，亦求所以生之而已。禹、稷由己飢溺，莘尹恥内溝中，急民生也。守敢不急民之生，而顧朘民以生乎？"某聞其言而韙之。

既抵任，周咨廣詢，夙夜以思。凡一號一令，一規一畫，悉自匹夫匹婦性命中置腹推心，聚欲去惡，要於生全無憾而後即安。蓋涖事不莩月，而四履甿隸舉喜色相告曰："新太守實能生我。"而來暮興歌，充充然溢於五父之衢矣。亡何，旱魃肆虐，膝畝若焦，使君夜宿神祠，晝勤步禱，不乘不蓋，憂悴劬勞，爲民請命。已而淒澪沾足，禾黍勃蘇。詎意祝融爲祟，燎原之勢，不可嚮邇。使君叩天默祝，"守若不德，寧燔乃躬"，須臾，風反火滅，公私廬舍，藉以獲存者，如干阺。即有毀者，勞來賑貸，揆日作室，甍棟依稀新豐之舊。嘻，異哉！災以旱，而能令其民不饉於塗；災以火，而能令其民不燼於居。使君所以生漳者侈矣。

不寧惟是。先是，海氛孔熾，焚掠海澨無虛日。使君曰："此釜底遊魚耳。"敕屬縣覈保甲，繕戈矛，料丁壯，勵勇敢。又於郡治築二子城，控扼要害，陴堞崇砑，如虎豹在山之不可犯。賊怵惕使君威靈，相戒不入漳境。當事者亦訊漳守之長城足賴也，借箸籌策，撫其巨魁，殲其逆孼，餘稍稍潛踪散遯，而海壖四郡漸復生業，庶幾隆、萬晏堵矣，豈獨清漳億萬户舞歌怙冒已哉？兹且拮据三載，循例報政，中丞御史疏薦治行第一，功次臚列，大都稱嘉惠元元至意，有如天子按漢故事，賜金增秩，召入爲司農卿，或尹京兆，試質以治民異等何狀。使君拜手稽首，對颺君父母，亦曰："民國本也，臣求所以生之。而比專屬彊壯，蠭氣鷙悍，立威固無足道。"即語次尋繹，問地參考，聰明識事，莫知繇出，亦非臣所能，然則爲治信不在多言，惟"急民生"三字力推行之，雖禹、稷、莘尹之烈，何多讓焉！

施使君嫺於文學，作興譽髦，華質斌斌，諸不具論，論其力行所急者如此。

賀聞人公祖别駕奏最序

今戴縰垂纓之士，翹然以才自命者，大都藻繢矜飾，急於見其所長，薄收聲譽，而厚覬功實。俛而得之，則快遂盈胸，顯躋于古賢豪之列，而居之不疑；俛而不得,則色沮氣奪,嚮之藻飾而外炫者,輒頽放摧毀,而無所於歸。此無本之學術,所以僥倖取蹶,而竟誤人家國也。

余不慧,壯歲遨遊,嘗汎彭蠡,涉淮泗,度錢塘,躐屐探蘭亭、禹穴之勝,因釋鞍秦、稽,設皋講《易》,溮東子衿脩禽摯而負牆者,若而人。余爲之首説《乾》、《坤》卦義曰:乾之象像龍,而德以健稱;坤之象像馬,而德以順稱。何也?蓋凡物之飛迅行空者,莫如龍;騰躍行地者,莫如馬。龍不健,惡能行空?馬不順,惡能行地?士亦人中之龍馬也,不健而順,惡能修身而行於世?故《乾》、《坤》兩《文言》,一推本于學問。乾則寬居仁行,健德進矣,而惕於可上可下之際,以無驕憂;坤則敬直義方,順德章矣,而含其地道、臣道之貞,以從王事,用是不失其正,而以大終,則學問之力也。豈其本之不立,徒藻績矜飾於外,而佻倖聲實也乎哉?

吾郡別駕公祖聞人貳宗先生,秦稽士也,每過余論學,引舉《易》義相證。始叩之,若萬石之鍾,不以尺莛發響;中則鉅音遠韻,若天籟,隨衆竅而號;已則還返太空,窅然漠然,而一無所閟。蓋深於《易》學者也。生平宅心以寬,提躬以敬,臨民治事,則衷仁本義,而輕重措之。其剸吾郡也,醲郁美政,不可縷述,乃其剸繁定傾之才,尤人所未易及者。

歲在作噩,郡僚屬多闕,先生綰攝數篆,適持斧督學之使,輶軒相踵,百冗紛沓,不啻蝟毛。先生周庵而環應之,大輗小斵,騞然奏刀,恢乎有餘間焉。往秋有羣不逞,譸張爲幻,狂謀相煽,幾欲竊弄潢池,而紅夷蠢動,以艨艟跨據彭湖,狡焉叵測。時郡大夫從政方新,先生借前箸爲之決策曰:"夷患在外,民憂在内。外患緩而内憂急,急者解則緩者自銷矣。"於是飭保甲,謹城守,繕器械,緝奸詭,嚴海禁,豐積貯,皆身親任之,夙宵綢繆,不辭勞瘁,卒令狂謀解散,紅夷不敢睥睨,揚帆而遁。嘻!藉令微先生畫計,百雉郡城,數千萬生齒,安得哺餕嬉遊,晏然處於此土哉?夫先生非以才自命,急見所長者也,而剸繁若簡,定傾於静,聲譽闇然弗耀,而功實退焉不居,是遵何道耶?蓋其寬仁敬義,潛養素豫,處上下而不驕憂,得乾之惕;從王事而弗專成,得坤之含。信哉!學術有本,非藻飾外炫者所可同日語也。

兹以滿三載考報政,當事者明徵最績,徹于帝聽,綸命寵賁,朝家自有彝典,無庸贅敘。余特推本先生之學問,所以脩身行世,不失其正,而將以大終者如此。遂因李君某、王君某之請而載拜稽首以賀。

重脩紹興府學飭材序代

教化國家首務也,善爲政者,恒致重焉。然學宫所以崇先師,造多士,乃教化首善地,尤不可任其圮而莫爲之脩者。我昭代命天下郡邑咸建學,有司歲時脩飭,罔或廢墜,俾廟貌常新,爲諸士子瞻仰,重所制也。自鄖陽以遷學構變,言者謂有司不得擅脩創建,請著爲令,當事者咸格於禁,弗克舉,而學校日陊剥不治。我越庠迄於今,有岌岌將圮勢矣。

温陵王先生,以名進士振鐸吾越,見學宫欹闕,惻然不自安,首倡鼎新議,上之劉郡公。郡公適當蒞政,始謁廟,擊目嘆曰:"《樸械》(《械樸》)作人,《菁莪》造士,師帥之謂,何忍見此荒茀狀也!"即以興起學校爲己任,謀所以經營之。初不以時禁格,知所重也,但苦于時詘,慨然割俸,爲飭材費,然值時詘,尤不足以當三分之一。所以協贊其美,而共成此舉者,不無望於同志諸士子也。

曩山陰邑庠圮,予師馮侍御公嘗董治之,棟宇一新,孔曼且碩。王司教援往例屬不佞首其事,不佞不敏,然嘗濫厠府庠,曷敢弗任其責?況叨令丹徒時,曾改學而新之,胡獨忍坐視於鄉校也?且慨近來,二氏之宫徧區内,金碧縣塗,費多不貲,而人皆競爲之勸,吾儒廟學可任其漫漶已耶?同志諸君子,必有嗇於彼,而獨樂助于此者,故敢爲之僭序。

涮士縵弦録序

余不慧以辛亥冬奉簡書,視涮東西學政,時則塲闈燃眉亟矣,蒼黄趣裝,枝梧鉛槧,冒霜露,忍飢渴,窮晷達曙,不遑寢沐。蓋閲月者,七列郡之舉額始有次第,而諸士抱瑟曳裾,麕集都城,以待蒐狩者,八千餘人。不慧分期料數,而校閲之,壹董以巡行,正課法。烈暑如金,閧蚊成雷,短檠燒膏,手披口吟,耄耄如也。曾不循故事,假半幅於諸文學大夫,而所甄拔,頗符汝南月旦,士亦無赤水遺珠之憾。鳴鹿三賡,嘉賓式燕,旋有武闈之役。既告成事,復負笈遊歷歲試焉,雖輓輅未徧,而二淛人文概可睹也。於是哀三載所校藝目,選授剞劂,而題之曰《淛士縵弦録》。夫琴瑟一技耳,苟指聽於心,心動乎氣,愉而撫之,則嘽緩之聲應,薰風徐來,祥禽翺舞;怫而張之,則噍殺之聲應,玄霜紛貫,淚(唳)鶴怨鷲。甚且宮徵之變,震盪河海,泣怖鬼神,此精專之至,能安弦之效也,而要自操縵始。然則學亦如是焉耳。

今爾浙士所爲文,目佃意漁者,見其環瑋壯麗,豪宕美秀,大都原本山川,而籍籍欣豔之。乃不慧憑軾而觀,錐觚之鬪,登壇按劒,旗鼓不奸者,固自不乏。間有蟄弧先登,俄而乞蔵城下。何也?毋亦雄傑奇穎之氣,得於地靈者多,得於性靈者寡歟?得於才質偶合者多,得於服習有常者寡歟?故余願爾諸士習而操之也。操而能安,則滌角流商,即清廟明堂之響也;操而不能安,則一日所奏,詎不渢渢,設更端再鼓,恧懲縮胸,慮不動閭丈人之聽,矧知音者耶?然而士稱太上不朽,又不繫雕蟲小技爲者,將余操縵安弦之説,亦贅毛也乎哉?

丙午四川鄉試録序

自昔稱人才之盛者,逞逞遡之天精之所函賦,地靈之所鍾毓,以爲若有神焉,行於其間。雖清淑粹美之氣,厚穡勃發,理有固然,乃論材之意,抑何遠也。蓋國家之需才亟矣,熙帝寧王非士不可。然千里而一比肩,曩世而一接踵,索之綦殷,遇之綦囏。故顯而微之,明而幽之,如元鳥兆啇,帝武震棄,嶽降生申,莫不要厥終始,嗟嘆咏歌,俾人主知所自來之不偶,而漸育造就,以完其材,而畢其用云爾。

顧臣不佞有感於西蜀人士,則置幽微勿論,論其明且顯者,試以《易》徵之。《易》之震動也,得天一而象雷;巽入也,得地二而象風。是二物者,屯屯殷殷,發於重蟄之下,青蘋之末,奮撞披灑,能令百嘉萬品芽茁昭蘇,犁然而賁諸區壤,此造化之恒也,聖人取以名卦而著之繇曰:"聖王久於其道,而天下化成。"今我皇上組緯元黃,軼駕姚姒,游息於混元之宮,經營乎無爲之業,履衆美而專妙,懷神明而潛居,雖他政時有操舍,而獨篤意作人,鼓躍不倦,《菁莪》、《樸棫》(《棫樸》)之化,蓋三十四禩如一日焉。以故四方之士,湛涵道德,佩服仁義,斌斌乎應運響臻。即蜀士僻處西偏乎,而感氣風雷,人文斐亹,賁若草木,輒與宇内競爽。今其尺幅具在,披而誦之,則炳炳琅琅,流羽引商,宅於醇雅,斯不亦久道化成之效,甚顯明較著者乎?

然是恒也,天地以之貞觀,聖人以之貞一,君子以之立不易方,故得見斯可。夫子有遐思焉,非有恒難也,恒而處盈虛泰約之際,其所守恬然不波,是爲難耳。諸士居常動以作聖自命,何論有恒?第蓽門圭竇,無所紛華。柳下季之鼎,居然無恙也,一麕鹿苹以後行,且肩踵相從,出而爲天子使,宦脂世膩,日相加遺,浸假而腐鼠嚇之,浸假而市虎讙之,浸假而羊腸、瞿塘倏忽遷改而怵迫之。當斯時也,能自信其履素樹惇,去盈去泰,遊乎方以内,而物莫之能傾耶?蓋立必有方,如制器之有規矩也。偭規矩而改錯,競周容以爲度,浚恒者深營於始交,振恒者躁觸於末路,則二三其德,是謂無方之民,非有方之士矣。兆云"或承之羞",豈虛也哉?

臣職在治穀,請以穀喻。夫猶之穀也,隰朋謂其內甲以處外刃,中城不敢自恃者,可比於君子之德。管夷吾謂"其少而眴眴乎孺子也",壯而莊,莊乎其士也;成而由,由乎兹免也。天下得之則安,不得則危,爲可比於君子之德。夫二子之論,芒乎大矣,然皆其德之恒也。藉令穀戾其常,倏變而爲瑞芝芳苢,餒不可餐,嗛不可饜,人其有不目攝而妖之乎?何也?苢與芝,非穀之所恒有故也。故臣願爾諸士,守穀之恒,而比德君子,令天下翹首跂足而望之,曰:"夫夫也,是固安危之所倚也。"不願諸士飾巧翼僞,變穀而爲芝、爲苢,匪直無損益於安危之數,且以驚世而駴俗,妖孰甚焉?抑不佞嘗見主司之醮士也,栗栗戒懼,若墜淵谷,雖言人人殊,大都欲其有所扃鐍鞬鞁於此,而無所嚇謹怵迫於彼,故不憚諄切叮嚀,以尋息壤。不然,亦奚取其音之曉曉也?

臣不文，不能藏三牙、哆三足，以樹頰頤；又不敢視賓興爲懼府，多設不必然之辭，危其甍尾，而亹亹舉《易》之《恒》爲諸士辟咡爾。諸士得無謂是齠齒時業，所受於外傅者，而猶然劍首一哄乎？然臣觀《周官》曰"其爾典常作之師"，皋陶之陳九德而曰"彰厥有常，吉哉"。恒者常也，常固可師，而君子脩之，則吉者也。諸士誠墨守典常，不易其方，異時者入官載采，用成稷、卨、甫、申之功，以熙帝寧王，使詩人頌之，以爲"藹藹吉人"、"媚于天子"，而"以引以翼"，至於"茀祿爾康"、"純嘏爾常"，而爲百神主，則臣所期收一德居貞之士，以對揚顯命者，其徵也。夫昔程正叔在蜀，聞《未濟》三男之説，而喜溢眉衡。臣之説《恒》，亦與説《未濟》者類耳，薦紳先生或有輾然而喜，未可知也。若乃原本山川，稱引達哲，則前人之物備矣，諸士盍鏤諸佩觿，出入三觀。

癸丑浙江鄉貢齒錄序

國家造士，歲遣使臣巡行郡邑，錄茂才高等，而餼之黌宮。彼其感會風雲，鵬搏鯤化者，蓋斌斌矣。乃間有數奇蠖屈，株據一經，齒疏顛蕭，猶然勉勉弗倦，則遴而題其甲乙，拜獻于天子之廷，命之曰貢。貢者，以下奉上之謂也，不羽不角，匪璵匪璠，第取夫纓縰管瓠，纍纍然而充包匭，夫豈故事是循，亦將有所用之焉耳。

余不佞濫竽二浙學政，壬子羅棘之役，搜揚選舉，以應弓旌，普而燕鹿嵩者九十人，茲所獻士，復得八十有七。雖視之鄉書，額損其三，然依稀乎麗於嘉賓髦譽矣。且也聞見多則識慮遠，淹抑久則性情固，閱鍊深則幾務熟。且聯翩結綬，翱翔亨衢，操瑟鼓而合聽，抱璞剖而見珍。大用之，瑚鼎之重；小用之，皋鐸之選也。叩圍三尺，名列五科，坐策決疑，殆尚少壯，寧以夜燭之光，遂不如人，祇自托於逡逡退讓耶？子言之，"當仁不讓于師"。夫師不讓，則勿問友矣；師與友不讓，則近爭矣。顧是爭也，爭以仁也，無畔援，無歆羨，町畦不設，稜角都融。職事勞能爭云淬礪，節烈廉貞爭云矜奮，寰宙胞與爭云荷擔，顛連踣頓爭云扶植。三旌之貴，萬家之都，輕若蟬翼，曾不足以當吾一盼，刓錐刀瑣瑣云乎哉？

噫！孰知夫不讓之爲讓也，争之爲不争也？争在當仁，則其争也君子，又何讓焉？諸生勉矣，若夫鴈行肩隨，盤辟磬折，豈其餼饔宮者若而年，未睹斯旨，猶煩余負劍辟咡爲也。

諸士齒録成，相率乞言爲序。余懼其恬於貌，競于衷，遜於步趨，而併怯於道德也，故舉争讓之説，以廣其意，而弁諸簡端。

浙江武舉鄉試録後序

在功令，武闈遴士，輒繼鳴鹿，而舉無濡時也。適二浙以監臨主者，未有成命，曠焉以待。越癸丑春，侍御吕公，始奉簡書，持斧行部。至之日，布飭條章，董愍内外，招世胄材官，及十一郡勇力技藝子弟，設鵠列棘，三試之，籍士如額，登之司馬。録既成，學臣例有言，綴于末簡。

夫學臣以文殿最多士者也，武則不競，而越俎掀頤，毋乃蹙人言步，藐諸孤言孝乎？雖然，嘗聞之矣。曩不佞某備員金部，治餉上谷，權料之暇，坐而聽二三武臣談説兵策，奇與正相生，陰與陽相覆，敗可轉而爲功，弱可奮而爲強，固纚纚然足述也。頃之，虜騎遊獵，逼近西塞，偵諜報急，大將遽請移師境上，檄借部餉，以共武服。不佞笑而止之曰："鷙鳥將擊，必隱其形。彼幺麼小醜，突如來之，虛聲恫喝，邀市賞耳。第令沿邊申警堡堠，遣一偏裨遊兵，以佐緩急，將軍居中毋動，動則鎮城示弱。設虜出不意乘間擣我，何以待之？且司農金錢，非朝請不可得。"因白諸當途，莫有任其無咎，而大將行矣，竟不見虜一面，空行空返，未足明漢兵雷雨之威，而費邊庾、餧餔、夠茭如干算。然則談兵非難，惟事在於耳目之前，而機決於成毀之後，是爲難耳。

今浙諸士之挾藝而前也，以驟蹄截鵠則賢；以勁臂貫蝨則賢；釋其彌韣，授以觚穎，劈畫情勢，規圖矩略則又賢，詎不冢衛、白而人廉、李哉？然駁孺子之聚而媒也，塵委土戴，踐列擎跽，乃日暮必歸饟，方可以饜果然之腹。鏤木爲龍，飾以鱗介，張其爪翼，望之翻然欲飛而翔也，卒不能升霄據灝，興川岳雲雨者，何也？貌有其華，而用不當實也。諸士之貌華矣，主司業既擷其華，而直欲茹其實矣。設南北有故,赤白之羽,如日如月,旁午紛鶩,急在南則用而南,急在北則用而北,果能以下瀨餘艎,天潢飛江,乘風破浪,築鯨鯢爲京觀乎？果能搴烏桓之旗,敚姑繒之壁,尸曰逐、劘龜兹,持尺組繫單于而制其死命乎？吳越四履之境,倘有駭鹿奔麑,走險弄兵,予之偏師,禡社以出,果能冒矢蹈刃,奮身敵愾,計不返踵,滅此而後朝食乎？如是乃稱熊羆之士,不二心之臣,用諸身爲實事功,用諸國爲實勳勞。侍御公所與諸執事,三令五申,亟亟於干城腹心之真材,不欲其以短技巧合冒長詭離者,意在斯也。不爾,峩冠長劍,巧矜容飾；藉叢炙熱,巧植奥援；吸髓剥膏,巧營貲橐；髡樵馘僵,巧誇勦伐。名浮於實,用寡其效。即乃者策駃騠、挽參連,展盈尺之幅,搖三寸之錐,推明奇正、陰陽之法,反覆功敗强弱之變,不過駮孺子之塵黍土藏,與木龍之鱗介爪翼而已。彼其巧而合者,非真合；詭而離者,乃真離。英雄簫斧,且磨礪須之矣,于干城腹心,何有哉？

故予願爾諸士,如長者言,直以真之一字,奉爲儀的。時勿問夷險,遇勿問升沈,責勿問鉅纖,事勿問利鈍。鵠張的注,惟力是視,必箭箭中此紅心,無失毫末,而後真材長技,不愧《兔罝》。慎毋空談無用,如不佞在塞上所聞愁罝之耳,至今猶惙惙於往事之不可追也,敢以是告諸絉韋君子。

重脩龍塘王氏族譜序

先是,我家宗譜之脩也,以萬曆己卯季秋重九,告成于始祖墓下。某嘗僭言末簡,勸誡備矣。烏兔如駛,倏轉盼幾五十稔,少者長,壯者衰,耄期者凋謝。後生育鞠嬰提襁負,未綴於帙者若干指,某命諏、諧二子,按舊圖法例,裒而輯之。又選材鳩工,營創祠宇。堂構既飭,譜牒亦竣,敬治珪幣,匄序於翰林院修撰莊羹若君,筮兹長至,奉譜告廟。

是日也,犧牲博碩,籩豆孔嘉,群昭群穆,隨肩踵武,駿奔旋折,儀度不愆。祭畢而燕,辨髮徵齒,亦既醉飽,小大稽首,鐘鼓莞磬,和鳴雝雝。某肅恭將事,躍然以喜,復瞿然以思。

其躍然喜者何？王著姓也,俗談王氏譜者,不誇太原,則豔琅琊。而吾譜無所稱引，第斷自七致正公爲始祖。遡始祖而來，至於今十有四世矣，大都孝弟力田，用世其家，間有以文無害博斗食之官者一二人，而問詩書觚穎之業，致身通顯者，猶寥寥也，此豈祖德之未懋，地力之不靈與？蓋祖氏初遷，錯介山海，渾龐顓樸，局於視聽，後乃耳目漸啓，師友規磨，人文日新。有十一世孫諱萬者，破荒而起，登癸酉鄉書。時某尚溷迹羊豕，見其揚眉馬上，欣然慕之，發憤下帷，狩蒐秋闈，遂以《羲經》占甲午解頭，成戊戌進士，服官中外，鞠躬盡職，邀三朝寵命，貤封載世，光昭我公族譜系，而幸有今日盛舉也，則如之何勿喜。

其瞿然思者何？一人善射，千夫決拾。舉重物者，前唱于，後唱喁，則迅疾若驟鼓，赴之勢然也。乃萬已先登，某復賈勇，捧盤按劍，竟脫囊錐，爾曹青青子衿，賦《小戎》，歌《駟鐵（驖）》，且鴈行矣，而中權後勁者，猶寥寥也，此又豈祖德之未懋，地力之不靈歟？意者決拾弗豫，後喁寡應，矜銳者毀律而左次，脆窳者方鼓而氣竭，彼成師拜賜，高築京觀者，果何人也，則如之何勿思。

思之，思之，又重思之。力田者固，斗食者卑，砥志奮心，詩書通顯，人人可以自致。今而後，趾美颺芳，煇煌甲第，聯蟬滿座，置笏盈案，而公族譜系重益光昭，喜又可知矣，何必稱引太原瑯琊，作王氏譜侈談哉！於是三賡《瓜瓞》之詠，什襲宗譜而秘之櫝中。

龍窟洪氏族譜序

泉郡城中多右族，問其譜例，大都髣髴蘇、歐遺意。從城南偏邐迤三十里許，曰龜湖，櫛聚析爲邨落，是不一姓，各脩鋞艾觚穎之業，以世其家。而龍窟之洪，龍塘之王，兩族對峙，岡勢蜿蜒如龍，一踞其腹，一抱其首，故里名因之，而婚姻盟好，遞相及也，稱秦晉焉。

洪氏世有隱君子，載其令德，以保後生，則今大令某尊甫龍泉，與予塈庠生某尊甫星南其人也。星南壯時，心意遒上，嶽嶽然欲矯翼而摩青雲，乃蠖伏弗伸，僅以《君陳》孝友，施政於庭内，如營構祠宇，增拓祭田，續纂譜牒，皆政之大者。

譜既成，星南衣冠帥二三子衿，請序於予，曰："族之有譜，猶水之有防也。水積善潰，堤防築而廣袤隙穴，捍塞必固，然後奔者、注者、激者、射者，皆有以遏其衝，砥其瀾，而無溢決之患。族積善逸，譜牒設而別嫌明分，纖悉必嚴，然後敏者、鈍者、慧者，懵者，皆有以鎮其浮，誘其倦，而無頹放之虞。何者？父兄之教既先，子弟之率自謹也。然譜豈易言哉？援附巍顯，則有遥遥華胄之誚；遺割孤賤，則有《葛藟》終遠之刺；螟蠃負祝則有鄙、莒瀆冒之譏。若然者，譜不譜矣。吾宗斷自石纓公爲始祖，至七世不令交瘠，忿不相下，分爲東西譜，奉一祖而執二祊，非禮也。今合而聯之，兄弟昭穆，倫次辨晰，蒸禴灌獻，無敢後先，庶幾哉，可以告我先公，而無罪悔乎？"

予聞之蹶然起曰："懿哉！斯旨實獲我心。夫借水爲喻，是取譬之近也；聯異爲同，是統系之公也；不援貴而遺賤，不冒似而溷真，是脈派之正也。取譬近則教易入，統系公則志易孚，脈派正則傳流遠而不攜。物備矣，即蘇、歐兩公所以勸誡其族人者，又何加焉？自是而子孫千億，繼序不忘。得志，則策駿豎鴻，以光祖考；不得志，則抱樸履坦，無忝前人。天祚厚德，有所底止，將與郡城右族頡頏盛美，永永勿替。而我龍塘王氏，亦以婚姻之故，玉帛犧牲，狎盟壇坫，其藉有榮施也，百世而下，猶一日矣。"

是爲序。

徐匡嶽老師春秋訓兒經説序

説《春秋》者，無慮數十家言，人人殊旨。自謂手握靈珠，口宣元鐸，演素王之嫡派，契麟篇之奥旨，然矛盾並舉而堅鋭互攻，枘鑿互持而圓方各適，其説彌繁，其意彌晦，則何以故？蓋聖人作經之心，三代直道之心是也；三代直道之心，夫婦知能之心是也。見一善，莫不粲於頤頰；見一不善，莫不糜於齒牙。彼其好惡是非，隨觸而發。至愚至公，如矢如繩，古往今來，共此直道，共此人心，即聖人能獨異乎？聖人以其不能獨異之心，因魯史之舊文，而寄其筆削。民所曹好，從而是之；民所曹惡，從而非之。如郊望、雩社、盟會、征戰、錫賜、殲殺、聘逆、歸至之類，據事直書，而褒貶自著。當是時，文學之游、夏，負牆步趨，不及贊一辭者，非不能贊也，親見聖人之修經，深切著明，無容贊也。故曰"吾之於人，誰毀誰譽"，"斯民也，三代所以直道而行"。直則爲是非，枉則爲毀譽，知我《春秋》，罪我《春秋》，只在直枉之間耳。乃説者增創凡例，曲生揣摩，分難易於臆解，别異同於時日，就片言隻字，刻畫杜撰，窮微討幽，不啻若刑章格律，絲搜毫比，鍛鍊繳繞，幾於不可方物。嗟乎！聖人以《春秋》爲直道之書，而後世顧以爲是非可枉之書乎？

吾師徐夫子，躬先知覺，倡闡道學，以正修爲準的，以文籍爲津梁，而尤精研於《春秋》。嘗手授《兒説》一編，且命之曰："聖人以義裁事，以事垂戒，學者要須平觀聖人筆削之旨，破體例之繁，庶幾有當于聖心。"小子某受而卒業。則見集諸儒之論辨，而折衷以己意，訂其所未合，葺其所未備，盡掃其揣摩增創者，一歸之於大雅。噫！吾師之所謂大即孔子之所謂直，無作好，無作惡，無誰毁譽，是是非非，與三代人心章徹合併，炳如日星。善者以勸，不善者以懲。懲而至於亂臣賊子，且惕惕然懼，此豈洙泗典策微文，損增邃足使之懼哉？彼亂賊者，初亦匹夫匹婦也，寸點靈惺，直道不泯，還顧無父無君之心，悖經逆倫，神悸膽喪，不啻斧鑕之揕其胸，則安得而不懼耶？亂賊之懼，懼於作《春秋》之直；孔子之懼，懼於作《春秋》之枉。其心一，三代直道而行之心也。吾師之説《春秋》，意在斯乎？意在斯乎？

小子鄙，不能以僬僥之微，測洪漭之大。敬拜繹師訓，而綴數言於末簡。

蜀中楊四明會課序代

夫會之義，何居乎？釋者曰：會者，聚也。聯肱交臂，任患分甘，豈其不聚，然而幾於比矣。扼手吐肝，徵騁調謔，豈其不聚，然而幾於嫚矣。聚而比，聚而嫚，則聚之蠹也，奚以會爲？在《易》有之，感必以心，去其心而爲咸；悦必以心，去其心而爲兑。故執隨騰口，來往憧憧，曾不如居貞之寡悔也。彼來此引，商度未寧，曾不如介疾之有喜也。對喜爲憂，悔亡則吉，咸兑之交，損益之故，皆於合焉係，奈之何可勿慎耶？

温陵公奉簡書，視澗東西學政，條教灼章，著於琬琰，尤以會課爲重。討諸士而申之，疎數有期，少長有次，勤戰有規，而又命長郡邑者，弁其文於首。嘻！物備矣。慎志在爾諸士，寧爲無心之感而貞，無有僻心而比；寧爲無心之悦而介，無有慆心而嫚。豈惟爾諸士實受其益，不佞抑亦有盈願焉。藉第令鬭妍競奇，巧獵聲價，不咸不兑，憧憧未寧，以聚爲蠹，而淪於比與嫚之歸，此非公重會課意也，竊爲爾多士恥之矣。

紹興劉郡伯會課序代

某不佞承乏越郡，則温陵洪公實董學政，諸所訓戒規束，犂然具矣，乃會課尤拳拳諄切云。

先是，董學政者，壹以正文體、釐士習爲務，顧會課罕麗於約。公獨謂：“會課者，文體、士習繇以端颺，而抵其責於師帥。”嗟乎！公之嘉惠我人士者，不淺矣。語曰：“蓬生麻中，不扶自直。白沙在泥，與之俱黑。”蓋漸靡使然也。

於越山水秀爽，人文蔚興，東南之美，信非直竹箭矣。然而崇實黜虛，造士往往稱效焉。今夫索居成癖，麗澤兑乎，諸縫掖業以《伐木》嚶鳴，群綴類牽，俱爲繫名第，少長而籍之有司矣，是豈區區塞故事已乎？

聞之娛山水者，機觸氣隨，内投外適。一宿，體舒；再宿，神靈；三宿以往，且頽然嗒然，莫知其然而然矣。多士相與應物稽疑，敷珍擢藻，儻不辨不新，今日猶是也，明日亦猶是也，則無取于會也。河籍猶憒，蒙心未瑩，面談滑稽，卒多從臾，按策誦之，不音胹蹯，負牆而起，乃目攝而腹腓者有焉。以若所爲，肝膽楚越耳，則無取于會也。

古之學者，稱身通六藝，今聱悗紛紛，其于身通何有？甚或飾膏黛，倚市門，幸得當塞脩，將一唾而去之，若果核然，則無取于會也。卵毛龜角，張浮駕游，既曼衍而無家，即有志之士，劻趺（跏趺）兀坐，輒詫元門，稍有片解，便爲密證似義，彼嶽嶽而此折角，不已競乎？若然，則何取于會也？凡此皆虛之爲也。

故某願以崇實之意,進爾多士,誠能湔洒夙習,奉會課之約,而相率砥脩之,使人與山川競爽,而東南之美,視昔有加。是即學使者所謂"三善備",而且爲師帥者逭其責也。多士慎勖哉,毋怠!

吴斯協淬劒草序

客有坐而談劒術者,曰:"吾劒用之,足以剚兕斷犀,激霆掣電。殺而韜諸匣也,彭彭有聲。觀者如堵牆,然竟瞿目縮脰,不敢逼而發也,顧安得善識劒者,請試焉。"予聞之輾然笑曰:嘻,奇哉!在匣而鳴,未覿若驚,彼昧然者唾之矣,且又誰爲遘耶?今夫吳千蜚景竅,翕混元之精,籠神鬼之魄,其動靜也,其開闔也,其飛而伏、伏而飛也,莫知其所以也。斯劒也,無聲之聲,不用之用,警乎大哉,何呶呶於五父之衢,而以請試爲?

吳生斯協,予同門年兄從子也,氣凌風霜,才挾盧曹,有制義若干首,以"淬劒"名篇,而請序于予。予不欲吳生小用,而以彭彭聲駭里耳也,則爲之敘其文,而與之説劒。

樗全集卷二

序

題蘭谿黃先生手稿序

憶士挾策家食時，輒憤發不得一當耳。及徼寵靈，紆章綬，且束皮嚮所披吟而土龍芻狗之矣。百妍不售，一眚見放，則又睚眦九折，沮然弔傷招魂，借以洩其懣鬱不平之竅。嗟乎！悠悠世代，大何屈、賈若是多也。

不佞承乏於越，每與蘭谿黃君扼腕譚之，汗淫淫至踵。黃君因出其曾王父老先生手稿示不佞，其編首則初筮奏牘也，溫厚惻懇，鑿鑿可見諸行。即文視屈、賈，有軒輊乎，要以通達世務，議斷國經，一篇之中，三致意者，豈多讓焉！若夫詩歌雜體，大率賦去來後所作爲多，而幽閒坦逸，怡情做性，絕無幾微懣憤不平形於鳴籟，飄飄乎有嘯風弄月之趣，至顛白如一日也。先生位不配望，用不竟志，而進退之際，卓爲世儀。今手稿具在，取而讀之，如見其人。蓋奏牘彷彿屈左徒、賈太傅，而詩歌雜體，蕭散沖澹，發于自然，則庶幾柴桑氏哉！

余既序先生之文，且將問吾臨汀二三老子弟，跡其遺業，爲賦《甘棠》云。

宋弼虞年兄制義序

聞之曰："雕蟲小技，壯夫不爲。"夫抽黃對白，娶綠妃青，攎摭禽魚，留連花卉，究乃勸百諷一，淖溺人之情性，而不能自曙，則雖披秀振藻，曾何益殿最哉！若夫翼經佐傳，抉微通幽，既濬發于巧心，亦不受嗤於拙目。縟旨星稠，綺章霞燦，方將遡關洛，挹羲姒，孕宇宙之神理，而往來揮灑之，是未可概以雕蟲之技，爲壯夫之所恥也。

我朝家以經義羅宇內士,士之業此進者,茂實英聲,鵲起中外,纍纍矣。乃人自爲寶,宫徵相彈,枘鑿互牴,甚且斥經義而第之曰此魚兔筌蹄,得則唾去之矣,果爾,則向之鼓篋遯志,潛思力索,至於待旦而忘食者,竟安在耶？

　　吾友彌虞宋君,三吴奇儻士也。垂髫時,爲吾鄉心湖李先生所物色。今年春,與予偕試春官,如岡陳夫子一顧而兩收之。因讀彌虞君鎖棘三戰之文,茫然内噱,續貂以羔,不亦惡乎？猶未厭也,迫索其奚囊,得所爲制義若干首。以情緯物,以文被質,調高韻遠,意況自然。離乎如鳳鳴鶴唳,而巖壑皆應也；恢乎如庖丁鼓刀,割然中桑林之舞,經首之會也。有所搤擥慷慨,又如款户得笑覸之頭,攝衣從虛左之御,而雄心壯氣,勃乎有餘勁也。大率彌虞君磊瑰骯髒,脱超坌塩,無齷齪拘攣之態,以故形於文辭,與其爲人相類。蓋經傳之鼓吹,非雕蟲疣贅也。

　　昔紀昌與飛衛交射於道,矢觸而塵不揚,惟其技相敵,故相知耳。不佞某非惟不敵,比於彌虞君,未知操弓持矢者也,安能叙君之文哉？顧不敢謂魚兔既獲,筌蹄無功,而必舉嚮所潛思力索、待旦力行者,篤踐其彝常,密閑其軌式,以無負師門陶鑄,則一言一義,皆行己居官之鵠也。請君省括先之,予亦願決拾焉。

何點蒼門人制義序

　　夫瓠管之家,劌肝鉢胃,以梯世榮者,莫不人人自詫,以爲奇珍在握,晶光陸離,奚啻照章華百仞,奈薏珦鍐,如白晝哉？乃耳目娛快,鼓鐘解縣,向所津津然詫爲珍奇者,則芻狗跆踪之矣。嘻！此夫務華絶根而浮物之不足恃也。

　　予學也晚,匠意摸索,無所師承,固非能知文者。然業以文拜,自獻其身矣。而設皋比於秦稽,賁弓旌於滇蜀,奉璽書,董博士弟子於東西淛,皆操文以脩繩墨,而得士蓋亦彬彬。若邵陽邑大夫何君者,則予守武林時,所特拔爲諸生祭酒者也。三湘七澤,楚實包而舉之,寧論賦雲夢哉？顧勁趙之所挾,强秦之所争,連城購要而不可得者,當其獨知未賣,趾且三刖,一旦山川效靈,動萬乘之怡顏,肅九賓而齋拱,何君至是而信貨售矣。然何君之可重者非文,而予所以重何君者,亦不獨文也。

予先後官浙十餘稔,廣筵燕處,何君履烏,時相周旋,未嘗隻語請問,問業講德,闇闇如也。蓋其生平,持己廉,事親孝,與兄弟友讓,質衷雅度,鄉邦推之,爲何氏太丘。今讀其文,和而節,澹而腴,婉摯精微,脱形埒之粗,極名理之奥,大都與爲人相類,豈徒恃浮物以游於世,撤鐘鼓而擯芻狗者耶?

以文若此,以行若彼,其治邵陽也,政善民安,絃歌之聲滿閭閻,而是余即不知文,知其斯之能信,而無俟以牛刀割鷄戲矣。

張門人潛樸篇序

濛漠太空之中,倏爾天開嶽立,種種珍錯瑰瑋,參差變現,可豔可儃,而負奇自好之士,曾不屑引其一睇,顧獨抉腎擢胃,作爲文章,語不綴丘乘葩藻,韻不獵豪喆風騷,輒掀髯而詫曰:"此不朽盛事也。"賓賓焉鬻名聲於五父之衢,以爲快。嘻!夫名何須鬻乎?名盛者難副,名虛者易毀。《乾·文言》釋初之潛,不讚其成名,而讚其盛德。猶龍氏患可名之非常名也,欲鎮之以無名之樸。無名故德成,德成故曰可見之行,而鎮國家、鎮社稷,皆一片真樸作用。故樸雖小,天下不敢臣名,與不朽事,兩没干涉,何須鬻哉?何須鬻哉?

張生某者,予視浙學政時所遴拔士也。蓋負奇自好,而志在成名者也。一日,持制義如干首,句叙於予。適雨雪雰霏,退食齋坐,嗒然若喪,因拈雪托譬曰:"是物也,名之爲雪,已屬强名。乃寶樹家兒女,題以撒鹽,題以起絮,稱愈雜,離雪愈遠,而雪不變也。惟凝而爲冰,則可以薦籩簋;液而爲汁,則可以漬鹽稼。是則雪之樸也,併雪之名,潛於勿用,而未嘗有也,子將奚居耶?"

于是張生憮然爲間曰:"命之矣。"遂呵凍濡毫,叙張生制義,復强名其篇曰《潛樸篇》。

解嘲草自序

不佞某稚齡在疚,於是王父母耄矣,朝夕糗脯之需,取以薦羞,乃苦不得,歲轉而脩子母之策，又不售也。則操下技，博黍錙，無纍我二耄爲溝中瘠。居無何，王父母見背，煢煢七尺，形移影弔，幾無以爲人。一日，弛負擔行都市，適迎新薦於鄉者，羊酒紛紛，鼓吹載道，觀者如堵牆。歸而怦怦心動，欣嚮鼓篋，顧安得師友陶鑄哉？且也，家四壁立，無所貿子書，邀遊丐貸，窮日夜手抄。始讀《語》、《孟》，窘於魯魚，因沈精極研，寢餗都廢，蓋三年能通義、麟兩經大義。

四明趙心堂先生，始督學吾閩，一顧輒收之。命與才迕，屢起屢蹶，計以六高等試，登解額，又上春官者再，始成進士。嗟乎！方不佞發憤大業，里中父姍爲癡狂，即不佞亦心口自嘲矣。然鴻漸之翼，往往困於燕爵，士不蠖屈，惡能奮乎？

平生爲文，不屬藳，舐筆而成，成削去，去且存篋者，什不二三。乃好事者時以文優孟我，抵掌談笑，勝真叔敖遠甚。然刻畫無鹽，質非其有，吾安敢蒙袂捧心，竟見咤里中父爲也？於是搜廢篋中，得制義如干首，授剞劂氏。蓋真叔敖自託優孟解嘲耳，慎勿索我於蠹魚之肆。

跋

重刻虛齋先生密箴後跋

蓋聞疾而爲湯熨鍼石之所及者，其發有候，其症有形，按脈觀色，而投之方，即負痼如虢公子，可以應手而立效。嘻！亦危矣。彼其沈淪顛頓，幾於無可若何，然後顯而攻之，則復起爲人者幸耳。惟膚革精營，矍然壯夫，皇皇乎逆慮夫後之所必至，滌盪其内，卻圉其外，使幽憂之疾，無自而作，鍼石不用，湯熨無功，則其所治者密，而見效蚤也。

温陵蔡虛齋先生，爲國朝理學名臣，其大者班班在傳記中，學士山斗之依，蹶然向往矣。乃所著《艾菴密箴》，罕有窺者，新安范公獨表章之，梓於蜀，又於越以藥多士某，受而卒業，服膺不舍，比之書紳。因竊嘆曰：“密之爲用大矣哉！”夫言尤而始咋舌，動悔而始戒趾，皆力攻其顯，幾危而存，盧、附（跗）之所卻顧而驚者也。若未言之先，深慮興戎；未動之先，豫防濡尾。户闃籟静，若履若臨，此壯夫之所以内滌外卻,延歷而無恙。而虛齋先生所謂"善管身"者,能綿百年,爲千載也。

省有三,勿有四,艾菴之箴有五十,密乎密乎,非天下至精,孰與於此?彼杖几勒銘,觴豆鐫警,吾尤以爲顯焉爾矣。故無疾之醫,名不出家;有疾之醫,名聞於諸侯。士自爲計,寧遇前一人耶?寧遇後一人耶?苟不欲危其身,而授人以諸侯之名也,請於《密箴》蚤從事焉。

族譜序後跋

某月某日,宗譜既成,祖叔有執率族人拜告于始祖之墓。既各列坐墓下,十世孫畿喟爾嘆曰:"嗚呼!越鳥棲南,燕驥嘶北,彼物類之冥蠢不靈者,猶戀戀濡顧其所自出者,矧人函三五以生,鍾奇儲粹,乃憒然哉?又況吾宗之氏姓,稍編厠於襟纓之家,乃可不昭德睦族哉?"畿生晚,方衣帶之能任也,已不及見吾族之盛矣。維時弁帷雖曰星列,未必皆黜浮華而湛道德;菌(囷)倉雖曰紅朽,未必皆賑煢疚而恤孤獨;生死慶弔,喪祭婚媾,歲時蜡臘,雖曰總總而萃,而欣喜休戚,未必皆怛然出於其中。某時蓋私蹙眉額焉。復值獷賊繹騷,自嘉靖戊午迄壬戌,燄煬我室廬,虔劉我童叟,重以疫疹爲災,死亡銜尾。昔之弁帷,變觜骼矣;昔之菌(囷)倉,化塵土矣;昔之總總萃者,盡轉徙而顛頓矣。今其存者,非鋒刃之餘,則流亡之孤也。殘創既極,決壞難支,先世之典刑愈邈,後流之風軌彌疎,以故人私其身,家私其屬。即處骨肉間,已設形骸,爾我閡隔之,況在緦功祖免外者,有不閉户塞向,築而扃之,遠外是大,無以昭德睦族,示我鄉里州黨也。

夫胡越之人,贄幣不通,飲食言語不同,苟同舟而遇風,則相救助如左右手。夫宗人生聚在斯,墳墓在斯,非胡越也。更喪亂之變,正遇風之舟也,卒相棄捐而莫之收恤,是微直胡越不如也。視之鳥與驥,不忘南枝北群者,亦大遼邈矣。請自今修行率德,聯恩洽愛。幼而孤,則相與字之;窮而無告,則相與扶攜之;捍而寡識,則通敏者教誨之。毋曰孰疎孰親,而以親滅疎,即我祖之虧;毋曰孰愚孰賢,以賢棄愚,即我祖之纍;毋曰孰貧孰富,孰賤孰貴,而以富侵貧,以貴凌賤,即我祖之媿。夫人而至於虧其祖,纍其祖,媿其祖也,豈非夫矣。

昔眉山蘇氏序族譜,條其亂俗者數事,以爲彷彿於斯人之一節者,願無過吾門焉。嘻！門猶欲其無過也,況厚其耳目,上我祖之丘墓乎？某願刺心與我族人規勵之,後之人且將閱譜而指之曰:"某也,族之望;某也,族之蠹;某也,亢吾宗;某也,墜吾宗。"嗚呼,可畏哉！可畏哉！

於是族人僉曰:"拊髀徙曰,猶稱至言,可書之以爲家誡。"

題映雪軒稿後跋

爲李官難,爲李於越尤難。夫越一大都會也,人文競爽,郁郁琅琅,而豪右譎詠,間時或攘臂。寬縱之,則形懦多溺;嚴束之,則赭衣負謗。甚且百發百解,東陵溷於西山,而莫可誰何。嘻,難矣哉！

楚雪陽孫公奉檄司李,甫受事,懸布章條,日討國人而訓之,期以順流革面,歸於醲化,毋舞乃公三尺。茹吐競絿,酌寬嚴而裁之衷。蓋坐席猶未煖也,而芒斧不試,髊髀委地,司李之庭,若無人焉。公始進諸生,與談羔雉之業。越諸生固稱東南竹箭,迺其文往往挾才而觖於法,公之謚不慧曰:"文章亦有三尺哉！"彼翩翩豪舉者自命,抉去拘攣,遊戲靈妙,而程之以法,無當也。鎔金於冶,躍者不祥。故行不法法,謂之莠民;文不法法,謂之莠士。其爲躍冶均也,矧越尤四方嚆矢哉！於是出《映雪軒制義》若干首示予,大都噙精六籍,擷華百氏,寧法範才,無溢於法。捧而讀之,仁義道德之言,斷斷如也。菁莪化洽,彼中人士,將益蔚乎豹變矣,第小人革面云乎哉！遂再拜請繡諸木,敬綴卮辭于末簡。

賤歷圖跋

劉友某爲余繪《賤歷圖》四十幅,圖各有解,皆叙予窮通出處之致,生平事蹟,纖細曲折,難以盡述,姑撮其大略,以示後世子孫。昔人謂:"讀《陳情》、《出師表》而不感慨涕洟者,非孝子忠臣。"余謂:"爲我子孫者,見我窮苦諸圖,不警惕以堅其志;見我通仕諸圖,不矜奮以植其業,而徒具一副面目鬚眉,穿衣喫飯,虛擲景光,甘與草木同腐,不亦大可愧恥耶？"

圖第一以至第三十八,繪於萬曆己未,其解説皆余援筆手書,時年七十有一。而第三十九、第四十兩圖,繪於天啓乙丑,其解説與前引後跋,命諏兒代書,時年七十有七。數載之間,目力、手力頓異。盛固可喜,衰亦可虞。爾後生思及此也,宜將是圖捧襲珍藏,每月朔展誦一遍,相與乘時砥礪,期於成立,無俟耄朽,自貽悼悔。念之哉!念之哉!

引

賤歷圖譜引

士人起家寒儉,而邁迹青雲者,亦何可勝指哉!乃予也,生逢百罹,嚴慈蚤背,零孤落魄,幾於委墜翳桑。農酤、工傭鄙瑣之業,躬親備嘗,晚始策駑駘,以希騏驥,發憤呫嗶,淹通文藝,六試槐闈而冠賓鹿,載上公車而參題鴈,敷歷宦途二十有三載,竭慎靖共,心無二慮。帝嘉乃績,擢長臬藩,貤封三世,似足歌《伐檀》,伸蠖屈矣。而餔菲糲,服麤濯,一榻獨宿,無《小星》衿裯之抱。旁窺者,或疑其矯,而不知予當困阨時,王父母與父若母,養不奉潞瀋,殯不具含襚,荒鹵簡忽,深懷悔恨。故齒於鄉,初號吟蓼,不廢莪蔚之章;齒於國,復更慕蓼,長垂旻天之泣。寧敢須臾忘勞瘁,而佟然自適哉?

諏、諧二子,猶及見我居約狀,稍能怵惕。繼此而孫、曾、雲、仍,恐狃於末流之慆忕,莫識我艱,因繪生平賤歷大概,以示後人。歲節群聚,啟圖一覽,怳若侍我座隅,聽受提命,戢靡曼之習,興奮勵之思。上焉者鵬搏鯤化,用繩祖武;下焉者,修姱守恬,不墮素風。則斯圖也,勝於鑽李持籌而貽兒孫以阿堵中物也萬萬矣。小子誌之。

記

武林脩復南湖記

越中望山,無如天目,周八百里,亙杭、嘉、湖、徽四郡,插天絶頂,兩池相對若目。至湖之孝豐,有廣苕山,即天目之陰,苕水出焉,流爲苕溪,歷湖之西南,合霅溪諸源大流,峻奔放雄,逸不可禦。禹治水至會稽,會諸侯計功,探石匱,藏金簡、玉書於此。疏瀹至錢塘、餘杭之間,存留有西海遺跡,承苕溪之流,而處杭、嘉、湖三郡之上。

漢靈帝熹平間,陳公渾因其跡爲南湖,縱橫一萬三千七百畝,其派由苕溪支入石門港,委曲而來,泓開一鏡,千里奔騰之勢,至此停蓄安瀾,稍一駐足。如赴鬭之兵,剽悍狂溢,爲之延勞休息,稍憩其疾馳之氣,盈科漸進,無衝突潰決之患。崇巒廻合,湖光四暎,澄泓如練,而流石焦土之時,徐引其積聚之潤,分灌諸渠,以甦旱魃之困。三郡咸仰其沬,于以瞻拜禹功于千百世之上,而漢人推竟其緒,以及無窮,美哉洋洋,真當社而稷之矣。

由熹平至敬宗寶曆,垂漢、晉、五代迄晚唐六百餘禩,泥土漸堙,歸公珧脩之。由寶曆至崇寧三百餘禩,又堙,楊公時又脩之。由崇寧至成、嘉且四百禩,豪右相與割據封殖,延袤彌望,千年巨浸,化爲桑林,平陸、菰蒲、禾黍之區,存者僅如行潦。

嘉靖初,侍御傅公慨然清復,然亦還湖八千一百六十畝,縮舊額尚五千有奇,而諸豪侵牟猶昔。高樓大榭,鬱鬱芊芊,一望雞犬、煙樹、桑蔴如簣,清復遺址,已不辨其故處。深湖爲陵,則水無所受,百川灌河,涔洞懷襄,無從殺其勢,氓既與魚蝦爭宅,而傾瀉立涸,蜃蠦爲灾,三郡甫田更無鯀希涓滴之瀦,引流滋溉。戊申,浙中雨數月,水奔南湖故道,衝廬舍田疇萬計,三郡誼閱,蜂擁轅門外。時參藩王公職水利,慨然議興復錢塘,聶令贊襄之,上其議於兩臺,遂定復湖之役。顧工役浩煩,費安從出?適欽犯傅、楊二大獄,余與孫偃虹君,竟年鞫理,追括贖鍰有數千,充給其工傭,上不匱官帑,下不浚民膏。是役也,三郡編民抃舞奮躍,歡聲動地,故經營方新,子來趨事者不日,併力於開濬,櫌鎡鉤鎌,劈空芟剝,犖叢枂茂椐,須臾立見脩平,向奔突激淤,漸疏排而舒流矣。高田不爲湖者,七百四十餘畝,二予軍屯,一予民佃,餘梁黍離離,蘆菰蓁密,一望桑菓繁秀者,盡入爲湖,如傅侍御清復遺址。群流注湖,如脩蛇赴壑,不與高原爭道,瀦匯淵渟。三郡分甘承潤,浙西萬户保無昏墊,即旱魃煽虐,如嬰兒仰乳於慈母,含哺以時,庚癸絕呼,稼茨坻積,歲輸國賦以萬計。諸君子詠經始,且爲計長圖也,豎界石八道,以防侵冒。築十字長堤,以植桑株,桑與田俱貯于官,以充五年小濬、十年大濬之費。苕溪傍慮衝堤,則遠砌塘二,以護堤岸。湖堤內慮奔湧,則內設閘二,以節蓄洩。近堤外慮崩齧,則近設壩,以遏衝射。

始戊申復月,竣己酉臘月。諜(牒)上大司農以聞,詔出帑金,貤資共事諸臣,詡詡然侈爲不朽盛舉,鐫石紀蹟,將垂爲世永賴。嗚呼!滄海揚塵,高岸夷谷,杜元凱立碑一山之陽,一水之底,天下寧有陵谷桑田,可長恃爲不變?況欲遡元會運世,尋禹功於混沌之鄉,亦遏乎邈矣。或有憂時君子,爲元氣請命,與聖明密護而存之,山海雖傾,而南湖不毀,此則民間長利,還溉注之民間耳,於南湖何有?於南湖而勒紀者,亦何有?

雖然,愚公移山,夸父逐日,銳氣所噓,舉千年敝局,一起而鼇振之,須彌沙界,永奠坤貞。或者南湖堪與四瀆齊潤,陵谷終久不遷也,夫誰不追頌諸君子於《黍苗》之章,以志明德之遠。

武榮邑侯吳父母脩城功德碑記

南安去府治十里許,城墉古未有也,城之自玉融夏侯始始。侯當嘉靖之季,寇夷訌侵,民鮮寧宇,是用條便宜,度地據扼,以衛我民,蓋屹然泉西一重垣云。歲承平久,烽燧不驚,即小有竊發,一虞候之力能制之,故有司緩視城築,幸得按堵,稱奉職無害,徒秩以去足矣,於濡衃乎何有?

南昌吳侯之蒞茲土也,滄檗拔葵,慈赤禮士,所厝注恰中利病,尤圖所以葺墜舉廢,爲久安碩畫。一日,登城垣四顧,喟然曰:"南邑處府治西偏,與晉安相犄角,而梅花、九溪之間,實清溪、永德所藉咽喉地。惟茲保障雉堞在,奈何置瑕圮勿問,而以委土封,虛有其表。爲令猝有不測,彼乘墉斬關之夫,得無生睥睨也耶?"於是捐俸貲如干,斥贖鍰如干,度同事邑簿胡君廉幹勤敏,遂與分董其役。仍石於城,藉土於濠,因工於傭,不糜公帑,不妨農收,不兩月而樓櫓垺圾之瑕者堅，隙者堙，委頓濺溰者飭，邑城百雉，煥然改觀，金湯之險，彌增而固。始其事于萬曆丁巳之夏月，而即以其秋告成。侯且咨民瘼，嗇物力，羨廩糈，蒐卒乘，纏纏實政，漸次具舉，蓋自是南安誠安矣哉，真百世澤矣。

夫《春秋》書城虎牢，重設險也。莒恃僻陋，謂孰以我爲虞，至使楚浹辰克其三都，君子賦菅蒯刺焉。頃者幺麼不逞，揚舲窺我内地，海壖村落之民，扶攜迸奔，望城郭如鶩，賴有固志。然則侯之綢牖徹桑，豫設險以固吾圉，政《春秋》特筆所必書者，諸父老不能一日毋恃城，宜益不能一日忘侯矣。

先是，城功成，父老謀欲碑之，侯不可，曰："古司空不視塗，猶以爲非國，豈其城復于隍，而秦越視諸，予不敢恃陋廢備而興斯役。既告成事，復攘以自勞，人其謂之何？"已而侯以述職行，適不佞從豫章歸，過里門，猝有海氛之警，諸父老環城而頌曰："微侯其孰遺我以安？可碑矣。"邑舊祀夏侯于縣治之左，兹將碑侯于其中，與夏侯並尸祝乎不朽。乃藉手諸子衿，礱石以請於不佞，今而後，乃知士若民之不忘侯，有以哉。侯在邑故多善政，不書，特書其城功者，揚顯伐也。

重建龍塘王氏祖祠記

蓋自明聖以孝治天下，而廣推錫類之仁也，閭閻士庶，皆得灑掃穹室，薦馘陳饎，以追反其本始，而況懷符分祿，通籍於國者乎？

我龍塘王氏，以七致正公爲始祖，尚矣。舊有祠一區，介於族聚東偏。某八九歲時，每寅正、朔日，先大夫愛塘公，攜而入拜，見其規制窄淺，中塑始祖像，顏貌魁頎，設帳以供，滿據方丈，子姓兄弟臚行稽顙，只容十許人，必循次後先，乃成禮焉。嘉靖庚申、辛酉間，寇賊猖獗，焚掠邨落，而祠化爲焦燼。擾亂既寧，我王父述齋公，議舉始祖之祭，而兵燹餘息，存者僅若晨星。歲推七八人爲首，輪值禋祀，以季秋重九，執筥筐，湘蘋藻，肅將於始祖墓塲。灌饋既畢，側坐蒙茸隙地，咨問寒溫，分受酒核而退。蓋祠燬未復，禮失而求諸野，姑留饋羊遺意。即萬與某相繼歌鹿苹於鄉，猶然率行勿斁。

追某成進士，由部郎剖節守杭郡，遷視兩浙學政，始謀建祠宇，而湫隘舊址，不堪沿襲，宗孫立有地盈畝，背寅面申，青烏氏相其原隰，以爲允臧，而詢諸蓍蔡，兆俱協從。籌費宜三百金，某獨任其彊半，餘則族人佐之，或以錢粟，或以力作，原共黽勉襄事。於是庀材料，繕瓦埴，集工匠，選吉戒期，橐橐馮馮，版堵朋興，不踰年，而棟宇斯翼矣。

顧族人誠多好義，而産殖不豐，窘於生業，匪直錢粟之佐，什靡二三，而力作者，亦莫能繼也。某乃命諏、諧二子，仔肩董治，積月纍歲，拮据綢繆，然後有堂有寢，有廡有序，有中外庭階，有皋應闌臬，龕匱几榻，位置凜如，槹楔鑪瓶，懸列晏如，柏卉種蒔，枝幹森如。又於祠西築委屋數楹，可以除風雨，可以資讀誦，可以供燔爨。去祠十數武，豎恩榮坊四柱，可以聳觀瞻。雖未及藻繪雕畫，潤飾壯麗，而視往昔規制，亦稍宏廓矣。

祠經始於萬曆壬子，竣役於天啓庚申，而奉始祖考妣，與五宗考妣之主入祠，在壬戌冬長至；奉高祖考無逸芸翁，與贈通奉大夫祖考述齋公、纍贈通奉大夫考愛塘公之主入祠，在甲子春王正月九日。一祖五宗，報本始也。無逸芸翁壽享百齡，而疆理塘田水利，勞著鄉族。述齋、愛塘兩公，懿媺足徵，皆膺封爵，例得併祀。至隱德若某，旌善若某，破荒開科若某，捐施祠地若某，徐議附入。以某所睹祠之廢興本末如此，既濡毫爲記，且聚公族長少，揖而言曰：是祠也，後則遠脈邐迤而來，前則岌峰端拱而揖；左則洿塘注匯，其堤宛轉如遊龍；右則鉅石倚疊，其勢起伏如馴象。石塘而外，長橋委蛇，復有海潮環遶，如圍帶。形格佳勝，青烏之相，蓍蔡之兆，豈虛哉？而以人傑濟地靈，創者盛，而傳述者美而彰，則惟我世世令子令孫，闡繹而光大之云爾。

論

安危本乎人情

天下安危之幾，必有所自始。從其所自始者而圖之，然後其幾可以惟吾之所制。何者？安非一日而安也，危亦非一日而危也。其相反也，此盛彼衰，如寒暑之不同候而至也；其相推也，彼起此伏，如寒暑之迭賡續而旋也。苟不察其本，而圖其幾，安則沾沾然喜，危則鰓鰓然懼，拱手屏息，聽其自來，順其自去，則安用策天下者爲？惟善策天下者，不求其安危之末，而求其安危之本；不求安危之本於天之數，而求安危之本於人之情。以欲惡爲端，以方寸爲衡，調鈞之，燮理之，煦愉而噢咻之。吾之情得，則人之情得；人之情得，則天下之情得，而安危之機，可以坐制之而有餘矣。噫！非深鏡治本者，其孰能知之？

今夫安危代事也，若阪與隰，何國無之？是以聖人著之簡策，傳以詔後世。言安則《易》有"苞桑"，《詩》有"孔固"，《書》有"無疆惟休"；言危則《易》有"濡尾"，《詩》有"集木"，《書》有"若隕深淵"。其語安危，不啻詳矣。至曾子傳《大學》，而以爲民父母，爲天下大僇，歸於絜矩。絜矩者何？絜之以人情也。父母之安，大僇之危，皆本于是。若木之有根，勿可使撥也；若水之有源，勿可使壅也。不灼其本，徒舉安危之故，諉而推于幸不幸。時享其安，曰："天之戩穀，我即恣睢遊娛，誰其禁之？"時值其危，曰："天之鞠凶，我即竦懼省顧，莫可誰何。"如是則安危之機，常制於天，不制於己，而天下何賴焉？

若夫善制安危者，知天下之情，一人之情是也；人之情，己之情是也。己與人同一區宇陶冶，同一肘股毛脈，同一血氣知覺，而謂其情獨異乎哉！是故人情欲富，則爲之廣宣阜，俾其廩庾蓋藏，如埔如櫛，而無祁寒暑雨之咨；人情欲壽，則爲之保生聚，令其黃髮鮐背，鼓腹含哺，而無夭札乖疵之傷；人情欲康逸，則爲之攘氛導祥，置天下於休嘉恬愉之域，毋或一夫向隅，以屯我主膏；人情欲親睦，則爲之敷教明倫，納天下于仁義禮樂之化，毋或一人干紀，以辱我王度。彼其閔閔然，皇皇然，好務與聚，惡務勿施，如赤子之在抱，思所以衽而席之也。前有所瞻，後有所顧，如察朝夕于運均之上，而目不停瞬也。得而怖失，初而慮終，如手之上而脩頭，下而脩足，蚊蚩傅體，則搏而驅之。何者？安危之本，固在此也。動之幾微交奧之中，徹於窮簷蓽屋之遠，發之喜怒愉怫之頃，係乎理亂興衰之故，奈之何其可忽也。

夫子不云乎，"執轡如組"，推此言也，可以治天下。子貢曰："何其躁也。"

子曰："非躁也。"謂其組脩於此,而成文於彼也。故以人情爲組脩,則能絜矩,而作民父母,而苞桑,而孔固,而無疆惟休,安猶未足喻也;不以人情爲組脩,則不能絜矩,而躬嬰大僇,而濡尾,而集木,而隕于深淵,危猶未足喻也。微哉幾乎!吾以爲危,則安者至矣;吾以爲安,則危者至矣。至哉本乎!植之于安,則安者永無危矣;植之于危,則危者終不得安矣。彼古之聖王,所以兢兢業業,罔敢咈百姓以從己之欲者,誠謂安危所託,則人情係焉耳。而欲得天下之人情者,宜何如?

蓋人情者,聖王之田也;田者,反土而菑,潛畎而溉。荒也薙之,莠也鋤之,舍己而耘人,則有鹵莽滅裂之報。爲政者之於人情,亦如田之有畔,昕夕而圖之,行無越思,約守而博施,乃所以平天下之情,而制安危之本也,此又君人者不可不知。

君子蚤有譽於天下

君子不蘄近名,而名卒歸於君子者,則亦先天下以寡過,而立本豫焉耳。何則?君者,治人者也;民者,則君自治者也。我懸的而彼不決拾,我樹標而彼不竭麐,此其過恒在下;彼方草偃而大塊不噫,彼方川迎而壺口不注,此其過恒在上。過在上者,過也;過在下者,亦上之過也。一君之身耳,而兩過兼任焉,則欲求其無毀且不可,何況於譽;欲求有譽且不可,何況於蚤。有天下之譽,惟王天下。君子合天下之人,以成其身;合天下人身之寡過,以成其治。醲化昭登,淳風洽暢,人無稊行,戶皆可封,莫不歡呼蹈舞,娛遊歌咏,以自適其性,而達其情,而君子之譽,於是乎彌彰,是豈譽至此始有哉?譽徵諸民而有譽之本,則蚤取諸身也,何以明其然也?

今夫布衣韋帶之士,束躬而砥行,以名聞於里者,非因里譽之日而後有也,其前行多脩矣;庶官之長,秉德而行仁,以名聞於國者,非因國譽之日而後有也,其前政多善矣。矧人君託身於天下之上,固天下之所環拱而取則者,則不蚤立,而第捫揗焉,役其私智,以弭毀而邀譽。虞其潰也,而塞川防之;慮其沸也,而揚湯止之;炫其美也,而畫羽章之;藏其瑕也,而施髦蓋之。試反而考道諸身,其喜怒哀樂、貌言視聽,既已緯繻紕繆,動有過端,乃紛紛焉而議制作,粉以夏政,疆以周索,比綴於節文度數之間,自以爲王可,四帝可,六天神可,参百代可,券而不知其設器陳物,皆拂天下之情,逆天下之性。於是乎視聽貿亂,心志狂易,各設町畦,各生懷忮,各行智臆,各尋戈矛,攘攘嚚嚚,淪胥於過舉,疵釐而不可收拾。天下之人,因群起而訾之曰:"誰執大象,誰握斗極,而令天下若是,奈之何其有譽於蚤,而永終於後哉?"

若夫有三重之君子,則不然。迪德以脩道,體道以物身,捐適莫偏黨之見,遊平康正直之途,順陰陽明晦之宜,適消息盈虛之用。惇睦式序,蚤不宅衷於頗,然後爲之直行曲殺以履之,撕播推進以表之,俾天下不得踰禮而僭;倣準循繩,蚤不錯趾於瘉,然後爲之符璽權概以信之,車服奉梏以聳之,俾天下不得越度而争;布經攄緯,蚤不絓躬於厖,然後爲之象形點畫以別之,聲音名物以發之,俾天下不得舞文而縱。沿之革之,與勢趨之;減之益之,與時宜之。正行不泥,旁行不流,變通盡利,鼓舞盡神。天地,吾其彌綸,而建之不吾悖矣;造化,吾其出入,而鬼神不吾疑矣;古今,吾其進退,而考前王不吾謬,待後聖不吾惑矣。

是故上之化下,如金在鎔,如土在型,深淺方圓,靡不肖也;下之從上,如矢集的,如響應呼,遲速先後,靡不副也。一人之心,通乎天下之心;而天下人之心,聯而爲一人之心。百僚庶尹,濟濟師師,罔不敬讓于朝;兆民億姓,皞皞熙熙,罔不和親于野。近而郊圻,遠而陬澨,當吾世而八譯九垓,異吾世而千葉萬禩。耳目不至,意氣觸之;意氣不至,風聲被之。且有望,且不厭,且世法世則,令名洋溢,而施及於兩儀之所燾載,二曜之所燭燎,四時之所杌移,雨露之所墜降,函氣蜚揚,翕翼婆娑,此豈禮度文章之結束馳驟,而能蚤收天下之譽若斯哉?

蓋君子藏身於道,藏天下於吾身。其與天下相符也,形骸不隔,肝膽若貫,窾綮脈絡之曾無所齟齬焉。其與天下相忘也,機械不作,智故不生,得喪逆順,聽其自往自來,無所引距焉。其與天下相適也,精精默諭,意意交恬,潛躍翔走,飽德機於化日光天,無所壅閼焉。君也無思無爲,何心於民之我譽;民也不庸不怨,亦何心於蚤譽其君。然猶曰"明明天子,令聞不已",曰"勉勉我王,綱紀四方",曰"樂只君子,德音是茂",此無他,公是公好之人,心自爲參同周浹,不具脛而馳,不傅翼而飛,而廑廑於寡過中得之,則信乎王道之平平蕩蕩,無他奇也。彼違道干譽者,獵虛飾詭,招招焉鬻名聲於天下。然而宫中七市,女閭三百,即外假王者之迹,稱義稱仁,而沃之無根,嚼之無味,蚤譽不終,而謗議隨之矣。

夫惟有本之譽,其譽前定,故曰蚤;惟有本之譽,其譽可久,故曰永終。舜之罔愆,禹之無間,湯之不吝,文之無斁,皆以身之無過,置天下於寡過,是以名光史册,榮華至今。乃夫子之贊堯,獨曰"蕩蕩乎民無能名",非無名也,至治無迹,至化無聲,康衢擊壤之民,欲贊帝則,頌帝力,而不可得耳,此帝王升降之所以分也。而欲鎮天下以無名之朴者,至謂禮爲亂首,斗衡爲争,端經式義,度爲欺德,所由又與君子之道異矣。

表

擬吏部主事儲瓘疏薦謫籍遺才,上嘉納,付部起用謝表弘治元年

丙午四川

伏以興王賞諫,必重補衮之忠;聖帝憐才,尤先賜環之典。片言誤辱乎采菲,多士幸彙於拔茅。喜溢同升,恩踰異數。臣云云。

竊惟古者,諫無常員,君罔擇聽。矇誦瞍賦,匪直皋拜稽首,龍作納言;岳咨蕘詢,豈必訪需總章,問清衢室。明德遠矣,懸鐘磬鞀鐸之招,靡善弗聞;文謨顯哉,順聲色識知之泯,不諫亦入。自夫泰交道降,荃宰情暌。楚澤行吟,睠宗國而不返;淮陽卧理,願禁闥以何從。雖止輦受言,間嘗見於營臺惜金之主;而拾遺補闕,曾奚取乎連車平斗之謡。人作鑑而不終,馬鳴仗其輒斥。黄臺之瓜詞甫詠,白衣之礬榻亦疎。熙寧三舍人,並褫班聯而竄跡;元祐諸君子,概鎸黨籍以投荒。數日臺諫皆空,誰作朝陽之鳳;一網賢才打盡,堪憎止棘之蠅。嘉謨既等於犣毛,衰祚亦危若纍卵。邈超往軌,快睹昌朝。

兹蓋伏遇皇帝陛下，秉精惠哲，惕業幾康。隆舜孝之夔夔，豫以成化；運堯仁之蕩蕩，大莫能名。道固出聖入神，而猶採講學親政之議；治欲跨今軼古，而恒懷求賢側席之思。故臣偶效涓滴以助深，亦荷川澤之納污。人不終於廢黜，事漸見諸施行。言念丁璣等五人者，當夫橫經矢志，且欲磨礪以須；及其載質入官，便爾立談而涕。灑一腔之熱血，指溫樹以忘嫌；攖九閽之逆鱗，投近鼠而罔忌。天威凛乎難犯，姑譴謫以示懲。臣罪宥已及寬，敢生還之是冀。然其氣雖過激，乃爲君謀則忠；言苟可收，勿以下體遽棄。矧沈而錮之也，則草莽賤士，落莫自甘，衹以明主德之不恕；召而用之乎，則羈絏纍臣，感愴思奮，益足表聖度之能容。溫綍傳宣，雨露從九霄而下；除書頒渙，枯朽以一旦而蘇。彼輯檻以旌，佞頭未斬；藏弩於側，君過徒匡。孰若虛己受人，勇沛江河之决；知仁使過，亟收湖海之蹤。不惟恩加五臣，使困衡者勵金石之貞，而剛彌百鍊；抑且風動百辟，令觀望者破脂韋之習，而口無三緘。允矣，銓政與言路偕通，臣直藉主聖濟美者也。

臣瑾瓨瓺小品，樸樕散材。濫竽選曹，乏行儉知人之鑑；尸餐功署，希山濤啓事之規。奪與請自上裁，臣之職也；培傾誰非至德，君何私焉？敢不矢嚴獨知，包持衆美。九術足以致大，不進不休；一言幾乎興邦，自靖自獻。務闢薪樢之途以報國，寧樹桃李於門而營私。伏願學懋有終，政圖無斁。持真詮以擇士，略其短而取其長；酌正論以掄材，養其鋒而畢其用。苟有裨于社稷，不靳轉圜；即無當夫樞機，何妨折節。則光明下濟，萃天地人鬼之歡；福履永綏，應山阜岡陵之祝矣。臣無任云云。

擬上幸西苑，召黃淮、蹇義、楊士奇、張輔等同遊，賜宴萬歲山麓謝表宣德八年　　庚子分試滇南代

伏以時逢春豫，宸遊諧魚水之歡；道洽泰交，燕樂繼鹿苹之雅。在明主罔淫于逸，惟聖君能體其臣。史册希傳，縉紳快覩。

臣等誠惶誠恐，稽首頓首。竊惟《蓼蕭》、《湛露》，聿宏豈弟之恩；《魚藻》、

《卷阿》，式叶明良之好。迨都俞之既邈，致堂陛之漸疎。深居但使聞聲，入對空勞辨色。或從比睍，何取趨陪？興慶承恩，四面雲峰入幄；華清賜宴，五家騎從如花。宮嬪贈珠璣，虛説君王召客；小璫陳書畫，徒恣佞倖逢君。陋習堪嗟，芳規有待。

兹蓋伏遇皇帝陛下，神姿舜哲，聖德湯新。追三王五帝之駿猷，遜稽時切；撫一祖二宗之鴻烈，近述惟兢。神武靖腥羶，飛掣電披雲之羽；宏文敷訓誥，焕光天耀日之篇。選勝地以遨遊，擇佳辰而宴賞。惟兹西苑，創自先朝。高閣流丹，日近蓬萊雲借彩；層巒聳翠，烟籠瑶島水增波。蓋真仙侣之所居，信非人臣之可到。御筵載啓，黼帳遥臨。翠華影裹動龍蛇，山川生色；雉尾雲邊飛燕雀，草木含香。豈戀物華，爰乘時令。未適耳目之玩，旋興股肱之思。中使傳宣，叩扈法宫之駕；内園鋪設，追陪閬苑之懽。初疑坐井以闚天，忽似乘槎而入斗。山名萬歲，五雲高處聽嵩呼；泉繞千盤，百道飛來呈水戲。間關鳥語，雜笙竽簫管以偕鳴；縹緲花香，穿檜柏松篁而遠映。陸珍水錯，玉羞出自上方；紫液黄流，金露恍承仙掌。春從天降，樂與人同。

念淮等技只雕蟲，徒以禮樂而佐元后；勞猶汗馬，敢曰韜鈐必屬老臣。幸依日月之光，竊附風雲之會。神遊化國，始知塵外清都；夢入蒼穹，猶記空中廣樂。何以殫竭，眷此恩榮？敢不效葵藿以輸忠，仰岡陵而永戴。即一飲一啄，惟天子恩；期一豫一遊，爲諸侯度。

伏願樂而能節，康且惟幾。益隆喜起之休風，不廢師儒之晉接。早朝宴罷，奠永祚于金甌；外攘内修，調太平之玉燭。將河清海晏，八荒壽域同登；而麟至鳳儀，萬國春風共藹。臣無任瞻天仰聖激切屏營之至，謹奉云云。

擬宋召輔臣於玉宸殿，觀太宗文翰，各製文刻石，
　　因指詩牌字，問皇太子，應聲以對，賜宴翔鸞閣，奏樂賦詩，
　　　　侍臣皆賦謝表祥符七年　　　　甲午鄉試

伏以顯烈駿謨，聖祖昭垂有赫；寶章玉册，神孫對揚無疆。訓既錫于彤庭，

恩更沾乎赤芾。聲詩寫慶,朝野洽歡。

臣等誠惶誠恐,稽首頓首。竊惟自古聖帝明王之作,皆有芳規懿範之遺。披墳典於黃、唐,沕穆之治如見;挹誓命于湯、武,化理之迹猶存。百篇删後無《詩》,《大風》斯奏;六朝作家非法,雅道漸漓。庭草燕泥,麗已競矣;金莖玉露,巧其傷乎。

追我太宗,以龍行虎步之姿,成太平興國之業。德已入神出聖,因肆筆而爲書;治亦過五登三,乃娛精於游藝。翰墨藏諸太史,鐫刻副在有司。幸瞻玉殿之徽猷,星辰手摘;快覩璇宮之茂冑,日月躬逢。質逞岐嶷,知才高乎八斗;敏專應對,信口懸乎三河。妙齡具見如此,壯脩將何以加兹?蓋伏遇□□□□,纂大合華,執中布度。道穆三象,功塞二儀。念爲之前者,宏謨師乎奕世,而最要者尤在孫謀;思爲之後者,休美憲之百王,而所繩者莫如祖武。乃宣石渠之彦,爰抽金匱之藏。一翰一文,糾結乎龍翔鳳翥;隻字隻畫,依稀乎璧合珠聯。泛而觀之,則藻摛春華,如微臣之有目者,皆可睹哉!指而問焉,則辨馳秋濤,非皇嗣之英發者,莫能與也。是以天顔有喜,用錫宴于翔鸞;允矣帝德難名,姑形容于刻鵠。泰交乾下,需樂雲頌。雖蠡測管窺,未見海天之浩蕩;而引商刻羽,粗通金玉之條貫。

伏願道先身範,教以性成。羽翼有人,不招綺園之老;身心交養,何須潘陸之華?止於慈,止於孝,止於敬,今日之三善可書;行以勇,行以智,行以仁,天下之五達在我。則金甌鞏于百代,玉燭調于萬年矣。臣無任瞻云云。

擬宋承天節,百官上壽。是日皇子加冠禮,
　　司天奏日煇珥,廷臣賀表祥符八年　　　　　　會試

伏以皇祚明昌,慶長祥之濬發;儲君温懌,仰令儀之戀新。景爍燿於咸池,歡聲動於楓陛。事與時會,應以和招。

臣等誠欣誠忭,稽首頓首。竊惟自昔國家有道之長,每見君臣胥悦之盛。堯德廣運,聽多祝於華封;啓賢能承,纘玄圭于河洛。文王爲世子,聿隆齒胄之

規;周公訓伯禽,載諭觀橋之道。入有保,出有師,時惟吉士;君曰喜,臣曰起,藹若家人。蒙泉之養弗端,泰天之交漸隔。諧口獻諛,乃稱七十九代之觴;孫謀否臧,不貽百千萬年之燕。集于苑,集于枯,釀成珮玦之灾,誰之過也？置之安,置之危,玩同弈棋之戲,不亦慎乎？調護煩于商山,何藉羽翼？賓客通于博望,徒勞望思。蓋爲之前者,龍亢于飛,既已帝而不帝;故爲之後者,瓜稀於摘,斯亦嗣而弗嗣。道隆於今,風還乎古。

茲蓋伏遇□□□□□,性生睿哲,德秉粹清。穆契寢繩,靜絲綸于密勿之地;祥摛載玉,符吉利於信順之徵。雉尾雲開,睹鬱蒼之嘉氣;龍鱗日繞,煥赫奕之奇文。萃百辟以趨蹌,望九閽而舞蹈。如山阜,如岡陵,方幸姬王之無憂;而謳歌,而訟獄,忽見夏后之有子。彌尊諭志,重元服於三加;順德觀成,介永綏於百福。志氣交動,天人並歡。丹穴凝輝,五色之毛燦乎爛矣;赤輪騰珥,千官之景休哉淑焉。太史獻占,保章告慶。從此爲子知父,爲臣知君,爲幼知長;行將以士希賢,以賢希聖,以聖希天。蓄潤乾潛,應庶物之首出;磨礱震器,卜主鬯之無瑕。

臣等勞謝戴星,情切就日。責以効力于國,九九之技何功？證其盟心於君,一一之衷勿替。瞻碧輪而三舍,叫閶闔於九重。伏願福斂箕範之疇,烈啓文謨之顯。以身作則,隨物爲規。春弦夏誦,秋禮冬書,諄諄備四時之教;咸五登三,襲六爲七,巍巍超百代之隆。臣等無任云云。

策　問

策　問四川典試

問:喆后爲天下計治安,則謹始圖幾,恒惕惕焉。間嘗得故記之所以道者矣,《易》曰"君子以作事謀始",又曰"君子見幾而作,不俟終日",幾之與始,其義果有異歟？夫幾者,動之微,微必至著;始者,終之端,終未必盡如其始。則著烏可忽,終烏可玩也？何聖人諄諄致戒,獨亟謀始而神知幾歟？抑亦有舉始要終,語微達著者,可縷而述之歟？季代之荒主,勿論已。乃樞機明慎者,開釁于後昆；沉幾先物者,侈志于云亭。仁義既效者,漸不終於貞觀；勵精圖治者,釀禍始於靖康。此其失果安在歟？毋乃幾不蚤見,始謀雖臧,而圖終之策未令歟？我皇上紹天闡繹,瑩精理道,心固無一息而忘天下也。頃以元孫洽慶,上聖母徽號,詔罷時政之不便者,與海內更始,中外歡呼,額手稱聖。顧汗出惟反,綸綍不信,其故何歟？説者竊謂聖心疑悔交乘,而居上臨下,聽言行政之間,未能粹然無纇,以故始謀而事不終,幾萌而善不著,然歟？否歟？諸生懷樸忠有日矣,不以此時直攄所輻轕,又何須也？毋謂非藿食者所及。

問：《大學》一經,內聖外王之道備矣。用我其東周乎,舉此而措之耳。乃夫子又曰"志在《春秋》",豈其譚脩、齊,譚治、平者,不過空言之託,而《春秋》繼《雅詩》之亡,別嫌疑,定功罪,嚴命討,以達於王事,始深切而著明歟？彼其筆削之義,游、夏莫贊,而三傳之辭,何津津也？《大學》原綴在《禮經》,其中所載,如三無、五至、七情、十義,無非彝倫之理,明新之致,而何以獨表章是篇耶？子輿《十傳》,其義炳如日星,而衍之,而又補之,不幾於贅耶？抑亦有足爲經傳羽翼,而與《春秋》大義相發明否耶？我皇上聰明天縱,問學日新,雖深居静攝,不廢蒐羅。頃命儒臣以《春秋》進講,又刊《大學衍義補》,傳布中外,且欲撰文,序其首簡。聖學就將,信有緝熙于光明矣,然臣子之誼,頌不忘規。諸生試論"《詩》亡,然後《春秋》作"之故,略舉文莊所補條目,有當於《春秋》筆削大指,可裨今日要務者,其悉意陳之,以俟宸旒斟酌焉。

問：宋儒有言曰："用也者,心也；體也者,迹也。心迹之間,有權存焉者,聖人也。"夫心有指體言者,有指用言者。是體用皆心也,而何以用屬之心,體屬之迹耶？心爲迹君,迹緣心起；心生迹生,心滅迹滅,非彼此對立、兩端互據之謂也,而何以曰"心迹之間"耶？豈舜、跖義利,毫末幾希,而心迹體用,亦固然歟？然心之與迹,離之則兩非,合之則一是。有似合而離,似離而合；有不合而乃以合,不離而乃以離。善利曰間,心迹亦曰間,則不合不離,概同歸而一致歟？竊意間之爲言,特徘徊之岐路,移游之所託耳。故或謂鳥飛準繩,爲大人之義者；

或謂舍是與非,無用賢聖,夫塊不失道者;或謂無近名,無近刑,而緣督以爲經者。彼於心迹之間,竟何據歟?然則所謂"有權存焉者",果權於心歟?權於迹歟?抑心與迹併挈,而取中歟?惟權之義不明,故舜、跖共途,義利互競。至於逃權變、權術之說,而壹以權宜爲解,則心迹離合,益不可知矣。此其所係,非細故也,願反覆明辨之。

課兒孫策問二道

國家之張官置吏,以爲民也。官不恤民,則失其職。子輿氏譏刺平陸大夫,以牧牛羊取譬,至爲剴切,其說則布於《詩》。《詩·小雅》之歌牧事也,羊則三百維群,其角濈濈;牛則九十其犉,其耳濕濕。降阿飲池,或寢或訛,各適其所,于是牧人乃有"維魚旐旟"之夢。夫其麚以肱者牛羊耳,而夢乃在魚;所荷者笠與簑耳,而夢乃在旐旟,義果何居?意物之衆多莫如魚,其民之象耶?旐旟,官之所建,其臨民之象耶?在《易》有之,貫魚以受寵,則君子得輿而爲民所載;剥足以及膚,則小人剥廬而不可用。噫!剥民而至自剥其廬,悔何及矣!聖人于《姤》之初遇,以爲之謀。二則曰"包有魚,不利賓",四則曰"包無魚,起凶",賓之爲言擯也,包則民近,擯則民遠。此其旨與剥同歸,亦與《詩》可互證歟?

爾諸生遇有日矣,設有民社之寄,將遵何以牧我小民?占旐旟之夢,承得輿之寵,毋蹈子輿氏之所刺譏,其詳著于篇,不佞將悚意覽焉。

問:先儒之論,以爲魯之大綱,在於復讐矣。然嘗一戰于長勺,再戰于乾時,終不能衝讐人之胸腹,則當時縱嚴公以戴天爲恥,以枕戈爲志,而力可若何哉?故在梁之敝笱,不惟不能制齊子之歸,而狩禚圍郎,抑亦不得不唯唯然惟齊侯令也。至于柯之會,執玉帛,從讐人子相揖讓于壇坫之間,聖人乃略不譏貶,且援而與之,是又以讐爲不必復矣,果何說歟?衛之大綱,在於正名矣。然蒯聵以得罪於父而奔,義不得復撫有衛土,長而臨之。石蔓姑之圍聖人,蓋重不滿也。使其爲政,將姑取其稱謂辭令而正之,曰若名父,若名祖已乎?抑將並正其位,揭蒯聵以禰靈公,而世及於輒乎?至與端木賜問答,孜孜然慨慕夷、齊,是又

57

欲矉、輒父子效首陽高風，塵芥千乘之國，則先公數百年社稷，誰將主鬯而禋祀也？

夫讐不可忘，於魯固然，而於越入吳，則深著其罪，豈其嘗膽焦思者，非辱及君父也耶？國不可爭，於衛固然，而季札聘魯，則因以示譏，豈諸樊紹續，名亦有不正耶？爾諸生誦法尼父，《春秋》筆削大義，必有聞其概者。設令諸生柄魯、衛，果能正此大綱歟？苟讐復名正，其施爲次第，又將焉在與？幸詳著于紙上言，不佞將憑几而聽之，毋曰譚何容易。

策

第一問

治亂、安危之相反也，如陽與陰；而其相代也，如淵與阪。乃人主昧其固然，既狃於厝火怡堂之爲快；即或知其將然，而又憚於改絃易轍之非便。於是乎挾己恣睢，循習塗飾，卒於拱手待弊，而莫可誰何。惟夫聖喆之后，超然遐覽，慇然淵思。慮周千祀而明不闇於當先，業貽萬全而計不忽乎毫眇。未雨徹桑，既濟戒袽，惕惕焉不敢一日娛焉以媟者，何彼誠睹於始之當謀，而幾之不可不蚤見也。

夫天下之事，莫不有幾；而事之幾，莫不有始。始者，終之端也；幾者，動之微也。使幾動於微，而不應於著；事以此始，而不以此終。則蘖不尋斧，折之謂何；虺不爲蛇，摧之謂何？川嶽常奠，帶礪如故，鑄金象物之傳，器雖至今存可也。然而微著始終，環流轂轉，墨墨乎其相報也，就就乎其有所起也，轔轔乎莫得其門也。孰知夫燔黍捭豚，而其後乃有山梁蘭英，龍唇麟脯乎？孰知夫條桑采蘩，而其後乃有雲崑列堞，蜚襳垂髾乎？孰知夫操尾踏歌，而其後乃有爛漫北里，陽阿激楚乎？

語曰："其作始也簡，其將畢也必巨。"始之當謀也，大都若此矣。孰知夫瀄然豐滿，手足拇動者，而國有甲兵之事乎？孰知夫服綈於泰山之陽，而魯、梁之都,絓繣連伍,道路揚塵,而不相見乎?孰知夫徹轉而更辭,樂不調而折衝千里之外乎?語曰:"其微也易散,其未兆也易謀。"幾之不可不蚤見也,大都若此矣。不觀之《易》乎,《易》之《序卦》,《訟》受於《需》,而象繫之曰:"君子以作事謀始。"《謙》受以《豫》,而辭釋六二之爻曰:"君子見幾而作,不俟終日。"蓋訟者,受事而斷也;需者,卻事而待也。當夫天位正中,功利不較,則飲食宴樂,端拱以竢宜也。儻天下之勢,若燒若焦,救之不啻若奉漏沃釜,乃猶靳以栮勺,曰"姑有待彼于血"者,其何以蘇耶?故聖人戒以作事謀始,欲其不需而斷也。謙者,輕己而敬人也;豫者,恣己而怠也。當夫順動志行,民服刑清,則作樂崇德,以告成功適也。儻天下之勢,日中膏肓,已非湯熨針砭之所能及,乃猶謝俞、扁,耽逸樂,彼貞疾者,其何以瘳耶?故聖人戒以"見幾而作,不俟終日",欲其不豫而敬也。

然則敬豫需斷之際,其可以忽乎哉?能於此而握其幾、圖其始,則龍不戰野,城不復隍,而天下可以治而無亂,安而無危。不然,而失其幾、忽其始,則霜必堅冰,豕必躑躅,而天下且反治為亂,反安為危。是幾也,始也,無二義也;謹幾也,謀始也,無兩心也。言幾而著可知已。曰"怨豈在明,不見是圖",非幾歟?曰"無敢戲豫,無敢馳驅",曰"自朝至于日中昃不遑暇食",曰"明德慎罰,不敢侮鰥寡",非著歟?言始而終可知已。曰"若生子罔不在厥初生,自貽哲命",非始歟?曰"遹求厥寧,遹觀厥成",曰"惟文王德丕,承無疆之恤",曰"永康兆民,萬邦惟無斁",非終歟?蓋終與始同軸,著與幾合節,方事之初,創為始,創未及成,而遲回焉、躊躇焉,則成乃虧之幾;事之更,端亦為始,端甫漸開,而壅閼焉,沮格焉,則開乃塞之幾。俄而開,輒俄而塞;俄而成,輒俄而虧。惙惙乎不以天下為憂,刺刺乎不以萬物為笑。至於亂危之形見,始錯愕徬徨,欲起而強救之,噫!亦晚矣。此無他,惟槽於幾而憒於始,是以債於著而墜於終,則謀始豈不貴亟,而知幾安得不稱如神也?

彼季代之荒主,習亂忘危,怢不自睹者,姑置勿論。若宣帝樞機明慎,媲美周宣,而乃開三大釁,斲炎劉之命脈。光武沉幾先物,祀漢配天,而乃惑於識記，污七十二代之編録。唐太宗力行仁義，親致泰寧，而疏棄韋弦，遂隳貞觀之風。宋神宗勵精圖治，追慕唐、虞，而創行新法，卒釀靖康之禍。此四君者，皆狃積安之習，憚保持之艱，善始而未必善終，善作而未必善成，尚論者有遺憾焉。

我皇上紹天闡繹，瑩精理道。即位以來，謹幾慮始，設誠致行，信咀嚼百王，網羅千代，而陋漢、唐、宋於下風矣。邇者日中不戒，美政鮮終，幸而蒼穹錫祉，元孫誕毓，皇上見前星之重曜，聖母之襲慶也，欣然嘉與海内更始，有詔封閉礦洞而稅歸有司。已又詔補臺諫，蒐遺逸，釋逮繫，蠲逋負，併停將作，中外懽呼，額手頌聖。不謂其轉溺於豫而需也，相顧駭愕，莫測其故，則竊謂聖心有二患，又有四蠱，故以反汗爲無傷，以絲綸爲戲語耳。二患者何？疑志之未釋，悔志之不堅是也。夫疑亦胡病？堯不以予聞如何疑有鯀乎？成王不以不利孺子疑叔旦乎？然諸艱歷試，帝位允陟；金縢既啓，繡袞歸周。其疑也，乃所以爲信也。悔亦胡足貴？周穆不悔八駿之遊乎？秦穆不悔于殽之敗乎？然呂刑簡孚，空言何贖？《黄鳥》一賦，三良何辜？其悔也，乃所以爲咎也。蓋疑若蘊火，然蘊火之家，三日不燔不爨，將炎炎而上燎及堂構，以至不可撲滅。此積疑之喻也。悔若嘗毒，然一爲所中，幸未甚傷，當亟治他劑嘔之渫，以蠲其邪逆。設誤而再試，則裂肝潰胃，必無幸矣。此屢悔之喻也。且疑則悔在繩之外，悔則疑又在繩之外，是疑與悔，不兩存者也。乃皇上緣疑生悔，疑之中又復有疑；緣悔生疑，悔之中又復有悔。嚮之疑在蒲簡，今則塞淵之慎，亦意其負妍取憐矣。嚮之疑在市擾，今則鑿坏之遯，亦意其出後分均矣。嚮之疑在鄰父請薪，今則一室之間，亦婦姑勃磎矣。嚮之疑在罔兩問景，今則一腔之内，亦肝膽楚越矣。疑而若此，何念非疑？疑疑相逐，併疑而悔者，併所未嘗悔與不必悔者，毋乃盡疑竇乎？方悔羹沸，懲以吹虀，俄而屠門大嚼矣。方悔輪仆，戒以薺夏，俄而長阪騁驪矣。方悔怒敵，講以河東，俄而又惜三城矣。方悔媾怨，歸以汶陽，俄而復有二命矣。悔而若此，何時非悔？悔悔相續，併所悔而疑者，併所未嘗疑與不必疑者，毋乃盡悔端乎？

夫人中虛圓不徑寸,神明府焉,而俛開俛塞,俛成俛虧,一則以之疑猜,一則以之悔創,介然之頃,而徑寸之地,已若炎若冰。夫所謂神明者,若之何而堪之?二者心戰未能自決,故於己也,必張而震之。方且龍亢於飛,方且甍鎮其室,左盼右睞,前瞻後顧,誰可心膂寄而股肱使者?所恃惟予一人神聖,據此微密之營壘耳。是謂自予雄,其蠱一。惟震之,故於人也,因詘而稺之,方且深淵不脫,方且太阿獨持,其視纍纍之印,若若之綬,不過廟社之芻狗,土木之衣冠。故搏執可羈縻,可豢畜,可禁錮,可廉近而堂卑,鼠投而器毀,豈顧問哉?是謂待下簡,其蠱二。惟稺之,故於言也,因觚而鑠之,方且匏堅而無竅,方且鱗逆而難攖。曰"姑備爾員",止矣,何無故發大難之端也?曰"三緘若口",可矣,何詹詹閒閒而與吾短長也?單辭粜疏,總屬木戢;隱規直指,悉是畫脂矣。是謂聽諫疏,其蠱三。惟鑠之,故於政也,因狎而械之,方且賦茅習狙公之智,方且搏黍塞黃口之啼。旋發也,又旋收;旋與也,又旋奪。若將然,若或然,若不其然,令天下之耳目心志,眊眊瞶瞶,謂天子如雷霆鬼神之不可測,而怨與德莫知所歸。是謂行政翫,其蠱四。

四蠱相因,枝連蔓引,皆二患之不除爲之根也。絕其根,斬其蔓,朕志先定,鬼神其依,掃群疑而亡之,如雲翳之盡消。始以疑而生悔,茲且疑,爲信者幾,則疑何足病?迷途未遠,今是昨非,追前悔而震之,如日月之重朗。始以悔而生疑,茲且悔,爲无咎者幾,則悔豈不足貴?如是則天可下濟,山可藏疾,澤可納污,而自挹之度必虛也。如是則鹽梅可託,造膝可親,還贄可見,而接下之禮必周也。如是則補牘可奏,止輦可受,請劍可容,而聽言之道必廣也。如是則原可勿取,鼓可勿圍,珠玉貨賄可勿與知,而政令之行必謹也。謀其始而不遺其終,慎其幾而不忽於著,不以需勝斷,不以豫勝敬,以至孝康文母,以至慈貽文子、文孫,以至仁綏天下與萬世,雖《易》、《詩》、《書》所稱,何以加焉?昔桓公欲致諸侯,而不至外舍,而不鼎饋諸婦。中子曰:"自妾之身之不爲人持接也,未嘗得人之布織也。意者更容不審耶?"管子曰:"此聖人之言也,可行也。"我皇上誠不一息而忘天下乎,則在乎審之而已。

第 三 問

經者，所以存道也。道原於天，殽於地，而具於人心。心至明也，而物蔀之；心至公也，而私撓之。物蔀則闇，闇則塞光掩靈，溺一己於翳莽之區，而不能以自振；私撓則曲，曲則擢情擁性，築群類於封畛之外，而不能以相通。由是意見互起，方術競馳，素絲化於五入，廉璧裂於四分。督之劂之，噴之捘之，人各挾其所守，以求勝於天下，而心失其初矣。心失其初，而道幾喪世矣。聖人有憂焉，乃始爲之脩其教，闡其義，覺天下之憒憒，瑩天下之晦晦，使之亹亹循循，日由習著察於斯道之中，靈光不閟，性情以盉，其所以行諸身、施諸家、措諸國與天下者，莫不熙然各得其理，而治象昭朗，躋於大同。明此而南面，堯、舜、禹、湯、文、武之所以爲君也；明此而北面，皋、夔、伊、傅、周、召之所以爲臣也。

仲尼有聖德，無其位，生而當衰周之季，王綱解紐，侯邦去籍，天經斁敗，人紀消滅，則提聖道以正人心者，豈異人任！於是設壇二水之濱，以來四方之士，舉所謂明德新民者，而與之共學，又偕之結轍歷騁，軋軋焉行於齊、陳、宋、衛之郊，周旋其君、卿、大夫，而幾幸一遇。且非獨於此也。竊如虎，叛如肸，隱如耦耕、荷蓧之丈人，細如互鄉、闕黨之童子，皆欲啟發引掖，揭此道而條暢之，而吾黨之所共學者，庶幾在國滿國，在鄉滿鄉，得藉以行，且明於世，而吾願畢矣。然卒無所遇而返，因筆其所學於書，總之三綱，列之八目，其徒相率而尊之曰經。經固道之所以存也，而猶以爲東周之志，僅託之空言，不如見諸行事之深切著明，乃繼《詩》亡而作《春秋》。《春秋》者，魯之所以名史，而夫子脩焉。其別嫌疑，定功罪，嚴命討，皆據事直書，而義自見。所謂"筆則筆，削則削，游、夏不能贊一辭"者也，非不能贊也，無容贊也。説者謂諸侯諱妒，夫子懼干時禁，是以微文刺譏，義不顯明，溺其指矣。泰山就頹，微言幾湮，左丘明退撰所聞，而爲之傳，張本繼末，詞多美腴，信爲奇偉，學者好之。公羊高親受子夏，義指清儁，斷決明審，董仲舒之所善也。穀梁赤師徒相傳，立其書於漢世，亦成一家言。三傳並行，如列宿佐天，四瀆輔海，要未可孤廢也。

《大學》之書，綴在《禮記》。如《仲尼閒居》所稱無聲、無體、無服，而爲三無；志至、詩至、禮至、樂至、哀至，而爲五至。《禮運》稱喜、怒、哀、懼、愛、惡、欲，而爲七情；稱父慈、子孝、兄良、弟悌、夫義、婦聽、長惠、幼順、君仁、臣忠，而爲十義。誰非彝倫之理，明新之致？然而本末終始，有條有貫，則《大學》一書，自天子以至庶人，均可從事焉。故子輿傳之，二程氏獨表章之，而斯道燦如日星垂矣。至真德秀以畎畝戀主之忠，效編摩入告之益，取《大學》而衍其義曰："明道術，辨人材，審治體，察民情者，格物致知之要也；崇敬畏，戒逸欲者，誠意正心之要也；謹言行，慎威儀者，脩身之要也；重妃匹，嚴内治者，齊家之要也。"而先臣丘文莊以爲治平之要義尚闕如，復從而補之，曰正朝廷，曰正百官，曰固邦本，曰制國用，曰明禮樂，曰秩祭祀，曰崇教化，曰明規制，曰慎刑憲，曰嚴武備，曰馭夷狄，曰成功化。是二臣者，精思而博取，援古以證今，鉅細兼該，詳略畢舉，皆足以羽經翼傳，而與《春秋》大義互相發明，信出治之條格，人主之蓍蔡也。

我皇上聰明天縱，問學日新。邇命儒臣以《春秋》進講，又謂《大學衍義補》，事理備具，節目精詳，令重刊傳布天下。且欲撰一文，序于首簡，用昭朝廷明德新民至意。淵哉！聖思其緝熙光明之學，直與堯、舜、禹、湯、文、武心法相授受矣。愚生頌不忘規，敢無説而處於此。《記》曰："君子之所謂義者，貴賤皆有事於天下。"孔子亦曰："其義則丘竊取之矣。"使《春秋》所取之義，非截然方正，爲貴賤之所有事，則豈《大學》絜矩之道哉？故孟軻氏歷叙列聖之憂勤惕勵，而以孔子《春秋》繼《詩》亡者，政以千聖異事同然之心，即三代直道而行之心，自天子達於庶人，人人有之，人人得而明之，得而正之，貴不獨擅，賤不獨遺，特其權必有所統，而臣子不得私且僭焉，故以爲天子之事耳。然則王道廢，則《雅詩》亡，而天子之事在筆削；王道興，則《雅詩》存，而天子之事在舉措。

愚生目擊時政，有慨於中久矣，請讻言而無諱可乎？是故《湛露》興歌，《魚藻》遞響，式燕且衎，優游爾休，抑何盛也。自下泉洌而苞藇傷，周京可悽念矣。《春秋》於是錫桓公命，王不稱天；歸仲子賵，冢宰書名。蓋深明正心之用，當自貴者始也。乃今崇拱重霄，釜鬵爲隔，弼臣無所效其作礪之忠，庶僚鮮自見其素絲之節,統體陵遲,官職耗廢,則濬之所謂正朝廷、正百官者,胡可忽也?豈弟君子,是致是附;既盈維億,徹田爲糧,抑何裕也。自中谷脩而伈離泣,國步其斯頻矣。《春秋》于是城郎浚洙,病其非時;田賦稅畝,譏其非制。蓋欲弛力薄徵,復周官典刑之舊耳。乃今虎翼中涓,狼噬不厴,窮簽之杼軸幾空,大農之籌箸詘策,罍以瓶恥,肉剜於瘡,則濬之所謂固邦本、制國用者,胡可緩也?禮儀卒獲,業虛具設,《春秋》匪懈祀事,孔明何秩秩也。自圭璧既卒,蠲饎不備,而鬼神且怨恫矣。故用六羽事武宮,郊牛改卜,吉禘莊公,《春秋》無不謹書之,以抑其僭而儆其慢。今也俎豆匏弦,幾爲虛器;柴燔烝祮,對越久疎。則稽儀節律呂之數,正郊社宗廟之典,以明禮樂秩,祭祀其可不蚤講耶?鎬京辟雍,髦士攸宜,契龜慰止,百堵斯興,何奕奕也。自覆教爲虐,回遹其德,而品式多不度矣。故觀魚納鼎,刻桷丹楹,作兩觀,作南門,無不備書之,以納諸軌,而閑其淫。今也官師倚席,子衿委轡;奇衺蕩巧,素樸盡雕。則慎學校師儒之選,覈設建工作之用,以崇教化,明規制,其可不加之意耶?《天保》以上治内,《采薇》以下治外,徹桑綢牖,凜乎有圖艱虞隱之思焉。自《小雅》廢而兵刑政墮,四夷其交侵矣,《春秋》于是殺某公子書,殺某大夫書,狩于郎書,蒐于比蒲書,盟召陵、戰城濮書,會申、會黃池書,履霜堅冰,無不爲之防其微而杜其漸。今則三木魂愴,二矛志驕,漢過不先,戎心輒啓,則慎刑憲,嚴武備,馭夷狄,如所云"詳讞簡閱之方,綏和脩攘之策",奈之何不亟圖也。《春秋》成而王政舉,天道明矣,人道備矣,西狩獲麟,蓋先天不違,志壹動氣之應也。父子以篤,君臣以正,夫婦以睦,老有終,幼有長,壯有用,鰥寡孤獨有養,親親賢賢,樂樂利利,以保我子孫黎民,而燕及皇天,此其格致誠正、脩齊治平,果何施而不得,何所措而效不臻?故曰"成功化",而聖人明德新民,止至善之極,于是乎終焉。

於戲!斯道也,何道也?乃所謂至公至明之心,自天子至庶人,人人有之,人人得而明之,得而正之者也。夫子魯史一脩,而東周之志,見諸行事,以繼《雅詩》之亡,以維王迹之衰,以接堯、舜、禹、湯、文、武之傳於不墜,豈有加哉?不過存此道於天下萬世,而不以己私與焉耳。然道固憂於不存也,不存則廢道;

又憂於不得其所以存也，不得其所以存，則病道。精一執中，無俟皇極之敷言；欽恤兩字，何至《呂刑》之騰口。彼《大學》傳之所爲忠信，《春秋》之所謂元者，天地之性，民物之命，皆於此固其根柢，尸其橐籥。蓋守之甚約，操之甚簡，而彌綸參贊，皆從此出者也。我皇上誠能體元而主忠信，即《大學》之義，不衍不補；《春秋》之義，不傳不贊，而斯道固已神明而默成矣，奚以贅爲？

第 五 問

夫顯而可摹者迹乎，隱而不可窺者，心乎。迹惟可摹，故結於千容，轍於萬徑，岐於百致，株於一隅，澶漫繽紛，各肖其心之所至者，皆迹之爲也。心惟不可窺，故高也懸天，下也淪淵，纖也入薈，廣也包眇，旁魄充匪，總操其迹之所肇者，皆心之爲也。然心肖於迹，而迹未必盡白其心；迹肇於心，而心未必盡傳其迹。於是聖人之權行焉。聖人之權，固即聖人之心也，而過揣謬度者，乃執其迹而駴之以爲異。不知聖人，亦人耳，非能於心迹之外，別創一奇詭，以愚天下與來世也，則何異之與有？

夫心一而已矣。有指體言者，則程氏所謂"寂然不動"，胡文定所謂"不起不滅"者是也。有指用言者，則程氏所謂"感而遂通天下之故"，文定所謂"方起方滅"者是也。其起其滅，其不動，其遂通，其神明爲尸而應迹爲客乎，其真君常存而衆迹輻輳乎。故曰"惟心無對"。乃邵康節以用屬心，以體屬迹，其説何居？蓋謂之用者，圓融廣徧，活潑周通，於此乎，於彼乎，莫測其來，莫闖其往，無在而無乎不在者也。故曰"用也者，心也"。謂之體者，膠止顓拘，支疏節滯，能爲此，不能爲彼，居而不遷，物而不化，有域而各局其域者也。故曰"體也者，迹也"。心之自爲體用也，合未發、已發言之也。心迹之互爲體用也，分已發、以後言之也。

嗟乎！使心之於迹，如匙勘鑰，如墨印塗，必以其類，其應如響，則心可直達，迹可徑遂。一人持之，而千萬人儀之；一時摘之，而千萬世晞之，果何事於權，聖人亦何必以權教天下哉？顧心之所在，有爲義者，有爲利者，有以義始而以利終者,有出乎利而入乎義者,其用難以泥也。迹之所在,有明明趨利者,有明明趨義者,有陽爲義而陰爲利者,有近乎利而實不遠乎義者,其體難以執也。故心迹兩合,堯、舜之性,湯、武之反,即《雞鳴》之孳孳爲善者而完之也;心迹兩離,戰泓之仁義,讓燕之禪受,即《雞鳴》之孳孳爲利者而究之也。或似合而離,是索胡繩之纚纚,而服艾盈腰者也;或似離而合,是洿瀆濫觴,同趨於壑者也;或不合而乃以合,是方者名珪,圓者名璧,而孚尹之氣自達者也;或不離而乃以離,是魯人之惑於愛醜商咄,而美其子者也。于此毫末,于彼尋丈;于此尋丈,于彼千里,此其間何可以無權耶?非聖人,其誰能脩之耶?何則?聖心至虛,虛則天空淵停,鳶魚上下,而其體無不備焉;聖心至實,實則雷作雨施,草木夭喬,而其用無不周焉;聖心又至神,神則行雲無定勢,亨龍不常儀,翕忽代興,潛升若瞬,舒體則八維不足以暢迹,藏用則無間亦足以從心,而其變無不通焉。是故曆數可以咨耕稼之夫,神鼎亦可以授敬承之子,羑里可以堅聖明之戴,戎衣亦可以懸太白之旗。可以自亳升陑,亦可以遷桐復辟;可以負扆履籍,亦可以征東破斧;可以卻俘墮都,亦可以無與石鬭,無應龍求之數。聖人者騰精抗志,逸世高超,運元樞於微茫之中,攄妙節于垓埏之表,心固皎皎,而迹亦昭昭,旁行而不流,廣騖而不外,夫是之謂通變,夫是之謂能權,固非不合不離,姑就心迹依違之間,是者半,非者半,而苟焉託之以自完也。

聖風寖替,異術橫厲,各爲兼說特論,以誣搖一世之人心,使人憧憧乎得亡,惙惙而不定,迷其故性,而不自知。於是乎有以"鳥飛準繩",爲"大人之義",如管氏之說者。夫鳥之還山集谷,既已曲矣,而猶名繩焉,曰"不以小缺爲傷",此夫縱棹於川,發軔於山,不問道南北,而必其燕越。至乎有以"舍是與非","無用賢聖,塊不失道",如慎到之說者。夫是非者,道之所白;聖賢者,道之所歸也。乃舍而絕之,而以塊爲道,則必率天下謑髁縱脫,若無知之物而後已。此夫賷白黑,塗耳目,毀龍章而入裸壤,退《英》、《韶》而就柎髀乎。有以"爲善無近名,爲惡無近刑,緣督以爲經",如莊周之說者。夫督在人身爲中央,所以貫接上下,乃不爲善,不爲惡,而以善惡之中央爲經。彼其上不敢爲仁義之操,下不敢爲淫僻之行，欲自處於材不材之間者以此。此夫冬不就温，夏不就清，襲首而袒胤，貉左而絺右，自謂能適寒暑之宜乎。

蓋考其所由入，既非堯、舜之律；核其所自出，又非宣尼之經。故曼衍無家，窮涸無源，初不究權之所歸，而苟託其心迹，以與世陰陽上下耳。自三子之説倡，而末濫聽熒，相與祖述其業，而寵狎之。故乞墦登壟，迹鄰於污，而曰心與由、光同潔；鑽核持籌，迹鄰於貪，而曰心與曾、史並恬；攘袂紛臂，迹鄰於争，而曰心與臧札等讓；投阱含沙，迹鄰於忍，而曰心與惠莊比質。猶未也。巖居川觀，清於迹矣，而心未必不懸魏闕；揮金卻幣，廉於迹矣，而心未必不競錐刀；牽裾折檻，忠於迹矣，而心未必能甘鼎鑊；送帑分宅，厚於迹矣，而心未必能忘惠怨。猶未也。不王不霸，而設桓、武之間，以掉唇吻；不清不和，而假夷、惠之間，以宿蘧廬；不剗拔毛，不摩頂踵，而借楊、墨之間，以鳴堅白；不嘐嘐道古，不踽踽獨行，而竊狂狷之間，以立臬臼。迹欲有所暴也，則微揭其心以示之；迹欲有所遁也，則堅閟其心以匿之；迹欲有所襲也，則密調其機心以餂之；迹欲有所躐也，則深潛其巧心以攀之。情態遷徙，如脂如韋；倏忽變幻，如蜮如魅。聖無心，而彼亦曰無心；聖無迹，而彼亦曰無迹；聖達權，而彼亦曰達權。雞犬忘乎新豐，談笑真於叔敖，尋之莫瞯其倪，攻之莫得其罅，然乎然，不然乎不然，吾孰從而辯之？噫！以此爲權，信執事所謂託徘徊之岐路，挈心迹以取中，而韓安國之兩是，蘇味道之模稜，皆升堂入室矣。

今夫國工之爲輪也，行澤者欲杼，行山者欲侔。杼以行澤，則是刀以割塗也，是故塗不附；侔以行山，則是搏以行石也，是故輪雖敝，不甋於鑿。聖人之權，譬車之行山澤，不甋不附，而騁若康莊者，其輪輻足恃也。彼竊權擬望者，不知杼侔之用，而飾輈軫，以試於山澤之間，車之覆也，豈不易哉！至於今，則又有可異者，諱其説於權變、權術，而壹以權宜爲解。夫變非常也，術非道也，宜則時措而得中，安行而合義矣。既得中矣，既合義矣，天下事，果何不可爲乎？蓋權宜一言，始於在上之口實，而下遂憑之以爲法守；起於一時之調停，而世遂據之以爲凡例。是故此比彼推，前引後援。不宜進而進，曰權宜於進耳，即三旌之位何遜耶？不宜得而得，曰權宜於得耳，即百鎰之投何避耶？不宜行而行，不宜止而止，曰吾權宜於且行且止耳。事成吾任其功，事不成吾不任其咎，即以國家爲孤注而一擲之，庸何傷耶？事事無傷，事事可爲。及其心曲盡壞，形迹都窮，衾影寤寐，無以釋其媿赧；動履舉措，無所施其眉睫。有起而攻之者，彼且逞桀鷔之私，騁攻訐之智，習反噬之謀，恣譸張之說，誓天矢日，徵小諭大，自謂官爵不足愛，頭顱不足惜，第吾之心迹不白，朝之清評，鄉之月旦，於我謂何？蓋初或有中於睚眦，儻然自訟；今則自簿、尉、丞而上，一掛白簡，動即哆口撼辨，公車之章，且纍纍矣。於戲！使人人皆心迹無他，則人人皆舜而非跖也，何至緩急乏材，厪聖天子拊髀之思哉！

防倭標本策　　壬子浙江武試

中國之防倭，有標，有本，有標之本，有本之本。

何爲標？標有四。一曰密防汛。我境迥臨夷甸，望洋浩淼，非風不能徑渡。故大小汛期，幕府檄諸猋飛鸞張以十數艘，散列陳錢、馬蹟等要害，捍之外洋，不令登陸是已。而後海沿邊一帶，設或載水隨潮，艤舟泊岸，不難衷甲而窺左足，此不可不察偵菑防也。二曰嚴策應。夫艍艋周巡，以待小偷則可；若艨艟巨艦，截浪排雲，我艘仰之不見檣杪，將螳臂安施乎？必豫備沙福、滄唬等船，分布各隘，烽燧一舉，衆艘麇集，並力而犄角之，蔑不濟矣。三曰講戰陣。倭不長水戰，而長陸戰；倭不長弓矛，而長刀銃。以吾所短，攻其所長，百不當一；以吾所長，攻其所短，一可當十。宜倣戚將軍所定水陣法，先列大器，次狼筅、戈、殳，而率舟師如牆以進，勢類率然，倭技窮矣。四曰毖城守。倭來海徼，儈倨無賴，不能久居。至近城邑，鹵金帛子女，據有巢窟，毒始蔓延。第有城邑處，頓令清野，拮据墨守，集威遠、神臂、輼石、珲車，建瓴而下，令不得近，渠舍舟陸行，爝蠚易乏，纔數日且枵腹困，不鳥獸散乎！凡此四者，乘倭之來，卒而禦之，圖于有形，故曰標。

何爲本？本亦有四。一曰精訓練。集兵不難，練兵難。不諳坐作，不習夷情，不挾長技，猶之驅市人戰耳。居恒抽擇選鋒，上者知《司馬法》，次習夷情，次驍勇善騎射擊刺,以稱娖而訓厲之。自伍長什,自什長伯,自伯長千,以技陞陟,敦陳整旅,龍驤麟振。此兵將兩練之法也。二曰脩器械。數年無事,陸沉卧,金鎖抛,紈兒債帥,有挾矛鋋鎧笠,飾榱杙營楎桵者,一旦有警,呲嗟難辦,能徒手搏乎?宜時時查覈,缺者補,朁者脩,無故而缺朁者必問。此攻守兩藉之法也。三曰足糧餉。兵餉足,則居無他營而技精,臨陣宿飽而氣奮。然募必有餉,蝕于何所。軍必有屯,湮于何年。稍于沿海曠地,如舟山、金堂、大榭間田之侵于豪右,荒爲甌脱者,籍而伍之,無事則治錢鎛,有事則脩戈矛。變斥鹵爲良畝,化召募爲土著,振罷敝爲精勇。倭至,即以材官、羽林蹂踐之。此兵餉兩足之法也。四曰明賞罰。今之海上汛哨,非盡能捍禦夷也。俟自去,幸其不敗;待自斃,掩以爲功。甚至有掠釣艇、殺平民,以邀利覬賞者。上下支吾,欺紿耳目。謂宜官各有守,士各有職,以地之衝僻權勞逸,以發之遲速第殿最。守而力,最于攻;訓之精,最于戰。輕則無稽時之賞,重則有越次之擢,而支吾欺誑者,一切軍法從事無赦。夫亦有奮心乎!此勸懲兩濟之法也。凡此四者,倭來亦備,不來亦備,故曰本。

何爲標之本?夫倭來而圖之,抑末也。試考倭何自而來。記嘉靖初,市有舶監,夷夏相習競爭利賄,上穹寵賂,下困徭網,於是兇徒、逸囚、罷吏、黠商譸張睥睨,竄身倭奴,而誘之爲難。吳越之間,自溫、台以及松陽,被其憯螫者十郡,自此罷絕監市,靜謐者數十年。承平既久,芽蘖萌生,吳越奸民,鬻田廬,攜親戚,問渡扶桑、析木之津。往則載貨揚舳,以市海爲名;歸則鎔金附身,貿原舟而還。甚至遠贄異類,持獻圖略,效中行翕侯之爲者。倭素髡禿,聞習冠蓋矣。倭素跣赤,聞習衣履矣。倭舶樓櫓異制,聞構華舟矣。倭語喃嘍不可辨,聞習華言矣。以素相貿易之人,即旅而行于吳越之闠,何從別識?曩寇在藩籬,今在門庭矣。不嚴爲禁,漸不可長。一切禁絕,則富賈豪族,變怪百出,速禍釀釁。當事者苦不得措置手足,鞭長馬腹,噬臍寧有及乎?故密防汛、嚴策應、講戰陣、慭城守以外禦者,標之標,而謹譏察、絕私市以內禦者,標之本,所宜亟講也。

何謂本之本?夫所謂本者,在精訓練、脩器械、足糧餉、明賞罰,而大要則又以收人心爲本。乃浙之人心何如也。蓋嘗泛錢塘,登秦稽,見岡粤之綱亘,波濤之激射,檣輪之環絡,魚鹽苴秆之饒給,信宇內一大都會,而職方氏所謂"東南半壁"者也。轂擊肩摩,雲衽雨汗,徙業糊口,至者如市,而恣睢狂犎,往往窟穴其中,不耕不蠶,鮮衣怒馬,舞智簧鼓,喜訟好争。以官府爲鼎俎,而己挾匙匕;以閭閻爲魚肉,而己持刀杌。聚羽折軸,叢指撓錐,有司漸失其權,百姓莫必其命。且也,征賦日繁,旱潦爲災,蚩蚩氓隸,憂貧而不憂罪,懼死而不懼刑。博賽呼盧,倒囊擲罄,而且倡盗竿;膏髦靚妝,倚門招摇,而且匿盗藪;披緇髡髮,持盂勺齋,而且挾盗器;篙工柁師,野渡津頭,而且恣盗行;煮海貨鹺,憑山鑄冶,而且集盗群;稷下梁園,堯服禹步,而且公然爲盗主。此曹越志思亂,命曰不牧之民,鯨波一摇,斬木揭竿而應者,如水赴壑。曩寇在門庭,今在腹心矣。若不蚤爲之所,恐猛敵横發於不虞,而倭夷接軫也。誠能飭紀綱、申教化、勤撫綏,刀劍易以牛犢,萑符習以鄒魯,使人心喁喁,歸命於我,愉怫相通,呼吸相應,嚮所稱説者,皆可次第而舉矣,故曰本之本也。

圖其標一歲之計,圖其本百歲之計,圖其標之本與本之本,則萬世之計,以南防倭可,以北防虜可,即以治兵、治民、治河、治賦,無不可者。倘慮外而不慮内,狃於情之可安,嬉笑幾幸,及事勢傾敗,坐視而莫之救藥,是庸醫不知緩急,而標本皆誤者也。

學　　政

兩浙學政十六條

一、爲師者,必知所以教;爲弟子,必知所以學。教非所教,是謂敗範;學非所學,是謂躍冶。韓昌黎不云乎,"弟子不必不如師,師不必賢于弟子"。師蟻得水,師馬得途。師郢輪,而知所讀者之爲糟粕,豈在言哉?里中父之弁其子也,委貌素積,進諸客位而醮之曰:棄爾幼志,順爾成德,無侈説也。尊則稱師,親則稱父,將焉用侈?我國家自設科目以來,何歲而無學使者,何學使者而不廣布條章？使其朝鳴鐸而夕雅化也，則人人升堂，由、賜接踵；人人入室，參、回比肩矣，抑何儒效闊疏若是耶？嘗試披一二學約而誦之，見其窺姚軼姒，鑢秦型漢，軋茁佶曲，鍛鍊緯經，非不戞戞乎陳言之務去，然以父師而與子弟闘巧競勝，非其質矣。況禁《莊》、《列》也，而援《逍遥》、《力命》之篇；禁佛釋也，而引"山河大地"之談，是陽抑之，實陰導之也。教者非，學者又非，奚怪乎我諄諄爾邈邈？不惟以規爲瑱，而且弁髦棄也。本道素不能嫺于辭令，即能嫺，亦不敢持之以求勝爾多士。今日條章之布，矢口命辭，僅僅如里中父，所以醮子于阼而已，諸生勿以爲無甚高論而鄙夷。我一士者，國家之寶也，奉璋追琢，以勉我王，玉瓚黄流，以介景福，皆髦士是賴。今之操尺幅而待試者，誰非莪莪濟濟之士乎？若士而以請托進，則安所稱士？試士者而可以請托求，則安所稱師？本道從諸生而孝廉，未嘗跬步至偃之室，即以他事道經府、縣，必故迂曲其途，此雖近于顓固，然與登壟乞墦者，趣舍殊矣。及筮仕中外，初不敢潤色竿牘，求子弟蹴踖咫寸，而受檄守郡，則謹凛三尺，對質神帝，不肯偏聽薦紳一言，不肯輕狥春元一事，而諸薦紳、春元，亦皆相成以道義，絶無所干請，此爾生儒之所耳而目也。矧今奉璽書，飭模楷，而剛腸化爲繞指，自分兩截，則先不寶吾鼎矣，何能得寶子多士，以報效國家乎？願與諸生定盟，所不竭誠秉公，負爾二浙士者，明神殛之。請以是言登諸載書，爲異日息壤。

一、學也者，傚也。學剌網罟，學治舟車，必傚前人所爲，乃可以進于技。若習網罟而操斧鑿，習舟車而執鍼繩，是以背之之道傚之也。適燕南趾，雖終身不得望其國都，矧第持三旭糗糒哉！今世學士動以賢聖自期，然必傚聖乃聖，傚賢乃賢，豈浮慕襲取哉？諸生試静念默想，聖賢與我同一膚毛股拇，同一髂脈胸竅，彼胡爲而先醒，我胡爲而懵懵；彼胡爲而孤詣，我胡爲而逡逡。重其任而不能勝，皆由脊梁不勁；遠其程而不能致，皆由腳跟不猛。傚莘野之不顧不視，而後可以堯、舜君民；傚隆中之淡泊寧静，而後可以鼎足曹、孫。丈夫何畏，有爲若是。語曰：睎驥之馬，亦驥之乘。顔氏子嘗睎仲尼矣，正考父嘗睎尹吉甫矣。不欲睎則已矣，如欲睎，孰禦焉？乃耳目覩記，猶未見其人也，毋亦傚之不力乎？

願與諸生共勉圖之。

一、吾人績業不可預期，而器局則當先定。何者？績業之成毀由乎天，而器局之大小由乎我也。受以區籥者，注之鍾釜則傾；受以沼沚者，注之江河則溢。故叔度千頃，奉高汎濫，其中之所受者殊也。今士者未論其大，即臨小小利鈍、小小得失，已不能自持，而悲喜愉怫之態，見于面目，動于肢體，令人已窺其概。間有矯抑脩飾、善藏城府者，則又伸節昭昭，惰行冥冥，裒冠長紳，而志同市陌，繩趨矩步，而行類蹢躅，明窗净几，而心役氊秸，卻餽麂金而頤朵箪豆，此其器局乃無竅之匏，無當之卮，投以銖黍而不能受，尚安望其橐籥二儀，包括萬彙，薄榮臚若鴻毛，履變故若暇豫哉！爾諸生要于平時理會，凡遇古人順逆夷險之際，倚几而心口語曰：我誠踵見肘決也，能歌商如出金石乎？我誠負扆受朝也，能三握三吐，遜碩膚而几几乎？我誠羑里拘幽也，能柔順文明以蒙大難乎？我誠扣馬載主也，能采薇西山乎？我誠風雨冥晦也，能坐懷不亂乎？仰止高山，設身自處，眼孔欲大，胸次欲闊，膽氣欲堅，心竅欲實，貧賤富貴如是，夷狄患難如是，造次顛沛如是，方謂之大器局，方謂之真君子，彼夷吾、平仲、國僑、叔向之倫，且拜下風，矧瑣瑣者何足置喙！

一、我朝取士之法，似密實疎，似嚴實寬。前所稱説慕效氣局，猶或諉曰：此賢聖者事也，輓近焉能？顧諸生居恒論議之所賤簡，非儀、秦、東方生、吾丘壽王輩乎，試摭其遺事而觀之。秦主縱，儀主橫，以璧馬馳説于列國之郊，所至劈畫山川，指筭兵甲，規圖善敗，如在目中，令世主傾國以聽。東方生大直若詘，談娱宴笑，匡帝于仁義禮法，悠然委順而不自知。吾丘禁挾弓弩之對，理正辭嚴，即《説命》、《康誥》若不過是。咨爾諸生，終日呻唔，終日佔畢，設國有大故，何處而出鋭師，何處而扼險塞，何處而突其無備，攻其必救，未必諸生之所能辦也。又設若遇雄才大略之主，膠東之策，内史之戆，堅拒不入，而佩刀荷戟，逆耳攖鱗，言者無罪，聽者解頤，又未必諸生之所能辦也。諸生入試，僅帖括制義耳，稍能紬繹理道，不悖師説，論議非盡當于石畫，駢偶未悉應于風雅，而紆青拖紫，已取之若掇矣，斯其法不亦疎而寬乎？雖然，上待之疎，而士不可不密也；上待之寬，而士不可不嚴也。咳唾皆恩，壺餐必報，而況君臣之義，原無所逃，進而大行，退而窮居，國曰市井，野曰草莽，無之非是也。自大庭廣衆，以至潛伏屋漏，何地而不當點簡？自燕處容貌，以至獻身成信，何時而不當敬慎？寧玉碎，毋寧瓦完；寧蘭折，毋寧艾榮；寧輒而曳，毋寧刻鳶而飛。在治若鳳，在亂亦不化而爲梟。用我爲虎，不用亦不伏而爲鼠。其自治嚴密如此，夫然後無愧于士，不則徒羨侏儒囊粟之飽，而以繫肘後金印，令親戚畏懼者，則孟夫子之所謂"妾婦"耳。諸生盱衡千古，必不心甘妾婦者流也，請問何居？

一、經術所以經世務也。士不通經，不足致用，昔譚尚矣。夫經者常也，布帛菽粟，誰能廢之！好奇者棄布帛而艷雲絢霞彩之飾，卻菽粟而羨熊蟠龍髓之珍，此以傾駭耳目則可耳，豈曰用之常哉？世儒厭薄經傳，而索之二酉五車，以相誇詫。不知經最簡易，亦最奧妙；最平淡，亦最新奇。乾、坤兩畫，終日談不離乎是，"堯典"二字，説者至纍牘而有剩言。至于"祇庸"、"載采"、"教猱"、"贏瓶"、"鼎鼎"、"騷騷"等語，皆發自獨創，未易更僕。我祖宗令甲，慮諸士之汎涉而無得也，令各占一經，以代羔雉。然童而習之，白首梦如，無論小品下乘，即捐十取一，鎖闈棘而試者，幾半十千不慧，常合併搜之，求其中經常之竅，冥合妙契，蓋亦鮮矣，此皆學而不思之故也。庖丁操刀而割，目無全牛。秦越人之醫，隔垣且見五臟，窺顯達幽，從表徹裏，割者非形，見者非迹，宜其躊躇四顧，如土委地，而五日不寐之虢公子，亦起而肉之也。爾諸生之治經義，必熟誦萬遍，思之又思，通于鬼神，直透作經心曲，就在眼前，飲食佩服，終身不舍，如是而經務致用，庶幾有當。非然也，羲《易》所以知險阻，而京房反用殺身。《周官》所以致太平，而安石反用禍宋。經之罪耶？抑治經者之罪耶？若又口經者公尸餘餕，已陳芻狗也，則予言亦贅疣矣。

一、文非獨人有之，星霞燦于天，果木麗乎土，皆文也。其在吾人，則言語威儀以華躬，紀綱憲度以飾治，纁幣琮璜以接賓，安往非文？然文莫盛于《賁》，用之察時變，用之化成天下，乃孔子卜則無取焉，而以暢四肢、發事業，歸美于《坤》之"黃中"，則文之所貴可知已。今之論文者，顓以握管摛辭，軒輊殿最，已非昔人之旨。乃其所謂文者,鏨悅爲工,餖飣爲富,鉤棘爲奇。甚且六甲未窺,模擬三策;五聲未辨,綴襲《九歌》。此不足以諧里耳、覆醬瓿,矧望四支之暢,事業之發,炳炳濯濯,與天地爲昭哉!茲不欲盛有稱引,以相炫燿,第取《坤》、《賁》二卦,反覆玩味,《坤》之文何以"通理",則"敬義不孤"之爲也;《賁》之文何以"文明以止",則"永貞"、"不濡"之爲也。藉令在中者,孤而易倚,濡而易流,敬義既廢,貞固亦渝。是根先撥而求其華之茂,膏已竭而欲其光之耀,即鏤玉翦綵,强名曰文,而文豈在兹乎?

一、異説害政,從昔已然。但有日星則有彗孛,鴻鈞調而彗孛弭矣;有《英》、《莖》則有淫哇,玉律正而淫哇息矣;有載籍則有異説,真見定而異説退矣。世之學者,每以道術不明,歸罪于嬴氏之火,漢人之舌。自我論之,嬴火雖熾,而魯壁猶有存也;漢舌雖敝,而枕股猶可傳也。迨至于今,高者妄希頓悟,託意禪宗;卑者束閣六籍,游談不根。窺其庭,則盆魚窗草,曰吾活潑機緣也;入其室,則帙蠹塵封,曰超脱蹊徑也。及主考臨塲,一拈題目,非惟不知箋註若何疏解,且併其本文,錯亂上下,左顧右盼,莫知指歸,于是杜撰設創,射覆守宫。如"大哉聖人之道"一章,而纏住"禮"字;如"回也其庶乎"一章,而纏住"空"字;如"子路曾晳侍坐"一章,而纏住"居"字。夢中魘魅,嗑囈盈口,不識其談者謂何。一人弋之,百人拾之,通國幾若狂焉,斯其禍即嬴火漢舌,豈如是烈哉!今後倘作此惡業,乖本文,背箋註,創爲新説以惑世誣民者,生員革黜,儒童責枷,坊間如有異説存梨,即時燒毁,違者一體究治。

一、讀書窮理,乃吾儒分内事。譬農之蔍蓑,商之貿化,自本業耳。墨翟載文滿車,仲舒不窺園門,倪寬帶經以鋤,路生截蒲而書,彼何爲若是汲汲與?妙理精義,盡在典墳,耳領之奚啻《簫韶》其音,口嚼之奚啻芻豢其味,即欲輟而不能自輟耳。惟科舉之制興,士人一腔熱腸,都嚮功利上走,作謨訓簡編,借爲富貴之梯,餔餟之具,操觚就試,得失榮辱,交戰互持,其氣先既疲薾不振矣,安得瀉醉如飛瀑,挨藻若春華哉?無垢有云:"吾生平塌屋文字,只是直寫胸臆。"此舉業第一機括也。諸生于作文時,合下憑見在道理,騁自家材力,閟中肆外,發揮玲瓏透徹,遇與不遇,有命存焉,絕無起念計較,即所事者科舉,所習者課藝,而身心性命之學,便在其中矣。不然,農夫不以饑饉不耕,商賈不以折閱不市,而爲士者,乃于得失榮辱之際,來往憧憧,廢墜本業,何其智反農賈之不若也!

一、儒者修身以待舉,力行以待取,如孝友睦婣、忠敬節廉,即自勝衣舞象而後,亦既稔聞之矣,本道無容復贅。乃有世俗之所忽者,請頌言以爲多士規。昔魯莊治桓公之宮,丹其楹而刻其桷。御孫諫曰:"儉,德之共也;侈,惡之大也。先君有共德而納之大惡,毋乃不可乎?"夫人尚儉,世方以器小誚之,而顧曰"德之共";人尚侈,世方以輕財譽之,而顧曰"惡之大"。何哉?獨不聞露臺惜而漢業茂,燒羊忍而宋祚昌,肉林成而殷鼎移,阿房出而秦鹿走,彼有天下者且若斯,何況人士然?儉多生于不足,而奢每起于有餘。今則非有餘而去儉,即不足而從奢矣。室如懸罄,衣必文采;舌以代耕,食必粱肉。鄉書初薦,僕從如雲;鴈塔甫題,姬姜列侍。其始也,數米而炊,甕牖而處。繼則方丈鼎珍,無處下箸;棟宇翬飛,難安踝膝。若而人者,棄禮敗俗,絕繩毀維,提躬無婞節,居官無潔名,其惡之大,可勝言耶?願諸生深用爲戒。寧纖嗇,毋廣大;寧澹約,毋浮淫。留不盡之物以還造化,濬不竭之源以康黔黎,養不盡之福以貽子孫,雖士所當爲者不止是,而座右之銘,竊謂不可少此一通。

一、懷德懷刑,皆稱君子,而懷刑之視懷德,則相懸遠甚。蓋懷德者,無所爲而爲善;懷刑者,有所畏而不爲惡。有畏而入于無畏,君子之所以成名也;不畏而入于多畏,小人之所以敗類也。爾諸生兢兢于當世之禁者,豈曰無人!然而輕扞文網,以厭縱己私,亦多有之。方其角卯成童,稍露錐穎,便已驕稊鴈行而襄駕之。一偶當于刮目,自謂蓋世事業,收在股掌。曾不知吾身有許多虧欠,世界有許多缺陷,幸而得意,第適然耳。一不得意,遂垂首低眉,如墮坑塹,不比爲人。故婢膝奴顏,以勾餘瀝者有之;單辭連牘,計覓錙銖者有之。甚則引類呼朋,撰造謠曲,所喜則鷹鸇化爲鸞鳳,所憎則乳哺指爲鴆毒。持有司之短長,快同輩之傲睨,若衢之常山,處之縉雲已見告矣。此風日競,長且安窮?刑之不懷,德且焉有?本道不忍見諸生之無所忌畏,推入禍門也,故反覆叮嚀如此。儻不蚤悟,罹我刑章,噬臍何及!

一、訟非美事,聖人設卦繫辭,以訟垂訓。惕中則吉,終極則凶;見大人則利,涉大川則不利;至於于莽之伏,戒之以勿興;即命之復,戒之以安貞;鞶帶之錫,危之以三褫,一卦之中屢致意焉。《書》曰:"忍乃有濟,有容德乃大。"若錐刀之末,奮臂而争;睚眦之忿,挺身而赴,即庸夫細民,猶爲失德。矧吾儕所學何事,而不能忍人之所不忍,容人之所不容,則亦閭左稗秕耳,何以稱士?本道握郡篆,視事且幾四年所矣,見有衣冠濟楚,文章質正者,則愛之重之;見有褻衣矮帽,雜沓阜興者,則鄙之,薄之。又見有毁冠囚首,徒跣呼號,若沉冤畢世,深足憐憫者,及扣其所以,不過盃酒豆肉醉飽之忿而已。夫自侮,然後人侮;我不生難,誰能興之? 横逆三反,妄人勿較。唾可乾,車可避,胯下可辱,非讐不共戴,鬭不反戈者,膚愬何爲? 即幾幸取勝,彈雀以珠,得不償失,况未必勝耶。諸生萬惟慎重,勿苟錯趾于有司之庭。户婚田土,只許家人抱狀,赴該衙門懇理。如生員被人牽告,不係重情,亦止提家屬訊質,勿得概拘,挫折士氣。如事不干己,而出名包訟,插身幫證者,究黜決不食言。

一、四民首士,稱綦重矣。孟氏謂待教而興者爲凡民,興不待教謂之豪傑之士。夫豪傑寧可旦暮遇哉? 漸潰而馨,祝螟而肖。教可以興,即凡民猶躋于豪傑。惟懵愚不靈,沉淪濁溽,襟馬裾牛,自底弗類,民斯下矣。守令者,士民之師帥也。帥之仁讓則仁讓,帥之貪戾則貪戾,在賢守令加之意而已。是故月有課,季有試,觀其藝也;服無奇,行無頗,徵其德也。善者旌,淫者絀,約以規也;賙其匱,持其危,聯以恩也。石可叱而成羊,虎可伏而聽法,彼頑物無情,猛獸何知,化之所及,猶且孚貫,矧函血氣心知而號爲人者乎? 有此賢守令,而不矜奮灌磨,以豪傑自期待,非夫也。揚子雲曰:"在夷狄則進之,在門牆則麾之。"若教而不興且卑卑侻出齊民下矣,當亟麾而退,毋令玷我門牆。

一、師道立而善人多。自教化陵遲,不模不範,士習窳偷敝也久矣,所賴振勵而挽回之者,豈異人任! 本道與郡邑諸博士,不得不均有責焉。顧學臣簡書是畏,四牡驅馳,突不得黔,席不暇温,其與諸生親相勸勉,第俄頃間耳。諸博士先生，南面傳經，負劍辟咡，朝鳴鼓而聚，暮擊柝而散。執業有常，講貫有方，與爲人子者言孝，與爲人弟者言悌，嘐嘐而狂，踽踽而獧者，與之言中行。春容啓迪，舞蹈歌咏，熏之以陽和，陶之以德讓，優焉游焉，不令見異物而遷焉。勿問脯摯，勿褻梧杓，勿暱貴介豪華，勿輕鶉衣緼袍。不率教者，反覆以俟其悟。又不率，則微辨以作其愧。又不率，則夏楚以收其威。如是而且怙終也，有官法之師在焉，本道持三尺而繩之矣。乃博士教自身先，說在山泉之蒙，果行育德，以作聖功。師道之立，此其選也，敢告司鐸。

一、荀子有言曰："入而行不修，身之罪也；出而名不彰，友之罪也。"砥行立名，濯磨嚮往，在我而已，于友何罪哉？蓋麗澤則潤，佩茝則馨，世豈有金蘭切劘，而德業不進者乎？亦豈有離群索居，而宴安不溺者乎？故聲應氣求，千里結袂，誦詩讀書，曠古游神。何況爾浙闤闠衿烏，人握隋和，縞帶締交，臭味投合，皆莊莊乎美士也，奚必遐慕冥思，乃可以取友而成名耶？文到，各學諸生，隨便立會，不拘人數多寡，推有學行者一人爲會長，又一人爲會副。每月三會，每會三篇，論、表、策間作。文成彼此互閱，盡言相正，毋得虛相貢諛。又須于文字外德業相勵，過失相規，如有自淪匪彝，諍言不入耳者，亟宜謝絕。教官月考，提調官季考。優卷三名前，解道批評。悉用原卷，不必另謄印開填，照舊規行。

一、士行不淑，自勸懲失真始。樹嘉穀者，必芟稂莠；養珍禽者，必逐狸狌。彼學霸豪右，敗轅破犁，亦士之狸狌稂莠也。此而不懲，善者何勸，朝廷廣厲之意，必不其然。今後各提調、教官，密切體訪，填分三等。簿其優者，要見平日某事某行；其劣者，亦要見平日某事某行。只信筆直書，不拘對偶。又將門簿簡查，曾經包攬詞訟，曾經被人訐發，曾經保剌官員賢否，曾經具呈民間利病，就中辨別，知非端士，其有改過改節，不妨先後開報按臨，一體揭送。發落日，公同各官、諸生，面行賞罰，各官不得任情偏聽，挾私中傷，亦不得故示長厚，含糊兩可，致礙施行。又訪得教官有不肖者，指稱開報行簡，將暗昧無根事情，恣其嚇詐，臨時止將一二貧生控報。又有學荒行劣生員，自分不免，買求教官與開德行，以爲臨考求全之計，訪出拿問不貸。

樗全集卷三

解　辨

不惑、知天命解

蓋孔子嘗敘其進德之年曰："四十不惑，五十知天命。"夫不惑，則覺竅已開，解翳釋滯，是豈不足稱知，而況聖人者，神靈昭曠，妙合天符，靡迷弗灼，靡奧弗洞，乃不惑矣，又有知天，豈當其不惑，尚與天命爲隔，而五十之知，與四十之知，證悟果殊旨耶？

解之者曰：道一而已矣，而以爲有二焉，則亡羊之岐也；知亦一而已矣，而以爲有二焉，則射覆之見也。何者？天以一中立命，而人得之以生，孰豐孰嗇，孰損孰增。夫婦之愚，其居室見解，可以察天地，參神聖，而天聰天明，函精毓粹，所爲知至而至，知終而終者，卒不能於孩提自然之良知，有加毫末。然則聖人之所學，可知已。是故其性，仁義禮智；其情，喜怒哀樂；其倫，君臣、父子、夫婦、昆弟、朋友。以至事物纖悉繽紛，殽散而總之，皆一中之命，蓋微而顯、虛而實者也。其微者，聖人不欲強探之，以爲幻；其顯者，不欲粗索之，以離吾宗；其虛者，不欲耽之以爲寂；其實者，又不欲狃之以淪於卑近。故其爲學，於仁義禮智而研其幾，於喜怒哀樂而審其節，於子臣弟友自責自修而驗其極。夏之時，殷之輅，聃之禮，師襄之琴，萍實、商羊之瑣細，不憚一一辨之，沿流遡源，睹指識歸，蓋方十五志學之時，聖人已畫從事焉，第能立以往，則守愈固，知愈明，融朗透徹，油然理順，渙然冰釋，而天命之理，固烔烔不惑于聖人之一心矣。然聖人不自知其至此也，方且不倦不厭，忘食忘憂，隱怪有所不爲，遯世亦無所悔。精之又精，存而又存。靜也，見天之復；動也，見天之通。時出也，見天之川流溥博;淵泉也,見天之敦化流峙。枯榮升沈,聚變見天之於穆不已。故曰:"天何言哉!四時行,百物生。"又曰:"下學上達。知我者其天。"夫惟天知我,惟我知天,則虛實一原,顯微無間,先天無始,後天無終,而向之所謂不惑者,六通四闢,以知知,亦以不知知,混乎冥乎,而與造化爲徒矣。

蓋聖學無工夫,而聖心惺惺,夕惕朝乾,則又未始無工夫;聖學無階級,而聖學亹亹,則又未始無階級。故十年之精進,獨覺獨解,故托其近似,以自名如此爾。不然,一中之天命,具於情性,發於事物,即聖人欲強自異於孩提、夫婦而不可得,而謂四十一知,五十又一知,則四十以前,猶恍惚疑似,未知天命爲何物,直積而五十,乃脫粗入玄,洞奧灼幽,回視四十之境,別有超然頓異耶?

蓋觀於《易》自《乾》、《坤》而下,《既濟》、《未濟》而上,玄黃之遞變,水火之爭禪,莫非天命流行於其間。聖人居安樂玩,至於三絶編、三折鏑,始喟然曰:"夫《易》,所以崇德而廣業也。"範圍曲成,晝夜通知,"窮理盡性,以至於命",曾不離是。然則從少而老,畢世所學,皆天也,獨四十、五十云乎哉?

是爲解。

大心、小心辨

夫善學者,則自事心始矣。心之體,本收斂而内局者隘之;心之用,本恢宏而外馳者蕩之。故必先有以斂此心,而後有以弘此心;必先無以蕩此心,而後無以隘此心。此不可不辨也。

今夫人之心,何心也?即天心也。天之心,翕闢於坤,專直於乾,則可謂廣大矣。乃其小者,醞釀於《遯》、《姤》、《剥》、《復》之交,眇兮窅兮,不可窺探。然而兩儀之燾持,二曜之運照,四氣、五行之禪轉代謝,以至含生肖翹、百嘉萬品之倫,並育而無害,無非此心爲之充匭周貫於其間。人惟得天之心以爲心,是故扃之至深,拓之至鉅,鑰之益密,發之益宏。收而握之,藏于一掬之中;舒而放之，翔于寥廓之表者，謂小心可以事上帝，大心可以通百物，小與大非有二也。以其隱密微妙，若希若夷，强而命之曰小，而其小也，乃以成其大也。以其磅礴布濩，無端無紀，强而命之曰大，而其大也，初不離於小也。世儒不知天人之爲一心，大小之爲一貫。内局者，牽曲固滯，塊然株守其一膜，拘焉而無所入，窒焉而不能達，既已乖其虛圓變化之用。外馳者，方且欲乘渺莽之鳥，游於無形埒之區，決裂汗漫，不可收拾，又併其粹精之本體而失之。體之不存，彼自謂函物而忘己，而祇見其墮於蕩也；用之不行，彼自謂妙己而粗物，而祇見其槁於隘也。隘矣，蕩矣，則與天心不相似，而何上帝之能事，百物之能通哉？

惟夫善事其心者，以吾之心，合於天之心；以天之心，合於物物各具之心。是故亹亹怵惕，兢戰恐懼，不顯也而臨，無斁也而保，不聞不見也，而亦式亦入，秉不薦之敬，篤不已之純，凝神儲精於汭穆宥密之内，即戲豫馳驅，有所不敢，而一出王，一游衍，昊天之明旦，無不及焉。故曰："小心翼翼，昭事上帝。"又曰："上帝臨汝，無二爾心。"是心也，不壇墠而肅，不黍稷而馨，可以孚重元，亦可以總倫類；可以格蒼灝，亦可以府垓埏。際高蟠厚，吾心之通乎兩儀也；察來彰往，吾心之通乎二曜也；茹柔吐剛，吾心之通乎四氣、五行也。雲行雨施，而草木自蕃；淵實山虛，而飛潛各適，吾心之通乎百嘉萬品也。蓋自其小者觀之，若《遯》、《姤》、《剥》、《復》之交，微陰微陽，動於緹帷密室之中，欲求其芽茁名狀，而不可得。究其至大，則赫赫肅肅，盈乾塞坤，皆其小者之爲耳。然則繽紛散贖，固太始流行之機，鬼神見聞之器，而博貫兼該，即性命發揮之精，齋戒退藏之緒也。勃乎其不可禦，若有扃而鑰之者，果何體之非用，何大之非小耶？寂乎其無所有，若有拓而發之者，果何用之非體，何小之非大耶？不然，小者一心，大者又一心；事上帝者一心，通百物者又一心，心顧若是之多岐哉？

嘗觀《中庸》一書，未嘗以心爲説，而善言心之小大者，莫詳焉。喜怒哀樂，不失其節，而致之足以位天地、育萬物。溥博時出，經綸知化，而實不過一尚絅之淡，無愧屋漏，此心學正印，萬世之真承也。彼分小大而二之者，吾猶以爲後儒支離之見，非《中庸》之旨矣。

誌銘　行略

大中大夫、江右行省參知情符蔡公墓誌銘

　　壬戌之冬,蔡大夫長君將襄其先公葬事,偕弟某等匄銘於予。予與大夫萬曆甲午同舉於鄉,戊戌同登甲第,名諱相鄰,居同里,官同戶曹,又嘗約締姻婭情誼,蓋蒸蒸然厚也。以故長君昆季不鄙夷予之不文,而以銘墓請予。雖自諗弓墨之疎,而亦不敢以不文辭。因按其行略而次之。

　　大夫諱增譽,字宏耀,別號情符,世家晉江龜湖之龍窟里。高、曾而下,敦樸力穡,纍德行義。至贈中憲鑑亭公,大夫父也,始督大夫負笈受師訓。一日,贈公攜數秋出自袖中相示,且記異時成虧。予讀竟,撫几驚嘆曰:"此君家千里駒也,即不佞當避三舍矣。"無何,大夫果用經術顯,成名進士,即度支,治吳餉,出守雲間,擢江右治兵使者,分巡南瑞,改視學政,移行省參知,保釐湖東。所至愛利,居謳去思,而自御儉菲,一絲一粟,不以旁擾屬邑。其於諸薦紳長者,容接造膝,咨四履善敗,語不及私,人亦無敢以私溷者。蓋自在事至遷秩去,庭絕筐筐,宦槖蕭然。每瀕行,恒不能倯舍人裝,關西清德,其天性也。

　　方大夫初授計部,董崇文門課,時榷採璫使正橫,有權璫以稅緩頰,大夫談笑卻之,璫竟戒勿犯。當事者有以關差相市,大夫慨然曰:"吾安能俛首蠅營,以逐腥腐哉?"于是乃得吳監兌。是役也,有漕臣爲政,他計部至,第娓娓脩故事耳,大夫以爲誰非王事,若弁髦職業,而借銜命以自逸暇,璽書謂何?乃明要束,躬督勵,蘄於料量惟允,俾庚癸無呼,鼠雀不壯,以無負上任使,而後即安。

　　迨守松郡,人多以盤錯難之,大夫叱御以往,一意民瘼。甫下車,詢松所不便,次第剔解,法所必持,雖豪有力藉上官之嚴重以爲媾,不繞指柔也,視向沮權璫,勁自若。松多疑獄,久淹莫決,大夫蒞事未浹時,剖豁如洗。聽兩造,一切罷勾攝,令自詣,片言立折,宿胥之刀筆,健檄之爪牙,無所夤緣爲奸。伏戎之莽,松爲劇,則清保甲,慎封守,一時潢池鳥散,閭里且戶不夜扃。征科之令,劑酌緩

急，而輕重布之。不度者寬其額賦，法平而人樂輸。松又瀕海，亟於兵，亦亟於餉。大夫豫爲規畫儲峙，餉以時給，而蠶漁有戒，故卒伍多激發自奮，超石投距之氣，屹如也。至若禁水葬，毀淫祠，汰冗遊，濬河渠，雨暘愆期，有禱隨應，纚纚美績，未易縷舉。其於《緇衣》之好尤篤。節縮俸錢，以脩學宮。賑士之貧無餼者，每試士，無遺珠之嘆，而託於贗鼎者，不獲售焉。故大夫徙兵憲江右，人無不舉手加額曰："是松之民祍席而軍挾纊者。"然亦第以松之治治之，而南瑞治如松。既而徙學憲江右，士無不印首伸眉曰："是松所稱一經品題，便作佳士者。"然亦第以松之試試之，而十三郡之得士如松。嘗憐一生髦而學未荒，試其孫爲代一童負病試卷，未及謄真，閱其稿録焉。其惜才也如此。遡大夫當事至今，兩地之錚錚榜中者，多曩時所得，士則益胥服神鑑云。

顧其持衡始終，不以尺寸假人。撫軍衛公嘗欲爲一年家子復青衿，大夫曰："豈可以國家公典，奉貴要，饗私恩！"竟持勿許。程士之暇，嘗署臬篆，顧直指以風聽，欲法司中吏，大夫執不可，曰："往例司中吏有過，應本司自糾，毋以吾今日代庖，失百年來規體也。"事亦中寢。其挺勁不撓往往如此。

壬子，以參知齎捧，六月于邁，行次方城之息縣，傷暑，暴殞于車中。卒之日，吾鄉天馬山三日鳴，裂丈許，其深不測，異哉！陳眉公碑頌謂"器局凝重，詞令簡確，張弛甘苦，多有妙裁"，而"重"之一字，尤得大夫神情，意其天馬山之靈所鍾而毓者乎？

大夫幼有至性，贈太恭人連氏蚤背，事繼母陳，色養、禄養靡不備摯，並贈恭人如母。念陳無出，常語諸弟曰："我與若嫂遠離子舍，惟諸仲姒克諧，而姑縮我十年壽，以報先人地下無憾。"兩榜報捷之日，輒憶贈中憲大夫鑑亭公責望意，淚霏霏下不休，曾參不願於椎牛，有以也。蓋大夫生平孝友廉儉，温恭慈惠，居官則急病讓夷，臨事則慎謀善斷，至是非利害之際，守成深堅，凛不可奪。乃天嗇之年，不得酬其大行之志，惜哉！

大夫生於嘉靖云云，某月某日葬於某山之原，坐乙揖辛。銘曰：

賢矣哉！蔡大夫也，敏而叡也，温而惠也，恭而有制也，廉而不劌也，孝而能錫爾類也。勤於其官,而不恤躬之鞅掌以瘁也。綏民育士,甘棠勿拜,而所在歌蔽芾也。令聞令望,而禄與年之弗配也。嗚呼往矣,佳城幽蔚,吉祥凝萃,詒孫翼子,世世昌而遂也。千秋而後,顧瞻此馬鬣封者,猶憑風而弔曰:"美哉!泱泱乎,蔡賢大夫之隧也。"

陳贈翁梅谷墓誌銘

贈承德郎、大理寺左寺正梅谷陳翁者,予戊戌同年獻甫君之父也。贈翁捐館舍若而年,奄歾未脩,兹卜兆于南安青社之原,與封太安人留氏合而窆焉,獻甫偕其昆季匄銘於不慧某。某以黯淺無文辭,既弗獲命,因念獻甫官大理時,予治粟倉部,職業之暇,即相引論,説今昔,堂下陰移十數尺,不能去。亡何,獻甫慮囚成都,予以弓旌徵蜀士,後先叱馭,雙鯉慇懃,遞訊涼暄。迨予麾守武林,獻甫亦得粤之潮陽,攜孥歸里,輪蹄並騖,行李居停,狎忘爾汝。庚戌之春,執玉脩覲,儗舍長安,不數武而近,晨興策騑謝客,夜篝燈對榻,問答郡治利病,簿書鞅掌,刺刺然歌采杞也。蓋從初登籍至於今,周旋且廿餘禩,以故知贈翁及太安人事最核,則載筆而銘,小子敢不勉旃?

按狀,贈翁諱某,字某,別號梅谷。其先世居清漳,自教授公崇勳,命伯子祖科喬遷南安縣之梅溪里,遂爲南安人。四傳而生素菴公元英,元英生筠隱公庸,庸生荔浦公祚,祚生松東公諱端卿。端卿生贈翁兄弟四人,其伯氏爲興化府儒學教授明鋒公某,叔氏即贈大理翁梅谷也。翁倜儻有大志,弱冠補弟子員,蜚聲黌序,而厄於數奇,屢起屢蹶,間復爲二豎所苦,乃釋去經生業不治。見獻甫髫齡聰穎,迥異諸兒,試之對偶,矢口占應,巧中韻律,則欣然解頤曰:"孺子必亢吾宗,他日可與瑞山、志齋兩公稱鼎足矣。有媯之後,莫之與京。此我家故事,矧連錢千里,已在耳目之前乎?"用是顓意課督,延款師友,豐其脯脩,期相切劚,底於成立。松東公貲産不腴,分箸而四之,以授諸子。贈翁居其一,歲入僅能供蒸嘗饔餐之需,而澹泊節嗇,衣不重帛,食無兼味。至於緩急叩扉,懇以乏絶,則傾囷倒槖,無難色焉。居恒未嘗操筭鑰,算區豆,視世俗閥閲家,有效阿戎鑽核者，輒竊笑曰："夫夫也，以衿纓而脩研桑之筴，粒粟寸縷，靡霑於人，將焉用之？"

獻甫以壬午領鄉薦，贈翁益夷猶自適，與周翠亭、尤肖州、潘澄江諸老，結社筍江，爲真率會，而乘一款段，挾一長鬚，出入闤闠中，青衫布舄，泊如也。獻甫三困公車，贈翁勗之曰："孺子何慮蠖屈？要須以古人自期，如希文、孝先，無忝科名，乃足術也。"獻甫以是益發憤精治《三禮》家言，至戊戌果成進士，惜贈翁先已解殼委蛻，弗及覯矣。

元配留安人，實宋留平章正之裔，代有尊顯。如方伯鵬山公、憲副鵬麓公、孝廉覲光君，即安人祖、伯父、諸從弟姪也。安人父某殁之日，在母某氏腹纔三浹月耳。生而婉嫕，能讀《內則》、《孝經》，識大義。及結褵歸贈翁，善事尊章，備竭孝敬。姑王孺人秉家端嚴，峻束諸婦，朝受事，夕獻功，稍有得失，言色鮮所假借。安人獨躬率娣姒，黽勉服勤，雞初唱，櫛笄操作；漏下四鼓未休，無幾微懈倦忤意，於是甚得姑孺人懽。贈翁既不屑世俗委瑣，料量黍銖，一切內外營費，皆倚辦閨閣，安人權有亡，酌贏縮，而輕重綜之。凡師友之既廩、賓從之殽漿，緩急之賙賑，與男女之婚字，筐筐無不出自安人擘畫。不給，則斥簪珥，且輔以女紅。贈翁處約若裕，客屨常滿，桮酒不空，多安人襄贊力也。

獻甫奉璽書行部，簡恤訟獄，歸拜堂下。安人慰勞問狀，聞有讞議奏報，湯網猶滯者，則爲之蹙眉，當饋而嘆；聞有平亭原宥，坐肺無冤，則怡然色喜，加匕箸焉。其就養於潮也，設帨之晨（辰），獻甫以俸金佐觴上壽，安人却之曰："孺子備官職事，脩舉鄉校，無謗老婦，嘗公餗寸嚳幸矣，惡用此長物爲？"歲時節序，或製一綵一縑以進，則又卻之曰："而父課子成名，生未膺半通之綸，老婦兩拜聖天子恩封，錫以珈組，榮寵已多，敢忘而父没齒韋素耶？"在郡齋歲餘，念諸兒諸婦不置，獻甫御翟茀以歸，衣疏茹糲，董治枲絲，一如嚮者率娣姒莊事姑孺人時也。貴而能勤，老而彌儉，有魯文伯之母之遺風焉。評月旦者，謂與贈翁稱倡隨合德，諒哉！銘曰：

於穆贈翁，飭乃垣墉。塈茨堂構，寧必我躬。有子大理，敏而能仕。敬忌艱貞，媚于天子。彼美安人，寵命重申。惟儉惟勤，若將終身。雖不偕老，則亦壽考。德音孔嘉，子孫是保。若斧若坊，合璧而藏。鬼神護呵，麟遊鳳翔。小子詮撼，勒銘幽宅。千百春秋，永永無斁。

龍塘王氏三世合葬墓誌銘

山柄之原，有龍塘王氏墓，背坤揖艮，先祖父述齋公所築，以葬曾祖父母者也。述齋初意欲附營己壽藏，既而念一兄一弟宅兆未卜，乃畫八窆：中後二，葬曾祖父忱齋、曾祖母展純顏氏；中前二，葬伯父直翁祖、伯母克儀顏氏；墓左右之前後，各虛其二，以待祖父母、祖叔父母百年大期，託首丘焉。

嘉靖之季，寇疫相仍，祖叔父直軒柩燬于火，祖叔母無違施氏身没于賊，述齋與某父愛塘公，亦爲賊所掠，述齋貸金贖歸，父未及贖，遘疾而逝。某年稚幼，莫知蛻骨所在。母孝貞朱氏，旋以痛父賈，荒殮甫畢，賊夜突至，某與祖母慈正林氏被獲，驅之以去，而困憊不能行也。幸得釋，述齋公攜以逃竄。喪亂既平，祖父母後先以壽終于正寢。祖叔直軒有子二人，治藝糊口於浙處州之麗水縣，長者客死，次字(子)君棟既壯而還，未有家室，某以數金助棟叔爲婚娶費，且讓屋與居，勾祖叔母施氏虛穴爲葬母地。於是啓墓左後一壙，葬祖父述齋公，而左前則以小楮收祖叔父直軒燬骸附葬。啓墓右後一壙，葬祖母慈正林氏，而右前則以巨郭盛母孝貞朱氏淺柩附葬。八坎周奄，而父子、兄弟、婦姑、姒娌同住一區者，成先志，且遵遺命也。

然此皆某微賤時事，今雖以奉官無罪，邀三朝寵命，四焚黃於兹土，祖父述齋公、父愛塘公並贈通奉大夫、浙江布政使司左布政使，祖母慈正林氏、母孝貞朱氏並贈夫人。而追思往昔，生不用鍾釜殯，僅舉藁梩，安能塞終天之憾哉？其行略生娶、卒葬年月，載在宗譜，不具論，論骨肉所以合窆之故者如此。銘曰：

瞻比山麓，惟石礐礐。盤護蹲峙，翔龍舞鶴。三世同窆，住靈叢馥。綸封四賁，帝命伊濯。施我孫子，永綏後禄。

仲女勤淑墓誌銘

余生不辰，夙遭寇亂，既已備嘗多艱，益惕惕乎宴安鴆毒之不敢懷也。山荆紀氏，封夫人者，荼蓼同甘，蠅雞交警，居諸十有六載，四乳而得男女各二，遂畫衿裯，闃然獨處，以至于今。兹劉甥所葬内子，即夫人再乳女也。性姿沈默，喜愠不露於顔，履屧不聞其聲，元黄絢麗，耳目未嘗一涉。稍能治枲絲，晨興昕繼，蹴指鳴杼，揭揭竟日，繼以燒膏。余力攻研畦，挾笈于外，而無内顧憂者，女輔夫人拮据居多。其字劉也，余初舉于鄉，未能以百兩御。及命秩賦禄，始分庖廩之餘，以佐其家。兒女習於食貧，節約劑縮，銖積黍纍，漸有町疃之入。躬率奚婢，條理秉穧，不辭劬勤。

余嘗經其里居，見女家蒙冒熇烈，汗盈盈在頰也，意竊憐之，然喜其有少君、孟光舉止。而又秉心矜惻，聞人語以窘急乞絶，輒捐鍾釜賑恤。農佃婦穉負二租，愬凍餒狀，乃哺以餔粥，寬而遣之。安而能勞，明服父訓；儉而能慈，陰協道寶。此女士懿行，尤閨闈姬姼所鮮例也。舅姑蚤逝，奉養不逮，莊事兩伯姆，儼若尊章，敬戒中饋，無幾微拂迕。閫内雍睦，有禮有義，蓋足稱卯金氏世家婦焉。詎意醴泉頓竭，芳蕙易凋，年未四袠，抱疴長逝。訃聞之頃，宗婣鄰黨，莫不欷歔，嘆其壽不配德。即今每遇忌諱，里中媪猶有操牲楮而奠者，信淑媛之感人不虚矣。矧鬚眉丈夫，大有表竪者乎？銘曰：

吁嗟！吾仲女乎，爲劉甥之好逑。静以幽，恭而柔。勤杼軸，信棗脩。戒攸遂，睦娌妯。喜賑施，毋慳留。年不永，德具優。卜宅兆，封釜丘。凝瑞氣，蔚松楸。光昭令母，則在爾子之克振箕裘。

堂姪心揚墓銘

銘曰：爾生而存乎，勞勞於遷化之塲也。爾逝而還乎，冥冥於無何有之鄉也。形果爲纍乎，孰知夫臧穀之均亡羊也。年雖不足乎，孰知夫逍遥之齊彭殤也。美哉佳城乎，岡陵川壑，繚且翔也。勖哉後昆乎，堂構畣畬，緜且昌也。

洪壻伯韜墓銘

歐劍在握,胡不動盼於三旌?卞璧在櫝,胡不藉貿于九賓?余所能知者,才則韞奇而抱珍。余所不能必者,遇則躋膴而梯榮。士之當陀湮淪者非一,寧獨於爾乎憤悗盈襟?於乎!虧益變流,谷王善受。爾躬不售,式穀爾後。佳城鬱幽,如瓔如琇。福祿來遒,日新富有。

洛陽劉壻乃翁南陽墓銘

繄贈君,南陽之隱德乎,言有倫而動有則。雖不雪煜於當身乎,而畜以待畬,耕以待穫。乃有令子乎,克奮其騰驤之力。榮逮再世乎,徽贈綸之赫奕。爰偕昆季乎,相原隰而脩奄岕。佳氣凝且鬱乎,拱護贈君淑人之營魄,繩繩繼繼以無斁。

陶石簣乃翁先生行略

德鎮雅俗,望隆明時。道備清和,勵愞頑而敦鄙薄。躅歆朝野,惠黎萌而抑權奸;位登八座,階銜而惟有桑麻。安五柳身,留一生蹟。愛而但愁尸祝擾庚桑,老而姜桂之性彌堅,今猶棠蕙之思可掬。懷風遡景,恨不勒金,按實加名,允宜籍玉。

自 敘 行 略

初太夫人孝貞朱氏,姙余在腹,當免身,先通奉大夫愛塘公,自外來,至門,拾白金一錠,上有"官"字。比入室,聞呱聲載路,則喜曰:"是兒也,其官而亢吾宗乎?"及余漸有知識,嚴加督厲。十歲遣就外傅,櫛沐饙蔬,任自爲之,蓋勞以成愛,期於樹立克家耳。不意倭夷內訌,孽黨助亂,通奉以代父繫,隕于賊,孝貞以慟夫亡,隕于家。余亦爲倭所擄,幾不免鋒刃,幸而獲釋,從祖父母逃竄。賊平歸里,農賈工藝,輾轉改徙,猶痛生之無以爲養也。乃用筆舌虀薤,爲挾兔園册者師，脡脯之入，菽水可供。

二祖父母以天年後先仙逝，喪葬既畢，敎學相半，大肆其力於文章。蓋六戰棘闈而冠鄉書，兩詣公車而成進士，謁選得饒之餘干，疾不能赴，疏覆浙紹興敎授，設皋講《易》，屨滿戶外。分較滇南，歸則當事者檄署上虞篆，獨齋楮芹，止縣堂東偏，不事筐篋，期會專崇風敎。不數月，而囂訟之習，化爲敦讓。辭篆之日，闔邑士庶，僧尼煢寡，涕泣遮留，盈于道周，余始悔向之不爲縣也。

俄而陞國子監博士，六堂諸生，執經問業，日無暇晷。轉戶曹，治太倉粟，謹區釜，平出納，防範密匝，壯哉鼠雀，無所容其侵牟。滿三歲考，籍羨米十萬，板薦帚斗稱是，大司農趙公掌銓事，欲特薦調，余亟辭曰："此積餘，原庚廥所自有，職節縮纖嗇，聚而還之公家耳，非能神輸鬼運也。若以此博美秩，無乃令後來者效裴延齡乎？"司農笑而止。適當大比，上遣負弓旌，典蜀試。既反命，奉勅董理上谷軍儲。未出都門，諸權貴各勾中鹽如干引，號曰書商。余念國賦虛耗極矣，商不納粟於邊，而冒引於塲蠹，孰甚焉，堅持不可。至鎭則按粟派引，一無所徇。又痛革邊糧借支，即中丞以馬價借，總戎以防邊借，皆固卻之。且上疏言其弊，事雖不報，而竟以是爲權有力者所忌，而麾守武林之命下矣。

甫蒞任，洪潦爲災，奸商閉糶，饑民毀蓄米之室，譁撫軍之門，愬于郡庭者，自通衢擁逼衙齋。余冒雨出堂皇，撫諭散去，詰朝，下令市肆糶買如常，分委告糴賑恤。夏既仲矣，田疇盡空，示以高下樹藝之法，秋大豐稔，穀滿篝車。

杭西湖之上，舊有南湖，邀殺水勢，勿令建瓴衝突。年久淤塞，餘杭據爲桑菓之利，或築小屋而居，錢塘聚衆持梃而鬪，兩邑交爭如敵國，而湖、嘉苦淫注，亦咎塞湖之爲患也。遂議濬復，費無從出，余括傅、楊二犯贓賕數千，以竣其役。高巡撫奏聞於上，賜守臣勞金十兩。

傅、楊者，鄭直指所題"豪富殃民"者也。楊爲要津子弟，傅爲織監腹心，二犯皆廣債殖利，蠶食席卷，田廬佸汰，府怨招尤。然楊不過癡憨無識，傅則恣睢自雄，用富賈貴，賄賂苞苴，力能使鬼。直指乃劾其有反狀，下敎於郡，索軍師鐵木工匠，共逞不軌者。余向直指抗辯，直指意悔色沮，然猶疑守有點涅也，密偵守動靜，久無所得,乃依郡獄辭訊報,傅奪官遣戍,楊輪鬼薪,其四郡訟牒牽連枝蔓者,聽守輕重理決,不爲忤也。他若歸島夷之俘,釋陳祖皋人命之誣,縱魚舟數十人論死之囚,皆其大者。每鹿車循行,勞來道傍,穉叟呼余爲"老佛"者以此。

考功奏最,啓事屢催,俱未得旨。後乃以浙學憲請,朝上,夕報可。科塲逼甚,余星奔歷試,選駿史胥自隨,一卷一字,都出指掌。繼日達旦,半載完十一郡科額,遺才大收,法如正考,必躬必親,不仍故事。至于漕糧一事,往昔成規,破壞已盡,百疣千瘡,難遽捄藥,惟劑刷處置,去其泰甚,勿抑軍病民,勿抑民病軍,俾彼此交兌,稍舐餘粒,而不大扞禁網,猶可爲也。故江右之漕,余初以參知專督,繼以長憲兼督,糧完視諸省獨先,糧欠視諸省獨少。然而長江大河,一葦往還,風濤洊驚,幾葬魚腹,五載勞瘁,前此未有也。既遷山西右伯,始得釋肩,回翔里門,復有兩浙左伯之擢。

適值奴酋鴟張,水陸調募,舟車餽餉,而織造緞疋、杼軸金錢籌費,不下一百二十餘萬,毫無額征,直責藩臣設處完解。余受事將兩載,以拙婦作没麪湯餠,拶荼拮据,幾幸無罪,且陪推卿貳矣。而中於姜菲之口,以遼餉不完爲辭。然言者謂余"居官裋行,無可指摘,其人良心似未盡泯",而余欋技已窮,飛翼亦倦,疾病困頓,實不能支。上狀告歸,隨掛冠以行,士民連牘乞留,蘇撫臺再三慰諭。彭按臺有手劄與余曰:"門下輕舟載石,清風兩袖,吾甚媿焉。"旋亦謝病去。主爵者明其不愆,覆會疏准暫回籍,覃恩三世如例,痊可之日,奏薦起用,顧余絕無孟浪小草意矣。

陋室琴觴,堪邀風月;薄田黍稻,可供饘糜。問燠問凉,偕齊眉之法喜;說書說禮,課繞膝之兒孫。車馬不喧於門,冠纓莫識其面。芋炊熟而未起,雞棲塒而先眠。間作詩文,輒焚草藁;時讀傳記,聊度駒隙。燃香誦彌陀幾聲,擊磬歌華胥一曲。昔是東西浮梗客,今爲宇宙偷閑人。余何憂哉!余何求哉!第一官冗宗,未必深慰先通奉、太夫人於九原,則永言孝思,不能無銜恤云爾。

代蔣犁春序内子行略

内人某諡傅氏,南邑傅某公之某行子也。蓋生若而年,而乃公宦矣。又若

89

而年,而傅氏兄弟,後先掇巍登臚者三,内人一視之,泊如也。其稱貴人女也,則繇是也;其稱貴人姊若妹也,則繇是也。始于歸之日,逮事舅姑,曲當我二尊人旨。居姒娣間,分作擇取劇,服用擇取觕,主伯亞旅,堂户雍雍,大抵内人敦和之所率也。大事既襄,我兄弟凡四,髮星星然幾銀矣。乃各分治盂缶,而某以攘臂任義,群推爲千夫長,又推爲黨正,以故客屢常盈階戺,而内人時時餁匕匕,峙臀灕,久無厭苦意,間或至丙夜,客酩酊去,而機杼始軋軋有聲。枲絲之餘,不效世俗婦,巾襲爲私蓄計,内外姻戚,有以急告者,偶疊恥不相應,則出而佐之,若沃焦焉。

舉子二:長某冠且婚,而中道夭;次獻傅。弱少纍纍,内人以紹續昆裔之弗蕃而昌也,遂爽慫某卜妾,斂己專居,令小星無怨,而江沱忘悔。及舉子獻保,而妾某氏逝矣,内人悲悼不自禁,背腹而吹摩之,能食食均,能衣衣均,能讀書家塾,能執業外邸,膳給脯脩,師友之儀均。里中嫗見而怪之曰:"夫郎君,亦猶夫人之子也。"夫今傅與保,幸皆撫有而室既抱子矣。每見輒辟呞曰:"二丈夫子,不克雄奮,顧藉若父毫黍遺,沾沾自潤,則斷橢捐梗垺耳,吾豈以是爲爾曹願哉?"

蓋内人質儉淑慎,夙植於初,又習嫻傅某公一門風軌,故逾女而婦而姑而大母,婉婉然如一日也。往某病幾殆,内人輒祈代曰:"寧速有戾於予躬。"已而某復爲人,内人乃更席沈痾,卒就木,如所每食祝。嗟嗟!死生命也,倘可庚代爲耶,則内人亦甘之矣。然所痛者,昕夕舉案,德曜無梁伯鸞亦何喜獨生乎?固宜某不能相忘於此,泣盡而繼之以歔欷也。敢私布諸下執事,惟是哀而誄之,我内人没且不朽。不材子傅、保若二人,銜無涯之賜,亦且不朽。

祭　　文

祭户部主政郭駟雨親翁文

昔某淹恤塵淖,陡乃思奮,側聞太親翁恭定先生風軌,心竊儀之。既而幸得從親翁觚穎之業,摩厲交綏,不自意鍪弧先登,受袍呷、束脩,而習政典,則恭定先生儼然中臺獨坐,貴倨矣。每懷刺晉謁,先生謂:"此會家子也。"勅守閽者勿引卻,延入而賓之,間或爲設邦苴之饌,沃以酪奴,談説文藝,商榷官理。堂下槐陰西移十數武,始趨而退,德音在耳,言言服膺。大都某之效質中外,賦漣漪而不慚尸素者,皆先生辟呀力也。

歲在作噩,承乏轄二湔筦鑰,狂酋鴟張,徵師索餉,亟於火馳。某竭蹶枝梧,輓輪齎送,不避焦爛,以赴國艱,而用事者齮齕,指銛爲鈍,穿機既張,尾遯斯危,遂謝病,乞骸還于初服。時則親翁亦持籌箸,佐司農。庚癸,見出餉如逝波,東師日蹙,扼腕抗章,自請以尺組繫哈赤之頸,而制其命。事雖中寢,而苦口刀圭,觸白眼所忌,於是展轉詆擠,不安厥職。然而伏波裹革之志,竟不衰也。

居恒鬱鬱,壘塊盈胸,輒命酒澆之,積而成肺、胃之疾,投以他劑弗效,涼劑則愈,愈則復命酒如故。初夏幾望,趣舍人裝北征,尚圖據鞍躍馬,伸烈士壯志,而宿疾勃發,轉益增劇,自知必無起色,沐浴更衣,叮嚀家政,纖悉靡遺,兀然端坐以逝。

於戲!親翁生平,爲子則孝,爲臣則忠,爲兄長則友,處族黨戚舊敦厚周慎。叩以緩急,傾囊倒廩不憚費,其視恭定風軌,可謂無負堂構矣。而又洞達生死,衾器兆域,蚤豫營辦。彌留之際,談笑如常,其視存順没寧,可謂逍遥齊適矣。而怛化者,猶然以彭殤脩短之數,致疑造物,毋乃非擁南面王樂者意乎?

某誼締簪盍,情縮姻聯。明幽岐隔,感愴淒然。卮酒舉酹,載以蕪言。靈光不昧,鑒此戔戔。

祭蔣太親翁九覲老先生文

世有峩冠長佩、儵倨警呀者,每扼腕於服艾盈要,而留夷之不苓也。迨其鉛刀效割,髑髏當前,則愕眙喑啞,鎩鳳不翔,瑾騮徑駕,遂至摧轅傾輈,身與名而俱瑕。於乎!此虛憍詭激之士,所以首尾緯繣,而竟誤人國家也。

乃若先生其人者,質任坦淳,材優匡濟。溫婉有度,如廉玉之不劌;炳燭先幾,如靈芝之開筮。沈静凝遠,如岱嶽之奠麗;貞信堅決,如湛盧之必制。故自強仕錯贅,而邑令,而榷關,而郡守,而藩宣,剸解綜理之密,阜通惠恤之寬,訊獻簡孚之允,彰癉揚遏之端,在在載諸畏壘贔屭者,皆可頌而傳也。至於峒黎征勳之役,初以事不與聞,甘分啟釁之過,而不亟於自白。繼以方略潛授,獨成戡定之功,而不居以爲德。裁兵節餉,指掌極於明哳;條畫善後,疆宇厝之安謐。田直指稱之無尤無怨,不矜不伐,亶爲得其脊矣。

噫!今日之東事,何如也。喪師蹙國,統制頻易,儻得先生佐戎索於行間,以策粤者策遼,庶幾其無斁乎?惜也,先生溘然息矣,彌留之頃,猶若指麾軍令曰:"當拏者拏,當犒者犒。"將一腔忠藎,至是猶不忘蹇蹇勠力耶?蓋先生生有瑞徵,面目鬚髯,彷彿垺關壽亭。車轍所至,人咸指爲關聖,歡呼跽迎。旱潦災祥,有禱旋應。謝世之日,即關生辰。然則先生固關之後身,而居恆自言壽數七十,甲科三十載,書香有接,種種皆神明豫定。矧其子若孫,振振詵詵,于門高大,寧獨二三駟馬襲餘慶也?

予與先生同官於浙,又辱締婚姻,因感慨時事,敬敷辭以憑弔先生,而景慕其典型。

祭呂封翁文

昔之爲王臣者,從事不已,鞅掌劬勞,至不遑將其父母,而陟瞻屺岵,以寄其幽憂拂鬱之思。乃或庭有縣狟,鍾釜可逮,而有懷二人,又爲天之所嗇,卒令人子慘怛悲悼,動銜恤靡至之感,欲以重裀易負米而不可得,則其情滋戚矣。

蓋某輩昆季,同籍聯社,可若而人,其蒿蔚亡恙、罍瓶不恥者,鮮矣。獨伯翁也者,履舃安重,杖笈逍遥,髮鶴顏丹,與太媼齊眉偕老。長君爾摶甫優游清宦,時獲休沐,子舍曳舞斑斕。既而以皇華四牡,馳驅周度,念垂白在堂,音問闊疎,遂上章匄歸養焉。怡怡膝下,夙宵省定,躬滌厠牏,鍾釜之餕,幸得備致於親,固非劬勞從事,僅托于望岵屺而嗟猶來者也。然而數載之間,爾摶君每遭轗軻,鼓盆歌矣,復賦鵜鴒;西河泣矣,復慟梧檟。家戚頻仍,而猶以靈異大椿、春秋鼎隆爲慰。頃者，郡邑大夫稔伯翁德齒之併尊也，舉飲禮於鄉而上賓之，伯翁以大耄之齡，羖冠繡黼，儼然造焉。自迎勞以至酢獻，登降旋折，儀度不忒，觀者如堵牆，僉曰："矍鑠若翁，殆蓬壺中人哉！"參是則不俟飡碧琅、吸黃霞，而崆峒、曾城尚可需次幾千春者，胡爲遽跨虬鶩以往也？豈濁俗梟豺，不可與處，而群真高會，亟招婆娑耶？

於乎！洁劫盡灰，至人不朽。矧爾摶君，名懸日月，天子竚將宣麻而大用之。季稺孫曾，頭角嶽嶽，都是師尚父家奇物，福澤慶祉，非君平龜策所能筭其綿邈。某輩視伯翁猶父也，痛爾摶君之素韡未除，苴經再設，慘怛悲悼，情曷以堪？故相帥而告之几筵者如此。若伯翁之巍範懿矩，載諸如綸，且有薦紳先生纚纚之誄辭在。

祭蔣沂泉封君文

醲化久蝕，澆風斯扇。此君彼牧，孰問疎塞？瑾戶篸酒，癉襫矛戰。惟公遠德，萬夫之特。孝友和恕，中清淵塞。孚徹廣鶩，仁聞烜赫。夙翔芹泮，潘左北面。岐黃方典，孫吳合變。稇苞彙括，白晳元辨。下時弗靖，鯨鯢作梗。肉食者鄙，墨守自勁。斗城孤絕，借一云幸。氛妖未霽，民乃痌療。公曰勿慮，我任以濟。爾藥爾穀，起居無厲。難排阸解，舒裘緩帶。蕭曹衛霍，業豈不載？數乎百六，安展厥采？躬之不閱，後昆錫哲。式穀惟肖，家邦之傑。龍騰鳳翥，允迪元吉。兒姪聯輿，掇科獵第。公也不佞，冠裳棣棣。人謂難老，受祉未替。豈謂奄速，宛其無祿。膏臐在鼎，弗享其餗。鑣（蘪）衾既穮，竟遺而菽。某輩辱交，令子典刑。沃飫攀號，弓墜涕泣。如雨奉觴，裁誄寫我衷緒。

祭李封翁文

縶彼岷嶓，敷別遡原。丹穴韞瑞，鵷雛雲騫。物理人事，茂自靈根。李氏封翁，秉德純龐。篤育四美，如圭如玒。塤篪雍愷，萬石家風。翁夙茶茹，不康厥居。研桑儒術，遷化贏虛。義所以利，毋權孶餘。積而弗悋，好禮防淫。孟嘗毀券,陶朱散金。賑乏恤匱,纍善於陰。子之能仕,勗以作忠。未能仕者,淑慎爾躬。晚景交付,展也心鬆。帝綸賁錫,寵如子官。顏童髮鶴,章甫元端。稽首拜賜,儀度舒安。從兹斂福,月恒日升。期頤未艾,佺喬作朋。方來朱紱,以莫不增。胡天不遺,嶽崩椿萎。杖屨猶在,音容已非。陟岵揮涕,萬里馳歸。於乎!陂平復往,慶弔相求。盈階繞膝,可琳可球。兜率果有,足慰九幽。某也女孫,締翁之曾。瞻奠筵几,有酒如澠。翁靈炳晃,鑒此豆肴。

代李芳西祭郭益菴文

始某爲諸生時,藉令子若孫驌,得侍先生,則見峻乎其容,肅乎其象,若威鳳而文豹蔚也。繼而領鄉書,與令孫仰益君㨗絲綹之約,頻相過從,則見先生峻者以舒,肅者以邕,若金玉之韞其精,若草木之將斂其華,而歸之實也。逮某握縣篆,困於萋菲歸,而居停於先生之亭榭,時先生雖患眼,簡酬應,而每置某席末,坐對移堂下之陰,乃退,則又見先生舒者融,邕者忘,若子列子之御風,南郭子綦之隱几也。夫以某三伺先生,而先生貌凡三變,彌粹彌冲,抱神凝一,殆類古之有道術者。若何投杖龍化,意其彷彿在箕山之側,潁水之陽耶?其登瓊室之臺,聽八瑯之歌耶?彼知生而弔,知死而傷,先生皆以爲非天解耶?

嗚呼!宦業著於郡治,令望載于月旦,孫曾滿乎庭戺,先生何憾哉?獨某以數十年燕侍姻媾之雅,匏繫遠粵,不能執衾絞,躬脩蘋蘩,踉而獻之,是則某之罪也,是則某之罪也。

祭朱母舅平溪文

憶八九歲時,隨母孝貞夫人歸寧,見外王父義方峻整,舅氏伯、仲、季侍立於側,父子、兄弟之間,誾誾如也。既而某也二親,畜我不卒,煢獨困悴,形影相弔,時則外王父母耄矣,諸舅雖心憐我,力不能援而振我。天誘其衷,不即賁墜,黽勉磨礪,備嘗多艱,後乃奮跡鴻漸,宦四方,王父母與伯舅俱不及覯,而仲、季兩舅,尚跂履數十餘舍,勞苦我于宦邸。無何,仲舅即世,而季氏筋革強矯,視聽不衰，顧二子憨拙甚，菽水無以爲歡，某繼餽粺穀，纍歲給饔飧不乏絕，又爲之豫治斂手足具。前數日，某以寒食訊掃先大夫丘隴，道經舅宅，入問起居，則曰："猶強。"跽揖問食飲，則曰："猶勝匕筯。"以手搔其頭，面體膚雖稍瘦削，而聲氣猶揚而不抑也。詎意搴帷幾語，遽成長訣耶？

於乎！春秋八十有八，壽不促矣。生平持齋誦經，言動寡咎悔，行不薄矣。御氣乘風，婆娑淨土，舅其在兜率天耶？其已證須沱洹勝果耶？倘相羊佛界，邂逅我父母，爲問朝家贈綸，褒加冠，得翟茀之榮，壹似人間不耶？則某之瘝瘝，所不能忘者也。舅靈不昧，有肉在俎，有醴在樽，願鑒此蕪詞而歆焉。

祭太夫人文

緊太夫人，於誕自嵩。圭潤玉暎，純淑載融。居則命史，動則稱《詩》。克配君子，令德攸宜。肅肅東海，我儀娟娟。琴瑟靜好，淑問以宣。維相秉法，殿上裂麻。似爾式穀，翼燕孔嘉。有鳳將雛，長翅翺翶，顒顒卬卬，爍其有光。爲士山斗，爲國琳球。服膺母教，旋履無訧。陽春有腳，化雨膏吳。拊絃而鼓，鳴雉瞿瞿。星軺玉節，攬轡澄清。惠文白簡，百僚度貞。奕奕丰裁，特達珪璋。水木原本，母氏姬姜。爍斯帝命，有翟鷖鷖。金泥烺烺，婺宿騰輝。方期遐祉，如岡如陵。云胡不憖？僾馭飛昇。

某與令子，居聯梓里，仕忝同官。才殊鵬鷃，味契金蘭。悲風傳訃，愴焉以悽。末由執紼，薦誠炙鷄。遙望雝國，中心如摧。英爽不昧，鑒此衷裹。

祭徐母太夫人文

雍丘之墟，茂淑紆餘。篤生賢媛，曰嬪于徐。洽陽渭涘，作合在初。鏘鏘和鳴，燕喜令居。宜爾夫子，柏臺騰譽。朝陽孤鳳，補牘抗疏。有之似之，神駒軒翥。明光奏賦，請纓借箸。福曜在吳，黔赤待蘇。甘棠不剪，漬髓浹膚。彭彭四牡，觀風問瘼。南北將吏，承流滌汙。卓哉模楷，實需鼎鼐。使君几几，母心則愷。紫誥金章，沃其有奕。願言難老，春秋千百。不惠旻天，寶婺遽殞。絲斷於杼,丸擲于懸。梧槚不改,音容邈焉。衢巷舂罷,士女涕漣。

某以下里,托君桑梓。某以後乘,追君駃騠。嗟我杞州,隕玆太姒。千里寸心,澗毛沼芷。

祭李芳瓊太親翁先生文

士之厚積而徐發者,其蓄之也凝重深堅。既有超世之識量,其振之也崇竑瑰瑋,必有蓋世之謨猷。自昔英傑所以名炳《春秋》,勳垂旂竹者,類如斯也。而胡天獨不憖遺我翁,顧豐其所蓄,而嗇其所振耶?

翁賦質穎敏,秉性恬毅,即在舞象,人咸以遠器異之。某奮跡蓬纍,學靡師承,每嚴同年李聞伯君為畏友。聞伯常語余曰:"我家自有龍門寧馨,弟安足畏哉?"蓋指翁也。於是某又以畏聞伯者,畏翁矣。

翁以丁酉舉於鄉,屢上公車,不滿志。是時,余服官京邸。一日,翁挾所為文,過而問焉。余拱手加額曰:"大呂元聲,不諧里耳,固也。凌雲子虛,何必不遇知己?請摩厲而須諸歲。"丙辰,幾獲元珠,而復偶失,乃以親老,勉從乙榜,恩例設季長絳帳。適余持憲節董漕淮陰,道經其地,縣官罄折入揖,余訊翁起居,縣言稱此中有芳瓊。先生鐸舌初宣,負牆屨滿,一被容接,號登龍門者,非歟?余憶聞伯語為之點頭,亟命車展謁,而閽人徑通翁刺矣。趣延上座,周詢寒温已,則剝鰲佐酒,燒燭劇論,因得其袖中近草,讀之卒業,拍案大呼曰:"希奇哉!青氈玉堂,青陽氏前茅,我翁其後勁乎?"無何,翁偕計試春官,果進士高等,選比部郎,徙粟部郎。清奸狴,惠商旅,夙夜靖共,聲颺朝著,當事者廉其望實,擬調銓曹,忽聞太公不祿,而翁徒跣奔訃矣。

余以藩伯謝病里居,馳往唁之,徬徨稽首,未暇出一言。既輟朝夕奠,時時省問廬次,且私之曰:"時事紛挐,天墜可憂,青氈不玉堂,寧不粉署也。龍門寧馨,振聞伯之所未振,旂竹勳猷,某操左券俟矣。"詎意翁戴蒿銜恤,痛慕罔極。素韍將除,孝思逾苦,遂邁危疾而竟化為真也。嗟嗟!美衣人指,美名物忌。門賀方殷,閭弔倏至,孰使余以畏聞伯者,畏翁之遠器,又孰使余以哭聞伯者,哭翁之長逝耶？然而垂白大母，能康匙匕；崢嶸兒孫，能紹裘箕。豈翁之壽不配德，固志一動氣者之難豫期，而翁之仁必有後，乃人定勝天者之可逆知耶？

某夙忝年誼，重締姻婭。綢繆握手，遽爾舍旃。陳辭涕泗，告諸几筵。明靈肅肅，鑒此微虔。

祭沈應文封君文

於乎！天鍾名碩，有開必先。玉璞輝蘊，梧荄枝延。發祥三茂，遡源九淵。令子命世，惟翁毓賢。語翁甲族，衣冠江左。語翁邁德，洵美且娜。不於乃身，茹厥碩果。豐苢之貽，弓冶無區。斂華釀實，蓄流決堰。有子能仕，英英騰遠。鵬翼負雲，亨衢龍焜。式玉式金，載瞻繡袞。踐歷南北，履武公卿。播揚聲教，姬召與京。函祉令子，曰翁陶成。炙譽令子，曰翁噌吰。乃來朱紱，沃飾有奕。願言難老，春秋千百。家有黃耇，國有世澤。壽我人斯，庶幾無斁。

某輩承乏此都，沐浴德馨。仰止高山，欽我典刑。云胡弗憖？乘箕還真。竚望弗及，潸爾涕零。觴几設奠，躬弗親只。醑既清只，肴亦柔只。翁靈不昧，監而歆只。

祭恭人李太親姆文

於乎！天與人交相制也，乃能獲其所難，不能獲其所易。德與福兩相配也，乃繕而脩之者已至，敷而錫之者未備，將造化人事之未可知乎，予何以測其終始？

方鳳岳先生之弱冠登第也，恭人御百兩以歸李，尊章康只，琴瑟諧只，肅肅乎，雝雝乎，歌《葛覃》而詠《卷耳》。既而老姑往矣，舅翁遘疾，危不可治。先生行役，北山采杞，恭人徬徨憂悸，號天籲禱，而痛刲其臂，梧羹跽進，太翁沈痾，遂爲之霍然以起。斯不亦事之所難，而恭人之所易乎？乃若忠亮孝貞，刑範麗美。先生之仕也，恭人與之偕行，而展厥施；先生之隱也，恭人與之偕藏，而坦厥履。迨夫聖主夢賚，安車蒲輪，賁相望于清源之里，先生且揚斿叱御，欲親見姚、姒於世也。詎意天不憖遺,梁木先摧,幽蘭繼靡,兩髦我儀,竟相從溢焉以逝。斯不亦脩德之已至,而錫福之未備乎?

於乎,噫嘻!烏兔隙駒,人生如寄。門弔閭賀,環循遞倚。嶽嶽哲嗣,鳳毛麟趾。以燕以詒,豐水有芑。難者既得之於天,而易者豈人之所制?已至者,純完之於當身,而未備者,必引之於後裔。是終始之未可知者,予將卜度于天人德福之際,而徵之以理,則恭人者,固可以愉愉陶陶,踐曒日之信誓矣。

某也不敏,媦嫌夙締。顧瞻几筵,潸然雪涕。炯炯芳靈,鑒此粢醴。

祭洪母莊懿傅氏文

嗟乎!蓄深者發茂,積厚者流光。繄物理之真諦,匪運化之無當。余嘗盱衡乎往昔,天欲篤一家之祜,莫不有孕靈毓秀者,以瀋發長祥。若孺人之為婦也,婉娩端懿,饋祀必致其潔芳;孺人之為母也,慈愷貞嚴,訓戒必勉以顯揚。琴瑟在堂,則齊眉舉案,既夷猶乎榆桑;蕙蘭在庭,則伯仲塤篪,率繞膝而稱觴。謀孫翼子,孔嘉且臧。神之聽之,俾熾而昌。宜善養與禄養之兼摯,亦錦衣並斑衣而相將。胡微痾之速邁,乃索醫以徬徨。非纏綿乎歲月,冀一藥而寧康。詎意瞬息之不能待,遽永訣而顛僵。逝矣不可復還,信年命如朝霜。

於乎!鳳寋寋其煩冤兮,悲分飛於失路。雖煢煢其何恃兮,慟梧檟而鬱吁。天冥冥其難問兮,孰悉夫靈氛之故。魂窅窅其焉往兮,駕輻輧而翱翔乎瑶圃。介夫子之眉宇兮,登期頤以日富。裕後昆之羡祉兮,肯堂構而丹臒。酌沉瀣以為漿兮,旅薜荔以為脯。孺人之明靈不昧兮,鑒馨香而來顧。

祭洪壻伯韜文

噫!靈之逝兮,飄揚髣髴,四方上下,靡所不適兮。靈之蒞兮,悽愴君(焄)蒿,堛屼庭除,倚徙降陟,朝而夕兮。靈之生而為人兮,我師爾友,我翁爾壻。一旦撇開,如鳥折翼兮,使我漣漣涕泗,夢寐顛倒,追想而莫可即兮。靈之化而為真兮,有父有弟,有子有妻。於今歇了,魂爽英英,不泯不息。毋亦陰誘默相,俾爾兩寧馨兒,長育成立,以昌大爾宗祐兮。於乎噫嘻!幽明隔矣,悼宿昔矣,心慘惻矣,辭靡極矣,陳酒栗矣,靈來格矣。

祭昇南洪親翁文

翁之生也,長予四歲,皆幼讀父書,日能記數十百言。嘉靖之季,倭夷蹂躪,繼以饑疫,井里瘋瘵,獨翁家溫臧無恙,儒術帥初。予則伶俜轗軻,擬治他業,備嘗茶苦。駒齒騰矯,復憤發從事管觚。獵青華於廢簏,而嚌其藏。翁覘予蛾述小藝,謂所親曰:"夫夫也,氣挾雲霓,豈藩籬間羽翮哉?"遂與定交,且締姻盟。遣大兒挺龍負笈授經,即予壻也。翁屢以郡邑高等就試學使者,鬱不得志。迨予登第,壻亦藻采黌宮,翁始焚研謝雕蟲。然雅有古癖,課臧獲十畝之暇,常手攜緗帙不置。

予既以寒儉起家,營職中外,庭無雜賓。至移二淛學憲,持節董漕豫章,翁杖策視予官廨。每退食,則對榻含盃劇談,恒河沙界,千百由旬,白雲蒼狗,遞變遞滅,更翻酬答,如環無端,藉令十吏供毫楮,不能縷述焉。舳艫雲集,旌斾介發,謀邀李、郭同舟泛彭蠡,絕長江,乘風破浪,涉淮泗,作子長遊。翁勃勃興動,竟心憚湍瀾叵測之險而止。乃割俸金以贈,爲菟裘資,趣裝南還。予漕役告竣,遷秩淛轄,推貳奉常。竊自念春秋高,迫思尊鱸,上狀請老,懸車里門。歲時訊掃先隴,信宿村庄舊廬,與翁燒葉煮蠏,匏樽共酌,醉歌韋蘇州《休居賦》,不知是誰主誰客也。

戊辰春,海氛甚惡,翁避入城闉,繫駒于我怡白樓下,袂屨追隨,酖適花卉。氛靖辭去,猶然動履康勝,匙箸不衰。詎意葭律轉新,遽厭塵溷,皈依菩提耶?噫!翁固耄期好學不倦君子也,動遵軌度,言協倫要,雖以布衣老,而肫龐雍穆,有德有義,族黨鄉閭望之,儼若父師。終其身,澹逸瀟洒,皎然光霽,視世之龍鍾齷齪、皺眉長吁者,直蠛蠓唾之矣。

今兹几筵奉觴以告,惟是坦腹快壻,中道賫殂,兒女貌諸孤,艱難拮据,盡托弱女未亡人一肩,幸令孫長者已能典謁,次亦勝衣若干尺矣。翁靈在天,願假冥力,誘其慧性,宅於純雅,用光大爾宗祊,則某之所酬地而禱焉者也。

祭陳母淑惠黄孺人文

維靈婉嫕,賦自夙成。幼閑姆訓,弗輕笑譽。淵塞淑慎,曰嬪于陳。尊章艾耄,瀡瀡歡承。昕宵省定,怡色柔聲。伯叔萃處,倡塤和篪。終温且惠,睦其姒娌。内外姻黨,慰問以時。奚伻臧獲,恤閔勞飢。甘我鯢艒,拯彼屺離。夫子碧翁,采藻于頖。軸杼筥筐,用佐觚管。何有何亡,何亟何緩。左之右之,靡不躅苑。亹勉鳴雞,墳索穮蓘。庶幾亨衢,驤首奮翅。命爲才仇,焚舟不濟。書劍陸沉,齎志以逝。黄鵠分飛,悽惻洟涕。荼苦如薺,老益彌勵。謀子翼孫,亦既克遒。云胡一疾,溘不可留?雲輜霞軿,儀特偕遊。

余忝姻婭,聞訃懷怊。執觚憑弔,靈其來牟。

祭伯姈林氏文

某生不辰,幼邁鞠凶,藍褸墊隘,隸圉之所弗堪,靡不閱而涉焉。馬齒既長,乃自矜奮遊,意文藝莫爲開引,如矇瞍之辨日也,叩盤捫籥,不得其似,閟拙眩疑,欲焚君苗之研者屢矣。私以請問於伯舅九溪,九溪舅蓋曾挾册而亡羊者,因撫几太息,語某曰:"渭陽氏旗靡轍亂,安能雄入九軍?夫甥也者,劍吼若雷,蝥弧先登,前無堅壘,殆將應我宅兆王氣哉?"

於是退益憤發,冥搜窮探,淹通大義,遂折嶽嶽之角,競走鹿於中原。幸佹得之飲冰,竭蘯忘室家之業,以圖報塞。蓋十餘年始得請沐,焚黄展墓,時則伯舅踞南面王樂久矣。伯姈見之,笑而指曰:"彼冠高如箕者,夫非向之解衣盤薄,與仲、叔鼓臂于錘石間者耶?"異哉!鵠乎而鵠,虺騰而龍,謂應宅兆王氣信矣,恨不及睹也。君命不宿,畏此簡書,采杞北山,亹勉從事。又若而年,鞅掌劬勞,亟賦《遂初》,依然爲藍褸墊隘中人,第不能解衣盤薄,如伯姈所云耳。

嗟乎!駒隙飇馳,俛仰今昔,戴笠也而乘軒,設旃也而漱石,沈浮反復,直是漆園一夢,周乎蝶乎,吾弗知之矣,而所知者伯姈。始則爲婦,繼則爲母、爲姑,最後則爲王母、爲曾王母,孝而能慈,勤而能教,內德修矣。兒孫滿眼,壽浸期頤,遐祉備矣。茲當長至,卻粒儵昇,雲軿霞帟,覓九溪舅於夜臺,踐旦旦之信誓,明幽一理,同室與同穴不殊,又何憾焉!

甥也有酒在觴,有肉在籩,芳靈不泯,歆此饎饋。

代李芳西祭陳新泉文

江之漭,遠流湯湯些。瞻望弗及,聊瀉我椒觴些。有懷伊人,永慨嘆些。惟翁與考,執盟其旦旦些。股隨肘舉,如負攜些。我哀陟岵,蹙蹙靡所棲些。翁曰若考發祥,在爾之身,何終貧且窶些。幸仄厠於鄉書,營斗食而自俯些。在公鞅掌,几杖違些。奉北堂以南趾,爰提提而歸飛些。彷徨訪翁於釣遊舊處,髪昌顔赭,臧而康些。胡隅席之未涼,遂蛻化而遁藏些。

嗚呼!生覺死夢,代呼吸些。髑髏耽耽於王樂,艾封依依而悔泣些。造物櫶柄,不可全授些。華祝得二嗇,其一以遺厥後些。翁靈不黮昧也,毋寒我考之故盟些。恍兮惚兮,相追徵些。尊媼無恙,我亦有母遺些。陰持力護,祚穀其永綏些。

代施友祭同門姨文

我丈父之挈家而遊也,我及君餞之郊。丈父且行,引爵祝曰:"不穀仇於命,門祚未昌,幸二女子子也,各施以衿帨,奉縶匜使令矣。願善視之,務懋乃學,廣乃聲譽,以宜乃家室。不穀雖萍迹湖外,洋喜矣。"因再拜而別。無有幾也,君受麟瑞,徵予飲食之,且共申丈父之祝,歡甚而退。而我慈大人謂予筦簟不占祥夢,則又內自戚焉。蓋時數之遲急不齊,即丈父未子,而君已子;君已子,而予猶然未子也,此非命乎?

然君之初得子也,姨氏康強,佐內饋不怠。及今再得子也,姨氏羸憊,卒抱病而不能色起。於乎!育子而以子死,死者云何?喜子而以子悲,生者云何?則益信造化小兒,予奪欣哀,倐忽殊態,總之歸於命之不能知矣,我丈父之祝且別時,豈慮至此耶?所惓惓憂者,吾二人學不懋,聲譽不廣,家室之不宜,不謂姨氏之夙擯生緣,而不與君以齊眉終也。倘旅邸有聞也,我丈父慟可已哉!噫!子弗子命也,壽弗壽命也,骨肉之生死喪離命也,雖欲勿已,烏得而勿已也?靈苟有知,當陰隲二子,呵護不祥,無重貽夫子之憂。

代己卯同年祭許參鵬文

夫朝菌榮落,不及旦暮;而喬柏之幹,傲霜凌雪,彌挺彌堅,至以千百歲爲春秋,而柯葉不改。士之負材而晚成者,此足以喻矣。君富蓄如帑,潤涵如璠,介氣如山立,策事如儀中。當綠髮時,諸薦紳先生已目攝遜前矛矣。乃跂胡者若而年,而賈勁不衰。以歲己卯,始偕某輩歌《鹿鳴》焉。既又再對公車,如轅生旨不阿時,竟受鐸以去,由蜀而吳。至則約躬周慎,振厲廉立,吳、蜀人士瞿然顧化。而以抗直失當路歡,遂秩王府明法。官於王者,實用古爲左,多不得職,以故君投劾歸。南山棲廣,澤畔寬原,人皆悒悒爲咋舌,彈指稱屈,君獨迨然適也。夫以君之素脩,宜蚤遇而乃慾時,宜鉅發而僅淺試,即慾時宜,延歷久視,而又以六六溘然泯。三蘄於君,而三不券合也,則所謂晚成之説非耶?抑用而不用於身,顧行將行於子耶?

予忝同年休戚之誼,相率而哭君若此,且將效《七發》、《九辨》,問蒼蒼所爲盈虧張翕者,竟何如也。君其鑒之。

代洪惺南祭古山乃堂文

嗚呼!伯姈一日而存也,某猶有母遺也;伯姈一日而不存也,某無有母遺也。夫尊章之奉也,夔夔乎其恭也,母則姈也;妯娌之睦也,諧諧乎其雍也,母則姈也;蘋蘩之飾也,涓涓乎其潔也,母則姈也;杼筐之綜也,獵獵乎朝以夕也,母則姈也;衣私之澣也,嗇嗇乎無緣以飾也,母則姈也。然而福履之薄也,母不如也;子之能仕也,康官庖也,母不如也;孫曾多賢也,能承序也,母不如也;健於匕筯之共也,哽噎無祝也,母不如也;引年已幾滿百也,母不如也;不疾而飄然鶴化也,母不如也。如妗者五也,母之德所自致也;不如妗者五也,某之不肖也,無所伕罰也。

於呼! 伯妗一日存也,某猶有母遺也;伯妗一日不存也,某無有母遺也。有母遺也,可以庇矣;無有母遺也,蹙蹙安所歸也? 明神不泯,其誘我天衷不即淪陷,俾我紹續昆裔,從令子令孫後,有顯庸也。則妗之庇我若生也,庶幾哉慰吾母於九原也。

代郭鵬海祭丘母王氏文

不佞將肅憲粵西,道里問勞諸親舊,見吾姊夫碧塘君,款款談笑,健飯善酒如初,因訊之曰:"丈翁曩嘗權子母、絡牛馬于清溪之郊,或一再改燧歸,或幾易臘歸,間居停庖俎,則令姊某家兹尚能重繭往耶? 姊尚存無恙耶?"

碧塘唶然而悲曰:"嘻! 犬馬齒長矣,姊倍我而年而猛於匕圈,雖黄髪傴軀,猶然理此絲枲,率迪内事,罞罞然一二八婦也。厥子魁仁能彈四肢之敏,服錢鏄,承膝下歡,孫又釋什一而脩舭管之業,家蓋隆隆起矣。今姊溘然化雌鶴以去,余謀與家姪某赴而唁之,大夫其為我文焉。"

不佞既卒耳,乃悼而歌曰:百年人世,迅如駛風。有如丘母,既壽且臧。雖不冠帔,足樂無荒。子孫克世,母其不亡。

代鄭麗池祭陳清波乃弟文

先君子之無禄也,某尚未克負薪,惟是尸饗以荻畫蓄之。繼而某得即燕嘉宇下,則我大岳脂車轄作龍門遊,涉汶、泗、衡、盧(廬),胸中吞八九雲夢矣,猶然蹶於春官,乃詘策斗食,建鐸歸化。蓋某婿陳若而年,而與大岳相贈問,皆托赫蹏之使,未嘗得一奮衣前坐也。所惠徼辟呵,則惟翁叔朝夕之。翁叔温不溷理,介不傷和。節序伏臘,某每展拜,存暄涼外,輒以遠到鞭勉,不效俗顏,娓娓爲厚焉。中春時,大岳以廣文成進士,例宜高擢。翁叔治歸化行李,奉嫂而歸,入里門,内外戚黨,賀謁盈門,翁叔雖稍患瘧,猶矯矯對客。某頻過省,尚坐語移堂下之陰,益聞所未聞也。詎謂風露之毒,漸中腠理,而熨劑果不及乎?

嗚呼!翁叔顒愿周慎,非狂剽之輕也;儀容整瞻,非三甲三壬之俱無也;生平勞苦變動,非若富貴之易折也。胡爲不引年久視,而竟處百齡之半也?抑人生如組縠杼軸,脩短已定於初,翁叔固無如命何耶?矧有兄有子,足以熾其身後而昌之哉?冥靈不昧,固安於遊造化之冶,而且以小子之慟爲怛化也。薄醪登奠,佐以蕪詞。

代楊仰恂祭王中田夫人謝氏文

維安人之貯秀也琅琅厥精,陶墼乎望族也襲襲厥馨,乃結褵於王公也穆穆厥貞,薦佐宦履也喤喤厥聲,有子三人也濯濯厥英,雖毛裏之殊合也婉婉厥心。孰歌陟岵也関関我眡,孰誦江汜也悃悃我以。我是之季也,不瑕有異。乃公存也,絮乎何擇;乃公往也,荻乎均畫。安人之懿,不勝選也。於戲!斯其尤奕奕。季婦曰:"予晜弟妹也,則奉教慈以無斁。"意休嘉之砰隱也,駆逯眉壽而無害。貴以公,且將貴以子也,紫誥疊頒於未艾,胡放悲乘鸞也,浽埃風而騰遐界。聞仙訃之載臨也,彷徨無俚。嗟家妹緃緫,其何賴?用哀誠而薦酒也,聊以陳蘋藻之末介。

代李芳西祭王夫人楊氏文

夫人陶質名門,夙稱女士。結褵于歸,用有燕譽。丁公家食,佐以紃織。尊章之歡,旨臛勿失。鄉薦書升,猶無色喜。叨第業官,益相動勵。疾痛飢寒,呴噢而治。文岡麗宰,平以情法。昔宰嘉善,今也潁上。二邦之民,心銘口頌。仁哉我侯,夫人壽考。珠笲玉翟,錫以難老。云何一疾,奄然擯世。迢迢遠駕,遂成信誓。某辱姻盟,驚聞哀仆。憂公之憂,中途折羽。雖然有子四人,賢淑是福。九原長覽,庶其瞑目。

祭洪母黃氏文

蓋某與令子媾男女室家願,殆十年所矣。前是母命令子介幣請曰:"老躬耄矣，幸受我孫婦而辟呀詔焉，某不敢左揥，是唯寧承。"遂治奩弗以式，乃詎知婚期抵近，而母遽泯然没耶？

嗚呼！母之孝謹，在家族睦愛，在姻戚慈恤，在臧獲即内德之盛，聲不外暴。而輔鄉賓公愧吾，發聞里井，蔚于邦域。蓋知有公者，亦莫不知有母也。語云："逝者如麻，惟德不朽。"信然矣。獨奈何厄於浹旬之間，不生受孫婦北面哉！豈某女晚末寡福，難借母須臾恪共明訓耶？抑人壽如織，杼軸已定，無從假尺寸耶？

母靈不爽，惟誘弱女之衷，夙宵虔惕，無忝婦順。此母之庇也，令子若孫之願也，某之所以籤籤然哀且告也。

祭洪守愚公文

嘗讀《豐芑》之詩云："貽厥孫謀，以燕翼子。"夫貽謀於孫，而子得以燕翼，則其籌計優長，久而彌昌，固不僅僅於一時之安且便以為愉快，若世俗所馳騖者然已。

公之生也，質樸褆身，言無鈞奇，行無飾詭，居常人視之若愚，而公亦以守愚自命。蓋剒劂琱瓠，盡削不用。彼豪華者流，見謂侗而笑者，蒙而姗者，公獨逡逡訥訥，逌然得也。

不幸丁數之奇，中喪其子，節哀悲慟，撫在褓之孤孫，而顧護成立之。其所朝夕規誨者，曰："吾不能飭楹宋謀而居，願安庳堁，若我之愚；吾不能豐蓋藏謀而養，願甘菲陋，若我之愚；吾不能緝紃縠謀而衣，願服布梟，若我之愚。"嗚呼！公之貽孫謀者，敦愨悠裕若此，則膏沃而充茂，源濬而流遠，洪氏之福，何可云量也。今以七十餘齡，蹁躚羽化，細語其子以孫謀，是亦足燕翼於九壤之下矣。

代黄復園祭外父文

嗚呼！翁果蘧蘧然往耶？某之哭翁，第執觶沃地，淚數行下已耶。蓋悽乎恫乎，畢吾生乎，有餘悲矣。方某獲成嘉禮，時見翁据拮觚穎之業，猶恂恂然儒

105

也，而百六爲厄，蠖屈睢盱，乃幡然曰："錢銚襏襫，皆足自樂，惡用抱璞見刖爲？"於是布其四肢之敏，横從町畽事，有閒則斂膝危坐，讀《漁父》、《胠篋》、《牧民》、《山高》及《梁甫吟》、《天馬歌》一再過，觸事感興，口占咏適，逼陶、韋而方之無相君臣也。歲節春秋，某或候問寒燠，輒縶我駒，至纍信宿，爲談説古今成虧、物態遷换，又進而隮大曆以下墨子短長。某時已悔雕蟲，脩計然策，然聞所未聞，益沾沾喜焉。無禄翁女即世，統兒呱呱在褓，某痛楚幾不能有立，翁雖内弔而再三温解，令某復諧伉儷以撫而孤。既而藉翁之靈，統兒得所恃，稍能勝衣，某攜以見，則置諸膝曰："嗟哉！爾無母而母存，我有女而女喪。"因欷歔不能已。蓋至于今翁加耋耄，某亦短髮星星，統兒又既抱子，未嘗不傷悼如昨也。

翁兹坳矣，躋翁之堂，几履琴書猶然無恙，而翁已化爲真矣。倘翁女尚在，某率而號之雲山之巔、水石之崖，翁之音容庶其彷彿也。乃竟使子子老婿哭吾翁，因以哭翁之女，契闊死生，悵恨横集，如之何不終身悲哉！佛氏有言曰："布善脩果者，當入福堂，快活無邊。"儻福堂而果有也，顧願翁與女超登，無墮惡道，且語之曰："今日之奠，統兒實來佐觴，其降霓旌而臨之無吐也。"

代一塘祭洪望槐文

某嘗竊私悼暮齡衰朽，其筋力神慮既頽頓不能自强，與絢髮健少，迫獵愉適，而所資自老者，龎眉高誼，造膝談吐，則亦足釋祛塵垢，舒綽龍鍾矣，親不親固未暇論也。公與某少相優，長相隨，而繾綣歡遊，至于老愈膠。每相過從，握傾臟腑不倦，粗及禽魚泉石之樂，高及吐引黄石之秘，纖及田夫蠶婦、錢鏄蘭繰，鉅及衿佩薦紳、沈赫豔謝。登床對榻，問答倡和，或幾信宿，然後退。金蘭之喻，蓋匪淺也。倚念方深，百年未厭，而何棄我之奄忽也。

公之孝德在族姓，行誼在鄉黨，賓禮榮酣在郡牧，貽謀垂裕在子若孫。完人上鬼，死日即生年矣，獨衰朽之悼，資公以老，竟爲太空奪去，此謬悠私怨，所以泣盡而續之欷歔也。

嗚呼！幽明岐路，斷隔道真，夢寐之間，公幸策彪而下，寄我形神，道真，無貪福堂樂境，靳不一見，使我忉忉悼無已也。

祭陳君文

嗟嗟！生者人而死者還爲真，故射獵哭泣，同在幻塵，而躍冶則爲不祥之金。公乘箕歸化矣，胡使我吁嗟而不可禁？高堂月西，垂老鼙鼙，一脈衣鉢，猶子僅繩。且也仁厚不壽，僅以中年，黃白飛昇，豈易竭者泉之甘，而直木不能晚榮？抑報施之爽，太虛總是冥冥？靈爾有知，試發屈子《天問》，安在福善禍淫？蕪詞登奠，淚灑沾襟。若談論生平，猶有誄文四壁，熟公之爲人。

祭石泉內子文

昔風人詠南國夫人之德，詎不能盛有稱引哉？而以《小星》之抱衾，自付於不同之命，江沱之不與，慰喜於後嘯之歌者，謂夫人之《樛木》逮下致然，豈非懿行之他，猶可勉跂，而媢妬之私，即賢婦流不免耶。女之閫範不可濡毫既，而獨其待石泉翁之滕與其子也，絕不設町畦。有疾痛疴癢，手隨心至，摩而復之，必無有患也，然後即安，蓋忘乎子之出於湯，而湯亦忘子之爲我出也。嗚呼！風軌涼斯，妬媢萌起，《綠衣》之悲，《終風》之怨，猶喋喋然也。矧融釋形骸，渾合於一體，以德若此，固宜備采風謠，勸法于後，而他懿行不述可知也。

某忝姻末，方思次母之德，登諸壽帙，戴蟠桃稱觴，而豈知所嘖誦者，反竟爲今日之誄辭耶？噫！石泉翁老而益康，諸孫蘭玉繼武。母以七十有四之年，考終于寢，死日即生年矣。特念我女姪孱孤，不得邀祿于母之教，而母遽溘然而逝也。九京之下，母亦對哀令子，一説生之悲否？

祭金濟漢文

今夫塵寰之間，與螟飛蠕動均函育者，咸役役獵取所便，適以爲愉快，彼其宛結疚瘁者，無論矣。即習狃巍厚、恣睢華侈之家，亦以備物自鬻。故牛山之遊,峴首之陟,卒彷徨涕泗以悲,欲求須臾之樂而不能得。嗚呼!物迹遷化,欣厭萌生,宜其挈促情以狗,濡忍矜顧,至老且死而莫知反也。公達人也,得喪之交,存沒之感,安敢戚戚於公之旁哉?

公生長草野,洒落傲睨,飄然刮洗世俗之瘢垢,而自樂其樂。襏襫笭箵,曰"吾樂其銍艾錢鎛",曰"吾樂業農"。父饁子,指答桑麻,曰"樂之所共適"。泉木土石、鳥魚雲煙,曰"吾樂之所寄寓而不竭無禁"。脈脈嘉種,穟褎於靈府之一丹;芃芃厚粒,哀福於食餘之大庾。舉宇宙所可欣者搜之不從,所可厭者迫之不袪,倘佯夷猶者蓋七十有三年矣。其與臨牛山而泣,對峴首而悲,不能索樂於須臾之內者,若霄壤。然今之奄忽而逝也,還形太虛,尋真眇莽,從凌雲御氣之伍,追逐上下,縱觀躨梁無莊,都歸鑪錘,褎然舒其一笑。彼徒計得失,論存沒,恨公不延曆久視,以見養吾君邁迹騰祥者,公視之皆每生怛化者流也,何嘐嘐哉!

吾聞達人曠豁,死生齊樂,故云若此。若夫孝友愷悌之令德,磊落嶄巖之奇才,紹續裔胄之濟美,則都鄽老少能識之,薦紳士人能述之,令子養吾君又即能闡揚而光大之,杓人固不能輕舉舌諜也。

祭築泉內子文

於乎!《詩》言歸子,宜室宜家,而母也者,家室無瑕。《詩》言葛葛,為絺為綌,而母也者,絺綌維時。《詩》言有齊,采蘩采蘋,而母也者,蘋蘩必親。《詩》言柏舟,兩髦我特,而母也者,即死胡慝?《詩》言麟趾,振振公子,而母也者,蘭玉纂緒。《詩》言樂只,遐不壽考,而母也者,期頤齡茂。夫論母德,則《詩》徵之,亦既臧止,婦流震矜。夫論母福,則《詩》徵之,亦既康止,爾後保艾。今其沒矣,神將奚往從?築泉笑語汪汪,曰有子賢,顛白以老;曰有孫肖,篤學致道。平日齋經,紬繙夷豫,悔勞於生,求逸於死。

某繫姻後,攜漿一瀉,毋謂我鄙,肯我顧藉。

代陳氏族人祭弟文

舍弟某以某月某日還真於寢,今帥子姪功緦視歛絞,哭之三周矣,復相與治羹歊爲奠。余於子姓長也，舉觴酬地，告以詞曰：

悲哉！《詩》之歌鶺鴒也，惋乎恫乎，令于人有深思矣。余念夙時與我二三兄弟，垂髫相優，角卯鼓篋相從。已乃棄去業研桑，跋履於陬邑林薄之間，舉廢徙止，困瘁愉快，輒相問勉，我二三兄弟用是稍有贏橐，而爾靈也，尤倍起不貲。然而弗自康虞，服奉出費，猶蕭然若昔之重繭負藤日也。歲時伏臘，風雨冥晦，時聚我族子，相與論說民生之不易，情故之遞遷。且曰："自吾祖始基于此，至有今日，紹續昆裔，蓋蒸蒸未艾也。幸未死，有能脩觚穎、迅天風，用我先德顯者，庶幾旦暮見之。"因巡廊矯足，泣數行下。夫牛山之悲，峴首之涕，彼直爲悔其生，而悼華臞之物不可長而有耳，奚有論先世德如我弟潸然哉？

嗚呼！河清難俟，榆景易消。我二三兄弟向之相優、相從、相問勉者，其存僅如晨星。爾靈後我數齒，思托旦昏而不可得，且溘然逝也。矧余以煢煢殘軀，待嬰兒孩之曾孫以老，又何能久恃永年耶？爾靈不爽，願臨筵几舉一匕筯，聽鶺鴒哽咽之聲。

祭友人陳同吾乃堂文

某年某月，陳君同吾尊堂惠順孺人某氏訃音至。越旬，外通家生某等相率陳牲以哭，因唁曰："嗟傷哉！若翁耄矣，微孺人莫共居起，問燠寒無恙，可若何？"同吾甫再頓顙而號曰："不孝孤嚴大人命，負笈從諸君後，以定省最曠。藉母氏善視昕夕，稍敢即安，今而往，孰與代而子也。老父飲養之弗供，不孝曷所逃罰？"起復唁曰："嗟傷哉！若昔在幼冲，孺人實字而成之，乃茲舍世緣往，子未有以報也，可若何？"同吾甫號聲轉悲曰："不孝孤畟喪所恃，藉母氏覆露之以至此日，抑寧獨孤，即我諸兒女群焉藐也，母氏右提左引，令其婦得供室家事。今而往，孰與代而母、代而婦也。報酬之弗稱，不孝曷所逃罰？"嗚呼！一孺人也，生者以之養，死者以之寧，老者以之恬，少者以之嬉，孰是孺人也，而可溘然泯乎？明靈不昧，母亦實力祈益乃公壽，就乃孺子名，顧乃諸孫，呵禁其不端，庶同吾君有所藉手以逭不孝，而在閭之賀，某輩敢請以異日云。

祭洪公文

今世論節俠者，大都豪悍恣睢，設力役貧，同爲齊民編户，跆藉而君之。至投之公家務，而衡縮周疏，茫然置不任焉。乃公蚤歲隆氣矜，不能抑首弭耳，後稍軌于律。適丁喪亂，以雄閥器諸官，統矛盧千餘，習技擊，次第能超距，迢寇虐戢，推爲鄉司正，彬彬然以禮遜先，社中橫少年束屏而聽，非有方柄不相入。最後括田事起，邑中宰以其無跋曲也，令董役，則竭肝膽，披浮遊之蠹，平其出入詳確，不莽莽具。

夫抵掌而談兵難，公即能兵；約躬而就禮難，公即能禮。握筭而會兵籍難，公又能籍。倘令有師承業，明習典故，而宏於用物，則豈擯在昔俠遊後哉！胡然也，壯士一蹶，隕春杵之涕零；祚慶弗昌，割弓冶之遺緒。所兢兢衰素服奄岁春秋事者，獨伯兄之孤藐然子也。公靈不落莫，將委運於造化小兒無常悲喜，抑亦謂報施之及也，怨耶？不耶？嗚呼！公之不怨也，達人忘死生，一旦化也，某輩焉能爲公扼擊？

代叔父祭石梅郭外翁文

某憶六七年前，時展視公之興居，值霽夜，翁布席當罍，呼某前曰："吾老矣，筋神齒髮統已改初。念我之壯也，奉郡檄長千夫，董繕征艦于閩之省下，能竭夙夜力，不病且息。屆始衰，猶能揚朱明府之條教而約於鄉，朔冠紳拜跪立起，矯然輕便，與里人談説善敗，晨達昃無厭苦也。乃今吾形若槁木，心亦若死灰，其將還而爲真乎？日者夢我姪旬甫得贈典，舁肩舆三，其二爲乃父母，一則虛，若待我，然倘褒封之至也，吾死矣。"

嗚呼！死生之數，惟夢蝶漆園周能齊而視之。翁寢餗無恙，豫知死際於六七年之前。今旬甫君晉秩，入司空郎署，贈典駸駸逮矣，翁遂以一夕鼾睡而逝，遺教治大事，張設鼓吹，如生時燕喪，豈翁果有見大塊之勞生而佚死也，故不欲悲號者,怛化耶? 昔也譚夢,今也真夢;譚夢非幻,真夢非迷。翁視死生之故,即周之夢蝶擬之,然一也。某不敢以女甥悲慕私情,犯子來躍冶之誚,於是命小姪某脩辭而弔翁者若此。

代姪可俞祭外母文

嗚呼! 揚之不得天幸也,揚自垂髫時,先君子即擯世業往矣,煢煢相依,煦濡喘息,僅我老母在,而我老母又臥病牀褥,強支則起,迫問則對,餘則成然而夢,即身之所苦,子之所憂,曾不一舉舌,且亦不能覺也。弗孝巨懟天,不躬勤而厄,所恃以爲命者若此,揚將何所藉哉? 而所恃朝夕覆露我,尤有丈父之諄切,與丈母之惓勤也,而豈意母又奄忽逝也。

夫母之年次於吾母,雖軀體脆弱,而且能綏婢獲飭廚匕,佐我丈父內政焉。始揚遊黌序也,肅衣拜母,母則沾然喜。既而弁也,肅衣拜母,母則又自喜,益痛揚之蚤孤,而循循焉摩之若子也。而奚意母之奄忽逝耶? 母之存也,吾懼吾母病難以旦夕延,而幸母之康強無恙也。母今歿矣,康強者不可留,而久抱沈痾者,又何可支哉? 揚是滋益懼矣。以我母之懼,重母之哀;以母之哀,增我母之懼。深危多艱,心緒搖曳,即懸旌不足喻也。母視揚子也,曷不爲緩少須臾耶? 豈人之脩短若穀也,杼軸已定,而咫尺不能移耶?

然數之推移若瀆,盈者傾,而虛者必有益也。母靈不昧,其我痛念也,死猶生也,亦能以陰功,爲我母蘇其困腸,令駸駸復起也,毋使揚之終窮,而靡所控而伸哉!

代楊鼇山祭友人文

聞之達人之說曰:"天地逆旅,萬物芻狗。"夫逆旅一信宿去耳,芻狗則甫陳而旋踣藉之矣。彼天地萬物,不可長恃,抑何速朽之甚耶? 蓋不變則宇宙可挾而游,變則不能以一瞬固也。公達人也,始予家食時,大司徒陳公館而饎之,公遣令子負笈北面,以故得交公歡。既予藉孝廉,偕計長安,爲屝屨之資,莫緩急也,乃公任其无咎。迨落第北旋,適公初度,予手持《蟠桃圖》以獻,致不騫不崩之祝。時公雖已白巔台背,然猶稱矍鑠也。

是後予跋跋畏塗,且受篆,又且跋涉,進寸退尺,靡所短長,益念公漱石卧煙,夷猶自考,見人世蟻争鴟嚇,真足以揮塵而竊笑矣。方思買地一區,與公相鄰,鑿泉築丘,盡辱而愚之如柳柳州故事,而豈意公尋真之亟耶?

嗚呼!年登八衺,豈其不壽?倉箱盈止,豈其不豐?以公之達視之,固乘化歸盡,息緣長終也,即天地萬物已逆旅而芻狗之,彼區區者何有哉?然則昔以辭賀,今以辭弔,亦予之不能已耳,公豈其肯而臨監之否?

代蔣犁春祭内子文

嗚呼!靈其有知也耶?無有知也耶?如無有知也,則設核奠篚,誰爲嘗之?涕淚陳辭,誰爲聽之?如有知也,則不聽而監,不嘗而歆,我又何爲乎簌簌然哭且告也。夫靈之出自傅氏,父母昆弟亦不賤矣,然而服觕茹糲,夷于隸奚。生年六十有九,亦既壽而臧矣,然而蚤計夜思,儳焉曾不能以終日。舉案而食,同室而縠,亦既偕我老矣,而專居自飭,檾葛遰下,無以思先君勗寡人爲解。嗚呼!靈之處身何嗇,而取於世何薄乎?嗇則固藏,薄則厚收,而何遽捐我之急乎?

往我抱疾病呻,幾於匡歲,自謂溘然霜露,而幸爾靈之矯且康也,可令我瞑舉無患也。豈意墨墨之反,我猶爲人,而爾靈化爲真也。矯且康者,倏不可知若此,矧獨鰥之耄,匪歲抱病者,尚何恃而久存乎?即令旦暮托於人世,而精魂銷鑠,扣扣若脱夢寐之間,彷彿與爾靈相勞苦如生日也。

於乎!靈果生無恙耶?則時我暄温,勉我七罤,我精魂未銷鑠若斯甚也。今而縈施墜矣,漿矢寒矣,爾靈非生無恙矣,我尚何恃而久存乎?然而更相勞苦,夢寐如見,是爾靈非無知也。靈而有知,則亦歆我篚核,鑒我辭淚,發我二子若婦,護我二在襁褓之孫,繩繩振振,以無失我世守,則洞陰鼓馨,爾靈可坐而需我者乎。

代張振軒祭洪壻文

嗟嗟!我戀賢無恙耶,何至今不我顧也?倘我顧也,我將沃以飲冰,闚其張脈。而至今不我顧也,何故之以也?噫!戀賢死矣,戀賢何死也?凡死者危生,戀賢仁質篤中,非狂悍之劙也;姿容端贍,非三甲三壬之俱無也。不危生,生則不危。戀賢何死也?死以材也。膏自詒煎,璵乃招剖,犧尊青黄爲木之災。人生不願材也,戀賢天稟高朗,星輝電煜,沈平背丘,俥遷寂雄,矻矻乎旦暮遇之。思所到時,不以天地萬物易我蜩翼;如其未也,掐膺擢胃,至于嘔血數升,不知疾電之破山,虓虎之捕麛也。此危生之道也,以是死也。當戀賢未病,顧我于厢之東也,已若焦蝦,而猶扼挈談事,自喜自弔,轟轟霏屑。蓋張脈而熱於中,不飲之冰不止者,安料其歸輒病,病輒死耶?

吾耳目之前,耳目之後,如揖且語,如嘆且歌。吾戀賢尚無恙也,何至今不我顧也?然而爇火爐寒,圖書塵擁,大人哭於堂,寡妻哭於室。噫!戀賢死矣,非生而不我顧也。戀賢何死也?死以材也。主人之鴈不鳴者殺,國郊棗櫈日尋薪橖之斧斤,材何咎哉?死於材,何若死於不材也,豈將托於材不材之間耶?

嗚呼!髑髏王樂,艾封悔泣,材也,不材也,材不材之間也,莫不有死也,殤子壽而鏗夭也。矧大人而康而臧,二三兄弟鷟翔鵠峙,能昌其世守。戀賢死以材,誰懟也?所可懟者,惟是無貎諸之遺,使我後死女罔托,以報於九原也。彼蒼蒼夢夢,則柰之何也?戀賢死有知也,其駕鶴來,勉舉我觴,不顧我於生,而顧我于死也。

祭陳任宇文

孰是無生乎?而祈嚮乎留君之生。孰是無死乎?而祈嚮乎挽君之死。死也成然寐也,生也遽然覺也。寐覺若環旋,死不可起,而生也祈嚮而莫之得,不亦悲乎?夫天地無私寇賫也,陰陽無私造毀也。何君之生也,剪剪乎其薄也;何君之死也,颭颭乎其夙也。讀君之辭,爛爾月星,何帛鬱而不發也?覿君之貌,式如玉金,何帛蹶而不拔也?締君之交,如醪斯醇,如蘭斯馨,何帛棄捐而中道輟也?將浸假而化爲鳳麟,祉於何呈也?將浸假而化爲河嶽,精於何靈也?將浸假而化爲風霆,氣於何徵也?

嗚呼！胥易技繫，怵形勞心；無莊、據梁，美勇都盡。爲是不愛舟山之藏，聽有力者負而走也，則待君之死生，亦淺矣。其所以蓋直乘渺莽，超六極，以死生爲一條，以江河爲一貫也。予等祈嚮而莫之得也，因相率而招魂曰：生閩死粵兮別離，母老子孤兮流涕。恍惚存亡兮遙設虛祭，旅魂歸來兮徜徉故地。

祭蔣犁春内子文

長君忠，次君孝，與某相從事有年矣。某嘗偕二君讀書山中，適有風霧之虐，三謁醫未效，犁翁乃謀諸孺人曰：“山中去家十餘里而遙，厮輿指使之弗充，脯漿羞給之弗時，謂事師，何其如授粲於館也。”遂迎以返，齋居爽塏，疾勢寖紓，而猶怔怔然越吟自苦也。孺人董童僕賡續調護，欲劑則劑，欲粥則粥，凡有求即隨手應，蓋四十餘日，某始平復如初焉。夫父母之於子，懇懇而摩，切切而吹，有疾病則多方救療，機（禨）祥禜祝，必無恙而後即安。然苟稽之歲月間，猶不能無倦苦意，矧號爲師若友者哉！

嗚呼！風軌涼疎，末流逾甚，彼稱鼓篋授經者，吾及見其塞向墐户，自飲醼臚而不一顧問者矣，安有疾病四十餘日不歸，委於其家而直任其無咎，賡續調護，倦苦不萌，是人子不能盡得於父母者，而某乃能得之於孺人也。今孺人没矣，喪母之某，又喪一母矣，則奈何不潸然出涕哉！乃以所報孺人者，惟朝夕祝曰：願犁翁壽德無斁，願子孫多賢而昌，是爲善願齋心，惟孺人鑒之。

祭母舅朱九溪文

嗟哉！畿之生何不辰耶？畿憶五六歲時，隨我母歸寧也，一起坐飲食，舅即肅之以禮讓。每見，凛凛畏傅之在侍也。比少長，抱笈于外，我先君必即舅謀，擇師而詔之，用是問學有所開益。適值寇疫，我父母銜尾而喪，某時年十二，遂輟所業，營力于耕鬻礱琢之賤，而養我祖父母以老。舅既痛某之父母之不卒畜，悼我學業之迫索於纍而廢也，意甚內恨。後某年二十四，復發憤下帷，初試爲文若干首，舅覽而異之，期以大有成立。顧某才命互仇，屢蹶場棘，而舅猶然慰勉不衰。

嗚呼！教言在耳，注賴方勤，不意舅遽以一疾長逝乎。方舅之始卧床褥，某省之，即語及死生事，因廣説世故，娓娓不自休，若健子然。繼而稍困，尚能詢某以今歲甲第姓氏。最後雖能辨某言貌，然語亂無次，隨以不起聞矣。噫！某不獲天幸，内無父母兄弟，而有母家舅如翁者在，奉以周旋，則杞天猶未墜也。乃煢煢一軀，形單影弔，二十年之間，哭我父母，哭我祖父母，又哭我外大父，又哭我舅翁，人非木石，能堪此幾番摧頓耶？

嗚呼！某尚何言哉？舅靈不昧，倘然見我父、我母而有問也，其將謂不孝某負大慾，生逢百殃，無可藉手慰我父母於冥途也，抑將謂我父母誘我天衷不即淪陷，俾得至成立，以無孤我舅生時之所期勉者乎。情蹙辭蕪，無以誅休懿也，姑自鳴其哀如此。

樗全集卷四

五言古詩

題林母節壽册

括蒼鬱名勝,正氣自千古。淑媛垂徽音,烺烺未易數。安得節與慈,遐齡兼篤祜?林母獨純備,芳聲耀珪珇。縶彼柏舟咏,鏡鸞戢其羽。豈不念夜臺,有孤誰爲撫?寸腸矢冰檗,捋茶供湘釜。截髮身不惜,和熊意良苦。堂上嘆未亡,膝下悲何怙。負米事嬬幃,青雲力堪努。釋褐理花封,居巢歌召杜。政成報天子,璽書錫簪組。冠帔何輝赫,承恩自明主。況復嘉貞操,褒綸下衡宇。兼之設帨期,北堂静揮麈。白鶴集瑤池,碧桃綴玄圃。板輿春正長,霞觴夜未午。仰眎蒼顏酡,俯看綵衣舞。百順萃庭闈,童叟爭快覩。慚予下里唫,寧堪續彤譜。

五言排律詩

壽李明府太君

蓂莢當初度,椒花頌北堂。玉壺清作誡,組練法非涼。宗訓成慈儉,家聲振懿姜。楚湘鍾島會,華渚誕仙郎。羲畫開新穎,周瓜擬代昌。雄才名短李,獻賦上長楊。晉錫來蕃庶,需雲自奮翔。金鄉新製錦,萍渚集慈凰。化日舒官署,清風度堵牆。閟宮歌壽母,斑綵絢儀囊。玉樹披三珥,雲璈和八琅。托珠陳肆頌,披帙滿縑緗。瑞合韋元仲,靈成李伯陽。今朝拜家慶,持此祝靈長。

祝寶淮南右轄八月十二日初度

名藩緋紫綬,華節冠芳晨。金鏡千秋在,乾年一識新。河清供笑口,嶽降喜生申。曾霑泉山雨,行搜楚水珍。清風高竺國,福曜暎全閩。金粟斑璘儶,赤城沉瀩勻。月逢十二日,秋禪八千春。嵩祝丹心耿,劬思赤悃悾。冰輪待欲滿,台斗望常親。桂接燕山種,書遴寶相臣。七閩三駐腳,九棘一前身。上界蛙光凈,中元鴻寶因。商霖時有望,端的祝封人。

五言律詩

贈杜鳳林北上春官

幾載燈窗共,被分意婉戀。狂歌杜子賦,醉拂王生冠。鞭指京華近,劍橫斗氣寬。泥金消息好,坐聽鵲聲傳。

贈劉台巖北上春官

君號酒中聖,風流誰與倫?洛東無處士,冀北總空群。鱗翻鯨海日,額帶龍門春。何時能附尾,披腹倒青樽。

邊馬有歸心

翹首欲南征,蹉跎向二庭。胡雲千里黑,漢月一鉤橫。鞭驟流朱汗,風嘶帶怯聲。黃金買死骨,猶勝老邊城。

五言絕句

贈史道卿北上春官

與君締墨社,慣識射雕豪。寶柳今先茁,鳳池應有毛。

同遊慈明寺

自是真如界,蓮臺四照花。冥心參豎拂,萬法此中夸。

題王母圖

人從王母還，道母果朱顏。未赴瑤池宴，相貽白玉環。

題袁桂軒壽圖

玳筵度紫笙，素髮兩瞳清。仙桂雲中種，年年伴月明。

七言古詩

壽王儀部

七月七日秋氣清，天漢迢迢牛女情。羽蓋雲車光掩映，疎星淡月何縱橫。九衢夜静人呼酒，放歌聲遏白雲走。王君是日壽筵開，瑞應星河知不偶。此夕從來降列仙，君家仙籍斗南懸。會聞方平龍奔躍，復傳子晉鶴蹁躚。王君除室試相伺，定有群仙御風至。瓊漿一飲壽千年，君須恣飲莫相避。

七言排律詩

贈吳刺史奏最

蕭蕭五馬出神京，剖竹高專寶婺城。有脚春回千里遍，隨輪雨過四郊盈。爲袪積蠹文移簡，慰藉群心賦斂輕。每以哀矜流愷悌，還從摘發見神明。笑譚頓息清河訟，指顧潛消渤海兵。啖蘖瘦餘霜鶴影，飲冰寒徹玉壺清。閭閻有學皆興起，畎畝無田不播畊。懸榻直因高士下，芳樽多爲上賓傾。環山問俗雲生屐，出郭勤農露濕纓。月泛詠樓揮麈坐，花開婺嶺引車行。題詩自擬招崔灝（顥），作賦何曾厭禰衡。化洽時聞虢虎渡，機忘不使狎鷗驚。高門桃李新陰暖，徧野桑麻曉色晴。汗簡三年傳循政，路碑千口播賢聲。吳公自昔稱高第，黃霸繇來擅美名。此日徵書光漢璽，清風肆好頌韓荊。

七言律詩

分祀南郊二首

分祀南郊出禁城，精誠蠲潔薦芳馨。銀河手捫星辰近，紫極眸瞻霄漢清。靉靉爐烟攜袖滿，離離笙管和珮鳴。欲知帝德真何有，請看葭灰一線生。

其二

上帝端居護百神，太壇崇報燭燎烟。蒼松翠覆漢儀秩，碧漢柴升周祀明。民力普存昭几豆，精禋豈盡在珪瓚。獻罷恍聞天語響，萬年天子泰階臻。

贈鄭制臺得請予告

名襄北斗久傾韓，報國只憑徑寸丹。三鎮凡封猷克壯，九關豺遁膽生寒。衮裳歸去尋裴社，祖帳追隨集漢官。天子禁中懷鄭履，東山未許臥謝安。

和林計部

曾於史傳讀遺文，摯行孤芳得似君。幾見露霜偕白鶴，何知名姓附青雲。儒宗晉宋傳流遠，司馬弓裘世澤芬。聖代于今推孝治，可無封事徹升聞。

別李芳西官粵西

折柳豪吟席半分，行旌帶去嘯龍雲。鶯花處處迎冠佩，風月時時落酒樽。百里知非賢者路，盤根試別邁人群。王生韤解今誰重，認有仙舟舊李君。

贈楊仰恂先生赴闕

使君卓卓氣如虹，蜀水粵山增煜芒。琴鶴未宜歸綠野，尋袍依舊拜丹楓。春熒赤鞾花迎笑，馬帶雕鞍髯有香。結韤王生何所重，閩泉又見一東楊。

沈道尊壽功雙祝

瑞藹氤氳擁百城，清霜紫電挺奇英。姑蘇久播南陽詠，閩海爭喧北斗名。

119

僊御叱時妖浪寢，壽觥開處暖雲生。笑談足掇封侯印，何事紛紛細柳營。

贈南撫軍

聖朝畫壤辨綏荒，蠢爾狂夷敢跳梁。日暎朱幢軍律壯，霜飛紫劍國威颺。京觀高築鯨鯢碣，飲至共傳琥珀觴。談笑折衝歌海晏，勳名千載耀旂章。

賀司李秩滿

太乙星臨映彩虹，旌麾到處識于公。孤標力砥狂瀾靜，朗鑑高懸貫索空。璀燦文章凌北斗，芬菲桃李醉東風。於今始署中書考，績奏旂常徹帝聰。

賀閩中憲皁

豸憲分司似水平，閩山獯鹿也知名。臺懸冰鏡清稜肅，網滌秋荼解澤生。按部風行知偃草，掄材燕樂聽吹笙。政成奏最天顏動，竚看鹽梅和鼎羹。

賀繆父母惠陽秩滿

曾賦皇華泣越東，羡君落筆氣摩空。春融惠邑膏芃黍，人是秦稽暢瑞風。匡鼎解頤心印在，偃絃學道笑言同。佗時曳履星辰近，入告嘉猷廣帝聰。

王壯其公祖保障溫陵

走險潢池竊弄兵，鶯鎗五馬撫孤城。笑談樽俎銷戎莽，揮灑鶴琴戢亂萌。格化依稀階羽舞，綏降詎借姥歌聲。假饒賀勝誇鯨築，曾似車徒總不驚。

小沼蓮花二首

一勺方塘似斗旋，呼童種得幾莖蓮。濂溪偶愛偏成癖，西子含情亦獻妍。貞遯何心招逸隱，孤芳與爾共留連。更有桂秋消息近，好將苹麓瑟琴宣。

其二

亭館中央有小池，荷花綽約挺新枝。嬌脂映月僊僊舞，軟玉臨風穎穎垂。

自我歸來歌獨宿,於今邂逅樂忘飢。兒孫舉袂相看笑,鼎足揚芬事較奇。

祝陳母壽二首

佳氣蘢蔥繞玉池,太丘壽母茂春禧。笄珈白髮開雲餌,綸誥丹章錫鳳褵。身閱五朝存社臘,齒躋九袤憶荊薯。霞觴滿祝笙鏞沸,舞綵承歡日晷遲。

其二

誰將萊綵易簪冠,子舍潏瀨侍母歡。萱草北堂春暖睒,蓬萊東海月團圞。絕裾從仕緣何急,捧檄爲親亦未安。最羨使君能養志,淑人百歲貌猶丹。

輓宗婦

煢守冰幃三十年,兩儀我特矢心堅。夢魂常帶湘妃恨,荻跡再存歐母賢。遊子不歸慈線斷,詒孫猶見膽凡(丸)鮮。老身化作春江雪,洗净偷生僥婦譾。

七言絕句

除夕

歲事消除爆竹中,許多塊壘貯於胸。今宵斗酒都消盡,半醉狂吟白髮翁。

贈竈

天開絳節肅朝儀,趨蹌惟君最後期。帝子分明知媚竈,金剛不敢問來遲。

歲新

暮爲舊歲曉爲新,新歲總都舊歲人。何似當初無曆者,那知新舊逐風塵。

春暖

兒童拍掌鬧紛紛,説道今年好暖春。麥稻如雲棲隴畝,農人醉笑杏花村。

立春前一日

荏苒光華又一年，明朝濡筆寫春箋。静心掃却塵囂事，且解輕衫質酒錢。

鞭春口號

迎春故事塑春牛，官府揚鞭打不休。撒倒裝牛還是土，誰憐箠肉痛難瘳。

別分宜張明府

春來雨露萬花閒，點綴新恩未許還。回憶黔山楊柳色，方知此曲是陽關。

過劍浦驛

千尺轟轟劍浦龍，光芒射斗一匣中。當年鑪冶成剚割，也知用世有雌雄。

題梅花譜

冰骨霜姿水作神，蕭蕭香霧玉嶙峋。饒他杏苑千林雪，獨領羅浮一樹春。

題文昌君像

狎主五千文教盟，傳來七十二長生。天中無數珠璣焰，誰識張星一點明。

賦

獨居賦

七尺之軀，與物同府。幺焉渺焉，如渤海之一鳧。迅焉逝焉，如過隙之六駒。鳥忘乎天之高矣，吾獨仰而有所拘。魚忘乎淵之深矣，吾獨俯而有所懼。彼汲汲於名者，既爲毀譽而喜吁。而役役於利者，復爲得喪而憂虞。無貴無賤，無貧無富。旦慮夕計，東馳西騖。不羡隨光之潔，甘蹈饕餮之污。不俛眉于環堵之室，寧搖尾于金穴之聚。抑瑜瑾於砥砆，高桀蹠于堯禹。觸坑入坎，自貽顛仆。豈念有生，原出天賦。命之厚也，雖悍如吕帝，不能減其錙銖。命之菲也，雖德如姬王，不能加之毫黍。以爲力無不逞與，垓下曾槁重瞳之夫。以爲能無不酬與，長沙乃哭少年之傅。當夫時之未至，則光範門外，可以屈山斗之愈。及其運之既亨，則趙葵麾下，可以置鬻薪之屨。錯寫弄麈者秉軸，不識甄盎者登樞。倚伏難量於髣髴，弔慶每變於須臾。

蓋君耶牧耶，數之有孚。窮耶通耶，分實莫踰。古今瞬息，乾坤寄寓。羅珍茹草，皆爲充腹之需。錦衣布褐，均爲蔽體之具。少而蒼髮，老而皓鬚。生得一宅，没得一區。非物大而我小，匪人有而己無。胡爲乎勞於憂畏，無杪刻獲以自娱。曷若怡神養志，委心任其去住。進也我爲軒冕之賓，退也我爲圖書之主。凉不必棄，炎不必附。安于素位，恬澹可愉。尺吾步，繩吾趨。躬讀書，身織縷。優哉游哉，静與天俱。亦足爲守道之極，修身之符。

形　役　賦

人生何陶，大化爲工。將鼎参於戴履，廼淳毓其顓侗。躍冶咤其不祥，鴻鈞鑄之元同。在襁嬰赤，舞象成童。飢食渴飲，神隨天動。雖煢疚之不辰，静六竅而無訌。視聽于于，蹠持莽莽。夷君牧於齊物，遡宙合於鴻濛。追琴瑟之在御，奉檠匜而縰總。蘄電勉于同心，詠習習之谷風。蚤育恐而育鞠，時溷迹乎莘工。殫捋荼而拮据，餘旨蓄以御冬。嘻藝能之少賤，還耿耿乎道宗。裁冠章甫，大布掖撞。始旁摭以沉研，既豁然而會通。

百氏勃萃，抵掌睨譚。横襟尚論，憑臆低昂。可是堯而非桀，亦議武而訾湯。季路無所奮其勇，曾點末由恣其狂。一冠進賢，澤雉入籠。唾面學忍，傴僂象恭。初振鐸於秦稽，猶淡寧而自適。洎晉秩於版署，砥官評而互礧。出麾牧守，馳鶩西東。腰脊罄折似桔橰，言笑唯呵如轉蓬。坤以衡文，搖心旌於鑑識；莞彼漕務，惟粃糠乎蜩叢。迨正位首藩，尊優擬之君公。而上掣下曳，類田成之共鼓；左書右息，象朝現之霓虹。官竅殄於鹽蜉，腎腸困乎中憹。目躋耳附，原

123

非本來之色相；焦火焚木，蔚然如馳而騁飛驄。

故陳仲灌園而不悔，莊周寓言以浪汎。子真變名爲市卒，逢萌掛冠客遼東。不屑五斗若元亮，端居蓽門如焦光。吾欲希軌乎數子，决意遂初而明農。訊晴陰於丈人，訪種褢於穋穜。参空玄以契禪寂，一部《圓覺》；課兒孫而敦詩禮，長穎管彤。枕石長嘯，友青眼之嗣宗；良醖酣戀，祖醉郷之無功。車馬不喧于門，卧寄高於南窗；侊傯不嚻乎慮，神直交乎義皇。知我者謂我樸質，不知我者謂我老也偃顢。何須子雲之解嘲，齊付漆園之蝶夢。拊髀雖消，四大猶是我有；息深于踵，胞孕護其重閫。今而後，不知鶴長鳬短，日晶霧朦，痴我似痴，翁我似翁，塵冗勞勞，了銷歸乎太空。

歌

賀四明施老公祖榮壽歌有小引

施大夫者，浙之姚江人也。以己未名進士爲起部郎，佐大司空董理三殿都料。且將竣役，上念閩急，命大夫馳守清漳，星軺視事。隼旗甫建，飭綱振紀，遐邇慕悦，士庶傾心。冬十一月戊寅，大夫初度也，不慧某惠徽一日知雅，又屬四履編户，敬延繪師治丹青一幅，綴以韻言，雖不中於宫羽，聊竊效《麥丘》祝頌之意云爾。

乃聞賢守南陽朱，民歌直遂惠膏敷，施君閩澤亦渝濡。我頌南山祝君壽，願媲臺萊美且紆。美且紆，矢謀謨，調和玉燭炳寰區。

乃聞賢守漁陽張，民歌兩岐譽聲颺，施君仁聞亦軒翔。我頌南山祝君壽，願媲桑楊蔚且臧。蔚且臧，詠熙康，轉旋鈞軸捘天章。

乃聞賢守雲中廉，民歌五袴徧閭閻，施君德化亦豐暹。我頌南山祝君壽，願俾杞枏穠且纖。穠且纖，杼綸縑，參贊巖廊赫具瞻。

乃聞賢守東郡岑，民歌鼓腹樂恩深，施君善政亦謳吟。我頌南山祝君壽，願俾枸椻蕃且森。蕃且森，式玉金，鼎勒勛猷簡帝心。

簡劭思公祖德政歌

彼美一人溫且穆,分司憲紀清風肅。冰瑩何事察淵魚,肺石不冤寧訊鞠。濡譍皇皇沛雨膏,掄材濟濟賓苹鹿。郡齋攝守潁川黃,邑宰代庖單父宓。廉靜離披桃李陰,聽琴鶴舞花間伏,扶攜連袂疊聲歌。昔無秅,今有幾釜穀。昔無羔,今有幾尺犢。亹亹簡大夫兮,亹亹簡大夫兮,覆露我四封之民兮萬間屋。

吟

白髮翁吟

白髮翁兮優游,樂天命兮不憂。我生初兮無爲,我生後兮何求。父母畜兮不卒,誦蓼莪兮伊蔚。欲報德兮罔極,恥瓶罍兮銜恤。慕往哲兮私淑,被短褐兮懷玉。曳長裾兮誰盼,得善價兮自鬻。試割雞兮牛刀,託順受兮鴻毛。殫膂力兮從事,賦北山兮賢勞。鑄堯舜兮粃糠,采參苓兮藥囊。傾我輈兮夜郎,摧我檥兮瞿塘。治邊儲兮上谷,轉漕粟兮江國。司管鑰兮於越,秉正直兮獨復。涇涇清兮渭濁,納方枘兮圓鑿。我馬瘏兮焉往,行踽踽兮彳亍。鳥色舉兮遠騫,魚駭餌兮潛淵。道可卷兮身退,年既邁兮車懸。思尊鱸兮拂袖,歸去來兮扁舟。且嗋杯兮樂聖,速營築兮糟丘。耳不聞兮黜陟,口不評兮夷蹠。課兒孫兮紙筆,問臧獲兮耕織。皎白駒兮嘉客,共盤桓兮松石。景高風兮四皓,快豪興兮六逸。竊歲月兮濡留,適杖屨兮夷猶。白髮翁兮不憂,白髮翁兮何求。作長吟兮夭嬌,歌復歌兮逍遙。知我者謂我自嘲自笑,不知我者謂我士也驕。

行

得楊仰恂使君教子二語,作勸學行

尊公攜我袖,傾蓋若舊友。談笑春風座,慇懃接杯酒。驅車朝魏闕,握別丁寧久。修塗寄魚素,誨子幾遠就。肄業有常督,葆身防外誘。此規賽藥石,願永佩在肘。毋溺宴安鴆,懷之墜人守。毋甘兩破樂,汩沒不可救。毋聽慾臾口,邪萌將誰糾?風愆蒙士儆,古聖言不朽。發憤忘食寢,皇皇宵與晝。怯夫興壯志,敢縛孟賁手。跛鼇功不舍,何難楚澤九?百川能學海,槁暴熟於揉。勿遣韶華老,寸陰價瓊玖。良箴長提耳,參倚存牆牖。咫尺父師詔,欽哉此座右。

傳

贈奉直大夫梅岡陳先生傳

贈翁陳梅岡先生者,吾師如岡陳夫子尊甫也。不慧蠖屈諸生時,聞西浙有陳如岡,登壇振藻,祭酒宇內,嚮慕執鞭。戊戌春,偕計公車,如岡以壁經董試義闈,四方之士,同處囊中,稱弟子者十有八人,某幸廁焉。顧十八人者,近遠聚散,萍踪靡定,獨某也者,作陸沉曼倩,索長安米,更七絺裘,坐春風座最久。及陳夫子洗沐里居,某守武林,晉而奉璽書視學政,時時造謁,服膺裹言而宣布之,則又負牆領益最多。而以此知贈翁之潛德亦最悉,因不自揣其不文,爲撮大都而論次之。

贈翁梅岡,諱一德,字子咸。弱冠通經術,蔚有文采。學使者方山薛公負冰鑑,爲一世龍門,贈翁特爲所器拔,緣是名籍籍章逢間,贈翁弗自矜震也。既而從外父一山先生遊,先生素尊王新建之學,贈翁日侍幕次,廣互考衷,嘗謂:"學須體驗身心,悟入自然。若分頓分漸,不免疎脫,而終歸無着者,皆非朱、陸二氏宗旨。"蓋一山先生莫之難焉。

學成,竟不售于有司,贈翁亦不欲局促效轅下駒,藉郡國守相推輓。日烹甘設膽,承兩尊人膝下歡,委蛇左右,罔忤顏色。退則引經析義,課其子爲文章。每花晨雪夕,延二三昆弟,壺觴歌嘯,感物觸事,發而爲詩。其古體追武陶柴桑,近體亦自成一家言,不染指大曆以下隻字。神宇高閒,不復知戶外有寂喧矣。屬島夷作難,家遂中落,然內而兄若姊若甥,外而姻黨之不克自植者,猶仰給贈翁若河與燧,贈翁亦多方緩急無倦意,以故含飴解驂之誼,鄉耄者至今能道之。

夫贈翁精于學而不以學名,精于詩而不以詩名。庭幃雍睦,閭里頌義。閫脩若此,而僅得中壽以歿,遂使含光弗耀,何哉?夫惟弗耀,所以成吾師今日之業也。蓋贈翁僊蛻幾八載,而吾師成進士,爲鶯坡近臣。又若而年,吾師以編修滿最考,復以宮寮承覃恩,得兩奉綸綍,爲贈翁幽壤之賁,誰謂潛德果終閟弗耀耶?假令贈翁挾少年游氣,竭蹶氊華,未必不可博名高,陪顯秩。即不然,而闊袖羲冠,雕蟲鐫帨,以邀鄉曲之譽,吾知浮稱易獵,不過石火電光,閃然一瞬,安所得昌懿昭灼,懸諸日月,以啓佑於後乎?然則贈翁幽潛淡闇之德,所體驗于身心,妙合自然,不襲之以頓,而培之以漸也。已沃其根,令後人食其實,彼陳氏紹續昆裔,將世世顯揚而光大之,寧獨吾師夫子一人哉?

吾師名懿典,如岡其別號也,爲贈翁家督。文學行誼,稱當代名臣。頃聖天子有南都掌院之命,嚮用方殷,乃朝野所跂望,以成平格勳猷,而闡家學之未究者,正未有艾也。贈翁暨配三宜人,與子女孫若曾,咸詳載焦弱侯誌中。某辱爲師門下士,仰止高山,請以叩缶綴鈞天廣樂之奏,而附於夫子家乘云。

論曰:陳氏自明唐公而上,世以醫拯人,樹有隱德焉,而未食其報。梅岡其木之始芽,泉之始涓乎。再傳于吾師,則敷披瀠漫矣,而又砥名植行,栽溉而疏瀹之,以廣濬發之祥。制所謂"蘭生有種,祭必先河"者,遡本尋源,信贈翁梅岡之澤,自吾師衍之,而不自吾師竟矣。吾師經緯典文,籌摹宏鉅,霖雨鹽梅之烈,拱而俟諸,世德作求,高明有融,豈顧問哉?

徐冢婦張氏貞烈傳

不慧某以豫章督餉之役,爰告成事,匄沐言歸,展謁先大夫馬鬣。適門人楊子懋,復負牆脫屨,起居寒溫,因坐而談徐直指冢婦張貞烈事甚悉,且揖請曰:"異矣哉!貞烈之以死殉夫也。薦紳先生有誄,有傳,有實錄,夫子盍不律而旌焉?"余曰:"唯唯否否。"

夫事有軌躅夷易,耳目不驚,而隱微奕突之中,未可控揣,此不異而異者也。

有騰踔巖嶪,馳俗震世,而坦衷正性,昭昭乎若揭日月,此異而不異者也。不觀孔子之修《春秋》乎,《春秋》一經筆削予奪,垂訓萬禩。不惟其異,惟其常。至于嫌疑猶豫之際,叛法棄禮,鷔於常度,冒有將之戒而不自知。如盾不討賊,止不嘗藥,文姜與聞乎禮成不反之故,聖人始憱然咨嗟,變例異辭,而斧鉞加焉。乃若孔父義形於色,申生無所逃而待烹,宋共姬不下堂而逮於火。彼其忠孝貞烈之概,一腔赤丹,足泣鬼神、凌霜雪,而經無褒嘉艷羨之文。孔父書及,申生書殺,共姬則僅書其卒葬。若曰"臣而死君,子而死父,婦而死夫",夫亦循法守禮,人道之常云爾,何異之與有?

今張氏之死於徐孺子也,不以拘踢,不以易奠,不以練慨,從容濡忍,茹苦含辛,又期而大祥,始絕粒扼吭以死。是日也,閭丈人而下,以及眇夫幺豎,目擊耳聽,莫不相顧駭愕,詫以爲異。而自氏視之,則當于歸結褵之時,已虞孺子之奇疾,必不可瘳,而兩髦我儀之志,必不可移。萬一幸而生,吾偕之老;不幸而不生,吾死以殉。一殉而吾事畢矣,即衣冠月旦弔其異,而旌以貞,旌以烈,舅氏釐其異而旌以孝,何與知焉? 氏惟知生之有死,常也,古來哲人豪士、懿媛淑娥,誰能免之? 處不能免之勢,而欲遂吾所欲,有甚於生之心,揆諸禮與法,無所待乎? 引决於俄頃,非激也,尚猶有所待乎? 舒徐於歲月,非忘也。首陽之餓,汨羅之沉,其死於商之既墟也,與死於楚之未亡也,奚以異? 趙之客,元之逋播臣,其死於數年之後也,與死於數年之前也,奚以異? 總之,法禮不愆,盡人道之常,生死兩無憾焉耳。然則張貞烈以拘踢死可,以易奠死可,以練慨死,以大祥死,無時而不可。方且融融快意,晤孺子於泉臺,追信誓之旦旦,共窀穸以長終,通晝夜之明晦,乘風雲而來往,惡知其不詆娸薪生者之非惑耶? 惡知其不嗤怖死者之弱喪,而不知歸耶? 又況乎詫大常以爲異,而繭繭然旌之耶? 然而春秋二百四十二年之間,王姬而外,列國君公之妻,逆者、歸者、如者、至者非一也,而獨於宋共姬致女來媵則書,卒葬時日則書,是亦聖人特旌微意也。令獲麟絕筆,而可續乎?

張貞烈之卒也、葬也,例得大書於策,與共姬並,則楊子之嘆異而請旌也固宜。不慧某愧不能文，私載其與門人釋言者若此，以俟觀風者採而旌之。

施太太夫人吳氏苦節傳

旌表苦節孺人吳氏者，予門人施生邦曜祖母也。邦曜祖父良心無祿蚤世，孺人年甫二十，藐孤呱呱，孺人矢《柏舟》，腹而復之，備茹酸楚，以底成立。孤諱時學，娶鄒氏，誕一孫，即邦曜也。爲兒時動止與常兒異，孺人手摩其頂曰："是殆我家千里駒乎？"乃彼蒼降割，邦曜父若母倏爾淪逝，孺人襁負其孫，哭於施氏之祧曰："天乎，胡使未亡人至此極也？存孤喪孤，又重遺我以孤，毒太苦矣。且未亡人嚮爲婦，能忍飢渴，耐寒暑，晨興十指猾猾治臬繭，至丙夜乃休。不虞德困，今齒髮騷騷改矣，風攑須臾之不能待，如襁中穉孺子何。吾計畫無復之，惟慷慨一决，以謝死者而已。"既又念施氏載世魂魄，僅遺一塊血肉，即不自重其死，設前死者問穉孺子何在，將安所置對？於是强延喘呼，復力圖所以維千鈞於獨髮者，綢繆拮据，酸楚視昔倍甚。饘粥短褐之資，伏臘饋祀之費，觚穎脯贄之需，盡從十指中出。和熊畫荻，瑩瑩燈火，居起與俱。幸而曜也，履艱儆危，學業日新，詎意孺人遂兩髦之盟是踐耶？嗟嗟！孺人一身，畜則代母，敎則代父，成則代祖，曜何可一日不有孺人也！孺人不可一日不有，而竟不可一日留，天又以窮未亡人者，而窮穉孺子矣，謂之何哉？

邦曜擗踴悲號，勉襄大事。素韠既除，適予奉璽書視浙學政，以壬子課士秦稽，邦曜持尺幅就同儒試，予得其文，浸器異之，擢爲青衿祭酒。是秋，歌苹鹿於鄉，時曜冠而未婚也。予細詢之，具述祖母苦節甚悉，予爲懸棹楔以章之。既而邦曜成進士，上疏陳情，匃恩旌表，蒙下禮部覆允，旌閭如例。邦曜自京師寄疏草示予，且索祖母吳氏傳，以徵信焉。予讀施生陳情疏，涕泗霑襟，因濡毫次其行略，雖不能文，然皆施生嚮所具述懇頻語也。

蓋嘗觀世有奇苦之事，而窮迫悵鬱，極人情之所不能堪，然後卓犖英偉之士，蜿蜒動變，需時奮興，憤發其所爲，垂光於天下，譬則疾霆破塊、怪寶露靈、巨漂徙川、神蛟起蟄，人情物理，往往若斯。方孺人之存孤、喪孤，而重遺之以孤

129

也，荏苒衰柔，濡忍百死，與襁中穉孺子依倚爲命，能令施祧有主，不墜泥塗，斯已難矣。乃用詩書顯揚，致身青雲，姚江固多君子哉！如施生者，其爲人端毅凝遠，與文辭大抵相類。今已起部郎，飭材鳩工，贊構工殿，又爲聖天子分治沉璧負薪之役，夙夜孳孳，殫精營職，異時旂竹勳猷，與諸君子較隆論烈，孺人以千里駒期之，不虛矣。史遷氏之言曰："士不困阨，惡能奮乎？"信然哉，信然哉！

贊

張執吾真贊

面玉潤而栗也，顙嶽立而勁也，目電煜而炯也，唇丹濡而静也。鬚髮眉鬢，霜雪霏而皙也。紅袍烏衫，儀容端瞻而飭也。如欲言，如欲不言。欲言者，貪濁是激。不欲言者，墨墨冥冥，抱爾一也。如有所思，如無所思。有思者，人域是域。無所思者，混混沌沌，保爾極也。蓋可得而貌者，衣冠顏態，丹青藻繪之格也。不可得而貌者，孝友敦重，先生長者之德也。

洪惺南乃尊像贊

可得而貌者，公之耳目顴顱乎。不可得而貌者，公之氣態情度乎。以所可貌者，思其居處笑語，既勿勿乎莫之覯矣。以所不可貌者，思其溫坦肅雍，猶然可歌而慕乎。遡公於古，其陳仲弓之徒乎。門有鳳，庭有槐，公固駼虬駕鶴，而逍遥於玄圃乎。

洪惺南乃堂孝惠黄氏像贊

若有髦然以念者，甘瀄之敬也。若有惝然以裹者，蘋藻之奉也。若有瞿然以惕者，爛星之儆也。若有規然以謀者，姻婭族間之賹也。若有怡然以懌者，君子偕老後昆象賢之慶也。孺人乎，孺人乎，稱孝稱惠，是豈畫史之所能傳，而丹青之所能繪乎？

松石主人自贊

冠稜稜者我耶？屨仍仍者我耶？眸星星者我耶？貌亭亭者我耶？時而浩歌長笑，時而潛詠默吟。時而劬勞鞅掌，時而賁趾園林。七尺幻軀，爲龍爲蚓，倏蟄倏伸。我方不知我之所以爲我，而況一幅丹青强肖象形，誰能知我爲何人何心？然則我其杜德機耶？我其第涊滓耶？世有知我者，毋亦曰夫夫耶，少而伶俜，壯始成名。學務博而不茹精，仕靖職而不慕榮。老而歸，松石締盟。狂不狂，狷不狷，中行不中行，惟是抱璞履信之爲兢兢。

龔姑夫及姑王氏像贊有小引

此余姑與姑夫龔雲谷之像也。姑夫捐館舍時，方年三十有五，遺孤煢煢，甫脫褓襁，姑茹荼攻苦，而顧復之，今且稱艾者，杖飲於鄉，子若孫環繞膝前矣。適余自浙臬徙秩豫章，歸梓里，姑齡九袠，猶健匕匕。余執觚奉壽，覩其像而爲之贊曰：

願執手以諧老兮，中道訣絕。詠《柏舟》之靡他兮，憂心如劌。倚孤嬰而爲命兮，一腔熱血。思鬒髮以別離兮，到如今盈頭白雪。幸孫曾其繩繩兮，克茂明前人之令緒，克敏克哲。於戲！百年居諸兮，星飛電掣。未亡人將斂衿帨以待盡兮，踐信誓於同穴。

婚　啓

代蕭岐陽復林聘書

僕涉世久，好譚舊事，亦好譚舊人，則嘗辱大親家翁厚雅，因得遊尊親家賢伯仲間。蓋竊識豐翁伯爲公輔器，輒欲托於葭莩之末，以微有寵榮於吾子孫。乃尊親家篤存舊誼，不鄙僕父子迂疎，以賢郎執事，采及小孫女而合好焉，僕父子亦云有天幸矣。顧齊大也，得無非偶是懼。比者僕日從尊親家結遊攬勝，而騰鳳兒復從豐翁伯仕粵西，以姻婭也，加愛厚焉，則蔦蘿施松之義，方自慶其得所托也，而懼其少釋矣。敬脩菲辭，聊答佳貺，伏惟慈炤不宣。

代鄭家復蕭翠岑乃孫定聘書

某黤淺蠖蟠，山裔顓頊，然株持樸願，問穭奚穫桸外不敢他有覰越。矧圖即姻媾，輒忘偶大，翹跂高華哉！乃大封君足下，鄉國耆龜，薦紳型楷，爲令孫董擇內主，而及藍縷之陋，非其質矣，非其質矣。豈洞酌昭信，而葑菲之體，固貴厚者所收，茹不茀唾乎？是用凛凛，大懼螳臂不任，乃督舍中姥率弱女敏習執筐剝棗之役，將異日者裳公子，且介眉壽焉。多儀璀璨，敬藉之以徵世好。

代蔡家復定聘書

濬發長祥，允叶昌世之兆；有僕景命，遹從女士之釐。合好自天，慶流斯遠。

恭惟某足下，緙紳山斗，鄉國耆龜。協夢紫鳥之文，遂入青錢之選。才高八斗，知寡和乎陽春；氣壯九軍，決歸來於玄圃。倡道香山之社，尋真綠野之堂。用而不用諸身，行將大行於子。童烏豈凡品，能讀八索之書；丹穴有奇毛，應絢九苞之彩。淵角篸日，妙握靈珠。階頭臨風，馨騰玉樹。藉通家之孔、李，媾世好乎朱、陳。愧纘女維莘，收菅蒯而不棄；樂相攸韓姞，嘗魴鱮以爲珍。昨日博士席開，已奉奮衣之容；今朝京室文定，載瞻盈門之光。

伏願瑞藹春翔，嘉禧日滾。象應魁三，頌高門之橋梓；風生巽二，搏萬里之鷗鵬。宋子、齊姜，諧絲緡於有永；鉤膺、縷錫，慶燕譽於令居。

代王家定聘書

此小曾孫某也，丁家不造，煢然有陟岵之望，實是尸饔腹而翼之，畫灰懸丸，蓋亦勤且痌也。茲已能舞勺矣，以未獲嘉耦，食必祝焉，翹跂於葭莩之戚，其撫我哉！乃某以令愛議，僕躍然喜曰："是可不謂親以親致，而親以親成者乎？" 遂占庚午告寢,而徵以不腆之幣。自今以往,姑曰:"壻,我姪也。"則善覆露。而姑夫曰:"内姪,我壻也。"則善覆露。而庶幾哉,某之克有立也。僕耄矣,猶然健於匕筯,願徙倚見之。

代楊鼇山乃郎定聘書

蓋生有鶺鴒之育四從,伯而仲若叔,業皆撫有而室,且薦羆虺矣。獨季也,蒙生攜之宦,蹄鞅荏苒,無所規填,是用黶黜,幾弗辨亥魚。生調之曰:"若三昆詘百官,師功令,不能進也呬。若受它筴,奚若季愻不自甘。"遂脯摯槀於傳指,幸哉驟驟乎知搦籥而日矣。又何幸也,賴先君子之靈,得執事爲之翁舅,宸宇渥庇,金玉之音不遐。異時者,穠華載咏,肅雝至止,藉此寵也,季其庶幾荷析薪乎。芳盟既定,徵以蒲墨,乃敬述肝膈之願若此。

代張冲斗復定聘書

日某弗邁規於筵叩,執事忘通尊者三,乃允而媚懿之。受盟以來,祗懷夙夜,邇對《伐木》之座,光覿令季,梧梧乎珠廷淵角,富八斗高才,即當從三昆後奮揮日之戈,胡云搦籥遠哉?肅雝大訓,端願奉初,然而未敢奏及之也。則請豫隸梁山之章,以慶韓樂洽燕譽焉。臙幣孔有,足可導引兆祥。敬謁祝宗,歗告于先廟,且復家太慈,而褭拜藉之,以志不諼。

代楊仰恂復蔡沙塘定聘書

曩某能典謁時,則我先大夫幸託尊親翁莫逆懽,某周旋大訓,奉以弗墜。既而君家玉樹聯蟬,益焜燿鄉國之望,願爲令郎諧儷偶,顧不鄙夷菅蒯,議及弱女,而董振撑焉,以備内主。如天之福,匪先大夫彝篤實式靈之,宜不及是。邇者令郎賓阼,某屈致之東廂,奮衣高座,宣爲敝宇延明矣。乃執事猶謂岐嶷少詘,羈策不閑,而以師保教誨委命,某敢不掃然左避哉!文定之祥,門楣有爛,敬什襲珍藏,以徵寵嘉,且百頓首而歌苗黍焉。

133

代張冲斗復婚書

冬仲之月，律呂黃鐘，音羽而數六。迨斯吉也，有鴈鳴止，離其聲矣。有車轔止，燦其盈矣。有婿寧止，琇且瑩矣。内外賓正，酬酢以度。某乃盥啓鳳緘而誦之曰：伯昆伯姊，宜室宜家，是振蟄之慶也，敢不拜揚。曰：翱翔星爛，惕竦蠅聲，是在御之警也，敢不拜承。曰：問營菟裘，據梧自老，是眉壽之介也，敢不拜祝。物備矣，蔑有加矣，敬歌《采蘋》以答賦，而當百兩之御焉。

代楊紹欽定聘書

先是，某以家大慈令，爲長頑某圖納不腆之幣于尊宇下，則擙英諏祥，得《坤》之《泰》，其繇曰："天地忻愂，草木軋茁。妹歸以祉，黃裳元吉。"夫坤者坤也，陰將受陽土之申也，故令以十月，律中應鐘，音羽而數六。矧乾交之而泰道成，和之至也，祥之極也。今吾二氏者，從草從木，則固臭味也。時維十月之交，則坤秉政而泰乃來也，迪吉襲祉，於是乎在繇其徵也。夫遂以是日尋駢旄之盟，奉蒲石而布之，繼且以梅標（標）請需後命焉。

代李芳西爲姪啓馨推迎書

生念家食時，以舍姪馨託婚宇下，蓋欣欣乎有黍苗膏雨之感焉。乃庚十年所，而人事多變矣，然捋荼拮据，少者以長，杌者以寧所天，猶有恃也，庸詎知家之不造，舍姪馨又陟屺而瞻望弗及乎？煢煢隻立，内稼靡託，則權而強委禽者，非敢嘉禮而草莽也，情之荒也，勢之棘也，所以康我弟若婦於九京也。

代楊肖陽復陳塈親迎書

某賴家伯兄緒訓，頲頲然佩禮教，廉朴盤辟弗違。即兒息婚媾，奉此爲標，不敢介以求厚。乃執事也，亦鄙夷繁艶，采及菲菲。譬之草木，吾臭味矣。赤繩久繫，泰候方嘉，敬承渭迎，光覲不顯。遂肅季女，摯榛脩以待牖下，家室其宜，和樂且衍,吾爲父母之心喜而後可知也。第愧締結,不實筥筐,則拳拳婦順,辟呬詔之,以當百兩。

代友人復親迎書

春日遲遲,有蕡其華。鳴鴈在庭,乘龍之車。登堂拜奠,熠燿陣書。辱執事之命,不鄙仲女,爲若而人,將授御輪于今。兹僕不腆乏九十之儀,深惟迨吉,敢不共命,用是結帨,辟呬詔之曰:"自今日既歸之後,式而婦順,修而内職,戴翼夫子,而加之以共。儻以憲大夫之靈,執事之福,螽斯麟趾,夫亦萬有幾乎。"僕不能爲佞也,敢布腹心。

代楊鼇山乃子娶婦書

先君子有不腆之筥筐,䌛爲季孺子某奉内宇下,且以標(摽)梅請,執事俞之玉音,僕喜不自理,私季孺子於庭曰:"乃公冉冉龍鍾,惟是昕夕畢舐犢之願爲慰,幸而諸伯昆姊若而人,皆宜室宜家矣。季生也晚,今亦儼然弁屩,往迎佳逑,翱翔星爛,惕竦蠅聲,於是乎焉賴,而以圖大致遠,不亦臧乎?爲我問菟裘之營,將據梧而老焉。"遂賦《棠棣》末章而遣之。執事大有造於吾季也,則更寵以高規,令出入三覷。

代楊仰恂乃子娶婦書

從昔以驊旄嚏釣絲之約,孺子某名在執事,匪一晨夕。兹幸能典謁,儼然弁屩,嘉禮之成,在今日矣。無所以文之也,則起而祝曰:"惠我百福,大夫之穀。"既而諦曰:"若之何,其寧承乎?惟是執事,鄉國蓍龜,薦紳型楷。矧也對欐期邇,師保如臨,孺子某敬當弦韋明訓,罣罣虔勵,毋斁而思,毋忒而度,毋佛而德,蚕蠶攀乎鴻翩,根生託於桑末,有不遠且茂哉!"遂褰拜而穎之,令孺子某飭管遜,脩禽摯,奉而布于下執事,以受穠華。

代張允選娶婦書

自仲孺子某得嚏釣絲之約,吾二人者綢繆款洽,無第神髓層通,則踏霽荊郊,對傾素悃,因竊請曰:"不佞龍鍾景仄,拳拳舐犢之私,克畢婚媾,於以迓羨受釐,不亦快乎?"執事不滯金玉之音,驪然俞之,遂諏迪吉,遣仲孺子某,脂車轄,飭管燧,往迎懿相。執事念其匪燕遊一朝也,勉勉惠訓,俾襄我家督,用無墜我高祖靈命。

代黃碧山復娶婦書

聞之閭夫人曰:"鄉居持質,市居任華。"其賡酬輒不相表裏,如黝與丹,所漸靡然也。乃翁都殷贍之區,而茂情樸性,蓋肫肫焉。僕是以敢忘顓固,使女子備令長郎盤匜之御,嘉禮結成,在今日矣。綢繆款洽,敬帥厥初,徼福尊神之靈,無墜明命,僕藉枚庇,寧有量哉!惟是絺綌,不實筥筐,則願無以鄉人嘐我。

代李芳西命姪親迎書

不敏初籍仕時,小姪某猶藐然孤也。曩秋省不敏宦署,則儼然弁屬,能典謁矣,見郎大喜,因挾以歸,家大慈命之曰:"盍使往受室乎?"乃諏日,以干莖得嘉鯀以請。既有俞音,逮期則布席治羃,呼小姪而前曰:"欽哉!茲迎而婦。夫婦輔也,踰板以輪,濟濡以檖,夫非輔之力也,維自今無忒心,無俷德。藍縷之箴,願子無日忘之,而爛爛翱翔,亦冀而婦之朝夕修也,則豈惟億綏若考,抑不敏實食其餘。"於是小姪某起再拜曰:"伯父有衷言,敢不夙夜請書以道行,且求益於我外堂之父兄也。"不敏曰:"諾。"敢敬布之。

代李芳西復陳㙒親迎書

僕不敏繫博士籍于畿輔,地遠不可自致,即有家戀,不敢賴寵,以濡己私,用是馳一介行李,歸白我家慈曰:"日長孫女氏徼福陳氏之祧,備擇櫛總,茲其吉且邇矣,有請勿以寋辭,敬遣之往。夫是女子子也,將奉棗脩,從夫子供所,後事所可慭置之耳者,辟咡詔之。倘異日也,能纂脩淑姒,而《關雎》、《麟趾》,此萬之一也,我其有厚幸乎!"是惟小子,初以家慈命,陳筵于寢,然後寧承九十之儀，無以復也。遂布腹心，且規爲瑱曰："願令賢郎成遠志，以耀飛闕下，僕將群北方譽髦士，尚而友之。不敏適承師之爲進士大用也，敢不左辟，敢不左辟。"

復洪壻親迎書

某自締盟姻于尊宇下，竊沾沾然喜，私語舍中婦曰："予得佳壻俊穎殊常，即少小能辭章。"既乃惴惴然懼，私語舍中婦曰："壻賢且才，而女德不副，將何以稱淑媛，而諧大宗伉儷也？"無何，相與證經于函丈之內，有叩發，輒泉涌桴答，洞窺古祕。而某也，溺朽磨鈍，竟不能進咫脩，則又喜與懼集，語舍中婦曰："壻明學過我，羽翩大具，指日扶搖矣。"顧予舊索蕭蕭，結襺伊邇，無以爲御，可奈何？至于今奉翁溫誨，以爲年相若、居相近，肝膈相披，某懼始稍解，益喜不自勝，語舍中婦曰："竇人子藉同心之雅，覆露如天，庶謹侍盤匜，任其無咎。"伏惟翁念某喜懼之心，敦式穀之訓，脫蹤文俗，奮於遠大，毋厴厴呼舅而對以甥，呼師而對以弟，存耳目之餼羊也。某實不勝厚願。

代門弟林宸烶親迎書

某也諝，幸式靈於我先大夫，以仲息烶徼福尊挑，徵蒲石焉，玆已進勺舞而大夏矣。伯兄豐瀛君曰："夫不可使諧厥伉儷乎？"是用揆吉，以請承寧玉音。適令郎岐翁奉璽書肅憲于淮，過里門省覲，聞有盛期，喜可知也。乃以在角之日，奉南呂脩贊帛布，筵於廟，使仲息烶見伯甫，甫曰："夫婚重矣，敬慎重正，以合體同親，予將於子乎觀禮焉。"爲之歌《抑》。見季甫，甫曰："夫婚之言熏也，熏故能順，順則內和，和故大。"爲之歌《韓弈（奕）》。見外賓長，長曰："從伯甫禮不僭矣，從季甫燕譽洽矣，子且執手鴈于蕭太公之庭，又將寵以周行，而大爲吾子宸宇也。"爲之歌《黍苗》。三歌備矣，遂書之以導御輪，伏惟台炤不宣。

復陳烼瑕親翁納幣書

陳、朱媲美，聯世締之媚盟；王、謝垂芳，襲風流之雅韻。私慰非偶，幸託善因。

恭惟尊親翁門下,文掞七襄,學鉤二酉。珠璣璀璨,驚座侈其雄談;宍奧閎淵,懸榻延乎來秀。既吹笙以歌鹿,榮奪錦標;竮揚髾而誇鯨,臚傳鼎甲。乃采蒊菲下體,不棄潢汙小流。問其姓氏芳鄰,祗在比櫛,將以幣帛佳期,未泮凝冰。婚姻無相遠乎,迨其吉矣;瓊玖永爲好也,何日忘之。

復陳怭瑕親翁令長郎親迎書

奕奕太丘,家夙景德星之聚;離離蹶父,里欣聞鳴鴈之音。芳約可尋,孔嘉稱慶。

恭惟尊親翁門下,道融元律,詞掞天葩。繹闡《春秋》,默會麟經三傳之祕;縱橫禮樂,久叶雲物五色之占。作於前者,既勤菑畬;纘於後者,自肯丹膴。天作之合,筮洽渭兆。在鄰宮文定厥祥,采荇采芼諸左右。今已迨吉,梅實墍以傾筐;敢云好逑,桃華灼其宜室。興歌燕譽,睹六轡之如琴;載賦《螽斯》,偕百年而舉案。

啓

與各道年啓

序端王月,陽已回于斗轉;祥耀卿雲,煖更借於律吹。鄰近耿光,庇依宸宇。

恭惟巍標太乙,高躡巨靈。霜臺肅法鏡,衆流而匯澄清;露冕敷膏籥,四時而先和藹。歲逢序首,人代天工。府曰好生,盡收春意於肺腑;木爲盛德,畢達萌彙以昭蘇。惟其元化氤氳,屬鉅公之調燮;是以農祥豐美,合庶隸而謳歌。

某紛綸粟窣,倚傍珠玉。聲聞爆竹,知寒臘之將銷;香度梅花,喜春光之已到。鸎鳴泉響,活潑潑莫非化機;草色苔痕,嫩霏霏都是生趣。請發獸樽而斟九醞,敬獻芹芽以佐五辛。願日月之光華,旦兮復旦;頌德業之久大,新而又新。

與廉憲李翼軒

恭惟胸羅象緯，體具河山。生本長庚，業已沈潛。秋圃奇搜小酉，即看頡頏詞壇。金薤千篇，價重都城幾紙貴；銅符一握，澤瀰區宇成霖流。并冀鴈門，弼教人人絃誦；汾河象谷，祥刑處處無冤。十事陳忠，自是公家故事；三公論道，重聽虞陛賡歌。山之西，芬名鵲起；朝而上，大拜麻宣。

某即事宣疆，素蒙台盼。片言鏤版，恍若《道德》五千；一麾濫竽，叩別陽關百二。思御李之在望，有懷渴飢；跂登龍而欲趨，無地陪立。關頭望氣，胸臆怦怔。乃謹西向而擾丹，爰藉南羽以呈素。固云鹵箋不恪，惟是寬宥爲榮。

與松江楊別駕

仙軾翔雲間，鹽官司馬古監郡；芳標映日下，士元展驥佇騰驤。三吳彰縡，一人得輿。

恭惟台丈，聲名如斗，丰韻欲僊。氣介玉壺，人稱關西夫子；筆灑金薤，世傳閣上《太玄》。捧寵命以遙臨，光騰五馬；登別乘而出牧，載重六鼇。大夫曰賢行，奏績於治中之任；天子有詔擢，熊軾于侯伯之班。

某也披雲，久矣瞻斗。挹青龍于上海，文治陪古檜之菁葱；望鳳凰于機山，徽猷昭白苧之瑩聳。吳宮露溼，桂馥越境分香；名府風清，芹熟趨阼陳褻。荒箋擾愶，筦納慰心。

與松江府張郡伯

彩鳳擁朱幡，霄表秋香薰八柱；金魚暉紫綬，雲間星軺領諸侯。仕爲吳越比肩，望向河山拜手。

恭惟品超儒緌，氏應文昌。手筆大燕公，綜遺書之三篋；腹笥跨壯武，羨穀城之一經。西越望若泰山，飛作三吳六苞鷟；後學宗如北斗，遠邁四明五總龜。活千人者封仁風，敷由貫府；從萬石以起陽春，播自專城。雲護御屏之書，日曜鹿車之彩。

某也樗庸,厠在蘭臭。分曹畫省,向來希冀情戀;錯壤仕邦,當日登龍緣歉。謬意聲同則應,何須縞帶之盟。縱謂人各一方,豈隔江河之潤。是用手勒,聊抒心期。耑尺素以告虔,慶傳鴻漸;侑寸絲而贊喜,禱冀龍頷。

與同里郭道長

柏府升華,疇咨宿望簪白筆;蘭臺執憲,妙簡讜臣對朱衣。堂廟益尊,冠紳咸式。

恭惟清時偉器,閒世奇英。毓冶三靈,文吞精而盪緯;調劑二氣,手擘嶽以經河。精忠茂結主知,蚤繫思于禁中頗牧;正直久孚人望,盡落膽於柱後惠文。一片丹衷,扶乾坤于不朽;數行諫草,揭日月於重光。下焉繩糾官邪,上以持衡國是。千班雷動,四海霜清。豈惟望重銕肝,行見榮登金耳。

不慧某守藩無狀,綆短實難汲深;幸國有賢,鞭長或念駑蹇。臺烏入夢,千里雖阻於避驄;素鯉可將,九苞欲扳於鳴鳳。用陳采藻,徵鑒傾葵。

與王總戎

恭惟英姿夙異,豪氣橫生。投筆揚勳,雅具虎頭骨相;彎弧洞札,真稱猿臂將軍。揮戈而鷄采回輪,仗劍而龍光入斗。長風鼓浪,鯨鯢弭尾宵潛;未雨支巢,狐兔驚心晝伏。籍甚干城之譽,用專邊帥之權。遠軼召、方,近驂頗、牧。

不佞識荆意慳,分袂緣慳。媿我一麾孔道,當八面之鋒鏑;望公列戟刁斗,壯九塞之韜鈐。緩帶從容,何日再期杜預;蕪牋修候,不文殊媿陳琳。一望娟娟,九閶耿耿。

與任兵道

恭惟八斗才華,三辰景位。風裁吐發,巖中散紅玉之輝;符采陸離,匣裏射青萍之色。碩德經文而緯武,洪猷斡乾而維坤。虎視鷹揚,煌煌環宿;摧剛直枉,諤諤清風。銅鉞駐黃華,千里嵐氛若掃;法星臨紫塞,一道憲紀維新。邊款塵消,不須坐嘯於風苑;家絃戶誦,奚啻裁詩之月樓。蓋節鉞之古侯司,而登壇之真宰相者也。

某濫廁仕路，托識邊疆。望憲節之遥輝，彷彿燕雲縹緲；媿守府之下乘，自惟水國沉跧。闊別時稠情腆渥，臨岐處向逞摇旌。武林郡中，覓征鴻以抒愫；懷來司裏，翹尺繭而披丹。卬祝盼睞，曷既忭躍。

與張涵同

恭惟學綜遺篋，氏應文昌。神識天開，張留侯之素橋振響；丰標嶽屹，趙邯鄲之福地獨鍾。譽既播夫雷轟，仕方司乎斗杓。乃帝念上谷，謂地屬重邊。百二河山，苟鎖鑰非公不可；綢繆牖户，惟老成夙望爲宜。特畀黄鉞之司，用重紫塞之鎮。提衡虎旅，譚笑消日逐之氛；拂劍龍泉，指麾靖風漠之埜。聲名裴宣慰，翹翹劍履上階；地步韓平章，亭亭節鉞開府。人瞻北斗，國倚長城。

某即事邊疆，業蒙雅盼。身非内史，幸元使君當路以下交；才不長孺，忽汲淮陽守郡之召及。南轅北轍，跡遂隔于湖山；左弭右鞭，心相期於霄漢。輪囷欲謝，秸藁是慚。將我寅私，蘄公丙在。

與秦湛若

恭惟豸府文星，虎帳卿月。遇盤根以别器，目解全牛；乘大輅而鳴鑾，勢雄萬馬。揚綱肅紀，恍乎持柏府丰裁；剔蠹振凋，悠然舒楓宸軫念。干旌所至，星福攸昭。地以陽和，名快仁風，散作陽和萬里；時丁肆夏，日喜循政，績當《肆夏》升歌。動地灘波，夜静魚龍之窟；摩天徽嶺，晝消烽火之烟。晉錫從天，鼎鉉有日。

某封疆俗吏，閩海豎儒。頃歲憑依，頗合芝蘭之臭；兹辰睽隔，曷遂蘿柏之扳。托跡武林，回首卿雲若睹；馳情閫府，拊心意馬欲飛。肅楮爲恭，崇炤是禱。

與楊致吾

恭惟七閩間氣，八表聞人。筆海澄波，焕腹笥之星斗；學山聳秀，峙紳笏之華嵩。豪氣映金漳，人稱關西夫子；宦譽輝玉笋，衆羨道南相公。乃試盤錯以呈才，爰司憲臬于重鎮。北門鎖鑰，鴈關燕朔誇長城；當道福星，白石黃河垂天塹。車書萬國，喜此日真稱大同；節鉞一方，際明時竚溪顯陟。

某猥同小草，誼托維桑。督賦行邊，幸蒹葭之玉倚；專城回轍，愧筐筥之瓊施。翹首轅門，彌襟傾感。斂麾下乘，抒悰刊酬。伏蕲丙在，曷戢寅私。

與黃節吾年兄

恭惟三輔誕精，太華擷秀。地號金城千里，人惟玉樹一枝。生來曲江春，昆明太液濯錦；學纂潼關勝，虎觀石渠流馨。起草明光，國香含芬芳之舌；運籌會計，民隱軫痌瘝之衷。度支倚爲懸衡，司餉實今重寄。鮮于佽孰繼三難之羨，邵康節見爲彈力之時。有如我公，實動帝眷。特簡司夫宣府，遂事假以便宜。上谷郡中，人戴和風甘雨；邊徼域外，衆服龍圖豹韜。輸輓飛馳，恍惚鄧司徒之漕給；勾支剖判，直若陳丞相之宰均。宦譽鵲起自今，峻陟鶉行伊始。

某次第共登黃甲榜，已知遭際喻涯；昕夕同看紫薇花，猶幸觀型有地。念宣疆之視餉，乃鹵莽而移歸。賴有隋珠光映于前乘，慚無美績堪藉以告新。藏拙匿瑕，糠粃望鑄於堯舜；揚芬飾醜，黍蹄敢祝夫篝車。謹崑伻而瞰忱，祈穹霄之錫炤。

與武林司李孫偃虹

璇魁新錫第，鼇對三千日未斜；彤府暫分猷，鵬摶九萬風斯下。趨庭玉汝，述作重光；濟世金吾，梓橋奕耀。情既訴于得侶，慶實罙夫同官。

恭惟鈒鏤名家，禹山奇蘊。筆涌洞庭浪，祖武行軼宋宣公；記作岳陽樓，史才不數孫之翰。宜在紫霄碧落之側，乃煩阜蓋緣綩之行。草綠鸚洲，借作兩高春色；雲黃鶴閣，移來三竺仙踪。皋陶仕即明刑，武林郡中拔薤。子奇少而英邁，大李徑下無蹊。車未駕而各已斜飛，旌欲動而聲先直指。驩迎旁午，喜賦同寅。

某也技乏烹鮮,學慚製錦。盲子索劇路,方問道于佳逢;飛蠅歷名都,且附尾於逸足。何幸越仕,得借楚材。金菊流葩,逐秋香而獻彩;征鴻漸羽,走夏口而催車。地步韓平章,河右兒童引領;風流蘇學士,湖西景物待舒。常望氣于關頭,亟聽鈴於江面。戒役輸惆,跂慰翹顒。

與潘吏部代

恭惟學傳家鉢,行壯國楨。瘖痳通五經之源,豈數二酉;俛仰交百代之雋,何論一鄉。道既冠乎閩中,聲遂籍于天下。躊躇瓠瓟,姑且善刀而藏;鼓鑄衿裾,試爲鳴鐸而振。士也人可薪樵,帝曰爾作工虞。握槧掄材,採其華,尤採其實;筦關權稅,利在民,亦利在官。報命有虔,銓衡攸寄。佐登明選公之典,邑揚清激濁之思。蓋三錫榮綸,人皆誇其儀鳳;而一味澹樸,己獨居以守雌。

某叨竊晉厲,惶恐漸干。策之清時,乃九九何技;質之闇室,惟一一勿欺。敢告里閈之私,希垂盼睞之重。馬骨未朽,期努力于鹽車;壁照有餘,容借光于末燭。

冬至與湖東道沈

道扶三統,福斂九疇。朋來方亨,作寅恭之冠冕;彙征肇祉,慶引萃之茹茅。冬日負暄,知可愛者趙孟;元酒味淡,請更問于包犧。

某秕稗賤臣,樗櫟無用。柞灰閒撥,擢爐起游子之悲;梅影斜移,推窗疑故人之至。忽遠投以瓊玖,敢忘報夫李桃。敬托歸鴻,用伸餽鯉。仰祈慈霽,俯鑒微悰。

與福建撫臺黃

玉帳宏開,暢雄風於海鎮;油幢高映,景華蓋于天樞。聲實所加,華夷咸聳。矧屬萌隸,寧不皈依。

恭惟秀州發祥,鍾五百年清淑之正氣;長水毓粹,占第一等卓犖之名流。道允荷乎主知,恩益隆於帝眷。謂中外之敭歷已久,信上下之倚毗殊殷。居勞以謙,雖藩臬遞遷,曰予奔走,曰予禦侮,直自抒其赤衷;懋功必賞,即京卿特簡,作朕耳目,作朕股肱,尚乃來其朱紱。蓋腹松入夢,瑞將應以燮調三台;而面柏敷榮,兆先行夫總持六察。擎天柱而建旄,快睹河清海晏;泣原豐以擁節,坐令文恬武熙。紓宵旰於指顧之中,弭烽氛于笑談之頃。固知勳崇彝鼎,絲綸竚拜楓宸;從此業震寰區,袞黼遄躋槐蔭。

子民某依輝德里,竊禄華邦。炭業龍門,幸快心於李御;棲遲蛙井,徒翹首于巖瞻。燕賀未伸,葵傾縈切。微忱可達,奚虞遠渚之沉浮;菲儀用將,更禱上台之涵照。

與鄒南皋

在治若鳳,頌鸜喈之可儀;應世猶龍,信潛躍之无咎。運無往而不復,時將泰則必亨。

恭惟品與伊呂爲伍,學契姚姒之精。正色立朝端,苟利社稷,曾何羨夫髮膚;真誠答主眷,自盟膽肝,即冥孚于神鬼。牽裾危論,重扶倫常之綱;對仗彈章,直褫奸諛之魄。雖萋菲成錦,青蠅之止棘可憎;然遇雨脱弧,白璧之靡瑕如故。身退而望彌重,道大而譽益尊。已知夢卜人情,豫占鹽梅帝賓。

某膠攣無用,闇汾不聰。守郡無功,祇閉閣而思過;衡文寡識,徒握槧以懷憼。承乏今官,益非其據。改治人而治粟,將欲使陶鑄粃糠;推持管於持籌,聊且學料量區釜。慨自撲催科獨拙,且未能寵辱不驚。久願慕於識荊,敬薄脩于采藻。

與姚江江

恭惟生鍾嶽靈,出叶圖祕。器妙潤玉,動節見春陽之温;才恢發硎,解理中桑林之舞。占仁祥於三異,勵獨操於四知。撫字心勞,寧恤容貌之瘦;爬搔政肅,不容狐鼠之奸。信召、杜再見於今,而龔、黃可方于古者也。

某蓬窓小品,閩海迂生。量已入官,敢曰衆人之母;抗顔説《易》,僭稱一字之師。忝分試於一經,既知負乘;挹下風于百里,深媿代庖。咫尺襜帷,未及趨覯;鄭重惠貺,顧辱先加。敬銘厚德以藏心,願示周行而好我。

與宗國博

恭惟鳳麟呈瑞,斗嶽授精。賦奏明光,搏巍霄而直上;文壓大曆,障狂洄而東之。花縣鳴琴,允矣衆人之母;芹宮振鐸,卓乎八越之師。既已教成于鄉,士也人可薪檋;遂用道尊於國,帝曰爾秉鈞陶。從此濟濟漸鴻,盡是森森化李。

某稟姿散櫟,困學面牆。扣缶啾聲,難和郢中之曲;破犁狂犢,敢參冀北之群。禹穴尋風,儵皋比於未徹;程門留雪,景霽宇之猶存。大啓後人,實資先覺。願賜周行之示,式指豐蔀之迷。仰干仁慈,曷勝戀注。

與陳鄉宦

恭惟二儀鼎應,九有襃包。入而事人主以道,踵武虁龍;出而殿天子之邦,媲芳叔虎。信人倫之冠冕,而當代之羽儀也。

媿如某者,市焉作隱,仕也易農。道未嘗尊,徒干便腹欲眠之笑;教益知困,自懷倚席不講之羞。繼晷燒膏,兀兀何爲?無車彈鋏,錚錚誰聽?幸以小草,托於維桑。憶星聚於長安,未飫御李;跂日麗乎東海,祇切傾葵。敬緣順翼之鴻毛,敢附披腹之鯉素。仰祈崇鑒,俯慰下悰。

與楊總戎

雲開玉帳,團花耀鯨浪之威;日麗牙旌,緩帶静狼烟之警。望崇閫外,寵重師中。

恭惟豹略深沉,鴻猷彪炳。戎服萬里,鐵衣廻照于寒光;烽火九原,金柝遙傳乎朔氣。障天驕于塞北,勳擬麟圖;起春色於江南,波恬蛟穴。瓊飛羽箭,魚鱗看陣勢之分;旌動火雲,虎翼展戎行之列。允矣鷹揚,表東海萬邦以寧;卓哉驃騎,勒燕然四夷來附。

某自慚窺管，晉綰文衡。忽辱貺臨，捧瑤緘之鄭重；猥叨榮施，懼涼德之奚勝。醉我以瑤華，恭先末幣；照人以肝膽，報莫爲瓊。敬布謝私，伏蘄鑒納。

與撫按兩院稟啓

南湖之役，仰藉台臺德威。以豪強之侵贓，復坡塘之舊界。公不費乎官帑，私不派乎民糈。畚插雲興，令每申於勿亟；喁吁風唱，功遂成於不日。六橋綿開，怳若修虹之橫偃；四堤繞障，矯矣游龍之盤蜒。信三郡所永賴，而百世之深澤也。司空因而奏績，聖主沛以賚恩。在台臺望重功高，宜疊膺乎懋賞；乃郡吏附驥攀鴻，亦濫叨夫異數。敢不酌泉知本，摩頂戴天。柰科塲期迫，試事羈縻。謹顓官百叩，望閣致賀，仍伸謝悃。

與林平華

用世作珪璋，潤色備明時之制；育才資衡鑒，論思列常伯之班。請裁吾黨之斐然，來事家邦之賢者。

恭惟清源閒氣，碧落仙班。列戟門高，華閥歸乎林浦；趨庭澤懋，家學振于眉山。錫邑錢流，笑指星沙瀨現；容臺席纍，快瞻春署鴻儀。曲禮三千，播春誦夏絃之績；儀官六十，奠圜丘方嶽之祥。裁七涮而縣蕘爲空，司五常而玉帛庚焕。一夔繼美，兩生知興。蓋禮樂之對丹墀，夙著鼇頭之望；而閶閬之開黃道，佇趨豹尾之聯。

某猥以小草，托在維桑。司牧而負專城，校士乃慚全越。敬敷五教，道在以人治人；謹凜三無，敢云知我罪我。以面牆而測管度，詎豈河漢之星；未半豹而掄駒駑，乘寧騄駬之駿。玆當解卷而受考，祇自閣筆而抱兢。不用則爲堅匏，恍惚醜形臨月鏡；因材毋以下體，庶幾狄李被雲栽。薄采魯泮之芹，聊將梓里之臆。曷麗瞻注，遙祝鑒存。

與儀郎解方壺

秩宗三禮，寅清資元老之謨；明堂九筵，碩彦擁文昌之座。千里取裁於銜彎,二天幸藉乎扶搖。

恭惟文穿月脇,名埒斗魁。穆如清風,議論爲四方而立的;炳然白日,氣節回衆派而獨航。登譽儒宗,超粉署祠曹之貴;蜚聲人望,並玉堂銀榮之榮。禮樂纘虞風,教申胄子;威儀還漢室,制陋叔孫。薇閣清華,爕理和九天之露;容臺祕重,黼黻藻五色之雲。師有作而望隆,文在茲而將振。

如某者負乘司牧,謬玷士衡。不範不模,徒爾聞所聞而見所見;罔知罔乂,安使步亦步而趨亦趨。況受命在昔中冬,而奔役僅迫半載。加以兩越重地,而兼多士思皇。入市五都,青白眼張而常瞀;題文萬徑,朱墨穎禿而不靈。茲當解卷之期,實滋循牆之懼。有意還雅,範我馳驅;無力廻波,慚彼匠石。惟忠告之以藥其失,而提撕之以玉于成。敬薰心香,仰冀璇灼。

中秋與馬制臺啓

國有大事,寄在鎖鑰之樞;武貴善經,式于樽俎之豫。休哉疆埸不聳,洵矣社稷得人。

恭惟性懋忠貞,才該文武。生應名世,孕川嶽吞吐之奇;道程先民,韞天地冲和之粹。既踐更於藩臬,疊奏膚功;旋秉鉞乎節旄,宏恢遠略。以衷正御吏,以整暇治戎。以典常律乃有民,以大智行所無事。謀周桑土,措邊垣於袵席之安;備戒衣袽,制屠耆于股掌之翫。九塞咸傳風采,四夷盡讋威稜。茲者玉琯飛商,金颷動籟。青鳥啣明珠烱烱,白虹擁寶鑑團團。清朗長空,何須燈燭笑詠;氤氳游靄,試憑絃管吹開。

某等夙沐耿光,久叨照臨。共慚頑鈍,敢彈指於藥鐺;相約懇懃,舉凝眸于金罍。私對嬋娟而鼓瑟,載賦兼葭;遙望棨戟以獻糕,用傾葵藿。

上趙司徒

某稚齡落魄,長始知學。內無父兄之訓,外乏朋友之規。聞見寡陋,借書市肆。求少發其矇瞍,敢妄希乎咫寸。不意重徼天幸,謬通名籍。試墨已愧災木,餘草盡付焚研。至承寵異，曲垂盼睞。持衡巴郡，久受鵷梁之誚；附推浙臬，益懷負乘之羞。蓋台臺愛忘其醜，雖敝帚而享以千金；故下吏實不中聲，即蹇驂猶辱乎一顧。茲者蒙委文策，令酌去存。非知音之季札，誰辨唐夏；豈識劍之茂先，能別雌雄？聊竭狂瞽，略評梗概。

與張主事代

魚在蹄涔，莫識江湖之大；鳥依烟樹，自知造化之春。物類若斯，人心尤甚。

欽惟盱江理窟，麻水文宗。萬選青錢，蚤明經以高第；千秋金鑑，既庶草而知名。天下無冤民，京口有廷尉之頌；廷中尟稽牘，夏卿得首曹之稱。帝遣虎豹以當關，坐鎮時萬人莫敵；天生鷟鷟以瑞世，促覲處十策並陳。夷虜已在目中，遄式歸而几几；侍從不居省外，行晉位以巖巖。惟是萬石君家，江右推人中龍鳳；抑且一夔命世，湖西頌天上麒麟。卓然一時儒宗，展也三代王佐。

是以及門皆桃李，悉從培植閎功；即使載道諸蒲夷，亦荷吹噓渥澤。如某輩何足稱哉！量乏千波，安能知乎禮本；章慙三諫，奚敢齒乎國光？惟昔當道藝賓興，一經誤偕及乎牆序；今茲遇功名主宰，三語又同入乎藥籠。化雨無私，千載總歸功春色；攀雲有地，萬程尚借翼秋風。望紫氣于關門，尚缺魚書之遺；覆青雲于京國，先厪駿惠之攽。藻翰勤渠，意切乎耳提面命；縟儀珍重，光生於旅舍寒窗。感愧輪囷，謝酬藁秸。中函尺牘，曷勝垂露懸針；外獻野芹，不盡四環一寸。仰祈藻鑑，俯賜海涵。休道玉關百二重，知秉樞之指日；快瞻金闕三千仞，藉當軸以垂雲。嚮戀實深，敷宣罔既。

送軍門鄭年啓

龍躔肇節，雲霞靄六合之晴光；鳳籥更時，旌纛萃三陽之淑氣。祥臻幕府，瑞集樞階。

恭惟心協泰交，體承乾健。攄丹衷而報國，弛張應四序之和；竭赤膽以安邊，注措周萬年之策。德布柔風，麗日遲遲，正映甘棠；仁噓湛露，輕烟隱隱，將舒細柳。覩歲功成終而復始,知台祉斂舊以增新。

職等叨役行間,奉籌宇下。深蒙栽植,若草木之沾榮;厚荷生成,如蚓螻之被育。欣際履端啓運,慶逢鼎座迎禧。猥以跡羈,靡從躬叩。恪具稟聊,宣頌椒之悃;敬顓官肅,獻飲柏之忱。伏願茂衍箕疇,綿鶴筭八千之景福;永扶堯祚,耀麟圖億萬之長春。

復淮府年啓

恭惟賢王世儲殿下,神毓巨靈,精標太乙。瓌奇鴻寶,斡大造以生心;仁厚麟儀,涵始和而布象。祥雲輝煌於左个,首麗銀潢;淑氣葳蕤于孟陬,先環紫府。當茲送寒迎燠之候,適協除舊更新之符。河嶽並榮,盤石之宗彌固;地天交泰,岡陵之祉益增。

某樸樕小儒,粃糠賤吏。爆竹傳喧,感屢催于客臘;梅開芬馥,羨新占夫王春。甫託江鴻,遽勤驛騎。投桃報玖,敬篆明德以藏心;束帶縰冠,謹謝嘉賜而拜手。

中秋復益世府

恭惟賢世子殿下,玄機通暢,美韻高超。千頃洋洋,淆之而不可濁;一腔炯炯,炙之而有餘輝。屬值青霄,欣逢令節。晴空不夜,宛然在瓊樓玉宇之宮;銀漢無聲,怳乎遊蓬島瀛洲之境。幔亭宴開,天上樂與人同;《霓裳》曲異,寰間聲傳傴譜。

某末陪撤燭,遥想弄珠。披襟納雄風,宋玉之悲盡洗;舉杯邀明月,相如之渴頓消。夢陟蘭臺,酬九歌於白帝;分來藥杵,索一笑于素娥。感荷孤懷,勒占難罄。

冬至復南贛陳參府

五雲獻彩,飛灰叶于初陽;萬象含生,弱線添乎短晷。柳營垂庇,梅苑舒芬。

祭征虜之奉公,投壺歌雅;傅修期之策馬,草檄能文。振精神於五兵,雄肝膽于一劍。

某猥以菅蒯,次屬封疆。光分照鄰,玉律方吹寒谷;神馳緩帶,瑤華忽逮陳人。有懷明德,徒結素心。慚瓜報之三章,賦唐翩於兩地。

復南城縣杜門人年啓

鳳歷紀春,龍精戒旦。快覯豈弟君子,敬頌嘉樂宜民。

恭惟時斂箕疇五福,禎應泰階六符。恩從祥風翔,騰騰繞匝三千里;德隨淑氣普,藹藹薰洽百萬家。雪霽亭臺,政好舉觴傾竹葉;春來庭院,須應呵筆咏梅花。

不佞彙連泰亨,疇慶離祉。慈雲度南浦,豫占赤蹠傳宣;膏雨潤西江,忽奉素書寵錫。不敢固卻,式受庶幾。言謝詹詹,心銘耿耿。

中秋復焦總戎

時在八月,節屆中秋。香風動桂林,廓紫氛于萬里;爽氣澄蘭渚,肅白煒於中天。清光徹遐邇以攸同,雄略耀華夷而獨盛。玉鏡懸而樂長夜,千家砧杵雜邊聲;銀橋度而舞《霓裳》,三鎮雲霞連朔漠。會覩攘脩殊績,欣逢平治休徵。

某忝叨筦鑰,幸厠樓垣。未展獻糕之儀,先辱投瓊之賜。敬藉繭璧,用肅殷函。伏冀淵茹,曷勝鼇戴。

復施四明年啓家居

歲功閱成,潛伏鮋鱓亦奮動;春暉迫到,氣含芽甲也昭蘇。矧乃杲日麗熊幡,煦萬生於熙燠;德星耀閩海,修兆庶之醇和。固宜巷陌踏歌,合黃白以連袂;堂皇受祉,擁袞黼而長春者也。

某飄飄鶴髮,遝垂兩肩;亹亹麈譚,弗驚四座。久叨宸芘,幸杖屨之小康;每勤臺官,將庖廩以賡續。門生卿相,青藍之榮足誇;野老軒籬,盃斝之物恆滿。

拜嘉燕喜，敬謝鴻慈。笑簡殘臘光華，握椒盤而斟富水；試問王正消息，慶梅鼎之調大羹。圖馨鄙私，容需吉揲。

復各司道

蓋聞挾山扛鼎，必大力負之而趨；橫海操舟，非長年曷勝其任。況乃浙藩劇地，岳伯重肩。猥以屍庸，謬司計賦。值時勢之艱棘，勤夙夜以枝梧。在民則杼軸其空，一綫之遺何有；在官則帑藏若掃，三征之急並馳。肉忍痛以醫瘡，魚盡爛于竭澤。備嘗茹茶之苦，更抱采薪之憂。遂爾投簪，於焉息駕。污萊數畝，率兒孫而耕鋤；梵偈幾篇，證羼提以咏唱。去國之魂漸遠，懷人之淚空垂。

過辱睠存，俯賜勞問。幽居寂寞，遽荷騈蕃之寵；華苢輝煌，忽駴童叟之觀。未敢拜嘉，虔附還謝，高情婉摯，瀝膽難宣。

復戶部張鍾山

鳳閣分輝，日麗灝精來玉節；隼旟布瑞，地重輪賦錫麟符。舊識騰懽，新械渥寵。

恭惟維揚士鳳，江左人龍。生來姓應文昌，三篋才高張丞相；學成名書絳簡，萬戶封擬漢留侯。通籍即列地官，紆籌已擅民部。二十四橋明月，收入肺腑之春；百千萬姓膏脂，行數指掌之地。矧今時事，尤切大農。憂國奉公，既人洽蘿卜；負輸飛輓，遂事假便宜。布兌澤於無疆，司監課以明允。

某閩海跛鼈，仕路轅駒。昔承乏于度支，已景回天之力；茲叨轉于守郡，復竊治地之光。貢記未遑，飛緘先辱。何時促膝，兩龍偶合延津；且喜奉函，雙鯉如來漢水。施良過腆，報愧後期。謹藉手以璧謝，擬捐胆而環銜。

復嚴州府丞陳年兄

恭惟三山靈胎，七閩瑋器。文園擷秀，莘英望於南天；筆海澄波，燦清華于北斗。韓雲點綴，楚邦借司理以明刑；虞日遲舒，越庭試諸艱而作相。清風來釣客,熊軾並轡行春;峻績纍新都,隼旗興詞《肆夏》。

不佞榮分梓里,忭附賢書。別宇彌時,徒切蒹葭之想;同聲自應,何煩縞帶之盟。矧幸同官,叨列附郡。雙鯉俄至,開緘字字雲烟;百朋遥將,啓篋煌煌拱璧。報德聊還藉手,盛情謹以銘心。

復嵊縣施公

梓里萍踪,幸相逢于一地;丹砂桃縣,每懸想乎二天。不佞愧爲南北東西人,偃機何日;猶然秋冬春夏客,下榻待年。昭丰采於曩時,詹新葘于邇邑。風行草上,神運壺中。願相與以有成,期周示而無隱。乃承破格,益感忘畦。署下八行,喜自玉宇函到;雲端五色,驪從錦字飛來。讀有餘榮,毫不敢拜。匆匆附璧以謝,草草寫臆未將。

復桐廬縣華公

恭惟鄂渚名英,楚甸豪儁。賦成追《赤壁》,價重南金;軺發跨墨綬,烏貢東越。聲施棠父,號著神君。草緑鸚洲,借作嚴陵春色;雲黄鶴閣,貯看桐廬冬昇。

不佞十載宦棲,一麾出守。才疎而愍地劇,質魯而望賢撕。胡意鼎儀,自遐晉錫。施良過腆,媿莫敢膺盛情;謹以篆衷,報德聊還藉手。

復莊陽初

恭惟温江才駿,桐郭名駒。書成價重鷄林,何論紙貴;賦奏恩沾鳳闕,式睹鳧飛。南華品是仙,從無食烟火人語;東方星爲吏,飄然與造物者遊。發軔芝城,鄱陽湖上濯錦;晉翮靈石,姑篾江裏還珠。平反興歌,行擢指武。可片言以折,洞洗犴棘之冤;活千人者封,自見駟門之大。

不佞前薪五載,劇郡一麾。梓里萍踪,幸襲蘭芬於隔地;荆緣芝宇,擬遂簪盍于會城。尚缺哄堂,敢煩折簡。炳炳雲烟滿紙,烺烺珪璧充庭。謹銘腑而篆衷,敬完趙以祝謝。

復衢州府張七澤

恭惟霄表斗星，雲間鸞鷟。詩書繙汲冢，人疑黃石仙傳；姓氏表文昌，衆羡張仲生世。雕龍之才本博，靈虯之譽自高。漁陽樂麥岐，姑蔑起張堪之詠；膠東訢臥鼓，於越戴公敵之獸。三異復矣無前，一錢瞠乎其後。君弗淮陽之薄，帝垂渤海之加。

某禀生多艱，從宦尤拙。幸叨接郡，均斯孔邇之懷；實媿先資，靡遂摳承之願。在珠側而形穢，其波及者君餘。胡意飛箋，倏頒下走。豈百朋之可喻，謹三肅以申辭。璧完附悃，劇深中膈。

復顏雲漢

恭惟西江豪儁，北華名英。生本王佐才，四代禮樂歸孔鑄；爾國有顏子，千頃汪波遞憲流。賦成價重南金，纓影符分東越。嘉禾頌溢，正誇九莖迎祥；檇李丰高，直是千花夾爽。思一己爲飢溺，人從禹地易來；以天下懷樂憂，品追范相躋美。

不佞宦楼十載，出守一麾。才鹵而憨地衝，抱拙而望賢翼。曾識潘花縣，愿悏識荊；已到馴雉庭，緣諧倚玉。胡意鼎貺復爾，晉臨撫儀。謹以篆衷報德，聊還藉手。

樗全集卷五

啓

復武林李總戎

武林劇郡,駕駘忝負乘之司;驃騎名家,熊羆來飛械之貺。施良過腆,感奚言宣。細柳之望既高,大樹之風自藹。扶桑弓掛,園林傚嘯金僕姑;倚天劍藏,壺歌投弄鐵如意。且悦禮有似郤子,而象賢酷類衛公。竚見璽書鳳銜,願期金印鵲起。

不佞入境式名廬,未遑將軍揮客;垂堂拜華翰,乃辱雷使交驊。煌煌瓊玖争輝,炳炳雲烟焕爛。用深篆結,自媿瑩投。敬附璧以趙歸,謹握箋而鄭謝。

復劉凌蒼

恭惟金薤辭客,桐郭名英。家種邁三蘇,里名銅鞮鈒鏤;祖武誇安世,人號龜紫蟬聯。遂以閩海第一流,借作越邦二千石。熊轓望重,遥溯蓬島流馨;琴鶴調高,雅與赤城比峻。蒲鞭追君家之故事,選錢軼山陰之舊聞。步入天台,黄堂風清月皎;名標仙吏,紫府星映雲昭。同升諸公,咸羡潁川之長者;襃嘉卓異,其在弘農之巋然。

某幸以小草,托在維桑。承乏武林,深愨尸負之誚;訢逢名侣,得附驥尾之踪。尚缺依劉,素期御李。乃辱折簡,兼以厚儀。即對使以增慚,敢循牆而卻走。原璧仍歸内府,報環總俟後圖。

復嚴州毛公

恭惟西江人鳳,兩浙元龜。滕閣倚天高,胸羅霜戈雪戟;洪都拔地僑,丰動星渚月華。巋然二千石重臣，允矣五百年名世。仁濡金莖露，七里灘頭萬丈芳；操凜玉壺冰，一釣江干千古峻。牧之嘗守古睦，非其地耶；長孺不薄淮陽，今召君矣。

不佞某浮沉宦海，承乏杭邦。兩地兼葭，悵伊人之秋水；一函梅萼，分驛使之春暉。即對怦以增慚，敢循牆而卻走。

復張十所

梓里萍踪，幸相逢於一地；雉壇彙茹，望實慰乎五雲。曾旅候之未申，何謙撝之先辱。

恭惟桐郭名閥，溫江譽髦。手筆大燕公，綜遺書之三篋；腹笥誇壯武，羨縠城之一經。華發天葩，敔儁已繩祖武；英蜚仕路，初試即爲大夫。允矣如大行臺，謹然號真刺史。朱幡皂蓋，佇人生五馬之榮；碧嶂青溪，跨都城百雉之峻。融融歌興麥瑞，看看竚式輪迎。

弟本乏修能，謬膺繁寄。希光東壁，故是貧女舊鄰；接羽南鴻，渾爲掞天奇藻。與故人飲，望冀州之重來；爲君子僚，愿箴規之樂告。鼎錫謹以銘鏤，盛儀毋敢拜嘉。

復秀水縣史省愚

恭惟聲名如斗，氣韻欲仙。擷秀自金壇，千秋壇登牛耳；蜚英標玉笋，一代笋聳螭頭。顧自登龍虎之上游，乃遄騁驊騮之雋軌。花長滿縣，領春暉于郁李穠桃；琴不下堂，寄孤調于高山流水。嘉禾績最，看飛天上之鳬；漢璽芝香，已下日邊之鳳。

不佞弟叨列年譜，益仰風徽。一自守邦，于焉再聚。斗邊劍氣，千載會合延津；庭際風薰，此日汍沐檇李。對兩鴻鵠，驚翰貺之重來；覓雙鯉魚，愧報章之不腆。原儀謹爾璧謝，高情俯焉篆衷。

復姜翼龍

恭惟磻溪祖武，公輔後身。萬軸擷奇葩，八叉已振西崑體；千軍掃彩椽，一戰而飲東湖頭。出賦袖中，曾借當枋以收拾豪俊；揉衡棘內，素垂法眼而搜網名流。乃譽既播于電轟，而志遂戀夫雲壑。探會稽穴，添一部史記之竑深；登蓬萊宮，問九老香山之逸趣。馴門輝晝錦，看看某水某丘；鯉庭傲槐陰，栩栩問詩問禮。

不佞某判袂數載，出守一廛。前度劉郎，應笑桃花之老我；今朝刺史，方慚棠樹之莫華。缺焉登堂，胡先折簡？八行鄭重，字字雲烟；百朋靚麗，的的琅玉。謹銜情而內鏤，敬傅儀以謝申。

復須日華年兄

恭惟望重姑蘇，譽峻於越。生來奇氣，黃中五緼俱空；少負文名，白下三江生色。鵬程搏漢外，甘泉殿上爭誇第錫卿雲；鳧舃到人間，檇李山前共覩瑞集采鳳。滿堂琴韻，來單父之薰風；幾樹花飛，藹河陽之春日。知最績已徹於楓陛，擬高名直列夫御屏。年譜增華，風猷胥慶。

弟學慚刻鵠，伎乏烹鮮。憶昔遭際逾涯，次第共登黃甲榜；維時觀刑有地，昕夕同看紫陌花。自德星遐映于天南，遂參商長懸於斗北。茲卜鄰有幸，而蓬使辱臨。儀盛且嘉，志役于享。謹九頓而稽首，敬百篆以藏心。

復陳總戎

恭惟燕頷雄姿，龍韜偉略。雕弧月滿，控弦七札齊穿；綵筆霜飛，磨盾千峰盡掃。仗劍而龍光入斗，揮戈而鷄影廻輪。電戟霜干，簡師徒而轉駕；鷹揚虎視，揉節鉞以登壇。赳赳號干城，晉室應推叔子；桓桓光鎧甲，漢家不數驃姚。

不佞夙慕英風，曾聞壯節。衛將軍之長揖，未厠班行；陳使君之久懸，有懷下榻。忽訝劉公一紙，何殊楚水雙魚。雅意綢繆，豐儀繾綣。佺悤殷函不肅，敬奉趙璧從容。

復天台縣謝年兄

恭惟七閩彰縵，三山敞錦。謝家寶樹，烏衣挺蘭蕙之堦；鄴架牙籤，彩筆耀珠玉之帖。靈虯之譽既博,翔鷺之棘暫棲。步入天台,赤縣風清月皎;名標仙吏,碧府李郁桃芳。澤溯蓬島以流馨,業與赤城而比峻。烹鮮既裕,製錦行成。草長訟庭虛,笑指花間眠一鶴;梧高封閫近,佇看目下趣雙鳧。

不佞拙矣抱株,冒焉守府。賢書茅拔,星聚動太史之占;名邑蘿施,雲渡來故人之貺。開緘而琅玕滿紙,啟篋而球璧充庭。有銘在肝,敢拜稽手。敬爾勒謝,未既言宣。

復壽昌縣王公

恭惟豫章玉樹,彭蠡錦瀾。賢主得臣,曾作王褒之頌;京兆有尹,舊傳君家之謌。明月一簾,午夜聞岩岡唳鶴;清風兩袖,花庭聽仙吏鳴琴。邑著壽昌名,喜今日復見耿壽昌教化;郡以嚴陵重,快當年再振漢嚴陵高標。

不佞十載宦馳,一廛郡守。慚盦負黿山之重,賦雉馴雞邑之猷。方在儀圖,忽承翰貺。辭華璀璨,戛戛乎聲出石金;儀物豐隆,充充然珍移帑府。毫不敢拜,萬有餘承。

復泗洲鄭年兄

恭惟莆陽擷秀,閩海蜚英。九真地靈,珠簾玉筯丰采;八湖淑氣,蘭芬荔薜騰華。乃剖竹于濠梁,玆飛鳧于泗水。三刀懸屋夢曉,來鄭相當時;一鏡映臺空人,羨君家有道。

不佞弟叨列年譜,益仰風猷。吳越萍踪,盈盈衣帶水;彼此葵臆,悵悵天各方。忽承華函,兼辱沃貺。八行真鄭重,霂霂誼切維桑;百朋羨孔隆,榮慰情逾投李。敬頌明德以衷藏,共念緹袍而懷仰。

復金華縣龍公

恭惟名高八斗,姓卓四靈。時雷吼於匣中,鱗甲已成數萬;致雲從于霄表,儀羽獨震大千。帝念蒼生,用汝作霖雨;君來赤縣,躋世于華胥。庭嚼壺是冰,應輝寶婺之玉;桑嬌雉自馴,笑叱金山之羊。知最績行列於御屏,擬高名直奏于楓陛。

不佞金頑難化,錦製非能。人謝王尊,何知營京兆之職;地屬都會,方且抱繁劇之艱。屈指高賢有意,簪盍未逮驚心。遽使破格,鼎貺來加。覓雙魚而鱗錦廻波,覯十龜而祥光觸案。是明德也,何日忘之。謹藉手以趙歸,容齋心而李御。

復陸鄉宦

武林劇郡,駑駘忝負乘之司;於越芳鄰,鸞鷟景具瞻之望。挹奇葩於新語,奚啻陸子十二篇;擴忠蓋于嘉猷,行繼宣公百十草。才優製錦,已識仕路龍光;遇遘附蘿,且喜都門星聚。一別數載,重辱專城。念魯國之多賢,不齊斯將樂取;且懷交之有自,叔度長憶丰神。未及班荊,遽承投李。啓篋而元黃璀璨,何殊三錫之榮;發函而咳唾珠璣,恍自九天而下。驚心轉劇,染指奚堪?傳盛璧以趙歸,擩枬箋而殷謝。

復翁周埜

恭惟兩高才雋,三竺曇華。金石聯魁,綺陌争看飛西鳳;塤篪叶響,紗籠喜得護雙珠。發軔藹花封之鸞猷,陟歷振比部之鴻譽。鄰侯出守,試昭武之盤根;召伯來宣,新江右之棠蔭。彼洛濱榮餕饍,誰云黯薄淮陽;而侍從治股肱,行見遂徵渤海。難兄難弟,共催舞於槐龍;文定文昭,喜彙徵于官鵠。

某猥以枬品,謬厠通家。金友玉昆,曾同盟於大宋;班荊御李,嘗翹跂于季方。乃承睠念,益感霖霂。雲端五色,疑是瓊宇移來;座上八行,恍自龍門飛到。愧報章之不腆,遙頌謝以若馳。

復陳侍御

恭惟天竺仙品,揆厎輔衡。文範世篤忠貞,彤彤追仲弓之聚德;敬仲昌叶枚卜,詡詡誇鷩座之才名。珥白筆于殿中,盍奪三狐之魄;鞭青驄于海上,更存一鶯之風。培植陽明,引茹拔茅無虚日;相張國是,提綱振紀不留行。背日斜飛,觀風凰駕。所至稱真御史,因之遇大聖人。蕭相國暫借理漕,萬國星飛雷動;陳晉公勾稽錢穀,三公甌覆麻宣。吴越皆在下風,簪紳均此顒斗。

某也株拙,忝矣名邦。才媿任職臣,屬當蕾殄流行之日;人非膠東守,祇抱户口訛增之慙。不齊能官,蓋以魯多君子;内史在隋,隱然重挾河汾。每望驄臺而情傾御李,輒阻鷄覆而盼映磚花。胡意煦雲之私,更霑覆露之下。鼎貺自天而佈,寒谷負日斯暄。有忱在肝,敢拜稽首。

復諸暨縣陳公年啓

六瑨調璣衡,線倚璿臺而增彩;三槐拂座錦,胸抒麗藻以擲輝。道與日南,感隨時至。蓋造物出震入坎,總成始而成終;而至人闢地開天,恒以位而以育。惟三冬之學既足,故期月之政自成。漫道大音希,希裏轟轟一聲,普轉人間之花甲;恒云玄酒淡,淡中脈脈元氣,斟酌天上之樞精。

不慧白雪調疎,紫芝望切。葭添一篇,遥瞻君子之亨;麥熟兩岐,近聽輿人之論。愧地爐之煨芋,開緘而燦魯雲;憶山意之放梅,展貺而暄趙日。何堪染指,只可薰心。凍筆聊噓,温綸仰答。

復嵊縣施公年啓

陽暄北陸之輝,秬黍和歌知谷暖;梅占先葩之馥,花封掇彩羨情濃。縉綉線以舒文,正值元英綽績;倚璿臺而望氣,遥賦綠坶回春。陽窽吹葭,粹白洗塵棻之俗;錦胸補袞,辭章增黼黻之華。誼重枌榆,情芳蘭茝。緼和先象帝,節節惠風渡江城;播德屆春王,時時慶雲蔭天竺。

不慧質猥若柳,心冷於冰。屢聽黄鍾鳴而大音寡和,更訢玉律動而下里紓懷。陽關如親見于包犧,寶鼎怳神游于軒后。呴噓凍筆,聊對魯雲之芝英;璧謝瓊儀,用溯寒谷之霡霂。仰祈日鑒,尤切星纏。

復嵊縣施公年啓

鳳籥縈轉,時兆三朔之祥;駿惠遥頒,色飛十朋之寵。眷言悃愊,收入肺肝。蓋體仁長人,恩欲洽于春王之首;而大德不德,澤彌渥於楚客之間。公事酒杯寬,凱放梅梢之煖;漢宮福履近,倚飛芝宇之香。錫我華章,彼其不稱。投以瓊玖,欲報未能。心長醉乎春暉,情若渴于歲望。馳祝三靈効款,草率一函布衷。

誕日復嵊縣施公

十月之交,揆在初度。三時而内,頻沐惠施。生我人勞,撫尺孤而增感;俾兹耆艾,捧連璧以知慚。

恭惟心與造物者游,名長上古不老。藹藹冬日,禹航慈父見稱;昫昫春陽,花封仁域躋世。人從五福借作鸞鳳棲,德厚多儀及記犬馬齒。半百之齡已近,應憐坡老之衰;三萬之日無多,欲擬茶山之逸。丹砂來桃縣,儘令棗勝安期;舞鶴愧緱山,吾家鉢疎子晉。

自惟蒲質,芘在桑陰。道墨爲童,閱多所而誰知紀歲;腰黃何補,歷萬劫而未見元身。人情欲壽欲安,顧所蒙矣;君子善頌善禱,何以報之?重拳拳而拜嘉,謹唧唧而鳴謝。

復陳總戎年啓

一麾守府,未聽兩岐之謌;五馬伏轅,彌驚九坂之峻。時方彩雀納瑞,忽爾飛鴻浠嘉。淑氣層霄,光映標雲之閣;緑蘋驚籟,春先樹幟之壇。鈴閣碧梅清,萬馬不嘶聽號令;海樓凱鐃沸,三軍無事樂耕耘。正當椎牛享士之期,庚辱朋龜束帛之至。聽爆竹而轟霆號,砲吼聲振虹霓;眎仙木而捧雲箋,劒氣芒冲牛斗。豐儀戟手,雅念鐫心。飲至椒觴,敢拜明將軍之賜;噓開凍筆,藉倉陳鷺座之頌。言不殫宣,衷誠鬱積。

復崇德縣靳公年啟

春王布令，兆家塗仙木以從新；東帝籥穡，華府徼嶺梅而傳信。告協風於鳧史，賓出日于花封。柳葉青歸，喚起錢塘之清夢；麥苗緑漲，傾聆桃縣之歡聲。行看《肆夏》興歌，寧爾陽春布燠。德則崇矣，爲龍爲光；情莫厚焉，式歌式舞。知維桑之必敬，愧寸草之未將。願且酌彼黃金罍，對春酒以介眉壽；何以報之青玉案，趁晴光共步熙臺。荒緘勒謝，彩勝神馳。

復安福縣李載其門人

蓋聞坎止流行，覺盈虛之有數；剝窮反下，信消息之靡常。物理如斯，宦途豈異！若不慧某也者，少而筦孤相弔，僅存形影；長乃邁奮獨行，不計亨屯。自有官守以來，惟知直道而往，視國爲家。拮据捋荼，寧敢康居？夫夙夜護民如子，疾苦疴癢，奚嘗痛切于髓膚。迨至備員司藩，適當逆酋惷動。賦車籍馬之令，亟於風雷；齎餉裹饘之輸，續于道路。既持漏卮，以沃焦釜；亦剜殘肉，而補潰瘡。自揆憂國奉公，竊比於殫勞之征虜；詎謂求全苛責，猶坐以後至之防風。戴盆無以望天，掛冠庶足明志。遂脫敝蹻，言還初衣。

野渡橫舟，甘作風煙閑叟；巨材隆棟，端屬桃李名賢。鼩鼠堪羞，用固爲虎，不用亦當爲虎；尺蠖自屈，德非猶龍，潛德應學猶龍。已乎哉，已乎哉，采苓於十畝之丘，僕甚適也；勉之矣，勉之矣，叱馭于九折之坂，君儀圖焉。

復孟遊擊

聖主戒衣袽，聽鼓鼙而思熊虎之士；將軍捍牧圉，專斧鉞而壯山河之威。吉在師中，望隆閫外。

恭惟磨盾成檄，撫劍生風。投壺雅歌，雍雍乎儒臣白面；輕裘緩帶，赳赳乎公侯好仇。不戰而屈人兵，何取於搴旗拔陳；先聲以奪敵氣，惟貴夫好謀攻心。鐘鼓震西江，狐鼠之潛踪若掃；樓船下東粵，鯨鯢之嘯浪頓消。有功弗矜，遠則

161

魯之孟之反也；撝謙善下，近則泉之俞元戎乎。

不慧某鐵硯雖穿，毛錐無用。志欲徙山而填海，愚誠有餘；動輒迕俗而違時，術苦不足。思尊勇退，優游十畝之間；解組言歸，吟咏一室之內。簷橫蛛網，馬聲不喧；庭掛雀羅，蓬使倏至。既念及簪履之舊，復重以瓊玖之頌。感且增慙，俛而拜賜。肅版布謝，篆腑難宣。

復李及泉

斗極燿暉，夙懷袞繡之覯；琅函披愫，聿重琬琰之頌。下問勤斯，高情厚甚。

恭惟家國鼎呂，朝廟蓍龜。濬發大江之西，聲名遐暢；鎮撫神京以北，德化旁馳。文武攄赤心之經綸，激揚對黃扆之簡命。若吳楚燕秦之壤，甚詩人載歌召公；即鞮寄象譯之邦，願中國早相司馬。稱當今名世，舍我公其誰。乃式金玉之音，爰採葑菲之體。仁眕桑梓，亟于賙饑；愛推屋烏，寵以大賚。

言念某蓬甕拘儒，辭章小品。蠢茲鯔鮒，寧識涬瀣之深；眇矣蚤蝱，謬負華嶽之重。初以懞愚孟浪，思効割而操鉛刀；繼因疾病纏綿，慮學製而傷美錦。進退維谷，兢戰如冰。遂上狀於公車，用懇更乎教署。強顏搖鐸，僭呼一字之師；攋指鳴琴，敢曰衆人之母。重違龜錫，孤大人晉接之恩；自懼鶉濡，蹈小子漸干之厲。罪擢髪以可數，情嘔心而足憐。伏惟寬斧鉞之嚴誅，哀其荼苦；惜螻蟻之微命，假以瓦全。厥疾既瘳，當匍匐而御李；此心未朽，矢圖報於銜環。

復陳廉憲還冲啓代

恭惟器苞玉粹，才妙硎施。忠誨自盟，矢鳳音於楓陛；丰裁峻秉，補龍袞于蘭臺。二鎮邊徼，爰持斧而飭其將吏；兩粵遐服，隨遊刃而蠲其土疆。懋績有嘉，閩臬載陟。播迪敬忌，訖于富，且訖于威；率乂匪彝，德惟明，亦德惟畏。噬膚斯吉，坐肺無冤。銓曹列其勳庸，登之廷薦；天子眷茲碩舊，殿我海邦。寵命貫乎二人，綸封褒及再世。蓋將優游而需以調鼐，豈忘勞勚而滯於積薪。

某覆露久沾，就日彌切。曩襄辰沅之政，裨益宏多；今喜桑梓之郊，仁祥滲漉。彤輪借寇,知吾民善祝善禱之思;赤烏歸周,興我公信處信宿之感。政蘄修問,先辱臨存。遙賜十行之緘,更重百朋之錫。儀圖助愛,舉輴德於如毛;願言藏心,勒微誠於報李。

復王忠菴總戎

風流江左,幸託胙姓之宗;鎖鑰關西,敢附同舟之誼。傳號令於細柳,威振軍中;圖方略于金城,師度席上。天驕褫魄,知久擅霍驃騎之功;儲餉持籌,遂獨詘蕭鄭侯之策。所賴逐鹿犄角,竟何謀之不成;譬諸救焚疾呼,當惟力之是視。巾車至止,鼎餽下頒。歌飽德於庶幾,思投桃之未報。手勒申謝,心切戀馳。

中秋復陳參將

律賡南呂,序屬孟終。冰壺有景,澄萬頃之波光;銀漢無聲,耀一空之秋色。方動登樓之興,忽捧投錢之箋。千里同龥,清光何須秉燭;百盃依稀,酩酊無事衣裘。明德可歌,藏心曷已。匆匆附謝,脈脈難宣。

復沈何山

帝眷大邦,總憲特推乎宿望;民瞻巖石,宣麻允協于輿情。喜動江雲,懽騰晉地。

恭惟龍門標峻,鳳穴振儀。科名已卓冠京闈,聲實尤蚤蜚蘭署。迪忱恂之令德,動履即是典刑;具經緯之雅才,措施如應桴鼓。甘棠蔽芾,久播頌於古湖;峻秩升華,遂秉臬于西晉。此際借甲兵之范老,暫攄風猷;即日睹鎖鑰之萊公,親扶日轂。

愧某賦質頑憨,承乏輓輪。面目皆塵垢粃糠,堯舜之鑄安在;心計止鍾釜區豆,研桑之策無聞。乃緣積薪之資,謬附貫魚之寵。駑駘隨驥步,自揆躄躄難追;蚤蝨攀鴻飛,或冀羽儀可借。投之瓊玖,既三沐而致謝私;報以木瓜,即百拜而申賀悃。敬陳子墨,禱照寅丹。

中秋復各道啓

歲何月而不望,獨揚秋輝;人與時以相遭,雅稱令節。適情既具乎四美,寄意復絢夫七襄。

恭惟手握寶綸,胸涵金鏡。精爽潔净,宣闓闇於九衢;顯朗昭融,映嬋娟於千里。巖嶪視匡廬齊峻,氣接蒼旻;汪洋比彭蠡益深,光浮碧漢。功高藩國,樂豈和人。雖玉燭徧照逃亡,何心開宴;然樞衡自妙張弛,且賦登臺。

某遠思實勞,懷興不淺。同明非兩,宛在冰壺中央;對影成三,試舉金樽問答。方詠蒹葭之句,遽蒙瓊玖之頌。深佩高情,敢忘鏤膈。

復陳參將年啓

龍精戒旦,賦騷客之孟陬;鳳曆紀春,飭章江之農事。履旋元吉,泰祉方亨。

恭惟英略震世,神武超群。少皥司衡,寒隨旌旗捲去;長子帥師,溫被鼓角吹來。閒度韶華,實賴保障。裴回將軍之樹,感楊柳以沉吟;肅拜蓮使之函,巡梅花而舒笑。椒觴浮臘酒,寧敢忘君;辛盤薦豯毛,願言好我。敬占授簡,奉答投醪。

復廬陵蕭無競

神淵涵月,道岸標霞。主藝圃之齊盟,咸推牛耳;擅人倫之朗鑑,獨表龍門。武林設皋,桃李森森,盡在梁公宇下;璧雍采藻,參苓種種,總歸昌黎橐中。聖主作人四十三朞,首重械樸;真儒倡道一千餘載,再振廬陵。已知憂樂為心,遠追宋朝之文正;竚見君民不負,近媲昭代之忠宣。

某面目可憎,猶然舊我。綈袍是戀,敢望故人。言別久暌,每動《蒹葭》之溯;思君不見,徒賡《草蟲》之吟。乃辱美筐,重頒委吏。恒言桃瓜難報,矧先寵以瓊瑶;相彼縞紵締交,又莫酬乎繡段。欲稽首以拜賜,顧捫心而懷慚。力抒傾葵,敬歸完璧。

復莫周二春元

龍德中正，潛見因而隨時；鳳彩文明，飛棲可以觀世。苟輪轅之已飭，豈衢路之不亨。

恭惟才情雙超，華實並茂。鹿苹笙瑟，既聯袂以冠嘉賓；鴈塔姓名，當泥金而壓多士。顧朱衣之頭未點，致白璧之寶猶藏。所以麗澤不孤，盟心磨砥；相與着鞭而奮，舉足鶱騰。道貴則知希，何妨六月息羽；器大者成晚，自將一鳴驚人。

不佞某以多岐而亡羊，長始得途於問馬。刖趾終售美璞，我固無慚；折肱竟作良醫，公亦奚憾！扶搖程九萬，試看指日蜚聲；縱橫字三千，竚看摩空奏賦。願言金玉，附采菲葑。

重陽復學道胡泰六

居諸不停，景光如駛。半秋團輪正霽，方舉問月之觴；重陽美序更新，復履登山之屐。夷猶歌叢桂，判亭閣之芬馨；仔細看茱萸，知屨帷之勝健。大夫能賦，邁彼落帽風流；伊人一方，亂我溯洄心曲。檀車痯矣，曷日其還歸乎；菊英茂哉，此時堪玩賞也。敬謝報玖之惠，併述采苓之思。感荷雅情，敷宣難罄。

復恤刑曹積雪

聖主好生，寄三宥於噬嗑；良臣敬獄，詳五聽于簡孚。覯遵渚之鴻飛，徵還朝之燕喜。

恭惟手挾雲章，胸吞斗宿。擅九流之英譽，獨標龍門；主一榜之齊盟，共推牛耳。爰奉璽書欽恤，允協金矢艱貞。霜雪回春，百千家茹冤若洗；雷雨作解，十三郡閉室咸蘇。網開而道無赭衣，圜扉真是福地；輦駐而肉生白骨，肺石化爲藥山。以此慰暢幽明，便可對颺君父。

如弟某者，受質棗昏，分馨蘭臭。意念深矣，久知有檇李晏嬰；韻致遒然，自愧非山陰逸少。當高軒之賁止，竊嘗負弩以迎；乃大斾之旋歸，未及清道而祖。

過蒙雅厚，遠辱寵頒。稽首拜嘉，縷心展謝。此行得一佳士，帝曰都哉；何日登三過堂，弟所願也。

復南贛參府陳年啓

德盛在木，共占獻歲之祥；斗柄回春，茂集履端之慶。

恭惟謀能守微，權貴先勝。提節制之旅，震震冥冥，則天下皆驚；握神明之威，桓桓赳赳，而封内永奠。璧梅寒綴玉，迎瑞日以揚芬；營柳曉含金，披融風而布暖。

不佞遥望龍箱精彩，久聆虎節英聲。樂郊壘之無虞，嘉闉毂之受祉。辱賜瓊玖，併惠粲鹽。九頓拜登，八行鳴謝。

冬至復嶺北道戴

灰飛律應，水木之氣始交；味淡音希，天地之心斯見。襪獻未效，筐厥先承。

恭惟道握元樞，神遊太始。元關静寞，一掬洞若太空；丹棗氤氳，萬彙資以成象。嶺柏崢嶸獨秀，凛乎表法座之丰裁；江梅次第微開，熙然徵春臺之意度。即此便是《周易》，何須更問包犧。

某幸際履長，竊叨陽煦。占七日以來復，知剛長之方亨。隔千里如面談，信朋來之无咎。願舉芳爵，共慶令辰。敬謝沃儀，永懷明德。

復 海 陽 縣

負承蜩之奇者，纍丸不墜；騁逸驥之足者，歷塊若馳。惟其左右之具宜，是以聲實之兼茂。

恭惟緯象凝精，川嶽孕秀。儀峰峻聳，巖巖哉千仞偉觀；學派悠長，森森乎一脈相授。適借天衢名彦，暫稱海邑神君。雖枳棘非鸞鳳所棲，姑爲之兆；而庖尸隨髖髀可試，綽有餘閑。有脚陽春，散入管絃歌百里；無邊廣幕，分爲襦袴足千家。

某闇汶不聰,迂疎無當。任以懷鉛握槧,既莫辨亥豕魯魚;使之司會持籌,又安識釜鍾區豆?乃辱遴使,遠貺多儀。敬拜瓊投,容圖李報。

復嶺北道王

恭惟藻燦明霞,英蜚彩旭。爲信君使,組六轡而賦皇華;作典秩宗,勅五惇以緝帝載。惟是寅清夙夜,允和諧于神人;且也緯經武文,用旬宣于藩翰。旟旆甫建,郁乎煥章山貢水之光;榮戟遙臨,美哉增匡廬彭蠡之勝。蓋誠入則司夷夔禮樂,出則奏方召功勳者也。

某四載徒勞,一籌莫展。奉官碌碌,笑菽粟之未能知;從政卑卑,嗤斗筲之何足箅。幸以布席貧女,得借照壁餘輝。姓所同耶,譬草木,實吾臭味;心乎愛矣,投桃瓜,報我瓊瑤。敬篆鏤以銘衷,謹拜嘉而稽首。

復徐郡守啓代

恭惟才妙圜珠,器縕純玉。青虹發彩,標芳燿于七閩;白雪傾都,振徽音于六羽。持衡檇李,民坐肺石而不冤;懸鑑鄆州,士脫穎囊而可用。寵命宜膺來紱,旬宣暫假漸磐。

某分符接壤,希鄰燭之末光;抱瓮望洋,挹江波之餘潤。竚見自谷遷木,棲丹鳳于帝梧;抑喜鳴石在川,應黃鍾於仙管。政切山斗之仰,忽荷琬琰之頌。揆分知慚,刻心竦慕。肅此布謝,式之歌舞。

端陽復喬按院

赤龍司權,瑟調南薰之奏;彤駬肅憲,節邁中天之期。光溢塞垣,懽騰戎士。

恭惟瑞映台階,秀毓坤輿。正論不阿,廻狂瀾于將潰;丰裁獨秉,植勁柏於後彫。尺組繫淳維,何遜兩階之羽;半通走呼衍,爭獻重譯之球。

某幸際芳辰,欣承元矩。心盟素竹,願同醉以終日;口詠紅榴,誰謂花不及春。乃葵藿之甫傾,忽瓊瑤之見報。豐函載錫,燦若霞絢星稠;嘉貺遠頒,充然陸珍海錯。望楊九頓，擬商傅之甘霖；浴蘭三薰，分荀令之餘馥。敬申謝悃，伏冀鑒衷。

復程蘿陽

恭惟畜德川冲，豐施玉裕。孝隆舜慕，寧知鍾鼎之榮；忠惕禹思，遑恤胼胝之瘁。昔迎廉於平海，襦袴謠傳；今借寇于盧龍，鎖鑰獻壯。續奏甘棠，將大書特書不一書，列之琬琰；寵來朱紱，且五命七命加九命，畀以鹽梅。

某蓬蒿小品，苜蓿迂生。道未嘗尊，敢抗顏以搖鐸；教而知困，欲勇志於撤皋。竊兔絲燕麥之聲，空有其號；試馬渤牛溲之用，何補于時。多荷眷存，辱惠鼎貺。懼不恭而祗拜，投壑自慚；感沃賜以勒銘，銜珠莫報。八行致謝，萬禱崇瞻。

復董景越

恭惟才高八斗，氣函九牛。圓智通萬類之方，具宜左右；大賢寄百里之路，嘗試經綸。寧爲鳳而不爲鷃，歌父母之孔邇；專養禾而不養莠，見蟊蜮之潛消。蓋道施於虞夏敬信之先，故民游于羲黃渾噩之上。觀恒成化，兩邑已飫乎雉膏；有譽來章，九重將汲其渫井。

某抱拙守株，承乏治粟。授之握筭，不知黍稷橫縱；責以阜嬴，莫辨要會息耗。豆區自滿，遂誇積貯於丘山；粃糠是營，無從陶鑄乎堯舜。深慚濡鵜，幸托攀鱗。雙魚遠頒，驚彩霞自天而布；十龜載錫，喜寒谷負日斯暄。報賜未能，鏤心莫既。敬勒赤蹏以申謝，遙瞻紫氣而傾馳。

復楊總戎

威武維揚，命掌專征之重；謀猷克壯，權隆總帥之尊。山岳色搖，華夷聲振。

恭惟英姿夙異，豪氣雄飛。志敦詩書，煜煜詞宗學士；勳勒彝鼎，柏柏武庫將軍。秉鉞指麾，玉帳凛風霜之肅；登壇號令，金符開日月之光。海不揚波，穩泛漁舟上下；人皆安堵，弗聞鼂鼓喧騰。卓矣遠軼召方，展也近駸頗牧。

某閩海淺生，武林俗吏。責之簿書筐篋，猶或勉強自鞭；委以鉛槧校讐，安能高懸其鑑？知前愆之未掩，慮後任之愈艱。茲蒙寵頒，實深愧戴。永言頌謝，莫罄悰私。

復建南道吳生白

台星南麗，開福路之昭熙；斗氣北旋，接泰垣之清穆。上流扼會於薇省，下土具慶乎鼉宮。波及維桑，恩同噓柳。

恭惟掞天才富，亙地德宏。千里氾文濤，炳虎幬之經帳；萬流挹心鏡，行龍節之華軒。詎惟領袖前鑛，曲江觶揚得主；而且引援粉署，貫城空索有人。嗣秉槷衡筆陣，令夜郎之酗蟻；高懸冰鑑詞峰，并日逐以驅駒。是以帝眷八閩，首建譽於山國；民安一道，誦卧席於平階。洵哉保障有其屼金，允矣宣藩徧爾潤玉者也。

某泉澀微鰍，雲涯小草。幸徹籍末，捲簾而海燕誤收；竊近鄰光，結網而淵魚莫辨。適承寵芘，敢效步趨。單車發軔於明區，自愧眼睒曉日；鼓篋接響於校序，喜逢身傍春風。驚捧琳瑯，恍翰羽自天而下；拜登璀璨，如衣鉢覿體而親。肅頓蕪函，用明謝悃。

復　參　府

鱗閣名高，勳奏青冥之上；蜺旌望重，寵隆紫極之前。惠洽百朋，銘深九鼎。

恭惟蔚譽詞宗，輩聲武庫。孤城夜月，倚長劍於秋空；大漠寒山，麗飛戈于曉日。詠江南之花柳，壘靜煙波；提海上之金鞭，潮廻鋒刃。鈴聲金閃爍，桓桓赳赳，鴻謀折徼外之衝；羽箭影縱橫，祇祇威威，虎幄迪師中之吉。精忠貫日，行看組繫八蠻；朔氣橫秋，竚俟官酬九棘。

某謬晉梟司，猥叨文柄。瞻雲未遂，忽來暘谷之春；渥露先霑，過辱河源之潤。真感媿之交集，將鏤佩以奚勝。敢布謝私，統祈炤納。

中秋復李總戎二啓

白帝司令,聲已震乎仲商;青女飛霜,斗潛移於指戌。占師中之貞吉,羨閫外之雄飛。菊蕊搖金,煜矣珚戈曜日;茛盃泛酒,美哉玉罼流霞。坐聞蟋蟀助吟,更有鱸魚切膾。興思勝景,遐想同歡。敬致薄芹,用供雅宴。

其二

冰鑑麗空,霜臺斂福。劍指而攙搶盡掃,弓懸而鯨鯢皆消。銀漢無聲,千里裴回明月;玉琴有韻,一絃排調素秋。方動剝棗之思,忽發登樓之興。驚辱厚貺,刻鏤寸心。肅附小箋,用伸謝悃。

復各道壽

壽考維祺,君子所以善祝;貞亨元吉,否德莫之敢承。蓋蔓草長松,品類自有區別;而大鵬小鷃,賦受亦以群分。

如某也者,生幸爲人,道歉於我。蹉跎歲月,驚馬齒之已增;凜惕淵冰,悔駒隙之易邁。老冉冉其將至,勞矻矻以何裨。披誦莪蒿,瓶既罄而罍亦恥;陟瞻岵屺,樹欲静而風不停。弧矢徒懸,鍾釜弗洎。乃辱記存,過蒙寵貺。敬告筵几,珍襲篋笥。銘鏤在於中心,圖報願以他日。

端陽復湖州守

月臨建午,節屬端陽。殿閣生涼,五日初傳永漏;琴瑟解愠,兩地共邑薰風。知福祉之駢集,欣寵命之遥臨。滿幅華箋,燦爛一天星斗;連函豐篚,驚動四壁蠨蛸。拜手魂摇,捫心色赧。敬奉歸璧,未報投瓜。

端陽復北關梁

聲叶蕤賓,令用高器。鋪張畫舫,看競渡於西湖;緯結壽絲,羨開樽於北海。乃勤雅念,爰及勞臣。暑日火焦,閉一室而淋淋汗滴;夜蚕雷聚,握寸管而吟吟舌乾。幸值昌辰,過沐沃寵。情文出格,感鏤由衷。敬頌君子之德,聊裁尺書;欲罄小人之私,容將寸草。

復湖州鄉宦王洪崖

恭惟毓粹靈巖,孕奇苕水。家通孔李,夙占千里之駒;世衍裘箕,遂騰九苞之鳳。皋比談《易》,已聞鐸振于南;璧廱鼓鍾,復見斗暉在北。匪特知覺啓後,恥釋納溝;抑且志事述先,孝稱纘緒者乎。

某猥以糠秕,負慙珠玉之側;譬諸草木,實幸臭味之同。一片青氊,冷態於今未改;半盃晶飯,真趣猶然可甘。知所知,止所止,當屬後來之秀;範不範,模不模,自憐失路之人。過辱大函,重加沃貺。謹稽角以歸趙,敬歌頌而懷周。

復大同焦總戎

恭惟英武夙成,雄豪獨挺。劍橫牛斗,誇虎臣介馬無前;鞭迅風霆,驚飛將從天而下。傳號令於細柳,九重霽其威容;圖方略于金城,六師躋彼席枕。侏㒎褫魄,久擅霍驃騎之勳;甕鑠若翁,竚奏馬伏波之績。

某兔園俊生,鴻干末品。謬承簡命,試割疆場。望紫氣于雄關,尚缺雙魚之獻;覆青雲於上谷,先麈百朋之頌。投瓊自慚,報李未效。手勒申謝,心切戀馳。

復湖西道張賀壽

弟某生而不辰,親蚤見背。亡羊感於岐路,少不如人;師馬反其迷途,老且將至。櫟樗無用,自慙七尺之軀;弧矢久懸,徒負四方之志。乃蒙台臺,道足有容,仁不忘遠。挺鳳麟之奇瑞,矜犬馬之微生。寵賜沃儀,重申大祝。骨非儒相,敢望南海增籌;質本蒲資,安覬靈椿長秀。惟幸年未履乎大耋,聊且鼓缶而歌;更願心竊附於同盟,常得執鞭而御。

冬至復各道

琯裏葭飛,感歲功之推禪;窗前梅瘦,顧月影以裴回。惟是獨復中行,遂錫朋疇離祉。

恭惟和鍾玉律，清徹冰壺。得輿而亨，作衆正之領袖；與陽偕闢，轉洪造之樞機。卷舒宮線之紋，胸蟠五色；鏗訇雲門之瑟，音度九韶。魯史必書，兆農祥於大美；趙日可愛，介景福于上台。

弟某猥以鴻毛，濫附驥尾。久荷二天之庇，欣逢七日之來。稱觴履醉白之堂，悵無遠翩；吮墨和味玄之句，慚不成章。肅拜隆施，虔勒疏謝。

復巡西道趙年啓

恭惟淵心澄穆，靈韻高超。斂百福於載陽，盡收和煦；囿八垓以元氣，更妙噓吹。值太皥之司權，順東皇而布令。巷歌途舞，滿懷拍拍總是春；遠至邇安，兆姓欣欣皆有喜。

弟幸廁紀綱之末，屢見蓂荚之新。剪燕莫倍，獻鳩有喜。慈雲映南浦，忽驚雙鯉傳宣；法雨潤西江，遂奉十龜寵錫。恭拜而受，式衎且歌。言謝詹詹，銘衷耿耿。

復參戎崔

蟠花錫命，朝端隆分閫之權；細柳開營，江右重折衝之寄。惟揚我武，克壯其猷。

恭惟謀奠海嶽，氣吐風雲。善讀略韜，非膠柱而調琴瑟；獨嚴節制，直登壇而建鼓鍾。什圍伍攻，素精戰陣之法；前茅後勁，頓增壁壘之光。笑挽章水以洗甲兵，坐鎮虔州而寢烽燧。

弟四載從事，五技都窮。不已于行，既劬勞而鞅掌；寧遑啓處，復畏咎以縈懷。乃辱華緘，更承沃貺。敬藉完璧，恭報投瓊。

復嶺北道

伏念某碌碌寡能，膠膠守拙。持斗筲而從政，五技俱窮；役粃稗以紛心，一籌莫展。服之不稱，既有愧於伐檀；趾且欲顛，抑亦虞其覆餗。幸藉桑梓之雅，采及菲葑之微。載馳載驅,竭小人之力而從事;亟問亟餽,奉君子之賜以調饑。千里飛航,此時望龍門如隔天漢;十旬返棹,即日覯鳳彩重締金蘭。肅拜承筐,敬占削牘。何以報德,惟有鏤心。

候馬制臺啓

元老行邊,六師望重麒麟閣;名卿總府,九列榮生鵁鶄臺。翹首傾瞻,鏤衷悚慕。

恭惟蕭扆礪衡,方鎮鎖鑰。蒼龍捲四海之水,拔地威風;巨鼇戴三神之山,擎天砥柱。坐籌玉帳,追跨羊太傅之經營;笑逐穹廬,未數馬伏波之慷慨。一新牙纛,重整金湯。張前矛于府中,實文武之吉甫;走尺組于境外,驚韓范之生身。廟略藉爲腹心,奠寶鼎以衣裳之會;人情賢於夢卜,壯金城于樽俎之間。位晉巖巖,望重几几。

某濫膺仕路,托覆邊疆。星轉蓬心,一麾叨繁劇之郡;雲懸台盼,萬里景穹幬之樞。去去卿霞,捫衷旌之搖曳;依依葵藿,恨筆舌之單疎。千嘔下私,百蘄崇炤。

候連少嵩撫臺

牙帷曜金章,綰樞寄鷹揚於闑外;柏臺持玉斧,元勳登麟閣于圖中。敘感諄譩,望顏友愬。

恭惟台臺,文居太一,威壓河魁。倚馬才高,蚤探西崑之祕;縛虎姿異,獨推南仲之勳。韓、范一日行邊,氈帷膽落;李、郭並名制帥,旗蓋風生。維彼垓埏,在在望式伐司馬;凡茲獫狁,人人驚鐵面中丞。圍霄烟消,百城暉映風弄笛;烽晴瑞靄,九邊夜帶月鳴笳。丹書識禹甸之封疆,帝心簡在;白雉來周庭之貢獻,王會圖敷。

某視餉邊方,叨沐清盼。一麾遠徙,跡偕征軺而南;萬里長依,心隨塞鴻俱北。謹裁尺素,抒此悃丹。雖袞衣繡裳,尚彷彿於居東之日;知和羹作醴,且雍容于秉軸之時。統冀台涵,寔慚塵悃。

候喬按臺

虎殿峩冠,太微星映臺中柏;鷺車載道,宣邊霜颭簡上花。手遐祝以披丹,心感恩而破白。

恭惟身依日月,氣縕風雷。蒼佩穹班,入踞五花之磚地;烏臺峻秩,出總六察之稜儀。玉節御青驄,赤旆望風自嘯;朱衣簪白筆,丹心向日而傾。安問狐狸,此際泰陽收雨點;何須柱斧,倏爾玄暢卷雲根。筆底禮樂三千,貞寮寀以憲度;胸中兵甲萬數,掃猺獞而清塵。褒動袞龍,光寒銅虎。

某餉司舊吏,叨沐清波。昔在下風,幸陶成之有賴;兹廛遠守,憶照潤之猶新。自惟踽踽轅下駒,盼睞望幸;念公炰烋殿上虎,燾翼將來。僭翶下私,仰扳上矚。

候沈蛟門老師

雲輦映沙堤,砥柱望兼台柱重;霞裾縹梓里,少微光益太微明。年未至而養高,寵方隆而釋鞍。吹萬之恩廓矣,在三之義凜然。

恭惟沈相公夫子閣下,絳簡仙真,紗籠宰護。腹笥空二酉,道邁四明五總龜;鼎業調三辰,人誇兩浙九苞鳳。炳畫圖於赤舄,彈指而傾屬衣冠。和膠漆於丹書,垂紳而振挈裘領。經綸已邁前哲,進退尤卜安危。劍履叨星辰,候得華分東極;几杖光日月,賜來酒近南山。稽古名賢,老師罕儷。中書二十四考,汾陽既豫且康;洛社一十三英,潞公堪媲其媺。漫從松侶,佇見輪迎。

某生則吾親,成惟夫子。生平何幸,得一代之名世,而爲之徒;中外勉旃,酬再造之鴻私,頓忘所措。維時朱夏,來守杭疆。仰師帷情伸立雪,阻匏繫躬缺坐風。雲樹隔江流,依依門牆而引領;曝芹將野獻,盼盼斗極以馳神。誠竭三薰,榮希一矚。

候趙心同老師

愛日流光,八座寵昭鳳凰閣;德星旋照,三台峰映爽鳩家。栗里流驄,桃門悚慕。

恭惟趙老夫子閣下，兩間正氣，八表偉人。育萬品於心源，步趨聖域；貯六經於腹笥，領袖辭林。遴士以相馬之方，頓忘驪牡黃牝；掄材惟拔儁之亟，不數青銅朱絲。鼎弼趙宗，卜中興之賢相；才高中令，笑半部之太平。明允播虞風，光生貫府；祥刑維國脈，遠駕于門。龍門八節，吉日開下界，爭迎儀仗；鼇池六載，名卿績上方，傳錫裹金。

以某閩海之豎儒，叨沐陶鑄于洪冶。恩等父乾母坤而均大，遇際雲龍風虎而稱奇。仰安定之門，望而知爲弟子；傳尹公之鉢，慚其弗類端人。未遂晁趨，懸想春風喬座；聊傾魚腹，用佈立雪下私。盼絳幃而虔將，蘄璇霄之錫照。

候王按院

玉節駕青驄，東觀與西臺表裏；朱衣簪白筆，木天偕柏府崇高。雲檄所麾，望風自笑；丹心一指，向日而傾。況在末僚，益深翹跂。

恭惟台臺，霄間鸑鷟，殿上夔龍。三槐堂開種種穠陰滿地，九列世陟巍巍柱石擎天。綠閣映青藜，賡公家得賢之頌；紫薇孋紅藥，依玉堂香案之雲。惟天子重簡耳目以觀風，故帝臣特分股肱之重地。皇皇者華，代九五黃扉以巡狩；行行且止，詢百萬蒼生之苦辛。安問狐狸，此際泰陽收雨點；何須柱斧，倏然和暢卷雲根。指日先庚，趨風旁午。

職某晻然未能信之仕，久矣慕命世之名。叨守杭都，備員屬吏。何其幸也，瞻榮戟之來臨；所忻慕焉，負弩矢以前驅。淮南雞犬，延頸九轉之丹；冀北駑駘，思驂五總之乘。身阻匏繫，志切篝迎。馳報山靈，佈祥雲以護蹕；帥先父老，載壺漿而脂輪。伏乞鳳駕鳴鑾，俯慰伺鷺。

候座師陳如岡年啓

六琯調元，大呂奏金章之雅；三槐拂座，碧梅爕玉鼎之和。道固在南，瞻猶弗後。

恭惟陳老夫子座下,歲星儲秀,皋座凝祥。火龍燦木天,毫華新黼黻之彩;彤螭榮藜閣,景色韶緯綸之章。和縕象帝,先輔元氣而鼓橐籥;德洽春王,首佐大冶以運鴻鈞。乾施坤生六子,方繩繩而亭毒;泰通壯長三陽,行奕奕而履綏。珠星萬點,趁晴光絳帷鼉福;卿雲五色,催淑氣芹毛獻新。

某身歸化鑪,誼沐坯造。從政期月,憖居宣父之一科;撫景三正,祈遒師翁之億祉。事足百斯男,夙貽蘭夢之報;樞昇九爲列,遄舉藜羹之鉉。某臨啓曷勝瞻戀祈祝之至。

候衷白王老師

厚力培風,翔鯤鵬之遠翻;霈時化雨,滋桃李之芳荄。荷鈞陶之自天,思展報以何地。

恭惟名高北斗,道壓中朝。羽漸雲逵,搏扶搖而直上;流植砥柱,廻百川而東之。校書燃太乙之杖藜,久專長於二陝;徵士移上方之彤管,適借重于七閩。櫨之薪之,不第採其華,尤採其實;生我成我,既已虔於始,益厚於終。

某輩才非倚馬,技止雕蟲。連彙獻下國之珍蓋九十士,接武登瀛州之勝有十八人。得垂盼而駕價題千金,資先容而朽株薦萬乘。恩深潤海,敢忘從出淵源;止仰高山,勉策後塵向往。門牆之依彌切,星辰之履暫遙。遡洄遡遊,共想伊人於白露;信處信宿,竚覯我公之繡裳。莫表心旌,恭陳手板。將以蘋藻之采,虛愧承筐;顧茲犬馬之悰,誠同獻曝。願言鑒納,曷任瞻馳。

候浙江按院李懋明

應世猶龍,驤九霄而變化;在治若鳳,矯千仞以翱翔。進退觀之我生,推移因乎時事。道固不失,志亦可亨。

恭惟天韻宏悠,風神卓朗。鍾三光五嶽未分之氣,厚蓄其源;讀八索九丘有用之書,莫窮所蘊。侃侃乎危言正論,殿虎名高;凛凛然激濁揚清,臺烏氣肅。以身律吏,懸法在冰壺霜鏡之中;與歲爭民,求寧于旱乾水溢之外。拯饑溺如是其急,勤咨恤遂疴乃躬。叫閶闔以陳情,猶滯天聽;懷鄉闕而歸止,聊慰親心。蓋資事父者事其君,既效劬勞於攬轡;即以求臣者求乎子,且展敬恭于滫瀡。矧爾位靖恭,明神固介以景福;而有懷明發,人主亦嘉其孝思。竚見綸綍之頒,益彰駢蕃之錫。

某質同秕稗,器埒斗筲。政拙催科,甘自署于下考;籌疎會計,不足齒于中材。董飛輓之千艘,心憂責重;凌危濤之萬頃,命賤身輕。宸芘有靈,布帆無恙。幸公事之勾當,聞大旆之言旋。謹擷一芹,用將寸悃。

候恤部曹積雪

秩峻西曹,持三尺以明邦禁;名高北斗,慎五刑而恤嘉生。雷電合章,雲霓竚跂。

恭惟抱才瓌瑰,宅德忱恂。抒巧匠心,潛洄淵于玉海;搜奇函古,羅異采於寶山。操縱同陰陽翕開,溫栗與春秋禪代。聖衷特簡,寵命隆膺。若曰茲爾士師,寧三宥以蠲其罪;欽哉憫吾赤子,毋一成而不可更。法輪貢止,十三郡緱弁萌隸咸沐仁風;憲節來宣,數百人抑滯鬱幽盡思湛露。從此腹松載夢,寧惟肺石無冤。

弟某猥以蠛蠓,托於騄駬。念玉人之婉婉,怒如調飢;想車聲之鄰鄰,充然盈耳。遙望塵而先拜,願執斧而前驅。敬迓鳴騶,虔申素鯉。

候浙江按院李懋明

五雲峩薦,紀綱峻夙望于西臺;六轡乘驄,貞肅炳高名于上柱。情傾映斗,虔托飛鴻。

恭惟珪璋國器,琬琰家聲。標鳳嶺之崔嵬,翱翔千仞;毓螺川之秀麗,包納九流。製錦花封,羨澤洒江潭;著績循良,符漢傅捧綸。柏院看身依日月,封章彈劾董周官。當乾坤清晏之期,居山岳動搖之地。威稜遠振,巍巍鐵壁雲崢;丰采素高,皎皎玉淵冰浸。爰藉臺烏于江左,因來殿虎于禁中。臨天目以褰帷,丕覿山輝川媚；環具區而擁節，兼敷秋冽春熙。推轂人才，萬里扶搖海運；提衡吏治，百城絡繹星馳。洵哉接武夔龍，對揚天子之休命；允矣致君堯舜，晉躋公輔之崇班。

某依輝德里，竊祿名藩。炭嶸龍門，幸快心于得御；棲遲薇署，徒翹首于具瞻。芹曝久疎，葵傾彌切。微忱可達，寧虞遠渚之浮沈；菲儀用將，更冀上台之涵宥。

候劉用齋撫臺

柏府春開，振丰裁于持釜；油幢晝擁，仰法象於樹牙。懽忭有懷，戀依無極。

恭惟二儀鼎應，八字巘包。在昔衡軸秉銓，允矣人倫清鑑；于今轅門列戟，居然水國長城。投壺藹羊府之風，百僚為憲；攜塵嘯庾樓之月，四座俱傾。虎噬中涓，調股掌而弭其毒；溝納下隸，奠衽席而厎之生。既以康萬姓為安，遂以聚百順為福。翩裾舞綵，願效膝下之萊；當宁拊髀，每思禁中之牧。溫綍垂錫，高纛載瞻。汎海敦殷，士卒欣如挾纊；戴山鳧重，將吏慶洽彈冠。

某河潤躬沾，葵傾心切。彤輪借宼，符斯民善祝善禱之思；赤舄歸周，興我公信處信宿之頌。盈盈一帶，欲溯洄于中流；孑孑雙旐，竚負弩於下走。蕭勒赤牘，用攄丹素。

候王衷白老師

金闕疏榮，象緯絢中台之色；玉堂正位，門牆縣北斗之瞻。翹首龍光，傾心雀喜。敬憑子墨，恭控寅丹。

恭惟二儀毓精，五嶽陶靈。秋實春華，夙奪西京之錦；清霜紫電，夜燃東壁之藜。汗竹博極於黃熊，綵毫光搖乎金馬。灑天葩之筆陣，董賈綸經；提海國之文衡，歐韓藻鑑。高標鼇禁，妙簡楓宸。遂從洛社之衣冠，爰拜瀛州之領袖。兩都詞賦，揭曉漢以長庚；六代風流，砥狂瀾於中柱。學山獨秀，人地雙清。誇明主之特知，擅儒臣之異數。行將螭頭宣白，鴟吻施黃。歲大旱而作霖，夢卜亟需鼎鼐；天未陰而徹土，綢繆永賴袞衣。

某等才駑下乘，質雜散樗。牡而驪，牝而黄，俱佐赤墀之駕；桃能紅，李能白，總歸青帝之鈞。吹萬恩隆，生三誼重。顧報慚國士，如蚊戴山；惟夢繞經帷，似葵向日。忻逢大拜，轉切遐思。靈丹就而雞犬欲僊，有懷舐鼎；大厦成而燕雀相賀，無路棲梁。忽承千里之瑶華，共沐九霄之玉液。喜而索笑，寵益若驚。佩德書紳，步趨即同於立雪；齋心繫帛，舞蹈豈隔於負牆。謹貢謝緘，併申賀悃。仰止星辰之照，俯垂渤澥之收。伏願鴻飛遵陸，龍見在田。游藻纖鱗，託沾濡於洪浪；控枋弱羽，藉噓拂於長風。

候翁青陽宗伯

位晉秩宗，鴻碩復衣冠之選；班聯常伯，燕閒蜚黼黻之猷。章縫快覩揚標，枌榆懽慕稱慶。

恭惟霄衣輔星，揆端神鷟。六鱗夙化，躍禹浪而卓冠龍頭；雙翮修搏，望堯雲而高標牛耳。既升平津於第一，遂峻公望于魁三。雲錦裁荷囊，朝憑玉笈；燈花剪蓮焰，暮拱金輿。夷、夔不生，禮樂之事幾廢；旦、奭再見，鼎鉉之業重昭。議禮制度，考文玉帛，廣參于《韶濩》；寅清弼直，熙載丹書，盡洗夫甲兵。蓋元祐四公，盡聚于洛；而今日台耀，疊鍾我閩。奇愈出于後薪，勳當媲於擎柱。

某閩海纖鱗，錦里餘潤。官既曠於民牧，患乃在爲人師。硁拙介株，是其本來面目；管窺筐舉，安能旁燭鬚眉？矧受命于昔之中冬，計奔役僅踰乎半載。手足痛疼於馳驟，形神瘔瘁于較讐。敷教在寬，道千蹞而耳食；知人則哲，日五色而目眩。兹當解卷之期，政爲考成之候。驅介鱗而望海若，片語沈升；集鉛汞而歸化鑪，彈指仙俗。仰懷明德，莫罄微忱。維桑梓必恭，敢將蔦蘿希樲蔭；譬草木同味，庶幾苦李倚雲栽。

候徐匡嶽老師

正脈淵微，遠垂如綫之緒；純脩篤懋，獨承述祖之宗。景紫氣於峩瞻，捧玄規于久佩。恩深培李,感切傾葵。

恭惟鴻洞函三,聖真統一。來益堂下,元元本本契古人獨契之心;問答莆中,語語言言開今賢未開之口。教大行於閩洛,士皆可以薪櫘。後覺不迷,任天下之重自我;欲平有兆,觀當今之世其誰。

某蓬甕拘儒,幺魔末品。殷懃孔鑄,頑矣躍冶無功;勉强回趨,瞠乎奔軼而後。幸徼福于宸宇,謬托籍於龍門。量己入官,慚非衆人之母;抗顔講《易》,僭曰一字之師。氈既冷然若冰,心亦清而如水。願言負笈,長膏黍苗於春風;阻彼遡洄,徒賦蒹葭於秋露。適緣行便,聊貢鄙私。此日望先生之廬,依稀立雪;更期覯我公之衮,信宿留駒。

候漕院唐存憶

禁路風清,夙仰立朝之勁節;綸函日曜,特膺代狩之殊榮。星旌方輝動京華,霜斧已寒生郡國。屬僚慰仰,庇宇知歸。

恭惟白雪清心,黃鍾雅韻。才源浩渺,演巨派而吞吐滄溟;氣岸崔嵬,聳高標以摩突霄漢。肅法睹稜稜鐵面,憂時攄烈烈赤肝。念西北神京,壯哉宜先積貯;思東南民力,殫矣須亟懷綏。遂奉簡書,式宣綱紀。水牽陸挽,約束以趨程途;前負後擔,勞來而應徵令。節旄指嚮,草木倏爾回春;驄馬行來,山川亦爲起色。

某承乏四載,莫展一籌。僅知種稑秉秶,粒粒辛苦;祇率樓檻(艦)舳艫,鱗鱗飛奔。凡此輸將微勞,咸藉威靈遠播。謹遴一介臣僕,恭迓四牡皇華。身未與塞鴻俱馳,心竊附江魚並奏。仰祈丙霽,俯鑑寅誠。

賀淮王年啓

玉曆春回,啓泰應三陽之會;瑤圖日麗,履端迓百福之祥。令既布乎青規,道益亨于朱邸。

恭惟賢王殿下,心清若水,度式如金。馬跡鍾靈,涵天地中和之正;鳳遊孕秀,備聖賢德義之尊。文章禮樂,標奇翹襄舜日;恭儉溫良,萃美遐映堯雲。僊李盤根,襲芳華於瓊桂;冰壺澈露,淪煖氣于銀潢。支際執徐,夾龍飛而未艾;干逢柔兆,符離照以無疆。允矣維翰維城,桐圭永固;美哉若礪若帶,桃印靈長。緜延福斂箕疇,昌熾歌興魯泮。

某夙欽元範,樂挹雄風。瞻歲德于兔園,徒懷獻柏;想春暉於麟囿,未克頌椒。肅將不腆之儀,用展積誠之愫。伏願日華之春不老,歲衍八千;天宗之祉彌繁,桑苞百二。

賀益世子年啓

羲象啓泰,榮光浮玉水千流;堯曆回春,韶景煜金枝纍葉。青規律轉,朱邸道亨。

恭惟賢世儲殿下,茂德方潛,英薇益暢。恭儉非聲音笑貌,溫文更有密緝熙。寶籙夙授于彤闈,服膺梓訓;玉版泝頌於紫闥,接武桐封。寧惟繪藻摛華,足擅八甎雄賦;抑且親仁樂善,雅稱百代賢宗。當此履端發祥,豫占箕疇斂福。噓條風於群品,不須放趙孟之鳩;布瑞旭于萬家,何必鑄祇支之馬。

某久欽玄度,樂挹雄風。瞻歲德于龍門,徒懷獻柏;想春暉於兔苑,未克頌椒。敬陳不腆之儀,用展積誠之愫。伏願純禧昌熾,卜年卜世以無疆;化日舒長,維翰維城於不替。

賀南贛軍門孟年啓

春轉璇杓,斗指虔南。璀璨光騰玉帳,天開泰際陽和。慶藹四藩,祥聯八座。

恭惟摩肩韓、范,繩武傅、伊。躬承聖學真源,本仁祖義;胸備太和元氣,闢乾闔坤。西北神京,倚經綸於帷幄;東南天塹,藉鎮撫於纛牙。文武密籌,寸腔福日烜暄華章貢;骿襮徧覆,萬厦裔雲掩映瑞崆峒。威稜與出震俱新,雩水魚龍戢浪;闓澤偕勾芒並運,金峰卉木飛花。治平舍孟氏其誰,信是五百年名世;鎖鑰非明公不可,堪壯數萬里長城。久已簡在於帝心,竚應綸宣于歲首。

某素荷陶鑄,肅奉紀綱。聽殘臘之竹聲,懷獻春之椒頌。望彩雲多處,欲傍魁三;看紫氣浮來,遥占福五。敬效六符之祝,虔將二篆之儀。仰冀鴻慈,俯涵蟻悃。

賀總漕軍門陳年啓

陽回葭管,榮戟燦斗極之暉;律轉玉衡,璧奎繞龍門之麗。瑞靄高騰乎獨座,祥光遐鬯于千官。幸依宸宇鴻庥(庥),遥望嚴墀虎拜。

恭惟奇鍾三楚,禎應六符。彩筆干霄,五色靈紋飄斗漢;素心映月,一泓皎度澹星河。裂麻氣勁蘭臺,豺狼奪魄;攬轡聲搖華嶽,草木知名。既晉秩于上卿,旋提衡乎儲政。金甌日曜,濠梁雲物增熙;衮斧霜明,淮海氛霾頓滌。西北之黄河環遶,總資德潤安瀾;東南之青雀檣飛,悉載恩波利涉。負舟霖之偉望,暫凭鈴閣以紓籌;勒彝鼎之巍勳,竚秉樞軸而贊化。

某樗櫟瘦材,瓿瓶瑣品。授以懷鉛秉槧,莫辨亥豕魯魚;使之握筭持籌,安識釜鍾區豆?矧值雨暘弗若,益愍禳救罔功。猥蒙覆露,藉蔭垂雲。煖律初吹,隨草木而起色;元毫甫動,偕禽鳥以鳴春。謹勒蕪詞,恭擬椒頌。仰祈丙霽,俯矚寅衷。

冬至賀陳參府

元戎十乘,信奮武於中權;文昌六星,儼分光于上將。藿在山而庇虎,葚革響以馴鴞。勒勳伐於旂常,名高南國;静氛埃于裘帶,績表西江。兹者律應黄鍾,宿臨正昴。即天心之初見,知景福之永綏。敬綴蕪詞,聊申葵悃。

正旦賀總漕陳

帝德格天,紀四十五載於寶曆;元臣經國,登百千萬里于春臺。頌多祉之茂綏,徵隆風之遐暢。簪紳溢喜,社稷增榮。

恭惟手燮洪鑪,躬扶大斗。班崇常伯,謨謀調玉燭之和;秩峻版曹,調度鞏金甌之固。柔剛競綠並用,歷運會以更新;文武張弛兼施,斡貞元而復始。操神機於乾旋坤轉,卜羲畫之小往大來。柏府旌旗,掃净歲前之臘凍;龍樓皷角,催回雪後之陽春。序泰階六符,行且光騰九有;斂箕疇五福,竚看位正三孤。

某海鹵寒生,委積賤吏。但知粒粒辛苦,政拙催科;自愧九九何功,恩深扶拭。兹遇東皇舒煖之候,益感西江濡潤之仁。敬託魚箋,恭伸燕賀。伏願作朋難老,輔吾君于顯洽重熙;體元長人,致斯世於長安久治。

賀紹台道壽啓

法臺藹崧嵩,余月啓朱明之瑞;薇垣騰彩曜,貞符應澄海之占。天和既萃於長嬴,人豫共鳴其熙皡。壽朋鶴算,慶叶兕觥。

恭惟昴孕玄精,鍾滁陽之粹氣;奎呈文祕,接道脈之傳燈。聲華首藉於計曹,膏澤兩敷乎嚴郡。赤城按節,飛青霜于天台、鴈蕩之間;臨海駐軺,布仁風於剡溪、秦柱之表。月當建巳,瑞符孔釋有徵;辰屆生申,德負皐夔令望。皷虞薰以解愠,坐盾日以凝禧。展聖世之嘉禎,蕢葉榮舒於百萬;衍僊源於純嘏,桑籌直介乎三千。行觀鼎鼐之調,聿載旂常之永。

某竊叨宇庇,幸際弧懸。職雖羈于匏繫,莫效鳧飛;心實切於葵傾,用伸燕賀。托之百拜,攄以寸衷。仰祈鑒涵,無任戀注。

賀撫臺壽啓

凍雪漸融,一脈陽和回宇宙;條風初布,四時瑞氣入都臺。萬象知春,群生响暖。

恭惟鄒魯儒宗,垓埏正楷。運元樞于亭毒,崇勳從歲序同新;躋法界于春臺,濊澤與平華共需。況元始履端之會,值椿庭介壽之期。原夫篤我異人,忠臣即是孝子;所以眷兹令甫,元日永爲壽辰者也。

某忻逢上日,恭挹下風。對階柏而銜盃,雅隨飲柏;懷院椒以試筆,擬效頌椒。敬綴蕪詞,并呈輶瀆。伏願燕愷樂昇平,仰百福誕膺乎吉甫;保釐推友愛,祈千年永賴于君陳。

賀紹興道年啓

恭惟新安鍾秀,巍甲標馨。郎署翱翔,已著循良偉績;中外敭歷,尤高明允蜚聲。建節總名邦,海晏波恬民安堵;留神傳正印,義分利析士傾心。蓋得象山、元晦之真傳,非直方履、圓冠之翹楚。

兹者日麗光天,歲忽殘于爆竹;風和海甸,節已近乎歌椒。際此星回,愈瞻台斗。顧自慚纖線,方旋滇水之車;而職有人民,又荷虞封之攝。勢難越疆而晉拜,心惟隨物而上申。伏願應節凝和,備納和平。嘉祉隨時錫福,大膺登拜鴻禧。

賀王總戎壽啓

序緬白藏,宵殷元武。長城望峻,遙瞻上將之星;細柳名高,政逢初度之日。有禽利執,壯雄猷于師中;以律斯臧,宣威稜於閫外。静閉户而動脱兔,風霆聽其鞭驅;平設正而險運奇,鬼神不可摹測。旌麾舞影,震驚谷蠡之魂;弦鏑傳聲,褫落陰山之膽。

某學劍無成,未遂請纓之志;握錐何用,徒奮投袂之思。抵掌談孫吳,粗云梗概;矢心磔胡虜,實藉韜鈐。幸覩弧矢光華,敢效岡陵頌禱。儀愧不腆,敬存未將。伏惟鑒涵,曷任欣戴。

賀新任連撫臺

巖瞻巋重,渙絲綸於九重;節鎮凝嚴,壯長城于萬里。衣冠妙選,夷夏胥歡。

恭惟名襄北斗,道振中州。馬圖龜書,直探河洛之祕;龍文鳳篆,遍搜墳索之奇。肅憲度以如霆,豺狼盡屏;秉塞淵於惟月,駃牝斯臧。凡群皆空,帝衷特簡。欲驗物情夢卜,先試行兆撫綏。大纛之建方新,甘棠之思猶在。舉手加額,嫣川隍社增春;稽顙來庭,屠耆曳落破膽。

某海上畸人，閩南拘士。授之握筭，不數鍾豆黍銖；率其懵愚，莫辨馬牛蹄角。問官固倉庫爲氏，課狀則甕瓮自敔。幸托陶鈞，勉策駑駘。望典刑之伊邇，目矯瑤蓮；拱師保以如臨，頂摩金臂。用陳款悃，代致賀私。伏冀淵涵，俯垂霽照。

元旦賀撫臺高

律轉春回，天地啓泰來之運；鍾銘鼎勒，朝家普晉錫之恩。萬物忻忻以向榮，元公赫赫而底績。

恭惟斡旋元化，鼓鑄太和。從馴雉而棲烏，名高石室；蓻棘司而柏府，簡重楓宸。諫草御前封，幾落群邪之膽；攬搶天上洗，永清滄海之塵。鼎鉉即陟于中朝，節鉞暫留于東土。珠星璧月，青陽開左个之春；熒惑勾陳，蒼佩列上台之重。造化與人情並協，王言同天命俱溫。蓋持國是察官邪，暫凝霜于九月；而位宰衡調鼎鼐，立承寵于三春。

某夙依北斗，今倚南枝。風雲霄漢之扶攜，企望如歲；月旦陽和之賞許，覆庇猶天。謹肅鯉函，代申燕賀。伏願元日調元，泰階開泰。乘時抒素，執魁柄以撫五辰；翊運流丹，邕仁風而噓萬類。

元旦賀按臺鄭環樞

天開淑景，泰階協應於六符；帝簡元臣，憲府駢綏於五福。凜皇綱之丕振，占國運之惟熙。慶溢履端，功宏贊化。

恭惟驅英鳳閣，壓俊鷲坡。秀毓文昌，綺臆煥一天之星斗；珍羅武庫，彩毫飛八極之雲霞。經綸再試於河陽，寵召懋承乎繡斧。螭頭弼直，豸服披忠。攬轡九衢柏陛，名高避馬；乘驄兩浙蘭臺，聲徹棲烏。欽欽志肅，千官皁囊鼎重；翼翼衷和，九列黃閣需調。方睿眷之頻膺，適王正之始至。律回篋管，青陽絢綵於瑤圖；香襲辛盤，黃道更新於玉曆。福履暨韶華並茂，勳猷同旭日初升。

某猥以謏庸，渥叨挺埴。仰瞻法曜，但知凜繡斧於宗工；儲較賢關，敢謂恢紘綱於帝網。茲歲洽慶，倍荷洪陶。丐恩極切葵傾，典局愧同匏繫。鳧趨未便，燕喜難名。謹勒彝衷,代申虔祝。伏願伸讜論以徹重閽,白獸尊首膺寵錫;祈協訏謨而定國是,黃鐘律成賴鈞陶。

元旦賀嵯臺張

寶籙延禧,瑞應彤雲扶旭日;璇穹薦祉,光聯法座貫薇垣。歡溢八埏,福崇九鼎。

恭惟應二儀之中和,總六德之純懿。文章禮樂,富蟠胸中;雨露雷霆,神于掌上。崢嶸五院之聲名,朱絃發響;優渥九重之寵眷,繡斧昭奇。特發白獸之尊,忠抒肝膽;玆攬青驄之轡,用並醴梅。屬景運之方亨,政樞臺之清豫。龍旂高擁,談笑澄淛水清波;烏府宏開,咏吟壯吳山麗色。躋兆民于仁壽之域,斂繁祉于熙皞之辰。坐看六合同春,立覩三台獨上。

某幸沾湛露,肅奉仁風。生意與草木偕舒,向榮若虌莢伊始。效葵傾于日下,罄鼇忭于海隅。伏願緝熙純嘏,保合太和。萬福攸同,常爲萬邦之憲;百順駢集,永樹百辟之儀。

賀按院鄭環樞壽啓

繡斧瑞雲開,喜屆履端于八百;冰桃春色醉,戀膺繁祉于三千。遙瞻攬轡之輝,快覿添籌之旦。主眷偕福星以俱麗,淑氣與韶華而並臻。

恭惟秀育堯封,文探禹穴。菁華蕊笈,奎明騰石之期;藜照花磚,瑞映浴龍之兆。當立朝而正色,聲著坳螭;洎激濁以揚清,化行江浙。維玆華誕,適應昌辰。陋上品之丹砂,發東來之紫氣。青驄日永,八千歲以爲符;素簡花迎,五百年有名世。柏臺春畫,慶占疇範元徵;烏府堂開,祥靄卿雲秀色。允矣歡集兆姓,誠哉喜動九重者也。

某備員轄屬,深沐江漢汪洋;承乏櫺薪,更荷陽和噓咈。顧跡覊較藝,莫陳北海之尊;心切傾葵,敬效南山之祝。伏願羽儀上國,崇元鶴之大年;掌握中朝,沛蒼虬之闓澤。黃裳叶吉,知引翼之維祺;赤烏疏榮,欽碩膚于再覯。

賀高中丞壽啓

柳帳春深，長聳漢壇之重；花籌海溢，乍移周極之華。指東卯而日軌流光，介西庚而霞觴薦壽。折衝緩帶，櫜矢懸弧。

恭惟履錫于齊，嶽生自岱。名高鐵柱，躋九列之崇班；寵握銅符，作三吳之重鎮。邇者鼉鼓鳴而蜃波偃，遠銷四島鯨鯢；鳳笙奏而鹿箄增，近集三山鸞鶴。西湖月滿，攬金鑑以星投；北斗雲開，指玉函而天賚。

念某武林賤屬，久荷矇包。文政濫膺，實藉宸芘。雖一江縹渺，望紫氣而猶遙；顧百服趨蹡，馳素械而恐後。仰申嵩祝，俯切葵傾。伏願劒履近天，坐捧十行之青鳥；杯盤吸露，笑攜九闕之蒼麟。際王會于風雲，締僊盟於日月。

賀南贛軍門孟壽啓

薇垣炳曜，四藩仰斗極之樞；華嶽鍾靈，群寀播日升之頌。惟帝簡在，為國儀刑。信天篤生，佑我社稷。

恭惟淵源聖學，衍仁義之真傳；黼黻王猷，植綱常之鉅典。治平久負名世，氣象獨巍泰山。提重鎮於虔州，豈第風清章貢；霈湛恩于楚澤，抑且聲施粤閩。績奏彤墀，几几然碩膚是遂；寵來朱紱，穰穰乎降福孔夷。茲當生甫之辰，適值履端之始。青陽布令，唐階已發僛萋；蒼陸凝暉，虞廷更儀瑞鳳。海屋籌添八百，種五德以耕耘；璇臺履錯三千，歌九如而蹈舞。筵開瓊玳，滿懷拍拍總是春；樂奏鐘鼓，兆姓欣欣皆色喜。

某等猥承陶鑄，莫報涓埃。遙瞻紫氣騰騰，福斂箕疇之五；敬效赤衷款款，祝致華封者三。西方之桃，東方之棗，未能擷而獻也；南山有枸，北山有楰，相與賡而和焉。伏願純嘏爾常，以其壽吾身者而壽民壽國；燕喜受祉，以其贊人主者而贊地贊天。雖祿位勳名，為大德所必有；而單厚戩穀，永保艾于後生。

賀南贛孟撫臺壽啓

蒼龍啓歲，萃閒氣以獨鍾；元鳥司春，挺英靈而卓發。條風扇郁，台曜揚輝四國；式舞且歌，兆姓皆欣相告。

恭惟氤氳四氣，翕張二儀。翠柏青松，夭矯直凌夫霄漢；黃流玉瓚，芳潔不點于塵氛。恩錫弄印以疏榮，位履專席而特峻。匪惟章貢列城之保障，兼秉閩粵諸路之樞衡。適在斗指東方，政逢星朗南極。天官簡長生之籍，永駐朱顏；聖主思耆舊之臣，疇咨黃髮。行調巖廊鼎鼐，先添海屋桑籌。簫鼓闐喧，鳥向綺筵來度曲；亭臺杳靄，雲環綵幄結成樓。

某等竊被耿光，遥瞻踴躍。雪霽江漲，賡頌方至之川；柳媚花舒，共依載陽之日。祝元公以難老，八百歲聯爲春秋；輔天子之昇平，三千界咸躋仁壽。

賀丁撫臺

薇省勳崇，懋膺掄擢之寵；烏臺位重，獨握撫馭之權。海國於焉波恬，山川爲之色動。

恭惟金荄粹品，蓬島僊才。克柔克剛，兼吐茹而相爲用；允文允武，時張弛而執其中。睢潁濠泗之區，過斯即化；豫章漢沔之域，去後見思。惟九重惠顧荒陬，故七閩幸瞻繡衮。優游敷政，知百禄之是遒；赫濯宣威，信四方以無拂。遠夷奉琛入貢，何事築鯨鯢而封之；老人含哺作歌，誰不見羽旄而喜也。竚勒勳猷於彝鼎，行剖帶礪于河山。

子民某盎底酸（醯）鷄，烏覯乾坤之大；穴中細蟻，誤認垤壤爲高。守郡無功，徒應呼牛馬，不敢告勞于折腰；衡文寡識，更迷謬魚豕，抑亦自嗤其拙目。嘲誚弗解夫尚白，盼睞乃轉而垂青。榜日斗山，方深負乘之懼；貺以珠璧，益重投墼之慚。明德維馨，厚意未報。又辱大國汎舟之役，欲遂小人饜腹之私。拜手逡巡，頌黍苗于膏雨；盟心鐫鏤，傾葵藿於曦陽。

賀吴本如

薇省名高，丕著保釐之偉績；楓宸寵渥，茂膺簡在之新綸。光華逼于台垣，慶忭通于寰宇。

恭惟才通文武,德備直溫。秉鑑閩中,桃李春風荷培植;藩宣越地,兵農化日藉骿幪。遂協廷推,乃移蜀鎮。蓋益州千里,古稱天府之土疆;若巴國四方,今號坤維之都會。適當勷勣之際,特隆鎖鑰之司。名位彌崇,事權愈重。揚旌南服,山戎膽落前茅;仗鉞西陲,小醜魂銷後乘。自兹錦城玉壘,聯三江而永底綏寧;凡彼劍閣石門,同二浙以倍成鞏固。勿問元吉,未占有孚。

某荷庇最深,叨恩尤久。倏聞榮命,喜溢常情。聊修蕉牘以陳詞,遥睇紫雲而祇賀。伏願豐功載揚,崇禧益迓。人情賢夢卜,尊寶鼎於衣裳;廟廊藉腹心,壯金城于樽俎。

賀寶淮南

望峻三台,峉省寄旬宣之重;眷隆雙闕,分藩膺屏翰之尊。維兹瀕海陬區,重借上公鎖鑰。慶均榆社,喜溢編氓。

恭惟名世偉人,熙朝元輔。儲靈金斗,清操砥宦海之狂瀾;結秀龍舒,芳躅柱世風之波濫。膚勳最畫省,兩曹聲著於鷄香;異政表温陵,五馬績高於虎竹。秉鑑聚荆襄之奎璧,行省屹江右之金湯。兩浙茂敉歷之功,月薇霜柏;七閩新保釐之托,鶴繡犀鏊。仁風重被長樂之江山,甘棠更霑召公之雨露。此誠擎天碧柱,坐分宵旰南顧之憂;得睹覆姓金甌,永際泰交一德之盛。

某履簪舊庇,桑梓再天。心馳父老之迎,悵羈校閱;目注旌旄之色,媿負瞻承。敬飭下悃於魚函,恭展忭私於燕賀。極慚輴褻,曷既冰兢。

賀李夢池老師壽

南國鈞衡,振鐸沛七閩化雨;北門鎖鑰,舞干壯萬里長城。幸托跡于薊門,瞻依密邇;望絳帷之岳降,喜忭歡騰。

恭惟文武全才,勳猷茂績。德業係兩朝巍望,道脈振百代真傳。朝端屬望於甫、申,謠頌傳歸乎李、郭。

某早託門牆,培爲桃李。瞻戴祇深雀躍,稱觴莫效鳧趨。百頓而誦南山,未展事師之禮；三祝以依北斗，敬申將上之恭。僭啓微誠，少伸積悃。伏願卿雲光爛，海宇清澄。頓絶躍浪鯨鯢，早覩朝陽鳳凰。五百年名世，長銘竹帛于鼎鐘；八千歲爲秋，永茂椿齡於圖籙。

又賀李夢池壽啓

望氣中臺，星紀叶書雲之候；感精輔座，瑶池會應昴之祥。嵩呼雷動於油幢，燕喜春生于絳帳。敢舒雀頌，聊豇魚緘。

恭惟先人覺知，後天純嘏。體備中和之粹，襟懷霽霽月光風；能修經緯之全，器量恢泰山溟渤。養正無煩於真訣，籌邊獨苦乎良工。履虎尾之險辛，當機鎮定；臨魚書之旁午，着數精明。甦息鼇山之吏民，何啻活佛作用；坐震驚波之群醜，居然老范威聲。以安社稷爲安，兼壽學脈爲壽。南極星朗，巧符南至之期；陽明道亨，方長陽復之會。和門懸初度弧矢，多福迎長以俾昌；燠律入難老朋尊，三軍就日而歌凱。

某等共託栽培桃李，幸聯點綴班行。披寶籙，捧金書，常記蓬壺歲月；到鳳池，圖麟閣，樂看將相神仙。陳呐呐之辭，蘄諧雲和節奏；侑箋箋之篚，微贊公衮從容。隨賓客而戲錦棚，心馳柏府；稱國更而扶几杖，目覿槐階。惟冀俯存，可勝遙祝。

賀喬按院回河南

玉律轉葭，大火流而滌暑；金飈鳴籟，商絃奏而收温。政成及瓜，榮煇行李。節旄影動，山嶽于焉虆搖；驄馬蹄輕，草木爲之盤舞。雖谷蠢之塵未掃，霍嫖姚治第無心；然河洛之流既安，崇伯子過門亦入。堂開晝錦，聽笙竽琴瑟迭宣；筵敞秋瓊，見觥斝鎗籌交錯。此誠庭闈之至樂，人世之極歡者也。

某十載萍游，一官匏繫。賦興松菊，愴田園之將蕪；職受牛羊，求芻牧而不得。惠徹宸庇，倚切良規。德人敷時繹于思，心頌不啻如其口。悵郊亭之別緒，搔首踟躕；式金玉以縈懷，夢魂繚繞。敬馳末介，候叩前關。薄言修芹，聯藉攄臆。

端陽賀喬按臺

序屬皋月,律應蕤賓。清蜩始鳴,引高韻於午閣;碧桐初放,映嫩陰于甲幃。蘭浴斯馨,雀占有慶。五兵不試,何事佩赤符以辟兵;三壽作朋,且將結長絲而益壽。當茲具美,念彼至仁。榮戟遙瞻,傾葵誠于九頓;斗山在望,佐蒲節以一芹。伏匀麾存,可勝浣慰。

餞喬按臺再差山西

日躔在柳,迓景福於重維;旦啓中奎,捧綸音而繼至。蓋帝命匪我家國,周爰咨諏;廼公曰畏此簡書,不遑啓處。車棲棲而既飭,馬驍驍以斯征。瘠寐高標,情甫慰於御李;躊躇別緒,思忽動乎分萍。況積縷之未舒,敢稱觴其在後。採荷曲沼,效鄭氏之碧筒;折柳清郊,獻謝公之白粥。敬陳祖帳,竚候鏘鸞。

賀文宗馮景貞啓

化成菁樸,文章射北斗之輝;任簡紫薇,使相舒南訛之景。權崇寄重,望切神傾。愧匍伏之未能,幸飛翰之有托。

恭惟質毓四明精粹,辭湧兩浙波濤。斗山仰遍寰中,文正之科名不愧;鸞鳳翔棲江右,神君之德化有徵。廟堂幃幄典樞機,共羨折衝樽俎;章甫元端敷禮樂,尤優緯武經文。九陛渙綸,欲爲清時敦矩矱;八閩震鐸,遂從洙泗濬淵源。士風爲之頓回,帝命於焉載錫。行中書之省而承流仰沫,繫社稷倚重之區;參執政之堂而特簡兼銜,實宰相回翔之地。瞻企更切,忭躍奚勝。

顧某沾化雨于軺車,幸芳規見在桑梓;挹祥風於錦里,慚鄙俚難和陽春。敬藉雙鱗,聊將一羽。仰惟大造洪仁,俯鑒編萌赤意。伏願作舟楫而調鹽梅,九重毗賴;入公卿而出侯伯,萬國瞻依。

賀糧道畢見素

憲府宏開,南國瞻法星之燦;外臺儼肅,中天仰台曜之明。惟茲瀕海陬區,得借上公鎖鑰。慶均榆社,喜溢編氓。

恭惟應期元老,命世真儒。秀結蘿山,豈弟夙徵於馴雉;靈儲漸水,丰裁懋著於含鷄。掄才而麟角鳳毛,譽歸秦鏡;執法而風凝霜凜,筆有陽春。爰以敭歷之膚功,載厘節桌之寵命。皇仁溢露,欽哉弼教明刑;國柱擎天,佇且爲霖調鼎。

某以小品,猥備屬員。祗奉靈威,久蒙大造。一時承乏,藉手金玉之規;二天多緣,厠名湖蘇之後。義應堦墀摳頓,職羈雲水閒關。莫遂鳬趨,敢馳燕賀。清分羅刹,薦潢潦而愧瀆明臺;紫照幔亭,盼星辰而怵深下走。敬伸鄙悃,伏冀崇炤。

賀陽和道秦湛若

恭惟函三峙鼎,抱一闡規。文章戛玉敲金,衙官屈宋;氣概凝冰傲雪,仲伯夷光。惟天爲社稷而生,乃帝每藩垣是寄。甘澍隨車而漉,蔀薈春暘;祥風到處皆薰,川嶽色鬯。稱當今名世,舍我公其誰?

某海上畸人,閩南拘士。授之握筭,不知黍縱橫;率其懵愚,莫識馬牛行驟。誤辱簡命,謬厠邊垣。杼軸其空,四民之羸餒已甚;輓輸不繼,三軍之騰飽何期。適聞台旌,榮履新任。望典刑之伊邇,目矯瑤蓮;拱師保以如臨,頂摩金臂。敬申菲賀,伏句淵涵。

賀連都院少嵩壽

望氣中臺,瑞光應丹魚之照;感精輔座,揆度符赤龍之昇。懽呼雷動於舳艫,頌禱星環于柏府。將至人直游化國,豈下客能奏華封。

恭惟間世奇英,後天純嘏。體涵中和之粹,靄然霽月光風;才備經緯之全,卓矣泰山喬嶽。鎖鑰非公不可,股肱惟帝其恂。宿動薇垣,陸離疑燭龍吐出;籌添華屋,彷彿是松鶴銜來。庪倪祝三多之釐,治域即爲壽域;將吏賡九如之雅,大年奚啻小年。

某幸以蚊虻,託攀鴻驥。識荊未遂,方懷倚玉之思;御李自盟,適際懸弧之會。式歌且舞,願八千歲爲春秋;俾熾而昌,慶五百年生名世。玒戔戔之筐,微贊繡袞春容；陳款款之詞，愧諧雲和節奏。仰祈炤納，曷任欣榮。

賀王衷白老師壽

恭惟天麟異品，廟璉奇珍。學遡千聖淵源，寧數三冬二酉；文闢六經閫奧，奚論諸子百家。招士以弓，舉海邦小鷃大鵬，咸歸繒繳；鑄人在冶，萃帝京純金美鑛，盡入甄陶。屆宮尹之延登，亶國本之攸賴。詩書絃誦，既已育蒼震于中亨；謨弼明諧，行且麗黃離而元吉。茲者蓐收按轡，夷則鳴商。南極崢嶸，光映生申之度；西陸縹緲，瑞凝太乙之居。五百年而君，五百年而相，數衍箕疇；八千歲爲春，八千歲爲秋，算添華屋。

某拙難應世，闇不通方。昔治粟而今司金，幾於倉庫爲氏；出戴星而居問夜，洵矣牛馬自呼。幸藉三生善因，得邀二天厚庇。元元本本，敢忘水木從來；懇懇懃懃，思詠岡陵效祝。翹首雲霄之上，怳若隨珠履以步趨；縶跿沙漠之濱，無能攀絳帷而陪對。敬將芹獻，用展葵傾。

賀 同 部

恭惟覺德融愷，逸才敏該。韞玉含金，美哉天球氣韻；披英捴藻，灼矣月斧精神。握妙算于版曹，輷柕軸其空而出納惟謹；借司平於常伯，慮樵蘇易竭而贏縮有經。勳勞簡在帝衷，華實蔚標民譽。乃膺崇陟，遂晉內銓。士必登賢，誰不聞朱而結綬；人豈遺舊，竊亦從貢以彈冠。

某兔園俊生，鴻干末品。矽勞十載，人固指牛馬以相呼；拓落一官，心亦慚倉庫而爲氏。矧塞垣危如髮引，牧圉可虞；且藏檟幾若罄懸，籌箸奚借？幸屬江漢之隄，希與桃李之蹊。望袞衣於信宿，莫遂鳧趨；仰斗極以徘徊，徒勤雀躍。敬傾葵悃，聊致芹私。

樗全集卷六

啓 附尺牘

請徐匡嶽老師啓

令紀嘉平，一氣噓元黃之泰；化宏樂育，三生沐陶鑄之私。元吉其旋，正脈斯邕。都城春渥，桃李不言而蹊；皋比道尊，頑蒙皆實其腹。

兹者敬詹某日之吉，跽進椒觴，言攀玉舃。高儀式貢，怳升來益之堂；玄屑載霏，重闡脩身之旨。捧席答問，渙然筌蹄欲化，既共喜瞻之在前；負牆步趨，藹爾光霽可揚，且頓忘瞠乎其後。仰祈金諾，竚候鸞鏘。

請陳如岡老師壽啓

令布長嬴，三庚協乾離之轂轉；星煜太乙，千齡慶桑海之籌增。修景方熙，元脈斯邕。經帷化渥，桃李不言而蹊；皋比道尊，蠛蠓願實其腹。

恭惟先人覺知，後天純嘏。中和具體，藹乎光風霽月；動止從心，妙若語爻默象。澄金鏡以甄士，彼或驪或黃，收之於形相之表；橐玉管而敷文，乃如綸如綍，賁之于情禮之中。行且帝鼎，資爲鹽梅；寧直儒紳，仰若山斗。兹當建未，適遘生申。弧矢高懸，見龍爲之應節；李瓜旅薦，升龜於焉效靈。鼓瑟來薰，何須運七輪之扇；入火忘熱，無事帶六癸之符。

某輩葵藿心傾，頻憶蓬壺。歲月岡陵，祝獻樂陪祕苑；神僾赫曦，漸移慶雲興想。煮茗供玉案，敢希河朔之狂；和酒鏧銀冰，勿論長安之價。廣酬情聯於四子，蹈舞感切乎二天。所望鸞鏘，儼然賁止。匪惟捧朋尊而答問，共喜瞻之在前；抑亦倚壽域以步趨，頓忘瞠乎其後。

請王衷白老師

紋線新添,巖節立八風之序;緹灰時動,暢月潛一陽之根。碩果喜見天心,點梅願授卦畫。借餘閒於講幄,萃悃款而開尊。

恭惟德成函三,學優寡二。摩空奏賦,光暎天上雲霓;燃藜較書,精辨帙間魚豕。馳弓旌於海國,盡梗枏杞梓,收入轂中;正模範於留雍,儼星斗山嶽,巍在宇下。此日傳吾君之子,指點墳經;異日為聖帝者師,都俞謨典。

某等蟲鼠臂肝,均荷陶鑄。草木臭味,敢忘本原。值連珠合璧之辰,效獻履貢襪之意。薄采其藻,敬秩初筵。陽泰方亨,何用刻春之木;道溫可襲,不須辟寒之犀。侍坐見杜德機,潛契夫音希味淡;追隨忘苦孔卓,共挹乎月霽風光。仰冀鳴鑾,伏候聽履。

中秋請連撫臺

玉鏡高懸,光帶蘆花之雪;金颸微動,清氛桂子之香。佳節偶逢,清時胥慶。

恭惟心涵秋月,清徹冰壺。肅號令以如金,威揚絕塞;普光明而似晝,照遍覆盆。仰霄漢之無烟,知謀猷之有赫。

某渥承湛露,夙被光風。謹擬仲商之吉辰,廣酬邊城之皓月。轉桂輪而奏玉笛,徐登庾亮之樓;度銀橋而舞《霓裳》,期泛張騫之棹。仰祈輝賁,俯賜寵臨。

謝張鹺院

乘驄振紀,聿森風察於東南;攬轡揚芬,式擴露培于蓽菲。捫心深銜明德,叩顙敢曝微私。

恭遇秀峙西華,望隆北斗。仙仗凛楓宸而嶽立,殿虎名高;繡韉飛海國以霞騫,臺烏氣肅。三吳惠浹,謨猷同燾載之宏仁;兩甸霜凝,指顧樹澄清之偉績。運籌邕裕國之理,方將擁斾還朝;甄叙廣負扆之求,遂乃持衡察吏。操機最約,朗鑑無私。袖裏彈文，已落宵人之膽；手中花筆，自回寒谷之春。

某閩封賤品，浙水末僚。守郡曠鰥綿力，久無善狀；衡文冒竊奇遭，實藉殊恩。僅黽勉數月之驅馳，何過承二天之覆露。溷姓名于薦牘，魚目乃軼靈蛇；策愚鈍于影鞭，駑足遂同仙鹿。驚心跼蹐，鏤感淵深。謹勒鯉素以上陳，敢望龍光而申款。干瀆清嚴之重，冀垂寬大之條。伏願衮衣繡裳，蚤踐碩膚之峻位；和羹甘醴，爰成調燮之隆勳。則廣廈萬間，盡屬帡幪；而小族一羽，亦荷生成。某臨啓曷勝瞻戀懸切之至。

謝總漕王公

朗鑑懸空，孰遁妍媸之照；汰礫在後，誤綴珠玉之聯。既懷感乎舊知，更震矜夫異數。

恭惟八埏柱礎，六幕權衡。學窮聖哲淵源，静照時探會天根月窟；心契中和妙用，默運處轉移乾軸坤樞。畀鎖鑰于保州，華夷綏靖；總漕儲於吳會，淮漢澄清。東南半壁倚天，鱗鱗然蜚芻貢粟；西北長江若帶，飄飄乎擊楫揚舲。紓宵旰於指顧之中，廣陶鑄於品題之外。醫賦籾囊，搜豨苓而畢蓄；儳丹留鼎，引鷄羽以聯升。

某閩海庸流，江藩冗吏。心勞未能裕國，覆餗懷慚；計拙罔效持籌，斧膏滋懼。過蒙剪拂，謬厠揄揚。溝斷飾以銀黃，知非素質；駑蹇衣之紵絮，仰而長鳴。遡寵施高薄穹昊，矢圖報願捐頂踵。謹三薰以濡墨，敬百拜而擴丹。伏禱霽暉，垂矚微悃。

謝九江鈔關啓

粉署含香，燦奎躔于北斗；彤庭錫寵，攬濡轡於西江。徯志欣然，赫聲籍甚。

恭惟瀛州擢秀，渤海蜚英。煌乎經國之章，呈琅玕於披腹；偉哉濟時之略，需膏潤于夢刀。績已奏其丕丕，帝特嘉乃采采。秩晉粟部，計握金籌。當此杼軸幾空之秋，兼夫兵食告急之日。簡書鄭重，未能蓬弛令于譏關；民力艱難，聊姑示寬征于祝網。門如市而心如水,解愠風清;朝受命而夕飲冰,理財政肅。美利不言所利,寧須析及秋毫;取民因以與民,已見懽騰道路。

弟某承乏五稔,莫展一籌。技已窮於塵垢粃糠,識安能辨乎魯魚亥豕?忽來西山紫氣,遂拜潯陽素書。愧展候之未遑,蒙腆貺之下逮。感益滋懼,受且若驚。有膈內鐫,永言力報。

又謝九江鈔關

鶴鳴子和,孚一德於同心;金斷蘭馨,隔千里如談面。感君子不我遐棄,思伊人在彼中央。

恭惟心會天宗,躬是世寶。張以文而弛以武,左右具宜;靜則正而用則和,周折曲中。帝曰尚方之好用不足,國將若何;公謂市廛之杼軸幾空,關不可暴。寧甘前禽之失,祝網以開;毋興無魚之嗟,竭澤而取。弗損得益,且見享二簋而錫百朋;因節爲生,何須治三事而修六府。

如某者智似棗昏,材原樗散。業官版部,偶同金穀之司;結綬豫章,竊附塤篪之奏。久設仲舉之榻,猶爾高懸;欲棹子猷之舟,庶幾得見。敢先申之蘋藻,匪爲報以瓊瑤。仰蘄丙炤,俯鑒寅私。

謝王雲澤

樞臺開鎮,偶依節鉞之光;會府翀機,謬膺華袞之錫。恩深覆育,功類栽培。況宸眷久符于武庫,且寰區共屬于巖瞻。進參版部之煩,雅稱國華之選。謂宜獨司喉舌,佐一人以燮化原;行且浹陟台鉉,孚一德而和鼎實。

某策蹇追先,辱廁使令之末;磨鉛試割,取當風厲之仁。乃師相遴士以相馬之法,不擇驪黃;掄材以作梓之方,頓忘尺朽。誤加品目,俾玷光靈。徒感激于蓬心,思莫酬于碎首。聊憑風以抒悃,擬就日以流丹。仰瀆台慈,實慚塵溷。

謝巡漕唐存憶

勁柏棲烏,紀綱轄聯乎支省;征航轉鷁,衮繡績懋于神京。不謂霜斧清嚴,曲播露章渥潤。揄揚溢分，感戢銘衷。

恭惟陸海人龍，熙時天驥。心波湛漢，濬靈脈於雩溪；情嶽翀霄，煥祥光于峴阜。宏博嗣芳，仲友祕啓石函；忠亮繩武，子方風生白簡。箸甫借而公私兼裕，轡方攬而清濁自分。萬艘連雲，無驚巨浪；千箱積坻，允賴安瀾。流馬畫奇謀，盡蠲一石三十鍾之費；搏鵬張怒翼，何難六月九萬里之程。固應登台席以開牙，節暉金葉；擢卿階於橫榻，綬艷桃花。

職某忝附一時之籍，敢云同翼共飛；謬薰三江之儲，竊恐負乘致寇。詎意過情之譽，倏遴溺職之躬。數字襃嘉，樗材與梗枏齊價；片言剪拂，駑馬隨騄駬並驅。敬七日以脩誠，望五雲而颺謝。薰沐致江鯉，情同噪雨之蛙；明信薦谿毛，喜劇銜環之雀。伏祈丙霽，俯鑒寅私。

尺　牘

與宗國博

翹跂高規，賦兼葭而徘徊舊矣。適承乏會稽，竊武末塵，蒼黃重繭，意春風之座，儼然道南，可以奉挹光霽，消融鄙私。不謂僊舟行邁，竟溯洄而無從也。陽九迍生，何分薄固爾哉！越中八士，飲吸道範，如化雨敷潤，無論小葩巨梽，勃勃昭蘇。曹平陽何幸乎畫一韛，若即對吏，醇醉足博規隨之歌矣。

久缺候問，忽降華緘。瞻北百拜，愧感并發。何以報之，願言金玉。

與晏懷泉年兄

從組履之後，得窺眉宇，有稜稜紫氣，而侍問闊疎，未能領悉元提，印之中扃。無何，仁兄榮檄百里，不佞弟淹恤都門，嶂雲江樹，益勤瘄思。良緣天假，設氊於越，與仁兄共一省會，道武林而東聽諸風謠，則歌太平召杜者，塞康衢矣。寶光雲煜，十方普照，矧布席處子，借壁上之餘，尤爲密邇者乎？敬以不腆之儀，奉布鄙私，萬祈炤存，可勝感鏤。

復胡瞻明

螺州古名區也，足下鳴琴之暇，仙鳧翩翩，登臨眺勝，尋歐、文二先生舊趾，憑而弔之，如見其人，亦生平之一愉快也。下走挈瓶小智，不敢睥睨天路，避囂處冷，株守癡絶，而當事者反相齟齬，淹恤都門，瘝憂若結陸沉，東方生幾爲三尺侏儒笑倒矣。甘棠報政，錫典休嘉，士民流愷悌之聲，尊人介壽榮之祉，足下此樂，何可量數也！境外之賜，波及晚末，靦目拜登，主臣主臣。

與晏懷泉年兄

日偵旄頭所指，移床一瞬，酣足千秋。乃僝槎夜度，令山陰子猷，不得一見戴安道，退賦蒹葭，益增戀仰，何金玉之有遐心乎？世事如蝟，提衡實難。兄丈以製錦妙手，割之縫之，無不如志。蘭陵非劇，太平非簡，總之倉公所至，輒解藥囊，施有先後，而效無疾徐也。

不慧弟塊爾寂寞，自甘局蹐，所恃以振而起之，不終跼踢者，非兄丈誰念嚶鳴之聲哉？苜蓿涼吏，無以爲禮，敬有不腆之筐，奉將賀臆，伏惟茹涵不宣。

與方大哥

苜蓿涼吏，蕭然索居，辱兄翁臨，况連床促膝，足語千秋，文園固多病乎，且勃勃起色矣。乃以老師大祥之奠，亟治歸舟，不慧弟强賦《白駒》，而不可得也。嘉客如玉，勒在痁寐，藉令不爲進賢冠所窘，且買一小舠走雲間，道攀兄翁，登眺覽勝，弔二陸於黄耳，豈不大快！而羈束一氊，望崑山錡湖，如在天上，俗物哉！俗物哉！壇官之行，適遇倉冗，非意所及。然此丈終不是無心人，必有以相報也。朱定海有便，當以所教轉致之。范叔無恙，敝裘蒙茸，兄翁戀戀意厚，賜以二布，即縫長袍一襲，被服高惠，式舞且歌，果何日能忘也。朱君元度可挹，愧廣文先生被杜少陵罵破，不能作一居停，萬惟涵宥是荷。

與黃九石

割裾而南，涕泣如雨，非敢薄外局寒官，愀然作苦。第念仁兄愛雅，依依若穉孺子慕慈哺不置身。途中藉庇，輿楫無虞，以閏肆月初八日履任。此地袍笏不讓我溫陵格象，揖讓而觀人文，儘有佳致。問別消息，則茅椽數間，風雨相虐，二三竹床，不足以支坐客。一主兩僕，數米量炊，庶幾充果然之腹。儻細君扶服而至，又不知將安出矣，言之使人大憝。

郵次每詢寶眷動靜，無所報聞，何淹留若斯之久也。玉堂固是高貴，而孤衾獨據，誰甘同夢乎？所淹四札，俱已轉遞。董貞復乃子，猶然黃口郎君，前事皆屬太夫人刺心發憤。訊以卜葬，欲於冬閒了之。朱公祖已出關，弟及面謁。劉太尊榮任後，弟四日每見，輒盛稱仁兄高誼，可薄雲天。倏爾傾蓋，深相嚮慕，亦一奇也。

遐方儒吏，筐篚不承。鄉中愛我親貴，如郭、李數公，及同年相知者，皆不敢以尺一溷閣人，幸爲弟呼名致意。尤弦室吕天池使旌，指日發都矣，臨安得繫駒信宿，尤所翹望。便中有可假弟羽翼者，幸加調護，令擷植而行之，夫終不至墜落坑塹，則捐糜以報仁兄之始終造就，敢辭難耶？操楮幅側，神與俱飛。

與鄧環丘

思吾環丘一日，則病渴一日；思吾環丘一月，則病渴一月。無時不思，則文園之病，何時已已，嘻，亦苦矣。使頭不戴進賢冠，吾且持杖頭錢數百，沽富春水，供吾酩酊。駕小舠，走檇李，從三老子弟，歌頌仁兄治行。第一雉之巢，麟之定，可馴而窺也。乃盈盈衣帶，阻人執鞭，烏紗困人，固如是哉！金年伯壯志不衰，俠骨如昨，什一在內，什九在外，居然作范少伯湖上遊也，仁兄能爲之賦《白駒》否？

復呂天池

吾二人者，行同艤，憩同舍，食寢同居起，追隨同談笑，幾三歷矣。不佞弟竟以失路彷徨，剖翼分飛，言之何不令人忉怛也。至於今芝宇佳温，無日不展轉瘖瘵。計使旌道武林，必棹遊剡溪，不寒舊約，而藉口子猷，孤我延竚，仁兄非是無心人，奚遽慳爾拂裾？

受事以來，無一善狀，敝牀确簹，依然窮措大家風；而鞠躬束帶，送迎江滸，僕僕然從邑大夫之後，靡分宵晝，督令墨卿，隨索隨應，使一副腎腸，皆非吾有。本圖媮嬾，反博煩瘁，鈞之亡羊耳，何事獨邪揄博塞爲也。悔甚！悔甚！晝錦之華枌榆，紛紛羊酒，儻有垂問不佞弟者，則請曰："陸沉王生，非吏非隱，採薇稽山，欲賦歸來而未可得。貌不加腴，毛則增白。"此真消息也。塵垢緘縢，重纍行李，瓶罃雜屑，又煩封識，仁兄恤念我艱，固若此哉！

與方大哥上舍

憶三山署中，老師命之曰："不佞從宦辛楚，將決計明農，鑿池灌蔬，夷猶卒歲。吾子宦遊四方，當過雲間，問我松陰之下樂，克試於魯，皆不佞喜而不寐之日也，何必閱我躬哉！"德音在邇，牆羹不忘。不意老師之遽化爲真也，淹恤都門，不能束芻赴弔，嚮遣蒼頭代致鄙私，禮不慊志，常懷耿耿。

茲得新命，取道會稽，迫於程期，疾棹而至，以閏四月初八日履任。廣文固冷，而此中脆薄殊甚，又冷之冷者也。一主二僕，蕭然對處，确盤敝薦，依舊窮措大風味，雖素性淡約，固恬然安之，而能免室人交謫乎？盈盈一水，暌我會晤，始信縶鞗之爲蘗也。

近日伯兄何狀，老師奄岁亦有期否，便中幸賜赤蹏尤望。

復張賢中

嘉賜稠疊，令烏有先生坐客沽酒，兩無所苦，山荆視瓶罍，輒蹙蹙在眉間。弟捋鬚笑曰："張義烏兄急我飢渴，不啻奉漏沃焦，何慮瓶罄哉！"翼卵之恩，鏤入肙髓，敬謝！敬謝！夫人心不同，有如其面。外謬爲恭，而徑肆蠚於胥史，此弟所謂含沙之射毒不可狃，而假色設誓，皆弄我於股掌之中，而欲甘心釋憾者也。達恕以固彼情，政仁兄處得力，豈云疎漏哉！矧腳跟如仁兄，文章政事，上官所雅重，而構郤之端，俱已停妥，自然保無後虞。士各有偶，人各有儔，近鼠之器，亦所當忌也。

平湖丈質雅隱厚，但世態之變，閱履未深，故微有塱失。林道尊、王道尊過會稽，弟不自揣其分之薄也，亦以顧藉相托。涸轍寸鮒，而欲爲鷗鵬，挽天河之水，適足貽笑。然兄弟情誼，不能默默，仁兄負大力，想當思共濟也。便中附聞，願勿以冗瀆爲罪。

與黃九石

玉堂佳勝，漸磐衍衍。苜蓿涼吏，叨藉涵育，九淵之浸，未足以喻也。廣文冷態，自杜少陵一曲，若笑若嘲，始猶疑其過於刻畫，乃今非談虎且履虎矣。

夏初受事，弟與二僕踽踽署中，雖蹲踘敝筐，無有善狀，而操杓量腹，尚足以厭鼴鼠之需。今則待餔纍纍，纍形垢面，交相徧謫。尺短侏儒，持囊粟而驕穉之，陸沉王生幾無以自抗顏色也。

年兄弟官於浙東西者，治行人人卓起，皆足動上官物色。又念弟之採蕨稽山，一氊獨冷，嘗有釜豆之遺。而張義烏兄愛我尤篤，勤其臺人月旦，再三至焉，報桃以李，況實投我瓊琚，如之何敢忘感鏤也。郭希老、李贊老解我煎麼，賜以生全，屢欲修尺一候問，而自揆蕭瑟，涸空函於尊貴之前，非所以爲恭，竟懷咄咄而止。面時爲我謝曰："吏隱王生，七尺無恙，當效犬馬於後已。"吾鄉伯仲銜綸四出，計此時聚首都門，與仁兄相朝夕者，惟李、鄭二兄耳。董見龍兄決計尋弟途轍，至今未聞邸報。此兄一生辛楚，而科第拓落，與弟相類。仁兄稍垂盼睞，能使我二人價增數倍，儻有機便，可轉涸鮒於清波，願無愛大力爲囑。

與沈上舍

佳況近何似乎？彩穎儳儳，暢豁玄妙，當逼東西京而三之矣。異時者風霆迸發，端然現此神物也，弟願假百尺樓側，坐我下床，盡披足下武庫，而日苦踘束,祇望屠門大嚼爲快耳。酕醄區區,以佐饗人,毋曰糠塵,唾不屑也。

與林奏五

仁風四鬯,即不慧弟,亦在噓拂之中。第羈束寒局,無從移床促膝,睠就元提,如在都下時爲悵耳。不識鳴琴清暇,猶憶有癡絶王生否乎?僑居吳老師,别號懷静,茲以一介行李,觀花貴縣。兄丈嚮嘗執贄而北面矣,魚懸如昨,諒亦當爲下一榻。因便以姓名附候興居,毋謂弟私憐同病,喋喋然請解藥囊也。伏惟裁察不宣。

復張賢中

纔着烏紗,便有幾許矛戟。以仁兄高雅冲厚,尚爾事發意外,始信此途多畏,不啻九折坂也。業已銷釋無害,政好平氣待之。然濡尾之厲,切宜豫防。浙東有二事,情形稍稍相類,一則鬭而俱傷,一則解而觭敗。蓋世態翻覆,百起百伏,含沙之射中,於藏景爲毒,更已甚矣。仁兄慎勿狙且忽也,呱呱弗畜,直是幻物弄精魂耳,一措大無冤,自足以大仁兄之門,何煩焦慮哉!

劉年丈見念,鈞體德意,憫我陸沉,不知何所修營,歆此福地耶?孫使君雅重仁兄,過於鼎吕,彼自有所以重者,儻積細可增,斷不敢惜一羽也。張生藉顧足題千金,信貨可買,敢佐决之,豈望報乎?佳貺稠疊,囊稱暴富,今且誇陶、倚(猗)矣。

復樊道人

道味固如昨乎,元暢超超,點塵不罣,真行地第一仙也。何物袍笏,羈我若鹿樊中之神,豈足王哉?每憶蘇門燕聚,置二匏犀膝上,劇笑浩歌,樂哉此一會也,亦可再尋否耶?羽原君至,知足下稍苦微痾,射姑上仙人,純氣不漏,自有卻老卻病之方,無煩俞跗矣。高情見念,何以爲報?有閒乎則過我,而坐如水之氊。

與鄧環丘年兄

弟之杖馬箠而南也,量程計晷,謂可以瞻覿繡裳,且處我下床信宿,傾倒元祕。及停橈檇李,詢諸道路,而寇公之車,猶爲彼中父老所挽。溯洄莫從,中心如結,至於今每一交睫,夢魂惝怳,若登覽五臺佳處,晤對笑詠,第不識兄丈,猶記有王生,同坐陳夫子春風座乎?會稽山水爽秀如昨,而苜蓿先生興楫不備,蕭然兀守空氊,未能極四適之勝,以豁襟抱,爲之奈何?老師欲賦皇華,聞兄丈高調而止,別時寄語纍纍,難以穎述,然其意蓋可思也。

秀州繁重,視浦陽五之,而神庖奏刀,如土委地,何足難吾環丘哉?鳴琴清暇,揮灑之章,料已足汗牛矣。風便幸無悋金玉。

上李夢池老師

官家以南都重鎮,肅清將吏,壯萬里長城,非老師不可。故且暫試太傅,即日宣麻大拜,調和鼎鼐,無煩夢卜,而知其屬之老師矣。

愧某才命相仇,前跋後躓,謁選得江右餘干,而病魔作苦,不能奉檄趨赴,乃上狀懇更教秩,雖廣文冷氊,且卑且貧,然寒淺凉疎,只宜此虀鹽故味。矧老師門牆彬彬,經營金石之業者,已自不乏,而蛾述枲誨,遠暢春風,令小子後生景仰山斗,且切私淑,某亦奚敢多讓也。海氛時作,江防繁勞,惟老師葆頤珍重,以慰遥禱。

復何武㐮

苜蓿凉吏,無所比數。乃台臺敦篤年誼,踰於骨肉,干旄屢貫,焜燿芹宮。適奔走在事,不獲鞠躬束帶,迎送道周。文園病客,渴仰刀圭,竟爾分薄,孤違神祕,奈之何不健羨淮南雞犬也。世故如蝟,政台臺盡力之時,不朽事業,鐫勒彝鼎。

某惠徹宸庇,使得釋於罪戾,瓦全無傷,其爲榮施厚矣。儌舟迅馳,望之魂飛。肅此布復，申謝不盡。

與沈賢扈

蓬蒿小品，荷老師翁借以羽翼，拔之跨踔，內揆拙疎，不敢睥睨天路，強顏設帳，借仕易農，庶幾主人之鴈，即不鳴，亦可免耳。

出都門時，老師翁諄諄辟咡，謂"寂寞片氊，非終身住腳之所。世事如蝟，即刑法兵戎，亦當究勘"。某奉以書紳，比之琬琰。顧文園多病，什五參苓，又此邦酬接煩贅，竟日傴僂，腰如桔槔，即本業幾於弁髦，何暇論繩墨之外乎？

每食必祝，惟願老師翁神力加強，專調斗杓。兄丈鵬圖高奮，踵武霄雲，即陸沉哉，猶得惠徹宸庇，瓦完無害。自今以往，誰非老師翁與兄丈生成之日也？

與吳純所

我二三兄弟，獻賦長安者若而人，峩峩乎就列中外，皆珪璋之器也。獨不慧弟自揆疎拙，不敢睥睨天路，抗顏設帳，借仕易農，庶幾主人之鴈，即不鳴，可幸免耳。

乃此地枕嘉、湖、台、寧之交，上官往來如織，溯洄溯遊，率以丙夜迎送。米非五斗，折腰欲裂，三尺短侏儒，且持囊粟而驕稺之。丈夫子恨不能博一第，百里雖繁劇哉，而吏氣嚴重，亦足發攄一塲，胡爲冷局自苦，與窮措大爭頭面也。不意弟方悔懑彈指，學草解嘲。

兄翁足下，故一代人傑也，乃假化翼於涓勺乎，風雷迸發，神物騰變，非若鯢鰌托以終適已也。願兄翁廣心圖遠，爲弟寵光，豆釜區區，何足介意。臨楮曷勝馳戀。

復李及泉

某弱齡犖疚，積苦傷心，疾病纏綿，尪羸已甚。謁選時告之主爵，懇求教秩，不獲成命。徼天之幸，承乏貴邑，得藉閣下覆露鉅蔭，庶幾寡罪。

不意數日間奔趨勞頓，風痰劇起。初筮既已如此，末路將何以堪用？是上狀猥荷帝俞，政圖趨候，忽承使至，某扶病束帶，叩顙床下。有此仁人先生，寵誨周渥，疇忍負之？而根器淺薄，栽培難篤，乖違德意，自外門牆，命也，可柰何哉？

然閣下吐握休休，遍及白屋小人，以力報賜，亦非必盡爲鄉井下吏，乃效涓挨，倘假靈福燿，肩胝未顛，則犬馬殘軀，猶可奉鞭箠使令，當不難瀝膽斷筋往矣。

上李夢池老師

華緘遠詔，獎借逾涯，且重以瓊玖之賜，乃所謂出諸懷中而與之者也。如天之福，何以當之？

老師道德崇隆，焜燿四海之望，廷議屢屢推轂，而未獲成命。蓋聖明簡在，將倚重老師以台衡，當事注擬，未合上心之所眷而俟者耳。門牆螻蟻，昕夕翹跂，實謂胙國胙民，必藉老師秉鈞乃可，非僅徼靈覆露，而私喜脈脈也。

某不才，不能自致青雲之侶。計謁選當受役簿書，儜愚懸駃，不周世務，壹壹怵惕，惟隕越是懼。老師於某子也，不以不肖而鞭箠教令，使得免於愆尤。則以老師生成之身，圖報老師生成之德，即捐糜所不辭矣。

與林我所

吾二人者，操毛錐對壘時，第嗟匏落無用，倘得一當，內外崇庫，惟天子使耳。乃今弟藉有天幸，揚粃於先，僕僕袍笏，視讞鞫秋官署中，已苦繁瘁。矧膺有百里之寄，鹽米簿書，坤益鞅掌，不知又何以弛負擔而釋於罪罟乎？仁兄抱稽淵宏，竚當勁翮雄飛，致身九霄之上，毋如不慧某鷽鳩淺圖，決榆枋而止也。

犬子某惷鈍不靈，其爲文也，每欲以里婦而效西子之顰，時時唾退之，竟未雅化。仁兄視吾子猶子也，幸以鞭箠教誨，範之於馳驅。不者，躍冶頑金，投之烈火，不亦難乎？

與洪星南

家食時，見握縣篆者，巍然坐堂皇之上，左桁右楪，前諾後趨，縠紳投刺而望者,幸一俛眉,便借爲顏色,私心以爲,丈夫子當如是矣。比來長安,目懾入覲令長,策款段,循牆而走,趨趑於高華之門,矢名奉幣,慮不當其懽,乃幡然訾外吏之不足貴也,兹且波及我矣。又值寰宇多故,今日責供億者縣,明日嚴裁減者縣,萬一當衝繁之區,柰何得周旋寡過哉?

性固多焦,外則虞仕,内則虞家,數莖頭毛,幾蟠蟠如雪。較不若親翁,雲卧松壑,笑弄烟霞,果在羲皇以上人也。方明老之變,出於意外,聞之甚爲酸楚。且憪虚郎君一着,然羽翮誠具,無患不扶搖,固當勉勉勿怠,升沉有定,奚問君平爲?所欲言者,不盡百千之一。第遠道相勞,苦寒温耳。

與楊致吾

廼者陽和之役,仁丈授餐且加璧焉,厚施未報,念之實使人靦然顴赤也。塞垣艱棘,已非一日,而敝鎮則尤難之難者。二運愆期,府藏如掃,戎士飢渴,無所依懷,則日於飼臣曳長裾,塵飯戲之不可,畫餅療之不能,栗栗惶懼,罔知所措。當斯時也,即挾山權農戰之術者,未易設筴。矧拘拙如弟,株守空籥,周呼而莫之恤乎。

仁丈新命,旦夕至矣,鵬翼圖南,翱翔九萬,視扮扮小鷃,束於藩籬,真足揶揄一笑也。

久疎問候,適舊吏鄭應秋過此,敬附八行。其人乃貴隷塲官,樸謹而習於事。泰山巖巖,不讓土壤。有緩急,以鞭箠使令之可也。便中併瀆,曷勝悚仄。

上王衷白老師

某行能樸樕,無所比數,惟是挈瓶布席,或能殫其四肢之敏。乃謬辱簡書,董飼邊垂,此何異鉛刀試割,而責蚤虫以負山嶽也。矧時事杌陧,董輓愆期,戎士飢渴,迫索若焦。內嚮而號,既鞭腹之弗及;外嚮而訴,又充耳之罔聞。日夕怵惕,如凛淵冰。塞垣發軔已若此,其囏難即挾山權農戰之術者,猶未易設策,而拘疎如某,株守空藏,沙不可量,金不能化,尚能爲終歲計、爲三歲計乎?

老師愛某，不啻卵而翼之矣，幸曲加剪拂，別爲推移，使得弛此負擔，釋於罪罟，則生成之賜也。永寧縣尹，敬當奉命周旋，惟力是視。旅幕羈絏，不獲從諸生後稱觴祝慶，區區寸繭，願不以牘褻爲罪而厚討之。

與武連城

蒙茸秕稗，譽積三朞，藉承宸宇，脫於吏議，乃又有嫣州之役。此一鎮也，名爲京輔股肱，而四履孤懸，輪楫不通，薪糗蔬茹，騰踴幾倍。且也官、民二運愆期，不至卒乘饑渴，無所歸怨，惟於餉臣睊睊視焉，未審仁丈在事時，與今奚若？抑調度有方，恢恢庖刃，自無慮軱髀也。

濮陽簿所輸，大不及格，敬遵明命，聽其自酌自補，弟未嘗持成式相問，朝投牒而夕抹（秣）馬去矣。獎狀一如尊指，不敢差池，仰祈台炤。

復經恤刑

景企斗暉，非一日矣。幸假善因，祗承風雅，信是叔度千頃，直令人吝鄙都消也。第五雲瑞彩可偶睎，不可頻攀，則興賦《蒹葭》，益動痞痲耳。讀門下爰書，見仁人溫惻婉摯，多所平反，而皆以順逆爲基，中於情法之衡，膚肺斯噬，肺石不冤，此豈讓曼倩哲獄長者哉？遠煩臺史，感佩五中。肅勒布謝，臨楮神往。

復侯總戎

齷齪雕蟲，無所短長於世，此壯夫之所賤簡者也。故偏師一隊，東阿急於求試，而投硯封侯，至今哆然艷之。

不慧某曩亦嘗鼓雄嚮往，而學劍無成，忍就殘蠹。蓋六羈省棘，再溷公車，乃博一袍焉。居恒仰跂高風，仗鉞制勝，爲國家銷氛寢燧。一日而禁中思頗、牧乎，則分茅礪山，爲我里社交遊光寵，寧不大愉快也者。愧不慧守玄落拓，過蒙簡擢，謬辱弓旌。入蜀以來，兢兢拮据，幸而撤棘竣事矣，政念詢侯將軍建牙所在，束摯登龍，而臺人適至，賜之華緘，又重之以嘉貺。御李未能，歸趙不敢，敬承長者之拳拳也，用賦《黍苗》之章而拜將命。

與方老師二孫

曩在長安，拜承手教，乃知足下有天性之傷。既而蔡情符年兄以入覲至，相勞藉外，便及老師奄歾之事，與尊大人啓手足之際，皆成禮無憾，雖聞此稍爲寬解，然積媺再世，年穀不延，天之報施善人，竟安在也，豈直樹先伐，醴泉易涸，造化小兒，亦莫知所以然耶？

不佞弱齡伶俜，幾墜門户。櫛縰以後，始苦勵薪膽，發憤而有今日。生我者父母，成我者老師，水木元本，何日忘之？顧千載萍浮，一官匏繫，未能以炙鷄絮酒，匍匐赴弔，每念輒恍恍如割也。

同人先號，北叟後福。往籍微言，斷不我欺。願足下昆玉，讀禮既暇，勉修大業，奮繩祖武，則在閫之賀，不佞竊被寵光多矣。

與李斗初

弟受事且半朞矣，殊無善況，足慰知己，乃曳裾而憨，皆辛苦墊隘之狀，信足供胡盧也。

前餉三萬四千，奉部文差官赴領，乃鍾別駕往候五十餘日，猶是一塲畫餅，豈宜鎮非朝家股肱地，可任筆勾抹耶？勢已急矣，故備揭始末，稟覆堂翁，幸爲弟再三慫臾，即時遣發。若更有稽延，疆塲之事，未可知也。

塞上情形，具在揭中，謹露封呈上，兄丈先一覽之，然後轉致堂翁，全鎮瞻仰，在兹一舉，萬望神留，感鏤無量。

與王總戎

淳維稽顙致贄，匪伊朝夕，乃者狡焉啓疆，似亦譸張虚響，勾盟境上耳。門下隆望壯猷，即樽俎談笑，已足伐其謀而褫其魄。矧大車焞焞，揚旌擊斗，彼梟瞷雖殊類乎，料當聞聲退舍矣。第能左纛右羿，周旋鈴閣之下，請擬入塞一曲，以佐鼓吹,可乎?

三日不見,如隔九秋,謹遣執殳,代問居起。

與張覺自

弟蚩蚩昧子,觸窅徑趨,微惠司南,庶幾不即淪墜。柰何事與願违,忽翁臺有天性之傷,孤煢餘生,聞變心摧,淚且霏霏下也。矧翁臺仁孝篤摯,瞻岵泣慟,又當何如耶?然尊大夫春秋高矣,綸章稠疊,既介景福,人子雖有無窮之情,豈能勝造物必盡之數哉?

願翁臺無過爲哀毁,長途間關,厚自護持,讀禮之暇,味腴道真,以養性靈,搜繹國典,以豫經濟,詩人所稱"永言不匱"者,允在茲矣。

弟羈絏官次,無能及於哭泣之位,敬治束芻,布之几筵,萬惟炤亮。

與李斗初

鍾別駕歸,手授大函,且備述嘉德,曲加調護,弟北望稽首,傾頌鴻慈,癡絶王生,何幸有知弟、愛弟如仁兄者,作邊臣奧主也。顧敝鎮軍需月費不億,而互市冬衣,計二十餘萬金,皆于此時取辦。頃者二萬至庫,健兒爭取如鬭,瞬息立散,依然烏有。夫求之之難也,如沉瀣點滴;用之之易也,如尾閭飛傾,則柰何不令人色動膽寒耶?

昨閲邸報,見上旨發囘金,以資邊餉,歡喜欲狂,已懇洪南池年兄,從中推援,併奉尊命,薄致謝悰矣。伏祈仁兄,此番大爲弟憤發鼎力,更賜數萬,急拯目前,仍指撝外運,限以程額,弟有胸有心,其敢忘此恩厚哉?恃寵洊瀆,願從寬討。

與朱吏部

曩者庚會之役,藉承麈誨,佩以周旋,勞則盃酒相勉,暇則劇談相歡,形骸爾我,幾脱略都盡矣。既而翁臺鶯遷起部,弟遂離索孤居,靡所適從。辱不鄙遺,惠之以佳刻,沃之以清聖,屢施未報,豈其朝濟而夕設版乎？蓋每飯未嘗敢忘汎舟也。

客秋從事錦城,道梓橦,而式長者之居,盤辟低回,賦《蒹葭》以往。撤棘而後,則問道水濱,瞻望弗及,至今猶闇然魂銷焉。景光如駛,轉盼非昨,翁臺茲且冰鏡高懸,澄敘流品矣,未審癡絕王生,蹢躅塞上,亦可激水西江,游泳枯鱗耶？抑止許談及風月,譝勞扣角也。吉夢久占,石麟成隊,願使聞之。肅勒申候,臨楮曷任懸馳。

與林省菴

十年萍梗,羈束天涯,欲一賦《歸來》而不可得,此《北山》風人所以有"慘慘劬勞"之懟也。

弟自治粟竣事,決策乞沐,而敝堂翁苦不相假借,又督之以邊儲之役。此一嫣州也,內護陵京,外逼虜巢,卒乘萬億,饑渴墊隘,日惟餇臣耽耽視焉。而時事孔艱,庾藏若掃,官民兩運,一鏹不至。間者左賢無禄,曳落蠢動,都護將軍且以戎士數千彌縫境上,迫索餪笍,何啻湯火！乃株守空鑰,百計拮据,遠號則鞭不及腹,近號則痛不切膚,譬如蝦蟆作聲亂鳴,竟浮沉水中而莫之拯救。

弟性固多憂危,而肩此負擔,遭此窘匱,益復夙夜愁焦署中,試持鏡自驗,則盈頭冰雪,滿面縐紋,假令翁丈一見,驚是虺隤老子,不認爲嚮時矍鑠王生矣。台席甫溫,徑爾唐突,萬惟寬討,曷勝汗惶。

與東橋兄

讀書二十年始登第,遊宦十餘年不歸家,任是鐵漢,亦且耗氣憒神。矧弟也,煢孤勞頓,百狀艱難,盡已身涉之乎。天下幾許大,足跡所未到者,僅東西兩粵耳。峻嶺危川,窮邊極塞,世人躊躇咨嗟,獨使竭蹶以往,命之所造,與人之所設,皆不可知也。

今且頭上堆霜,與兄爭大白矣,第雙眸炯炯,燈下尚作蠅頭細字,甕無善釀则已，有则飞觞半百，犹无潦倒态。此弟近日消息，爲吾兄一吐之。姪辈居食间稍宽裕，不具赘。

与可明姪

嚮苦嗣续之艰，今闻熊羆且种种矣。蚌中珠孕，晚者多奇。问所从出，妇耶？媵耶？主人翁管可捋鬚而笑也。

諏儿、韬婿未报梦祥，业各傚颦卜妾。儒生萱腾寡术，闺闱床笫，调养和气，无败德，亦无隙末，此最难事，爲我附耳教之。

叔老矣，塞上风尘，益增憔悴，惟公案稍了，退与糟糠对谈一晌，强自宽耳。

与李印山

长安邸中，见蔡仁菴扇头题赠，乃兄丈所赋，捧读再三，遍昂藏之态，凌云干霄。弟鼓掌而笑曰："壮哉！李君倔僵犹昔，吾党有人哉！"且挪揄大蔡，欲其背城借一，从丈搴旗先登，顾三刀之梦，竟不可挽，则大黄持满以中率，取万户侯者，非李将军其谁哉？而又有大故，奔哀於万里之外，岂尊相未当侯耶？且固命也。然三萁瞬息耳，读礼之暇，画地爲军，石可没，虎可射，谁谓猨臂终不能得所欲也？

塞上囏难，视治粟都中，更逾十倍。强令王生，踽踽行间，欲赋《归来》而不可得，亦造命者安排，宁敢有所恨乎？絮酒一酹，聊展寸悰。令昆玉未及崇候，伏祈涵炤。

与刘婿

归期屡订，梦魂翩翩，且谒拜先人丘陇，与旧时耕钓之处，徘徊翺翔，不谓勞债未满，欲索笑沐猴而不得遂，一行一止，信非人所能矣。

新督学料已履任，曾补考了此场公案否？孤塞荒凉，薪米蔬茹贵都城数倍。当此盛夏，衣被犹然裹绵，不识秋冬栗烈，何以禦之。每与老荆计虑，咋舌咬齿，益懷想鄉關，度日如歲也。阿舅相助水薪，阿女稍服儉勤，阿甥取蠟作鳳，竊爲浣慰。

與朱二母舅

私念從舅食力城南時，廢簏中得《弔古戰塲文》一帙，高吟嗚咽，愁痛之聲，驚動四鄰。繼而棄故業，治雕蟲技，每丙夜篝燈誦書，未嘗不撫几咨嗟，繼以涕泣，同舍聞之，怪其音之哀以楚，而不知某牮孤苦恨，隨感輒發也。

兹幸冠進賢，稱仕宦矣，而王事鞅掌，埤益我躬，未獲乞沐歸里，焚黃告墓，則退食之頃，又且泣且痛，視向日何改焉！

勉強支吾，明春當上章請假，徼舅翁車騎，謁父母丘墳，庶少舒銜恤耳。官況不爽，具三母舅札中，不敢再瀆。

與朱三母舅

乘馬唱驪，則謂某是個官人，而京理粟、邊理餉，持籌宰較，日夜兀兀焉不得休，此與賈豎子何異乎？且數十萬戎士命懸股掌，區釜之供，稍不以時，胥讒作慝，闐然至矣。性固多憂，而肩此荷擔，益用冰凛。舅試爲某念之，當决何策，釋解驚轂也。

舅耄矣，想弟妹婚嫁已畢，此時善願齋心，無所罣礙，亦足一快。但媿某十年仕宦，猶作局趣轅駒，不得乞沐，歸里門，奉金爲壽。渭陽之思，中抱耿耿。祗候居起，未盡欲言。

與樊兵道

奉覿芝宇，頓釋蓬心，乃爲紛遽所奪，不獲時時倚百尺高樓，飫領玄麈，則輒令人惘然自失也。

承取拙墨，搜之篋中，僅一殘册，後塲俱已飽蠹魚矣。敬錄前塲二七首呈上，豈其敝帚而千金享之，聊以應成命耳。恐台丈見便欲嘔，速浮沉之可也。草勒布候，伏祈崇鑒。

與戶曹司廳

守藏之吏，日談有無多寡，是職司固然耳。乃談寡談無，奔懇再三，而上不我顧，僚友不我援，倘一旦河決魚爛，戎士鴟張，憒兀四大，曾何足愛，如國家大事何？

仁丈素振人之急者，刻焚溺幾迫，大聲疾呼，而不爲弟一引手乎？願請留侯籌箸，與堂翁商之。前餉已盡，後饋不繼，沒絫湯餅，非蛩蛩者所能辦，持漏沃焦，切不可緩須臾也。薄儀媿不成享，併祈炤納。

復江玉林

儒吏邊吏，皆非小弟齷齪所宜，只好奉承犧牲，碌碌聽歕於翁丈足下耳。庖事之不供，其敢僭及樽俎乎？左賢無祿，乃襲冠帶祠春秋者，虜中倫次已定，刻重之以朝家威靈，必無他慮。所可慮者，惟鎮藏若掃，蠭軷不至，健兒索哺，日環庭堵，誰司筦鑰而可以塵飯土羹，療其饑渴哉？坐此輾憂，不遑夙夜，翁丈何以教之，使就寧所也？

前命郭琦，已越格派其姓氏矣。運商多久不至鎮，逋負原額已經申請部堂更名，俟文移到日，另作處分。若告改倉口，紛紜滋擾，則弟懲於前而飭於後，不敢開端，反蹈狐埋狐搰之誚也。伏惟炤察，可勝懸注。

與洪伯恂

十年遊子，萍梗西東，執靮於蠱叢之道，筦鑰於沙漠之塲，皆清宦所不屑者，而概集于我躬，此《北山》大夫所以有"慘慘劬勞"之懟也。

賢甥決計閒隱，自賁丘園，桑麻既長，雞鶩亦肥，優哉游哉。納稼課子之外，毫不關心，真所謂人間清福矣。羨羨。

邊塞寂寥，兒婿至，不覺喜動顏色，意欲留之，度此三冬，而極北氣候，秋初已凛凛霜寒，砭人肌骨矣，知非脆質所堪，遽遣南還。聚難別易，令我肝腸酸楚，則可奈何？

門闌之事，素承厚雅，無分鉅細，必相顧問，仁人用心若此哉！景升豚犬，未有以報也，第竊嘉歎而已。

與可臨姪

吾鄉薦紳，宦游南北，歸而出，出而復歸者，車蓋之往來如織，乃癡叔獨淹恤於外十有餘年，丐沐不得，掛冠未能，夢魂繚繞，黯然在湖山之舊，蕭索甚矣。老姪宏抱優綽，至今不業。景升二雛，竊奉教，益免沒字碑之誚，已稱厚幸，敢望武接耶？

諏兒告還，手勒相問，天衢雄飛，願言努力。賤名別署。

與杜鳳林

仁兄拜董漕新命矣，煌煌晝錦，言旋言歸，何快如之。邊事孔艱，嚮直談其梗概，倘借墨卿，纚纚布紙上，竊意仁兄當亦爲我投箸也。見劉參知、潘功郎，幸呼賤名謝曰："諸伯仲自鸞皇，王生自牛馬。業緣有定，其可奈何？"第埤益鞅掌，不能不羨班景倩翩耳。台旌以何日榮發乎？遣一長鬚，附纍行李，長途糗糒當自給之。伏候俞音，幸勿峻拒。

與省愚年兄

嚮謂治粟勞矣，然斜曛漸西，策馬歸署，滌障面之糠垢，拂沾衣之坌塵，聚頭促膝，或酒或弈，或醉或歌，歡欣快適，夜且達旦，吾烏知倉庾能困人哉？

自離群索居，繫維上谷，蔬茹不備，竹樽長空，舉目談笑，無與爲伍，如澤雉在樊籠中，神已不王。矧儲偫瓶罄，措應多艱，其將何所稅駕乎？仁兄請以食箸，亟爲弟籌之。馬鳳老盛譽成都之政，去後召棠，信兄徵也。董年兄屆馮、許、裴、張諸老，俱代呼賤名致意。

復陳巍石

益部之役,執靮境上,辱承台丈敦念維桑,既飲食之,又教誨之,豈惟羈旅勞臣,頓忘飢渴,抑且言言書紳,佩服無斁矣。玉帛庋止,願執鞭弭,而竟跼蹐門牆,不可攀覿,至今念之,輒黯然自失也。

幺麼郎署,承乏封疆,一時共事,弟概不敢臨以邊幅。矧張老公祖,尤吾儕之父兄,子弟歌詠蔽芾,合掌白佛,而未能諧所祝者乎?敬當捧席鉤袂,北面而脩孫仍之禮,寧第曰揖客已哉!率勒佈復,未陶翕愫。鱗羽可假,幸惠法音。

與可絢姪

天涯遊子,誰不念家?矧阿叔老且冉冉。至乎邊塞孤懸,與匈奴之居,僅隔一帶,億萬師旅,峙其儲蓄,而供其匱乏,惟於餉臣是賴,此須驍雄壯夫,一飯半斗者,方能堪之,奈何令霜髩龍鐘,籌畫拮据乎哉?

姪孫器骨稱吾家千里駒,趯躞奔騰,徙倚見之。山川寥阻,不得時取文字,與景昇二子別雌雄耳。語短意長,老姪念之。

與吳塘表弟

樹藝之業,阿兄嘗躬親之矣。鎡錤銍艾,勿有暇日。苟風雨循序,螣蟓不災,倉箱盈止,官稅既輸,門無追呼之吏,夜無驚吠之厖,此亦農家快活第一也。

自佗慕徙業,宦游湖海,別親戚,離墳墓,不得賦《歸來》者,十年所矣。蔬茹在口,布褐在身,與田間傖父何異?而焦思勞神,髮白齒豁,幾成耄翁,賢弟得無贏我幾着耶?老姨慈腸寬性,壽耇無量,好善事之。一巵一盂,自足致孝,負米拾椹者,彼何人斯?

與外弟紀春元

弋陽令許生兆金者,淛奇士也,每試輒居高等,而連不得志於有司,游學南都,人争師事之,館金盈壁,而生平善病,悉以供參苓費,不暇治家人産業。晚且癃然貌寢,心竊憐之,不謂拓落至今,始以明經佩墨綬,則又爲之輾然喜焉。

謝公祖在郡日淺,弟嘗與龔潤寰、李斗初諸公,致酒清源,一奉慰懃,未有綢繆深交,不敢徑通尺蹏,燕閒語次,齒及賤名,併推轂弋陽令可也。

與于振方

聚而别,别而聚,聚而復別,江亭柳色,猶且依依,弟也臨岐,能不關情？但不得挾數尺長翰,于飛提提,隨車旌翩反耳。

粵西政簡,以台臺慈愷清靜,鎮而撫之,此邦士庶,何幸而沐浴元波,嬉遊化日也。然聖主方勵精改弦,搜揚宿德,鼎軸鈞衡之地,亟當宣麻,彼中安能久借我于定國哉？

祝融煽赫,嶺嶠阻脩,暑氣尤倍。喊喊鶯聲,且行且止,切勿叱御長驅也。不腆一芹,敬勞鞭弭。雲山蒼莽,西望踟蹰,臨穎不盡注嚮。

復閔曾泉

繫昔通籍,雅締序鴻,不慧弟得以千里之蠅,偶旅行尾,金臺劍合,聯床促膝,依稀乎伯仲塤篪也。乃老年丈皇華晝錦,而弟索居長安,鄙吝芽糵,遂爾滋蔓,風雨之夕,緬思老年丈纍德崇仁,乾肺可噬,肺石不冤,當事者以卿貳岳牧,虛席而俟。

愧弟才疎質叢,承乏劇區,兀無豫晷,何能徵祥風萬一,而哀鰥哲獄,爲貴鄉任職臣哉？政在徬徨間,而台緘鼎貺,忽自彩雀嗋來,令人劂德汗腮,謹對使返巡稱謝。

復陳年兄

憶昔滇楚道中,聯翩馨欵,把袂如昨。嗣是契闊芝宇,幾易周星,丰情竟成神晤。老年丈治行卓犖,分符嚴陵間,桐江釣絲,黼黻天漢,不慧弟何幸得炙餘輝,以自華潤也。

抵任時,舳艫夜經貴治,所謂黃昏渡俗吏,恐羞清風,博笑自點耳。富春地主,顧乃割水槖,睠念故人,而鼎貺薦加之,萬有餘戢,愧莫敢承。附璧鳴謝,曷其有諼。

上馬制臺

方今邊事劻勷,幕府多故,台臺以龍圖鳳望,借重行邊,鎖鑰九塞,居然萬里長城。在昔周、召出而經略武功,入而揆衡宰輔,台臺固清時周、召也。夢卜大拜,日可竢矣。

某治餉無狀,卒乘饑渴,不能拯救。藉承覆露,營伍晏堵,脫於罪罟。而一麾出守,復當孔道,勞薪鞅掌,心固甘之,政恐齒髮翦為仇讐,即欲鞭愚朽以逭官謗,道無繇耳。台臺鑪錘在握,陶成後進,拜別之頃,慈仁有加,祇令感戢神,一夕而三馳也。

上按臺喬鶴皋

某不奉顏色,聆慈誨者,三時而邁矣,乃台臺之霜威露德,則時時浥戀膈中也。方台臺之持斧而出,封章而入,神羊悚角,蒼隼驚飛,無論三邊川獄,色動九塞,可以凡封,而百辟可以羽儀矣。

某無似,獲以職事,快覯清光,竊自謂有八使而千載稱御史,有臺下而千載無八使,非虛語耳。拜別以來,遠守越郡,孔道四周,簿牒百集,以匪材縶維其間,何異奎負? 令得如臺下者,師而帥之,提而命之,庶幾無大蕢越,以速官謗乎。高誼霖霈,刊酬耿耿。

與副總戎王仰齋

異時某以天子命,與將軍會于上谷。將軍枹而不佞鼓之,將軍談劍術而不佞歌凱鐃,雍雍乎折衝樽俎間矣。方今南北多故,幕府有事赤白囊,麾下彎八石弓,鳴劍伊吾,磨墨盾鼻,題燕然碑,縣官安排麒麟,如後將軍故事。丈夫處此,差足愉快,不佞之爲愉快而後可知。

不佞別來,驅車杭郡,繁衝紛糾,譬如八面鋒而縱橫其間,神怔怔戰也。北望轅門,繾綣如昨。葵丘把臂,續當傾側。

與黃節吾年兄

某宣賦之役,以糠粃先左右,内畫外据,期上不負簡命,而下不負師訓,然卒艮裂莫支,而兩無當也。老年丈高標偉緻,珠玉爲後,料趙營平一至金城湟中,士卒如在枕席,何慮先零罕开哉?近簡邸報,讀老年丈封事,忠肝激論,侃侃憂時,至爲肉奮而神飛,異時立朝丰采,端爲望之。蓋老年丈,吾年譜中景星也,幸復同署,觀型有日,司餉最績,直緒餘耳。

弟浮沉郎署,慚無寸豎,可爲吾黨光。兹叨轉越郡,地衝事窄,内方寸、外七尺,疲曳於供億,罄折期會間,鞠手而不可脱。年丈仁心爲質,果何道而可藥我膏肓乎。簿書之暇,敬布腹心。

與李翼軒

中原士鼓篋縹緗名下耳,相慕則翕然以台臺爲穎鵠,蓋台臺文章德業,實人世一菩提。今者總憲諸司,提衡三晉,畫象敷教,千載一時。某無似,嘗以職事,密邇下風,佩沐教愛爲多。每自謂晉都會也,於山有恒、霍,於水有龍門,間得台臺,爰增而勝,異時三槐九棘,蒼生卜其安危矣。

某浮沉仕路,鹿鹿無所表豎。治餉上谷,遭遇艱難,株守空藏,徒懷瘋憂。轉守劇郡,道周事糾,百相繩而百叢責也,何時得坐春風教益中,而左提右挈之爲恩哉?西望憲臬,戩衷馳膈。奉候台禧,仰干璇炤。

復衢州府張七澤

冗劇之司,無如郡守,而古杭又焚然都會也。不慧弟濫竽其間,勞薪鞅掌,如尫子力千鈞之負,幾何不賈而越哉！所幸台丈耿耿,鄰壁餘光,可竊襲以自鑑量。台丈仁心爲質,輔以英猷,直令三衢,居然潁川五鳳間也。跂慕,跂慕。

間者旅航經貴治,弟以履任期迫,小舠前驅,不意辱枉干麾,歸臨江滸,前途聞之,初夏懍然負冰,此罪當何荊塞哉？乃貢記未遑,飛械復辱,令人愧感倍深,謹附璧奉謝。

復詹遂安

門下製錦才高,暫借爲百里衆父,桐江一絲,清風高節,得門下若增而勝。不佞近在郡輔,時時披拂琴薰,以謌解阜也。所愧者,地衝事夥,綿才莫支,周行相示,實爲門下望之。乃高誼薄雲,翰貺忽自,彩雀銜來,讀之芬芳齒頰。奈鞅掌它奪,不獲賡酬,謹對使誦謝。

復俞如愚年兄

嚮直謂京庾之吏,秕糠作苦耳。及董餉於邊,而饟運不給;受事於杭,而奔馳難周,心瘁形疲,不可支吾。譬則尫羸之子,以百鈞壓其背,且責之掉臂而趨,寧不憊乎？承誨諄諄,非兄弟髓膚之愛,宜不及此。

顧武林,省會之區,四方巨猾,群聚作蠹。縱之以寬,彼固無所忌憚;束之以嚴,使其手足莫措,則怒謗四騰矣。蓋非治武林之難也,此中縉紳士類,爲我師資;所難者,乃異地而聚廬託處者也。藥石雅言,敬當書紳。

復陳成所年丈

謏淺下材,附庸年譜,長安繾綣,不慧弟承受明德,實篤且摯。嗣是牛馬奔馳,鱗羽闊稀,疎節之罪,纍纍丘嶽矣。乃香案餘閑,繙經吟弄,猶念及倚玉餘穢乎。

自麾守劇郡,勞薪罄折期會間,即欲修候,冗莫致之,而台丈腆焉先施,啓篋煒煌,令人汗下。謹使誦謝,藉手而璧將之。相思如結,顧焰赤衷。

復莊陽初

弟株持鈍樸，無所比數。台丈敦念維桑之雅，寵渥鄭重，焜燿門坳，令人且感且媿，而高情綢結，何日忘之乎？

承諭諄至，非惟徵台丈愛師之厚，而所以待弟者，亦不薄也。蓋居官政理，當握以平衡，即細微舉措，着一毫意氣之私不得。矧大獄問讞，出入輕重，天地神鬼臨而質之，通國耳目睹而聽之，凛凛三尺，誰敢顛越？台丈行法平恕，固今日釋之、定國也。不慧弟敢不仰體德意，苟湯網可蠲，四肢之敏，寧有愛焉？

復劉參戎

方今幕府多故，天以虎臣生臺下，金印封侯，旦夕在望。區區撫組練數千，飲馬海上，令轅壁有堅壘，何足一大當哉？

不佞誼叨維桑，心夙慕蘭。日者承乏武林，未獲飾冠劍爲將軍壽。乃辱不營剒而鼎貺先施，情文腆摯，拊念間重違臺下之拳拳，謹拜登頌，謝不朽。諸心惟其鞭弭，統圖嗣佈。

復須日華年丈

丙午秋，不慧弟有蜀之役，維時仁年丈謁補金臺，匆率閒歎焉綣候。今者年丈檇李政成，蘭臺玉署，爲報非奢，雖云俸未及瓜，而旦暮雲需，可勿問之詹尹矣。

弟叨守劇郡，百凡總萃，日夕冰兢，恨不得翅而承年丈辟咡左右也。貺儀過厚，顧影何堪？盈盈衣水，玉人一方。便鴻嗣佈，跂予望之。

復紹鄉宦徐龍環

於越佳山水，禹穴、蘭亭，千載爲光。惟是老先生門下，以攀龍繡虎之望，式靈其間，南州美冑，煜然玉馬前魚矣。

不慧疇昔之役，獲遊門下左右，一別十禩，悠悠我私，遠莫致之。茲濫竽杭郡，地以四周，而事且百集，不慧日夕嚼冰，兢兢三尺，以蘄上無負國，下無負民，而未即安耳。乃門下鼎貽薦加，直菁簪之是念。捧閱間，令人媿感併集，謹對使誦謝。

復陳四游年丈

冗署得華封，啓而覆讀，慰誨兼至，非折肝相信，必不及此。以仁年丈游刃妙手，恢恢無留行，宜乎政聲四馳，而顯擢可勿筮俟矣，積逋沿習，何足爲神明令芥蔕哉？

大都仕路險巇，一絡足其中，即兢兢三尺，不容錯半趾。此吾黨之共憐，而迂疎如弟，蚤負鉅都，尤爾凜慄也。辱蒙俯愛，鼎貽薦加，弟知感矣，而未知所以報也。臕行栩栩，鮑沮地分。睠切中丹，肅復不盡。

復陳清波

丹陽去三竺數百里而近，吾舅甥者，宦地相望，耿耿五雲間彼此耳。舅才乃大常，質復木疆，賢甥所習知。茲承乏杭郡，何異責僂佝者以鼎負，督蹴躃者而致千里也。

杭固舊所卧理地，此中百凡習苦，計無容贅矣。乃賢甥篤念戚誼，錫之翰貽，且不靳藥石，砭我膏肓，自非至親，誼不及此，感戢何可言宣也。惟是丹陽峻績，人稱眞刺史，將來專城憲臬，直旦暮事。世有楊惲甥，渭陽愉快而後可知。

上沈蛟門老師

仰惟以名世先覺爲當宸，礪衡立朝，丰儀巋然，中興第一。蓋在國國重，在野野重。主知輿望顒顒，復相司馬家，而以四明當巖洛矣。

閹茂之季，某小子樗庸謬辱栽培，倖徼通籍，以迄今日，居恒內訟，咄咄措大，何由有此日也？則吾師相公施生難爲德父母難爲恩矣。從吏十載，浮沉中外，司庾而糠粃作苦，督餉而措給靡時。茲轉守杭郡，復當繁劇，簿書丘纍，賓旅途織，內方寸、外七尺日瘖糜於磬折卷婁間，百叢軮而百亡當也。

且也首夏即事，而蜥蜴爲妖，九邑之生靈，半爲沉竈，徬徨籲禱，僅獲粗安，以故師相公修候之役，缺焉後期。計尼父之優吾徒，夫固躅其誅討，而詡詡教詔於從政者，不遺餘力，小子茲日昕夕飲冰，覆餗滋懼。師相公倘不終棄菅蒯，而春風噓植之，以終始生成之誼，安在小子之無天乎？虔修不腆，上塵軒闥，仰干慈焰。

復程志初

南薰肆夏，忽彩筆翩翩自南來，瓊瑤飛墮，爛然馴心，充然敓目，是何慰藉之綢繆也。不慧迃謏，濫竽省會，如闠子攎千鈞而致千里，將來尯尯乎蹴躓難勝矣。

台丈以脫穎雄才，原從百里起，峴山畏壘，隱映而在，每望天柱諸山，令人景行之思，若翼若跂也。留都去武林數舍而近，台丈思舊蹟，亦復併念舊蹟之郡牧夫乎？盛儀孔臕，當之赧顏。感悰霢霂，惟爾葵傾。

復泗州鄭年丈

惟莆晉脣齒國，而年丈又胞乳誼也。客春長安簪盍，媿綿謏，亡能爲效尺寸。而無何，復以視餉，驅車上谷行矣。年丈以上雍試爲大夫，人地相傑，恢恢游刃，將來宦譽雷轟，黃金詔道而南者，必之鄭泗州耳。

弟承乏武林，地號劇驂，簿書且復蝟集，營營懼府，未知稅駕何所。承台諭敢愛頂踵，不以圖效，第漕臺雖杭中縉紳，然吳越皆其屬地也，間有公移，俱爲上下僚，統體啓事。且弟初即任，遽爾冒干，恐非地觸藩，未必有當於年丈也。俟有圓便，容徐致之，祈在焰亮未戩。

復陳清波

稚齡伶俜，備嘗諸艱。幸博一第，而悠悠落落，動遭齟齬，治粟則秕糠作苦，治邊則輓運不繼。今治杭，則又甚矣。接應繁衝，日效馬牛。此以筋力爲禮，猶可勉強任之，而帑藏匱竭，錙銖如掃，有一日幾費十金者。布被紙帳，脫粟虀鹽，不敢告人，人亦莫之察也。且事體掣肘，上下之間，呼吸殊不相應。此地固老甥舊遊，亦稍知其難乎？抑時勢局樣，月改日更，又受事以來，便遭災潦，米價騰貴，市民噪囂，極意調停，乃稍安輯。然而呼號控愬，猶纍纍也，吾不知所稅駕矣。

宣城鮑縣令，乃川中所錄門士也，其人年貌英特，清標俊材。小試崇義，而政聲飛揚，已膾炙人口。今屬老甥宇下，蕙蘭共器，氣味自合。然驥裹雖善步乎，非得良御，未必能致千里，願老甥留意焉。便中草草，萬惟炤亮。

復吳白雪年丈

四明佳山水，物望原甲域中。老年丈以奇負臥理之，露冕行春，棠陰染衣翠如沐也。蓋自是兩浙有寧波，涯居者歌清宴，頡頏王李，籠蓋錢、曾，不慧弟竊在下風，其爲榮施，豈有既焉？

弟承乏古杭，地號劇驂，當公私匱困之頃，加以蜥蜴肆孼，沉竈陸舟，編列疢瘁，吾儕均斯負重，雖有俞跗、長桑，且驚而走，奚啻秦越人哉？

辱在同盟，誼聯金友。君家治平方且爲天下第一，果何半豹七發，可爲波及而河潤耶？捧讀台緘，具見高雅，敬已心銘矣。斗邊劍氣，何時虎林當延津，顒跂顒跂。

與兩浙監司

某以客冬奉檄，重趼南歸，今春元夕，方入里門。惟是春秋窀穸，與門戶兒女之事，百冗蝟集，措理惟艱。而簡書可畏，旋治行李，趨赴武林。不意初夏淫霖，直至五月將盡，乃始開霽。水潦漲漫，連於天漢。田疇衝陷，居室傾頹，老稚沉淹，少壯流離。麥苴之將收者，蕩無半粒；禾秧之既插者，朽無一穧。米價騰貴，市途噪呼，人心洶洶，莫必其命。夫杭固難治之區，兼以災傷如此之慘，即龔、黃而在,猶難拊綏,矧某椎魯無似,其何以起瘠溝中,令就安全也?

台臺憂國如家,民饑民溺,切若膚痛。浙省自宦紳而下,以及隸萌,莫不引領望恩。蓋此番災異,百年未有,非大破格蠲而賑之,不惟孑遺可哀,恐禍患且貽於國矣。某疎戇不知忌諱,冒瀆鈞威,伏乞炤涵。

與南昌府盧真常

客冬攜帑過南州,辱長者車騎寵而臨之,駪駪征夫,壯色千倍,且誨督慇懃,授以守郡良規,寸眲周旋,靡敢失墜。第鉛刀效割,菅蒯猶難,矧以試諸盤錯,有不破而碎乎?

承乏以來,蜥蜴作祟,民幾魚鼈,號溺告饑,徧於九邑,而官府之藏,赤赤如窶人子,賑無可賑,蠲無可蠲,徬徨周呼,莫知措手。台丈露冕行部,澤沃四至,請亟出其餘緒,以拯此百罹,何啻懷中之賜也。

敝門生陳,困頓長安十年所矣,乃博一官,執役宇下,不惟渠喜躍自奮,弟亦爲之歡然不寐。此生敦實有餘,恐年少未熟於事,願台丈以教弟者而鞭箠令之,感且不朽。

與吏部丁蓼初

某不慧之在里社中,迂疎傴塞,是其本色。藉有天幸,獲徼寵於台丈。杭之役,錫以鼎貺,耀以祖餞,如天之福,終身誦之。日者簡邸報,知銓衡虛左以待,崔盧勳業,中外具瞻,公家松徵,喜勿問之詹尹矣。

弟抵職以來,計服膺慈誨,罔敢失墜。奈時異勢殊,帑府空虛,百務蝟集,支離莫應,加以天禍,蜥蜴爲祟,霪潦滔天,説者謂百年未有之災,人心皇皇。乞命而部檄徵夙逋,中官急苛繩,此時此地,即范、蘇而在,猶虞約結,矧皆窳如弟,若何而有稅駕所也?台丈罣罣雅愛,聞之想爲蹙額。

飢渴道範,亟欲訴此衷悰,茲因鴻便,敬候興居。計和鸞色動,擁篲有期。關頭望氣,曷勝懸戀。

復陳如岡老師

十載師門，天幸密邇，乃衣帶相望，恨不得日覿絳帷下，領略提命也。貴客降荒署，儼然吾夫子威嚴在焉，促膝片時，便足千古。昔蘇子美爲杜祁公愛壻，雅有冰玉之譽，不謂於今再見。某小子復得步趨其間，且獲耳吾夫子起居近況，愉快哉！雅誨諄諄，恍若面命，而於中丞臺重寓薦剡，夫子之優吾徒，信篤且摯，金石有銷，此誼難泯矣。

承誨作書郵某，自履任來，嘗與此老相聞問。草率空函，恐貽嗔誚，故姑循憲體事例，用經廳官銜以往耳。

復宣城諭曾年兄

一氈閒暇，萬卷披翻，塵坌無擾，寵辱都忘，此弟生平獨得風味。從此以往，形憊于案牘之紛沓，心驚於毀譽之浮沉。官以倉庫爲氏，人亦牛馬相呼。今則承乏武林，七尺之腰，俯仰如械。治文書至子夜，甫得就枕，目未交睫，而胥人擊柝，傳趨事矣。夫人生亦貴優游自適耳，如此劬勞，如此鞅掌，《北山》大夫所以有行役之怨也。

年兄暫借獨冷之署，勉圖進修，異日許大勳名，都從此立跟腳，柰何厭薄爲哉？鮑生英齡雅抱，弟所愛而畏者，承諭即折簡相致，且令執贄北面，年兄幸引而教之。

復鮑日葵門人

令與守均司牧之官，第郡守於民稍隔，且攝屬數縣，其情亦泛而不親。惟令則襁抱蒼赤而噢咻之，有謁則遂其所欲，有懇則去其所惡，故以"愷悌父母"稱耳。老弟發硎新刃，得百里而君長之，一念孚，誠金石可貫，卓、魯豈能擅美於前哉？昔人謂"喫得幾斗醋，便可作令"，蓋言要耐煩忍氣也。不慧今且嚼醋數石矣，寧直以斗計耶？

貴治掌教，不慧同年也，此君意氣翩翩，鵬程萬里，在指顧間，願以阮步兵青眼視之。八行布候，統惟鑒涵。

復萬總戎

七閩蕞爾提封，介在海之外户，節鉞重鎮，非繁易任。自臺下建纛其中，而蜑鯢斥晏，涯居者歌清海，不慧父母國受賜多矣。

時在春初，不慧攜孥過三山，擬一揖大將軍，卮酒上壽，以勞克詰，而虎節踞榕清，披雲之願未愜。乃不自意，辱承睠念，推如天之覗而光華之。政在剽劇，而秋鴻翰幣，復琅琅自雲中來，得無傷於惠乎？蓬使鄭重，懼方命，敬拜登。灼艾新集，異時内召建伯，勒蹕過武林，把臂葵丘，毋勞歃血矣。主臣耿耿。

復樊致虛

久飫芳名，技成製錦。頃承華翰，喜慰嘗臠。麗水莖露，流金百里，播神君之譽；武林仁風，戛玉二境，興孔邇之歌。欣然共事一方，蘭金臭味；傾心八月，兼葭倚同。好音速報玉樓人，政是秋中團魄；負槳已映茅簷望，直爲君家歡迎。晤對有期，冗占附布。

復翁周埜

是月也，令兄年丈自天南以蓬使至，而台丈在江以西，復翰貺重臨焉，則不慧弟所承受於尊府兩兄弟間者，實腆且摯。又獲挹令兄芝宇，於晉接下，則是河東之鳳，徐、羅之美，弟以一身聯鑣而肺腑之矣。

弟在武林，才疎地劇，了無善狀，加以蜥蜴爲祟，人民呹虺，而鼫鼠之技益窮。台丈昭武政成，果能以其波爲枌榆德，而出之懷中，措之衽上乎？弟受賜多矣，葵私八行，佈其萬一。伏惟炤而原之，幸甚。

與松江楊別駕

客自雲間來，嘖嘖楊使君治辦，清皭秋穹，鑑朗桂環也。弟夙慕仙踪，未遂倚玉。間從敝里同年蔡情符君耳所爲刺狀,輒噲(膾)炙台丈在口頭,始信雲間不第有二龍,更有驥裹驦足,長譽在騁,終當詑天駟上驥矣。

弟承乏武林,鶉濡羞負,兀無善聞可爲台丈佈。吳越衣帶相望,所謂一葦航之,鞭弭有待也。玆不腆之將,藉紓積悃,區區志役,萬蘄得請于將命。

復方冲含

循覽瑶華,申之副墨,卒讀之,知爲江茂才補試圖也。夫驄臺烏府,西席鄭重,江生何幸得遊龍門而觀海若耶?

陳學道已竣試回郡,功令嚴碻,子衿悸心,第江生業獲所皈依慈雲法雨,何寒谷之不陽春乎?生即戔戔綿蕞,辱有明命,而加以敝座師之耳提,敢愛三寸之舌、方寸之心,不慾慁爲役也。敬此奉復,主臣瞻注。

復陳廉岳

別慈顏時,辱以李學博見誨。入武林,亟一晤對,果然雞群之鶴,百鳥下風。蓋《緇衣》固長者盛事,而文節亦非私一項斯矣。夫廣文乃某起家,秩寥寥,故吾首蓿青氈,毋惑乎其頓破壯士顏也。蘭芬臭味,即愛莫助之,然力圖爲助,其敢有愛耶?

與新司李孫偃虹

惟武林劇地,大李重司,主爵者慎難其任,必遴而授之雄才偉略之英,以勝任而愉快,人與地兩相重云。台丈名家裔也,青瑣黃扉,公家故事,堂有文正,固知繩武有忠宣,區區古杭郡,乾肺可噬,畫象可化矣。

昔穉圭相業彪炳,而筮仕發源,自司理開封始。當事者以古杭爲開封,弟竊爲厚幸。今即桑林未奏,而恢恢餘地硎發,何留行哉?顧此中屬當葘畛多事之後,都人士莫不顒顒台驥,如和風甘雨,速被爲快也。

弟案牘是羈,惟南望天岳,日懸案迓德香耳。尊大人台祉嚴重,未獲崇候,毋敢唐突。耿耿下私,虔若鷺顫。以辱在蘭侶,庶幾得請于將命。

復大同府高啓塘

繄昔祝鳩共事,駿才鳳輝,炯炯在望。上谷之役,復叨芳鄰,得時時從塞鴻噉吐赤襟,差爲浣慰。無何,而天西南分矣。惟是門下,批荠利器,建隼畫熊於紫金、黃河之間,治行卓犖。行且築受降之城,以安邊款塞,令仁愿廉李,籠蓋下風。將來揉軸中朝,開府重地,直勿筮須之耳。

弟承乏劇郡,兢兢蚕負,即有西湖之風景,三竺之曇花,要以支離軼掌,兀然無覩,較不若雲中恒、岱之清壯也。辱承翰貺,怳爲故人如覿。敬百拜登,襲秋風爽瑟,臨向披傾,惟鑒亮之,幸甚。

復陳參府

嶠不飛峰,士樂守歲。明將軍之賜,所獲多矣。頃會城飛蓋,快圖良晤,竟爾相左。茲鳳籥轉新,正和歌凱鐃,椎牛享士時也。不慧弗獲舉柏尊以壓龍淵,爲將軍壽。乃朱提雷使自海上來,誠然悦禮樂而修惠好哉!敬拜手璧謝,遥祝冠劍,未既素心。

復陸明府

繄昔執鞭貴治,入境而喜賦全魚,履庭而風清馬骨,名下無虛賢,雖披雲未遂,神固甼甼嚮遑哉!不慧蚕負鉅都,奉職無狀,惟是仁賢之區,獲居而事之,以亡負一腔心,庶幾亡大負于父老子若弟乎。辱蒙翰貺,情文兩溢,心篆之矣。使旋,謹向風九頓以謝。

與鄧壺丘

驄馬煌煌,何不暫停旗節,遽越江干,蒙茸郡吏,不及負弩迎送,罪狀多矣。滇南乃弟舊遊之區,彼地風氣與中州大不相埒,蓋寒暑不甚分,即三伏節候,猶見繡衣使者，不去綿藉，則調攝之當慎，可知也。

台臺健順同德，神帝呵護，所至且川嶽響動，草木色飛，百祥駢集，無俟蓍蔡。弟芹曝無以自效，不得不慇懃叮嚀耳。簿書鞅掌，尚役代叩。伏惟炤在，曷勝惶悚。

復李靜齋年兄

弟賦命不猶，在都城則蒙茸秕糠，在邊疆則拮据笯餉，在武林則又遇歲之不易，民之艱難。天下大矣，何獨弟也者，爲一進賢冠，劻勞鞅掌，與雞俱興，日昃不再箸，即欲借晷刻之暇，如嚮者侍仁兄座隅，捋鬚一笑而不可得，蕞羹鱸膾，益勤寤寐矣。

貴同僚陳君使至，詢知履幕安吉，且辱繡補之門，未有以復也，敬附八行鳴謝。青陽布令，願言自玉。

與無錫縣許門生

卓、魯芳踪，久已從涉歷間，目飫而心醉之，私謂朞月政成，即蘭臺玉署，可計日竢也。乃當事者，以垂雲之翼，不宜搶榆枋，必借而奮翻於莽蒼之國，而後以九萬里爲斯之日，錫山且化爲金城，可不問錫而見錫流矣，憬憬慰慰。秋間屢走關頭望氣，冀仙鳧之必入武林也，乃竟杳然。門下賢勞馳驅，不遑啓處，其殆以吳山當塗山乎？

政在睠懷間，而翰旣復自吳天至。夫樹出伯夷，其錫之也，固足榮光，然奈施而不報，重施而重不報何？不慧茲惟目領胸篆而已。西望閩江，惠波層峻。藉手璧謝，未佈一腔。

復王虞部

宵材鉅負，復逆時蘖，咄咄三空之瘴，何能爲貴邦佈寸愍，又何敢不爲貴邦父老子弟恤其緯也？台下發軔司平，起部推元白矣。天生五材，越發其祥。不慧心儀已久,乃辱承諦念,鼎眈薦嘉,如天之福,何以承之?元方難爲兄乎?家有白眉,一言自足九鼎,敬領命矣。鴻儀毋敢拜嘉,傳茲頌謝。

復嵊縣施中尊

門下羽翔仁露,骨高清風,蓋猶篤念桑榆敦摯哉!役享頻加,報者媿而施未厭,令人徒感忘畦焉。日不慧犬馬齒叢矣,乃智童也,德豎也,質蒲柳也。引鏡覽形,我生謂何,徒負七尺軀,而顧敢辱仁兄之記念,且割冰壺之瓊液,而青黃飾之耶?語云:"得至人一善言法,當增壽一紀。"今而後,從天光乞殘日,驅馳人間世,瞬瞚皆門下賜矣。相望一水,隔若崇霄。何時一樽話衷膈,相與傾倒?

復何芝嶽年兄

陬春燈明,火龍吐焰,老年丈華械適至,盥而宣之,栴檀馥而千官擁也。夫詞臣都清華,老年丈宏詞抽對,占臺閣第一流,當夫月明太液,雪霽西山,玉塵飛屑,文酒游傲,固自千古快意事。

不慧弟一官拓落,徽纏劇郡,與翰音興,後長庚入,腰脊欲裂,寢餐至或廢也。卬眠天祿,顯相真元,都苦海不啻懸矣。辱承德意,公弟以緇衣,敢不心識?顧朱君嘗觀海若矣,奚屑江介波臣以也?弟瑣瑣牧夫,葛藤胸塞,望吟壇弗敢伸半紙,惟有逡巡謝不敏耳。老年丈聞之,將無搏髀王生,真俗吏哉?抑吾家將軍老而怯也。恃眤敬佈衷言,紫霄明德,懽與戀俱。

復姜同節公祖

寶眷過吳山,鸞驂沃若,道色干雲,生某即不獲弩驅,惟是移檄山靈,護翟車神王耳。桐城脊脊多故,非老公祖仕學兼優,卧理其間,民幾亡幸。即如從容定亂一端,視賣刀建鼓之遺蹟,尤誇盛事,數千里聞之加額。生待匱武林,冗劇潦浸,日爲陽肝乞命,孑然無善狀,大都苦旱苦潦,彼此病鄰,刺府幾成畏府哉!

适闻老公祖动尊鑪之想,奈吾父母国扳辕截镫何？奈山斗待衡文何？行可之仕,方大见之行,尼父处此,当不霞瘤。生固醉麵车者,何敢慾恩,乃借寇望切,故不愿以家食先大烹耳。便羽敬候居起,荒牍草率,统图慈炤。

与林徽瑕年兄

榕城班荆,喜得附仙跡,以誇李郭。乃台丈紫气分擕,令人望玉林而佗岐路焉。白下风景不恶,日者天昊不仁,稍改舊觀,年丈以勋时妙手,电章而平反之,毋論圄土有天,即拔苦海,而清都法云,苪蘝维摩,功德浩矣。弟勞薪此中,七尺之腰,径寸之胃,磬折瘏痲而无善状。至若其鱼其咨之忧,又彼此共之,爱我者,其何爲教澤焉？冰鑑文擕,得玉树一枝春,标芳武林,弟敬已神愉矣。晨风便翩,削繭披衷,鉴而炤之,幸甚。

与樊致虚

今世守一官,任一职者,水土刑狱之烦,米盐钱谷之粗,处置经营,劬勞鞅掌,间亦有之,然作止緩急,皆得自主。而宾客之晤对,风月之游翫,犹可託以适意而娛情。乃若督学使者,居一亩之宫,握三寸之管,局曲帖括,标黑勒白,从春徂冬,以夜继昼,有急无緩,有作无止,寒不暇爐,暑不遑箑,形貌外疲,精神内窘。其防範也,如蛇虎在旁；其摸索也,如鬼帝在侧。前后左右,盡疑畏之人；俯仰动静,盡窥伺之隙。当夫天日清霽,偶得奇雅文字,微可赏心。及至风雨阴霾,意兴不佳,又遇腐烂头巾,荒穢腑肠,啅噷梦幻,搬堆沙礫,擲笔投地,短气塞胸。无何,复勉强收拾,从头排顿。则爲此官者,不亦难耶？

第念吾二人共事武林时,簿书期会,旱潦飢渴,无不夤作夜思,综理劈畫,姑颺婦春,兄踦弟角,未足以喻。然某则多忧多懼,台臺则多誉多功,推此而上,运斤成风,削鐮入神,极天下盘根错节,不能难吾致虚先生也,又岂难学宪哉？

豫章一别,参商九载,倘获面晤,所欲谈者,即十吏未能供楮墨。兹一幅赤蹄,寥寥数语,余皆付之想像謦笑间耳。另有裹言,肃在别简。

與浙中吳門人

讀仁弟試卷，文理優長，通場作者，皆瞠乎其後，何以至今不業也？顧學不日進則日退，曾見諸生中有平平無奇，後乃能雕繡龍虎者。又有掞華振藻，後乃索然無味者。大抵九仞之虧，與一簣之覆，進止總由己，不由人也。科塲已近，發憤自奮，我未見力不足者。槐黃文戰，不慧當傾耳而聽佳音。

復周斗垣

學使者不易爲，亦不難爲。以弟鄙鈍，猶且混做一塲，矧翁臺才識百倍於弟，山斗歸望，弁紳傾嚮，其提衡溯士，直承蜩掇之耳。此時不緩不忙，寸晷分陰，皆爲至寶。公儀既畢，即可行巡，從容整暇，隨所指麾，無不周暢。若蹉跎時日，卻於忙處着腳，非惟自苦，且令傍伺者生心矣。

翁臺所示，眼目爲先，精神爲本，胸襟爲樞，三言已盡其概，何患有神鬼，天淵徑竇哉？弟前舟中，以寡欲節勞相囑，亦彷彿此意，蓋欲不纍、勞不傷，而眼目、精神、胸襟，皆有餘裕。至於內外諸弊，不必苦用揣摩，在我根源既清，事專而心靜，魁柄不落人手，弊到面前，自然覺露消除。考日分卷，考後閱卷，一紙一幅，切不宜別有假借，只是自家兩目兩手，相信相隨耳。考塲給事員役，少用一人，便少弊竇一分。若冒籍代考等弊，全在提調官，倘非同德一心，可奈何哉？

翁臺借視於瞽，而弟以瞽言進，祗足爲笑資耳。弟別矣，山川遼阻，不隔者心。遙睇德星，倍增戀注。

復林樗朋

一葉小舠，鼓枻東行，極目南雲，梓桑在念，不啻欲插翅飛翔，朝發夕至也。乃淫潦作苦，濡滯於古睦蘭陰之間，越幾信宿，榜人猶未敢擊楫而前。羈絆旅臣，倍增悵惘，昔人感嘆行路之難，信有以乎。然程途數舍，淹速困亨，且不得自由，矧吾儕罜礙世網，毀譽暖嫉，倏冰倏炭，其如彼何哉？惟有居易俟命一法，任他風浪沉浮耳，無虞鷟悍者之不相忘也。

蘇紫溪爲吾鄉神人，弟豈敢望萬一？顧此老初亦不免婁菲，今則輿論始無間然，而謂癡絕王生，能令人愧屈耶？即有愧屈，安知非禍之所伏也？翁臺視弟，同里同官，情誼敦摯，故到處不斬脣吻，而無鹽奇醜，飾以膏黛，過者益掩鼻矣。

所賜白粲，跽受食飲，式舞且歌明德，臨穎曷勝拳拳。

復奉新縣

秕稗學臣，無一善狀，乃以魚貫之序，量徙豫章，豈當事者，以治人之不能改，而治粟秕糠，猶堪陶鑄釜區，可使持平耶？然駪駪征夫，未遑以不勝任爲懼也。

萍梗孤踪，離家已久。此番暫弛負擔，假程途之便，歸謁先人丘隴，趨奉明誨，未有定期。遠煩紀綱，越境勞問。肅勒布謝，憑楮依依。

與張葵軒

匀沐歸來，抱恙謝客，即族黨姻戚，未嘗一應折簡之招。前到貴鄉，對坐月下，談叙宿昔，信足愉快。以隨從多人，懼擾庖俎，告辭而歸，乃聞兄翁爲弟下榻，雖不及匙箸，而心腹已屬饜君子之賜矣。曾有短劄奉謝，何以竟達空函也？則小伻封識詿誤耳。既而高車臨顧，門者傳刺稍稽，迨弟肅衣趨出，飛蓋又他馳矣，豈食飲聚晤，亦有默定之數耶？彈丸一穴，跋履山川，而竟茫然無當。兄翁造化在手，地靈聽其指揮，獨不可點畫尺寸，俾弟得營菟裘以老乎？注懇，注懇。台旌進城，先以居停賜示，縶維白駒，於我信宿，尤所願也。率勒展佈，憑箋耿耿。

上黃太蒙撫臺

某鄙陋齷齪，得以職事，匍匐鈐閣之下，服膺嚴訓，奉以周旋。至"擇官而仕,便非不貳心之臣"一語,則尤佩之終身,爲弦爲鑑,不敢晷刻違忘。四載馳驅,衝冒寒暑,凌犯風濤,雖以先人遺體,屢行危殆,並無悔惛。蓋仰體台臺忠君愛國盛心,勉竭駑鈍,庶幾一當報效所天耳。

兹台臺以大司空持節治河,大江之西,不得復借旌旄鎮撫矣。某犬馬賤臣,從今以往,誰肯舉金色指臂,廣運法輪,引導頑癡,入光明藏哉?語云:"士伸於知己,而詘於不知己。"此某所以躑躅邅回,持疑於進退之際,而不能自决也。

乃捧讀尊諭,謂松楸繫念,得代便當疏請,則某竊有惑焉。夫某蚤蟲經營耳,其進其退,何足輕重?台臺一身,廟社倚之安危,海宇由以否泰,寧可借釋負爲適哉?想聖主夢卜簡注,必不煩元老於橇樏間也。伏願頤攝鼎祖,以慰霖雨舟楫之望。

與建寧府方筴阿門人

人言五馬貴倨哉,愉怫在心,而喜懼行於數百里之外,此未爲知言者。夫吾儕齋躬事主,寧直以人之喜懼爲得志耶?要於精神孚徹,淪髓浹膚,乃勝任而愉快乎。

老公祖治建州不數月,而遐邇傾心,頌聲如沸,這一段精神,真有超於簿書筐篋之外者,佺傯俗吏,惟日不給,望之瞠乎後矣。浙事艱難,百孔千瘡,某拮据支吾,無所措手,羸瓶折鼎,勢所必至,慄慄乎若將隕淵,而莫可奈何,則惟有投簪引遯一策耳。

仲豚某從武林歸,敬遣承筐,候問履幕。仰祈叱納,馮箋拳切。

與孫偃虹

每與楊君、毛君坐談,便想台丈翁紫芝眉宇,訊問近時履幕何狀,間有及往局未結者,則又詳述台仁翁任事之苦心,可對天日而質鬼神,乃二君亦披腹相信,同此臭味。蓋赤腔聯合,豈强結而後親哉?

近聞一夫鼠竄,自詣對簿,物情揣摩,許多支節。此事吾兩人者,實終始焉,禍福安危，順其自至，無用憂疑，亦無計擺脱也，尊意以爲何如？弟此番幸弛負擔，橐裝歸里，便欲藝秫種菊，作小柴桑行徑。畎畝中人，還以畎畝，不失本來面目足矣。用世勳業，台仁翁乘時勉旃，奚待相知督蹙也。

羅生已承大命，復其原物。便中敬布腹心，萬祈炤察。

復黄貞父

頃傳年翁丈且晝錦言旋矣，擬欲負弩西郊，拜迎馬首，遍搜大篋中所存白下諸作，長篇短牘，挾爲歸貨，誇至寶於吾黨。不謂紫氣雖騰，而真人清駕，關尹猶未報聞消息，弟已有他除，不敢濡滯，遂鼓枻而東。舟中行李圖書纍纍，乃點簡年翁丈之賜，止二三策，終難屬饜。矧此番一别，未知後會何期，雖聲容談笑，宛宛可思，而一日三秋之感，弟某安能釋然耶？

孫嗇老同在南都，意氣日親，麗澤不淺，鄙弟離群索居，又不能不生增一妬也。草勒短札，望爲弟轉致之。羅生已敬承台命，復其故物矣。併此附布，臨穎依依。

上順天府尹李孟白

藩政囍繁，非猷略通敏者，不能仔肩。弟秕糠稍暇，間嘗微代洪經寰晷刻之勞，則相對而嘆曰："李孟老真神人哉！"我輩馳騖竟日而不足，渠獨舉麾俄頃而有餘。且酬應周密，無所不到，而意氣暇豫，絶無絲毫粘帶。人之品量相越，豈不遠耶？敬服，敬服，非諛語也。

江省修船一節，弟催督四閲月，皆以修船之銀不給爲辭，朽敗沉水，莫肯補葺。今兑期已近，飛檄如雨，延滯猶故，藍縷凋瘵之軍旗，呼號抗籲，諭之以空言不得，威之以夏楚不得，如此情景，而曰不稽誤漕糧，其誰能信之？

翁臺雖已離此中苦海，而地方大利大害，素所洞晰，伏望垂念并州，力言於部堂，必允如翁臺前議而後可。若堅持不允，弟不過以溺職待罪，而誤軍國大計，當事者亦安能晏然坐視也？耑此佈瀆，曷勝懸切。

復建昌府須日華年兄

疾病人所時有也，弟嚮承乏武林，亦以勞瘁致瘧，三檄匄休，當時適有大工大獄，拮据刺訊，已十之九，而當事者過揣，以爲不堪毒苦，託意採薪。弟聆此外論，勉强支吾，呻吟床笫，且服藥餌，且理案牘。閉閣近三浹月，乃出視事。及拜謁，上官見弟形容衰憊，始釋然諒其無他端也。

年翁所處，弟深信非爲近事，而杜令聞翁丈有引疾之舉，真如孺子戀慕，不忍離襁褓，更無一語私猜，彼旁觀生疑，豈能望高明之腹哉？矧脩覲近矣，非惟題疏之難，即守郡事體，亦甚未便。邇者如此，遜聽可知，安得家置一喙也？願加意珍攝，慎重鼎茵，勿藥吉喜，弟敬當饋百叩以祝純禧。

與樊致虛

輪輓甫竣，而新漕又復經始，頭緒紛拏，不啻亂絲，竟日費煞力氣，都是曼胡之弁，與藍縷之卒也。其最束手莫措者，則脩船銀，兩部文不許扣留輕齎。計今歲修艙舊船，費近四千金，此而不給，欲責窮旗自修駕運，即用商君之峻法，勢亦不行，異時稽誤漕事，誰執其咎耶？

淮陰握別，曾以此託轉達於總漕陳老先生，未審作何張主也。便幸賜示。貴公子英齡法寶，熟聞趨庭之誨，鵬搏九萬，日可竢也。瀕行之際，丁寧以多治舉子業，攻苦賦詠，俟有餘力及之，翁臺以爲然否？

復仁和縣

處繁劇之邑，問夜戴星，不辭勞勩，此非難也。惟是應猝若豫定，剖艱如素習，神閒意舒，而且以退食之委蛇，游戲翰藻，則仁丈盎然有餘地，庖丁之牛，宜僚之丸，不足爲喻。非才性超邁，問學粹淵，惡能敏妙若是？

春杪，擊楫楚州，與樊致虛從容談及，信前後兩神君，稱連珠合璧。述職之期已迫，將以何日祝釐乎？見都中貴人，倘有詢及不佞某者，爲語以王生幸無恙,粃糠蒙茸,面目可憎,第近稍由儒歸禪,雖塵坌勞攘,而六根自覺清净耳。

命使至時,適周旋直指鷹揚之役,不及修儷辭,以答華緘。恃平生愛雅,必不以疎節督過也。

復吳起華

不佞某以輓粟之役,從楚州歸,執靮桐城,貴同年王明初作東道主,授餐加璧,慇懃杯酒之間,詢及翁臺居起,乃知藉重北譙。此地幅員不奢,非足以棲鸞鳳,然而山幽水洌,醉翁之亭在焉,翁臺退食委蛇,蹋屐遊燕,與歐陽六一先後比美,不亦大愉快耶？會計賤臣,蒙茸粃糠,安得遇兹勝境,浣濯塵容俗狀也？

過承嘉賜,懼損清俸,不敢拜登,勒狀上謝,感荷之私,豈筆舌所能罄哉？翹首僛鼻,臨風耿耿。

與鄭渭初年兄

橋門寂寞,杖頭不足,至以爲仁兄憂,重煩使者,朽之人不敢受賀,而敢不拜汎舟之賜乎？遂呼小力走市中,市杜康十甀,無腸公子數枚,與法喜勸酬舉案,耳熱擊缶,且舞且歌,斯時也,吾不知天之高,地之下,何論一官維谷哉？敬謝,敬謝。

演武堂聯,題毋大有意致,第對"兵符"二字,頗死煞否。又帝座非兵符之所,而七較對北門不過,僭以拙見,擬更之云:"軍容宣帝闕,掃除南幕靖妖氛。"蓋竊幕南無王庭之意,未知何若？惟兄翁再裁定,然後可發寫也。

洛陽記問,尚未有,昨蔡熙齋至矣,容遣人索以報命。

與郭希老

某嘗讀《邢邵傳》,謂國子有學官之名,無教授之實,第燕麥兔絲,南箕北斗,虛有其號焉耳。某始以爲不然。乃今列銜受事,所隸者不過十數青衿,逐隊而入,一揖而退,禄俸儉薄,不足以供晶飯,掩扉卧雪,膚革欲裂,乃信韓昌黎之號煖啼豐，進學之譏無以爲解，僅與曼倩《客難》同一杜撰耳。

時事如蝟，須是伯翁大人出而收拾整頓，庶幾河沙世界，不遂沉淪，此海内人士所共翹首跂踵，微獨某仰藉二天之庇，日倚關而望青牛也。帝賚覃敷，賢公子例應齒胄，未審何時到都門，使某得奉以周旋，又大幸矣。

與會稽學博沈春宇

秦、稽之間，山有蕺，水有菱，又得兄丈爲我齊盟共主，聯裾結綬，時相徵尋，龜毛馬角，隨吾齒頰之所至，談鋒稍北，則葛巾瀝酒，且醉且歌，吾安知肘見於襟，踵決於履也乎哉？

比入都門，閉口學默，鞠躬學遜，執鞭下隸，一不如其所欲，即怒目而睨，不敢相呵。爰居駭於鐘鼓，犧牛困于文繡，誰謂京官足羡也？

開春以來，意兄丈滿秩鶯遷，必入此局，成均每設一座，相待舊款新懽，勃勃乎欲對榻共吐之，而除目未載，遲我數日良晤。函關紫氣，迎以新秋，計可徙倚而竢。

復王省愚年兄

益州非昔稱天府之國耶？錦城玉壘，麗區勝概，固縉紳所西望而願遊者。老年丈此焉提衡，此焉展駕，尋鳧、蠶之遺跡，弔揚、馬於舊臺，屐齒所至，題咏連箱。異日者璽書徵拜，入掌絲綸，不佞弟迎紫氣而解玉笈，當得一部子長文章，懸之國門，寧獨今日報政，稱治行爲天下第一哉？

媿弟某株守橋門，吏氣若冰，乞巧不柳，送窮不韓，徒學幾句歇後語，強自嘲笑而已。過蒙仁丈敦念嚶鳴，無有遐心，華緘隆重，益然於抹月弄風之庭，無以報也，敬九頓歌《黍苗》而拜將命。

與靖州守黃僚友

成均之官，着袍束帶，亦似貴人俯仰，而淡率清素，渾是措大風味，一時僚罙,促膝交臂,談天説淵,無所迕遷。而鄙弟與伯兄,以樸性相投,語音相近,尤稱意氣之雅。從台旌南指,而寂寞閩中,生便成離索,每中夜交睫,輒若聞伯兄西堂笑語,推枕而窹,則又徒賦《蒹葭》矣。想三刀之夢既踐,而有腳陽春,令四封以內,如遊華胥,如享太牢。生平懷抱,開展愉快,還視首蓿故人,橫肱一榻,株守蠹魚面目,不亦可憎甚哉! 山川阻脩,戀注實勞。偶緣便羽,敬勒八行,奉候興居。

復胡遊府

春風澹蕩,汎瀾安恬,將軍提樓船而鎮海上,搖羽賦詩,舉盃問月,攙搶於焉盡掃,鯨鯢爲之息浪。不佞藉有宸宇,憑軾而觀士戲,強者祭酒,弱者飲觶。依稀足下軍令輕重布之,雖不可以當鉅鹿,意者亦偏廂一隊乎? 承賜沃厚,敬九頓拜嘉。勒版展謝,願言自玉。

復侯度貞

空谷足音,翩然可喜,矧誼托維桑,聚萍於數千里外,有不強人意者乎? 曩時吾邑髦英,纍纍冑監。今則寥若晨星,每癚瘝遡之,而不可得。偶於署中,閱令器佳章,欣欣色動,進而揖之,則秀發開美,頭角嶄然,信是着鞭一躍,當撞破煙樓矣。足下有此寧馨,何讓甄家阿逢哉? 望氣儴關,未迓青牛。嘉貺之辱,無以爲報,敬歌《杕杖(杕杜)》,九頓而肅將命。

復李斗初年兄

弟之鼓枻而北也,量程計晷,謂可以瞻覿繡袞,且處我於下床,傾倒元祕。及停棹淮陰,詢之燕客,乃知煌煌四牡,已賁於大江以西,溯洄莫從,中心如結。至于今,每一交睫,夢魂惝怳,若登覽龍門,清溢佳處,晤對笑詠,不減嚮時都下剝蠏引醑也。

依戀政殷,而臺人適至,捧誦大札,歡喜欲狂。時事孔亟,商旅困瘁,兄翁爲之列其條約,攜負而衽席之,仁人長者之澤渥矣。青氊風味,宛然如昨,辱承遠惠,頓令蕭蕭環堵,陡然暴富,此之爲德,寧敢忘歌舞耶?

榷事告竣,願畚命鸗,慰我飢渴。

復紹興府劉右吾

今日成均,頗異曩昔,矧當甲乙榜既放之後,舉貢諸生皆回籍,留者大都貲郎賈豎。青衿三五,半是没字之碑,職事雖暇,而習懶成癖,子墨幾訂絕交,曾無有白眉如干,新作如干,可以副明問也。愧罪,愧罪。

學宫程費繁夥,又時詘舉贏,難於調應,幸賴台臺殫神畢慮,多方區設,以完大工。此一役也,聖靈嚴妥,士類瞻依,彼中世世讀鄒魯之書,亦世世佩服明德不忘矣。廣文卑秩,無所效其尺寸,第能頌台臺經始之難,與詠樂成之喜焉耳。

適洪學憲公入都門,坐語遷晷,津津臺下治行,爲天下第一,而葺繕學宫,乃又全豹中半班也。榮擢在即,願珍頤道體,以膺簡命。

復晏懷泉年兄

弟也居,兄翁存其廬;弟也行,兄翁脂其車。兹淹恤都門,又以桂玉之不供爲仁兄憂。華函遠至,嘉貺宏多。首蓿先生阿堵中,遽有長物,號煖啼豐之譏,不用對弟子喋喋自解矣。仁兄續望隆赫,竚膺簡畀,弟不惟爲官家賀有耳目之臣,且私幸爲我宸宇無量數也。

佩懷瓊玖,報李未能。愊惻寸衷,銘鏤曷既。

與紹庠王潾門人

梅聖俞仕宦蹭蹬,而不得一館職,故有鮎魚上竹竿之譬。不佞服官歷五寒燠,猶然株守橋門,囊粟不厭,取笑佅儒。頃賤姓字亦嘗兩辱奏書,而猶不得請,豈送窮不去,第當留之耶?

足下清才蘊藉,修業待時,一舉而騰奮九霄,橫絕四海,固可承蜩掇也。願足下更與盛門昆季,及林、陳、張、魯諸君,交相砥礪,大都科場俱是頭場作用,須經四題目一到眼,而體裁機訣,便自了然。由是騁其神情所至,辭華俊美,節調鏗訇,主司斷舍我不得矣。

附去《國學崇正錄》二册,雖未足稱上乘,然亦四方之士,所抉腎腸而二箱老先生捐十得一者也。矧朝家文體之禁,諄切森嚴,暇中稍與諸君披閲,庶幾審時尚之所存乎。

遠承翰貺,無以爲報。草草言謝,辭不宣心。

與漕運理刑張惺初

不慧之賦辟雝而來也,獲覯芝宇,飫承元麈,邂逅傾蓋,居然白頭。既而鶯遷在喬,幽谷之侶,嚶嚶鳴聲,猶西東倡和。今則門下奉璽書,董理漕政矣,淮水泱泱,伊人如玉,即子猷興頭不淺,而匏瓜拘束,安能溯洄而從,瞻我公繡衮哉?晤對何期,傾戀如結。

復陸瑞庭年兄

局促王生,懵然無覩,老年丈矜而誨之。鄙弟某奉以周旋,凜乎若傅保之提命也。至於遡流擊楫,攝屐焦山,訪隱君之舊迹,坐高僧之蒲團,舉杯高嘯,白雲停飛,壯哉此一遊乎,何時再發狂興,尋此佳會也?

卓、魯異政,簡在帝衷,即日履臺省,襄密勿,使鄙弟藉爲宸宇,如昔所稱二天,不亦幸乎?境外之賜,波及淺末,無以爲報,敬申中鬲。

復司理張文宇年兄

鷁首北征,停橈境上,蒙老年丈光顧舟中,而重以嘉貺,夷門薄賤,藉壯行色,爲寵多矣。淮陽美政,道路之人,類能言之。至於履虎不傷,完玉無毁,則精誠力量,乃古豪傑所難,推而措之,天下事皆可玩在股掌中也。

愧弟鹿鹿,怋寸莫豎,徒索長安市米,取笑侏儒。老年丈敦念嚶鳴,撥西江之水,而注蹄涔之鮒,感愧并心,未知所報,衹有銜鏤而已。肅版布謝,曷勝瞻遡。

復金啟心年兄

顓拘寒局,晶飯弗供,而檐隙蛛絲,砌下苔錢,亦足與西鄰競富。乃辱老父母年丈,存念不忘,寵以嘉惠,肅衣拜賜,即呼蒼頭走市濁醪一甀,衡蟹數筐,與二三僚友,引滿呼盧,且詠且歌。斯時也,藉承榮施,毋乃可誇鄧氏銅山乎?感切肺腑,未以爲報,願與吾閩中三老子弟,勒貞珉一片,頌述長溪治行,兄丈其許之否?

紫氣南騰,僊鳧不遠。大姥丹砂,幸頒餘粒,懸竚。

復尹星麓年兄

蓋昔有不能詩者,而強筆作詩,故有"琵梧鳳接建章"之語。弟亦詩非所長也,而兄丈以詩命,弟以詩應,毋乃與此類與?然綸音寵錫,光賁幽潛,啾啾小曲,稍助鼓吹,初不自知蛞蟯之轉,不可溷編璵璠也。鳴琴清暇,試一艾芟,倘全體皆穢,則投之中流,爲魏收藏拙可矣。

復沈冰壺年兄

吾昆弟同籍同官,又聯居數武之內,時時拍肩,時時促膝,談鋒所至,龜有毛,兔有角,不知孰爲雄雌。意興所倦,佐之以酒,或踏雪而遊,或弄月而歸,爾塤我篪,爾歌我舞,樂亦何可支哉!

自台旌既發,而清狂王生,便爾寂寞,匪巷之無居人,而惠且好我者希矣。以故公餘之暇,闔戶掃几,料理數行子墨。羲馭既頓,兀然夜坐,有酒則對燭爲三,無酒則對燭爲兩,悠悠我思,何日再假善因,與仁兄周旋,尋夙昔樂事也。

吳生白曹純原,聲望籍甚,間亦鄉當事者一啓頰,不過自效款款之愚,要之毛嬙珍重,亦奚事嫫姆爲之曳長裾也?然以此足徵高誼,有戀戀故人意矣。起部門貌大異成均,抑仁兄處之,道心湛定,固如市即如水乎?

臺人告旋,索回札迫甚,草草數行,不成報章。臨風懸切,願言自玉。

與黃貞父

不慧弟黴有天幸,獲序魚貫,叨忝龍攀。蓋十年以前,仰其聲光;十年以後,囿於鈞陶,斯豈偶爾之故哉?

曩嘗行役南中,策羸貴治,入仁兄之境,則馴翟瑞穎,可齎而書;登仁兄之堂,則清瑟素絲,可播而咏。異時者,調酌斗杓,均和寰宇,信無如不爲令之悔矣。

愧弟鹿鹿,匏繫一氈,客秋兩辱奏書,而不報聞。此春又格於薪積,而不及叙遷。歲月愈邁,事業蹉跎,昔日所以寄慨於髀肉之消也。仁兄敦念嚶鳴,何以鼓而起之,使不就淪墜乎?偶因便鴻,八行附問。

復沈冰壺年兄

橋運日新,局面屢變,大都吾儕當此無論內外繁簡,率稱難矣。兄丈嚮也,濡滯橋門,苦於火焦;今則優游郎署,又以水厄爲苦乎?然而鳴蛙當鼓吹,亂藻當錯繡,比獨冷之官,株守寂寞,亦大相懸矣。

循例遷改,秋以爲期,而蚍蜉無援,未知竟作何狀。兄丈有可爲我地者,幸以法力振之。陸沉東方生,政索長安市米,而承惠俸票,彼飽侏儒,豈復能驕稺哉?冀吳二丈無恙,問及,當敬致德音。

復徐匡嶽老師

服官茲土者,即斗食下僚,皆屬股肱,敢不彌縫其闕,而匡救其患乎?矧揭簿者,誼同枌榆,尤老師之所卵翼也。粟芻之役,自其職守,郡邑以此申聞,即當以此報可矣。前事不忘,後事之師也。要須殫意竭慮,豫爲料理,柄不墮於宵小,期勿失于稽誤,出納必明,課量無爽,當事者且將註以最考而推揚之矣。若沾沾爲厚糈計而汩沒焉,則非某之所敢知也。

與撫州府陸太尊

湯海若公文章氣概，海內人士，勿論知不知，莫不高豔其聲價。不佞弟鄉曾以行役至昭武，式廬請見，對揚謦欬，不覺堂下之陰移十許尺也。乃長君時猶青青子衿，以近藝見質，弟深爲擊節。客秋雖厠名鄉書，然尚未盡其生平奇負，私心竊怏怏焉。不意海若公抱疴纏綿，溘然朝露。聞其家最清素，而長君春元，困於四壁之蕭然也。知仁兄丈憐才禮士，則此生爲宇下後來之秀，破格提攜，寧俟弟作曹丘哉？便羽僭瀆，伏惟台炤。

復學道胡泰六

別後無日不思，思則頭岑岑然痛，心怳怳然搖也。非不知室邇人遐，雖思而不得見。顧自君之出矣，孤僻索離，非惟舉目言笑，莫與爲歡，抑且面命耳提，誰匡其過，如之何令人勿思耶？

閱卷難，而惡卷尤難。如聽侏僂，如猜唁噷，要須寧耐心腸，爲之勒白標黑，中有可作談資笑柄者，亦足快也。

復鄧壺丘

春秒以秕稗之役，得望華廬而覿芝宇，促膝坐談，雨花飛墜，低回而不能釋然分裾。顧行李蒼黃，竟弗及從沈、何老躡屐遊陟，承年翁臺盃酒慇懃之歡，俗吏鞅掌，即有登臨雅興，消磨殆盡，真可揶揄哉！

舊運方竣，新運又復經始，而吉、臨諸郡，控籲旱澇者，纍纍也。客歲年頗順成，漕臣拮据，猶費許多氣力。乃今遭此時艱，其辛楚且更十倍矣，未識輾輾勞薪，何日得稅駕乎？計惟解綬投閒，返我初衣，不爲腰間老牛革所縛束，斯可快意耳。翁臺速爲我決策，毋徒曰夫夫也，猶狙於嗛嗛之雞肋者。冗中奉復，未罄覼縷。

復蔡虛臺

弟以輪轅之役，自楚州告成事而還，假道武陵，爲歸省計。不意舟至常山，聞吾鄉海氛之報甚惡,遂不果歸,因杖策南州,而釋鞅焉。于思復來,新漕從頭經始,而懇澇懇旱者,且連數十郡,以歲之不易,民生之艱難,秕糠賤吏,安能唱籌量沙,而令國賦殷殷然無慮也?

台臺品望才猷,海內寡二,當事者推藉督學,此是還十五年前宿債,而二渕人士所禱祠而求者。若弟之小犢償轅,祇可備前車之戒,何煩芳頰齒及哉?

復馮諸鄉宦

捧誦諸老先生貴縣改折之議,與縣官申文,言言嘔心,真不啻鄭監門之繪也。不佞承乏儲輸,與耕夫餘婦,痛癢倍相關切。即雨暘稍愆,便彷徨焦慮,食寢不寧,矧闔邑痫瘵,耳聞目擊,而以肥瘠作秦越視,其能忍耶?

前者粟部災疲之駁,不佞代攝司篆,極力剖折,為民請命,幸而得旨,則寸衷惻惻求瘐畏巖之念,亦可鑑也。茲承台諭,即與藩伯同白之撫臺矣,顧事關題請,其可與否,在居中當事者主持,非一介秕糠之臣,可以口舌爭也。耑此肅復,未盡靦縷。

復上饒縣

貴縣設有省倉,當年聞先任許大尹極力營創,何既成之後,年來俱苟且,水兌更不上倉。據所風聞,有謂解官與領運官,私相和同,侵欺運糧公費而瓜分之。一縣如此,他縣效尤。萬一水次風波不測,則官米民命,盡入馮夷之窟,可不為寒心哉?

今歲開兌之期又近矣,門下可將省倉稍稍脩葺,令糧官豫期料理。糧要盡數入倉,不可仍循舊弊,恐二臺聞之,於貴縣大不便也。敢恃雅愛,敬布腹心。

上撫臺軍門黃與參

子民某備乏大國,三式長者之廬,蒙賜詩刻,捧而誦之,如荊璧隋珠,不能釋手。既而受事豫章,則老太公祖蔽芾之棠在焉,麗眉齲齒,歌咏去思,至於今猶可倚而聽也。名世勳猷,朝野倚重。聖天子念不腆斥鹵之區,遠在萬里,特簡節鉞而鎭撫之。褰帷以來,桑土綢繆,百弛並張。即如邇者,東夷蠢動,而吏將戒嚴,遂令鯨鯢宵遯,波瀾不驚,樽俎談笑,四履晏如,與蔓而後圖者,相去遠矣。

某也鞅掌粃糠,輓輸入淮,歷夏涉秋,方告成事而還。經始新漕,百冗如沸,乃賀廈之儀闕焉未展,疏遲辜狀,寧可擢髮數耶?敬擷澗藻,薄將積虔,伏禱慈度鑒涵。

復吉安府祁夷度

承諭造船之議,極知台丈一片苦心,但江省事體,與貴省大不相同。此中漕事,千難萬難,未易以口舌罄者。如貴省每歲差官買木,司庫動發一二萬金,而江省庫貯,見在僅二千餘兩耳。若一差官,此銀何所倚辦乎?至脩船,貴省另有額派,而江省則無別派。扣留輕齎,奉旨行之已數十年,近部文再三不允,令本司別行設處。不知京邊及宗祿等項錢糧,無縣不欠,無官不參,安所設處數千金,爲脩船之用乎?

去歲弟自六月催各旗軍脩船,至冬間尚有船沉水中者,不得已申詳撫按,徑以輕齎散給。即此一件,弟自知負罪,居中當事者必相齮齕,但船不脩,則誤漕之罪更重,勢不得不出於此,弟且置一官度外,聽部處分矣。

吉郡三所,今歲俱有減存,則新船可以不造。倘有石畫可爲百世利者,熟講而徐行之,何如?餘情縷縷,容面晤時細商之,率爾未敢贅及。

復南康府朱司李

以門下清苦正直,而仍有風聞之語,則信乎任事之難也。誦尊揭所云,無稽之故有三,漂山成雷,折軸撓錐,昔人之説,豈虛也哉?然吾儕只辦一片鐵石心腸,挺立不變。曾子輿未嘗殺人,慈母豈終投杼耶?惟門下撫心自信,勿爲浮議所搖。有可以祛弊通商者,殫力圖之,叔孫即我藥石,庸何傷也?

上唐騏石老師

繁問候闊疎,雖山川阻修之故乎,而多是文園病客,懶治赫蹏,以賤辱姓字涵掌記也。然縉紳先生自吾鄉來者,弟每詢伯翁與兄丈居起,安吉無恙。及王浣心至,忽聞大事,心膽摧裂,潸然出涕。

夫伯翁年力未頹,性格恬暇,掛冠解組,夷猶林皋,又得兄丈之爲子,養志承歡,百順都聚,固宜景福遝介,應"如岡如陵"之祝。乃造物差池,樹欲静而風不止,爲之奈何?顧伯父位未配德,施猶屯膏,所以闡繹而昌大之者,非異人任。惟兄丈節哀順變,努力而圖不朽,至孝光昭,豈必盡百年牲鼎也?

同籍昆季,匏繫長安者若而人,敬修薄奠,比於束芻,惟兄丈鑒而涵之。北征有羽,幸惠德音。

樗全集卷七

尺　　牘

復學道胡泰六

吾儕幸沾一資半級，皆國家之恩，當塗之德，諸寮寀援引之功也。若弟以儲臣而厠臬銜，則喜懼交併，而喜且不勝懼焉。蓋漕事艱難，勿論身爲桎梏，冒犯雨雪，凌涉風濤。即軍民期會之間，而百寶千罅，此喧彼鬨，甲睨乙沸，雖多方調停，俛受約束，萬櫓相續，馮夷不驚，而粒米未入神京之廩，心尚慄慄如懸旌也。兩度輓輸，頭髮爲白。今又跋胡疐尾，未獲弛肩，百里九十，懼益滋甚矣。年翁不我憫念，反以爲賀何耶？

復黃年兄

督儲之官，上聽約束於諸臺，下仰鼻息於郡邑，前曳後掣，既不得行其令，且不能行其意。軍民期會之間，百寶千罅，多方調停，稍稍就緒，則躬領艅艎，冒躐巨湖、長江之險，以先人遺體，殆不啻王陽遇九折坂也。每一輓輸，頭髮爲白。今又羈之以新銜，束之以舊貫，疐尾跋胡，未知稅駕何所。年翁鳳翔千仞，視弟困此柴柵，應爲蹙額，而顧艷言之耶？

此中俗尚儉樸，鄉縉紳高潔自好，履任以來，識面者稀。又内揆粃糠賤臣，不敢强有攀援，全無相知可爲令親藍君地者。敬獻薄芹，僅當居停一杯。肅勒布復，伏祈炤恕。

復南康府張太尊

吾儕共事地方，賴二三賢尹，拮据保釐，以底蒸民之生，最是得力。若星子王君，今清丈一事，備極苦思，且幾三載矣。近閱其丈册區畫，以加出之米，補窮丁而增馬價，無非從撫摩赤子起念耳。然其中有與《賦役全書》及部勘合未同者，稍行覆議，要令曉筭書手分派如法，與諸縣不甚異同，方可通行無礙，惟門下留意焉。草草布瀆。未悉。

復建昌府同知

會城之區，冠蓋往來如織，敝道贖鍰甚稀，每以俸廩應酬。若貴府贖金，則顓備建昌地方交際之用，行票俱坐犯贖支取。弟履任且三朞矣，并不敢借支郡邑毫釐。今據貴府簿牒，乃不照道票某項禮儀係支某名罪贖，而概填借支十五兩，嚮日贖鍰，一筆抹勾，何耶？敢煩足下將道單款對道支票細對開銷，毋混言借支，而以飽侵没之橐也。恃愛冒瀆，惟留神是懇。

復粵西方伯于振方

自台臺榮涖粵西，一時同事寅寀，或以遷秩去，或以請告去，或以他故去，今則僅弟一人作布袋獅猻耳。遭事囏難，日日已甚。軍民期會之間，聚訟紛紜，既不可以左右袒，復不可以方圓畫，調度區處，費盡筆舌。彼江湖波浪，航楫顛危，又勿論已。

矧承乏三朞，旱潦洊虐，豫章孑餘，辛苦墊隘，莫必其命，而請蠲請賑，天聽彌高，粃糠賤臣，安所施其撫摩拯援，而甦此縈縈溝壑哉？

辱承台臺翰教，且以厚貺下頒，勒版颺謝，未盡覼縷。

復學道胡泰六

度年翁心不欲留，亦必不能留，所以眷眷然攀而援者，竊意會聚之久，盤旋之殷，猶或萬一之還顧，白駒之可維耳。茲且浩然歸矣，兩司即具議草，二臺亦即有題疏矣。威鳳高翔，征鴻矯翮，望德里而載欣，覽松菊之敷榮，鐘鼓考於堂，琴瑟奏於室，蕙蘭列於庭階，儘是一塲樂事。第感思別離，分翼而飛，未知後晤何期,弟某處此,寧能無惘惘若失乎？年翁幸勉旃自玉,數日後,當遣一伻,抵潭府,問起居也。

復湖東道沈何山

嵩賀告竣,晝錦而入里門,與一二親朋,盤桓款會,高詠縱談,題品今昔,白日既匿,繼之以膏,有絲竹之盈耳,無案牘之勞形,良愉快哉！然台臺譽望崇赫,簡注罙罳,内拜之命,直在倚徙,非惟豫章不能再借,即雩上亦難久淹也。

愧弟黯淺,蒙茸秕糠,追遡受事之初,藩臬闗司同時相聚者,計十有七人,今俱接踵散去,獨一猥庸委吏,作布袋獼猻,居中旋占昃,信當鼓缶而歌矣。此中近事,臺伻能道之,不及縷陳。寒威凝重,幸珍重鼎茵是禱。

復南康府

斗食卑官,錐刀之微,動有争睨,吾儕只欲完卻公事,何論其他。漕糧以冬十月開兌,十二月開幫,規限最嚴,乃有延至次年之春,皆漕規所不載者。都昌積弊已久,故姑徐徐。兹仁丈在事,百廢備舉,切不可聽各縣稽滯,僅爾泄泄也。趙簿雖陞,然舊例既已經手,不准徑赴新任,若一糧而委兩官,前後曳挈,不便甚矣。倘有生事干紀,仁丈秦鏡朗甚,隨以三尺繩之可矣。

復撫臺黄與參

蕞爾下國,介在山海之區,災異疊仍,民不堪命。依山而居者,山利殫矣;沿海而處者,海利竭矣。他郡不識何狀,若敝邑郭外村落,野蔌水濱,不足以充腹,饑饉載塗,半填溝壑。鵠形僅存,則夫鬻其妻,父鬻其子女,甚則汎槎浮浪,杳莫知所之矣。幸賴老太公祖加意撫綏,多方禳救,子餘黔首,猶得緩須臾而頌來蘇,民也不敢忘天災,其敢忘覆露生成之大德乎？

邇者豫章,亦遭劫數,夏苦於潦,秋苦於旱。當事者力佐百姓之急,請蠲、請賑、請折,而天聽彌高。某職在儲輸,懼漕與折之兩誤也,無獲已,申達二臺,以便宜從事，計留南北米三十餘萬，以濟燃眉。其應輸運者，移檄督徵，控愬纍纍，顆粒不至。異時者，討漕事之不共，且無所逃於斧鑕，豈敢有他覬，如老太公祖之獎借云乎哉？

復高安縣

漕糧本色，及協濟南昌月糧銀，此項視京運等條，更爲喫緊。蓋運軍艤舟以待，頃刻難延，故漕運申飭最嚴峻耳。前者以貴縣輸解不敷，故轉借南昌府庫貯銀兩支給，屢催補還，竟無影響。兹新漕又急矣，仁丈不以此時料理，瞬息且易歲矣，舊者、新者一時督併，應還而不還，欲借而不可再借，不知將何策處於此乎？

極知仁丈一片苦心，但部檄迫如火馳，即敝道亦在焚燭之中。同舟遇風，左右手援救，非仁丈誰望哉？萬惟神留，至懇。

復進賢縣

饒陽之役，夙夜兼程，乃東道主館穀過於腆豐，又承燃燭光顧，所以不敢請前席一晤者，知仁丈連日馳驅，仍復虛縟相煩，則鄙心有不安耳。

貴縣漕糧，每多後期，而仁丈在事，不動聲色，報完獨在諸邑之先，信是神君作用自別也，慰甚感甚。承諭官旗，已豫有明禁矣，兹當再嚴申飭，以報成命。

與瑞州府韋司訓

廣文風味，弟備嘗之矣。苜蓿一盤，圖書四壁，優游談笑，寵辱不驚，較之茬苨秕糠，勞瘁軵掌，則青氈清況，飄飄欲僊，寧委吏所敢望哉？長兄以爲何如？

與高安縣

當此困敝之秋，民與官均分其苦。不佞弟承乏儲糈，拮据三載，不能釋其負擔。邇者部檄且以米色不登，積逋不完，有欲參處敝道之語。嗟乎！國步多艱，爲臣子者,受譴受謫,亦何所逃罪?顧身雖蒙罰,而竟不能代任百姓之患,則我輩處此,亦甚難矣。

承諭知仁丈夙夜焦勞,然須漸蚤整頓,切不可虛爲然諾,竟使涸轍之鮒,徒望水於西江也。

復恤部曹積雪

信州讞獄,十餘日便足了此公案,則台年丈十三郡欽恤簡孚之命,可以奏報肜墀矣,不識台駕即卜吉登程乎?抑尚回省會兩臺也?

弟某秕糠之役,最繁最苦,而内外當事者,督責追蹙,嚴如斧鉞,急如焚焦。每次刺舉,亦不得已,束於漕規,而一行之耳。然官之殿最,皆以正察爲重輕。如敝道所循故事,舉無益於錙銖,刺亦無減於毫黍,殊不足介意也。矧昔滯而今敏,又另有一番評騭,其何傷於日月乎?年翁可以此意相告,所諭弟當敬佩不忘。率爾展復,未悉。

與右堂潘鵬江

桑下一宿,猶稱前緣。矧弟自青青子衿,以至于兹,屈指數之,與翁臺前後周旋,且四十年矣。入學鼓篋,山菴聯床,執鞭弭於長安,傾盃斝於武林,雖間或合離不常,跡蹤靡定,然而意氣周通,吸呼共貫,所謂吹壎吹篪,如蘭如金者,誠未足以喻也。

今豫章又藉重右伯,得報之日,都中人士,莫不舞蹈歡呼,而弟某則尤極喜欲狂,旰忘食而倦忘寢,反側思服,望翁臺揷翮飛來,慰我離索,發我蒙昧。問粤西途程,云驅車半月餘,便可脱鞍。於此則朝夕聚晤,倒瀝肺肝,第在徙倚耳,不亦大愉快乎?春色明霽,大斾所經,滿路花柳舒放,禽鳥嚶鳴,憑軾而寓耳目,神怡心曠,居可知矣。紫氣騰煜,懸懸引睎。

復甘參府

在昔有甘都護,尺劒自奮,立功異域者,門下豈非其苗裔耶?七尺魁梧,英風矯矯,而鞍馬不御,髀肉坐銷,李廣不侯,馮唐易老,竊怪當事者之不一俛眉也。兹聞爲韓直指所推轂,駸駸乎嚮用有日矣,繫賢王之頸,笞中行之背,何足道哉?竚望竚望。所諭敢不服膺?顧虎臣勳業,尚未可量,磨石表章,請以異日圖之。

復瑞州司李

道斛乃成化十五年奏准頒降,傳流至今。即道中所做木斛,亦較量再三,並無勻撮多寡,未知府中鐵斛,亦是部降與否?必須送道對較無差,方可通行遵守。若有多寡異同,行於瑞而不行於他郡,行於高安而不行於他邑,則敝道所傳守二百餘年之斛,反藉人以口實也。此事關係,非一時之事,一人之私,貴廳須細加斟酌,未可便姑息於今,而貽爭於後也。至於私造大斛之輩,當嚴加痛懲。門下所謂法不可宥者,信然,信然。草草布復,未悉。

與德安司李吳灉石門人

以仁弟清才美器,竊意當擿華振藻,登玉堂,遊閬苑,暢有用之文章,備清朝之瑚璉。乃此番考選,竟寢不舉行,當事者急於張楚也,藉重司李。此官爲二臺耳目所寄,令如流泉,風足偃草,通一國之文武將吏,莫不怵惕於威,而懷佩其德,儘可以發舒意氣,而設施學問,良亦愉快。然而"忠恕謙慎"四字,吾儕奉身正律,無須臾離得。矧司李易於收恩,亦易於賈怨,其中若官評之殿最,刑獄之平反,千枝萬節,豈徒任慧劍銛刃一見決哉?存之以忠,行之以恕,出之以謙,處之以慎,然後尤悔寡而衆志服。

貴同年李生之在湖州,率用此道,仁弟勉强而加之意可也。樊君爲不佞通家,仁弟得此君,信是芝蘭同一臭味,與之周旋共事,自是相益相成。不佞今日之言,即當作左券矣。便附致賀,愵及他山。伏惟炤涵,馮箋耿耿。

與南康府

民情難與慮始,所從來矣。王星子丈量一事,備極苦心,而持牒赴愬者,且紛紛焉,敝道概庋而置之。乃昨奉撫臺批詞一紙,不得不轉行貴府酌議。大都通變所以宜俗,立法要於經久,譬如設鼎五父之衢,大斟小酌,人人均利焉,則善矣。幸仁丈與王君,再一籌度。山地、塘田,如何哀益多寡;丁口糧差,如何劑量重輕。一時之制,可爲百年之規。敝道與司尊,不過循石畫,而取裁於當路耳。伏惟留神,竚候教旨。

與新昌縣

人在造化中,如魚之遊江湖,或化爲蛟龍,或困於泥沙。然化而亨者,千百之一二;困而塞者,十之七八,亦理數所必然耳。

仁丈賜教,考核之精,引據之博,詳哉其言之矣!然談吉而不談凶,似不免少有忌諱,世寧有歲歲通途,人人壽考者哉?容晤時更相質證。漕事已就緒乎?跂望不啻雲霓,萬惟留意。

復巡西道趙紫房

弟某作措大時,已聞甬東有趙紫房先生矣。每從宦遊貴鄉者,詢顏貌,質起居,願一識荆而不可得。及麋守武林,則姑蘇郡齋先生之準(隼)旟在焉。盈盈一水,竟爲官次所羈,如繫徽纆,不敢越封疆寸咫,以見君子而慰調飢。

兹幸以秕稗末僚,獲締縞帶,執鞭而御,且有日矣。乃台臺涖止,某政擔簦在途,征衫一脱,迫於數十載願見之思,造次脩候,方愧其不成享,而忽報之以瓊瑶,一何速且厚也。肅版申謝,詞不能宣。

復萬百谷

從朱夏奉別祖臺,遂以飛輈行役,鼓枻淮陰。既告成事,假途姑蘇,度錢塘而歸梓里。因患風露之感,不能負薪,遂決策明農,連章請告,而當事者堅不允題,漕事迫矣,無獲已,力疾以赴。衣塵方滌,百冗如沸,則又深悔雞肋不割,乃復引足入此樊籠也。

祖臺清風美韻，徧滿溫陵，今歲星在楚，我儕父兄子弟，且合掌白佛，祈召、杜再至，終始在提抱噓煦中，未審能諧所願不耶？辱承沃貺，謹九頓拜嘉。肅勒展謝，神與楮往。

復署新昌縣余別駕

錢糧那借，各縣往往不免，但某年借某項，某年還某項，爲縣官者，一本簿籍，一個筭盤，時時在手，事不旁落，即頭緒紛雜，而散總相合，如網有綱，如衣有領，無毫釐之亂，彼老奸巨猾，安得伺其隙哉？惜新昌廖知縣，見不及此，故有今日之事。

承示鎮以安靜，細爲清查，極是得其肯綮。然此官在縣，非一日矣。林林氓隸，皆其子弟，乃相率悍然不顧，操戈以攻父母，如郡守所申者，大可令人駭異。狐兔之悲，諒仁丈心不忍恝然視也。嚴懲狂悖，以維體統，毋使冠履倒置，自今日新昌始。望之，望之。

與徐匡嶽老師

某待罪輓輪，四載之間，三遭旱潦，歲蜡不通，民生日蹙。往者勿論已，今歲凶荒，視昔尤甚，雖邀恩改折，而應解本色，尚有二十七州縣，疊災之後，督徵艱難，兌期已踰，而各屬之糧，猶爾參差。又江右船數不敷，向藉京衛、湖廣協濟，近奉部檄停止，責令本衛所自運脩艙。行糧之費，不下數千金。江省既無額派，司帑無可那移，彼運卒不能以枵腹涉險道，而儲臣不能以空言驅疲軍。沒麪作餅，巧婦咄嗟，刓佐饗癡女奚乎？

夙夜惶懼，憂心如焚，未審何策而可了此一局也。剩臘無多，驛梅已報春信。敬擷芹芽，以侑辛盤。

復鄱湖守備

門下投硯說劍，英聲蔚起，當道諸公，莫不以矯矯虎臣望之。不慧誼忝維桑，其相期許，更老婆心熱矣。有此美醪，何不投諸江滸，均惠士卒，鼓其勇氣，而顧以餽不慧也，重辱厚意，當勉舉一觥，以破春寒。敬謝不宣。

復建昌府

吾鄉諸君子，往往徑直自好，不諧於俗。弟平生頑鈍不通，病正在此，乃仁翁亦以伏莽含沙爲患乎？然壘土可爲師保，只宜整净跟脚，硬豎脊梁，世路風波，聽之而已。

復宋弼虞年兄

我輩之遊此途，如魚在水中，俄而聚戲荇藻，俄而散離江湖。聚則喜，散則思，思而不可得見，至於咏《蒹葭》，賦《棠棣》，觸目興感，不能須臾忘，則子民某之於年祖臺是已。方夫聯響帝京，接袂師席，談笑諧謔，何驩然樂也。一行作吏，萍梗東西，山川阻修，魚鴈闃寂，倚王班荆，徒託夢寐。兹奉大劄，嘆同籍之參商，傷時事之陵遲，環循展誦，隔數千里，如覯芝眉。慰甚，慰甚。顧年祖臺隱矣，抗志雲霄，適情衡泌，真所謂鳳凰翔於千仞，恥與雞鶩爲伍者。

某也一官拓落，久鋼秕糠，面目可憎，語言無味，而乃虛譽之以駕月鞭霆，遠期之以干城鎖鑰，此直塗澤奇醜，爲王生解嘲耳。戴笠逍遥，某即與大宋遞執丘園牛耳矣。不腆一芹，以侑荒緘。伏禱鑒涵，曷勝軫結。

復郭青螺

黄簿至，獲拜老師臺琳琅全編之惠，秕糠稍暇展而誦之，神魄頓王，心骨俱清，第委吏鹿鹿從事，斗筲辰而出，盡申而入，一日之間，倚几披蒲，僅僅竊借晷刻耳。又馬齒已長，羊岐易亡，即强自鞭勉，安能如少壯時，稱日出之光哉？

四載治漕，無一善狀，老師臺顧謂軍飽而嬉，民卧而逸，此直以愛忘醜，飾之羽毛，掩其瘡痏，不令人指點瑕疵，乃弟子内訟，匪惟素餐，且幾覆餗矣。

復廣信府衛太尊

輓輸之役，藉庇勾當，于思復來，率脩舊職，而國課民瘼，又充充在耳，不識何以待之？貴府絲農絹戶，嚮皆數年而一摘造，今部文督責，必欲一併完解，本司屢求停止而不可得，乃議加派，先造三年。然災厲之後，民力未蘇，遽增派額，是剜肉醫瘡之説也。蒙撫臺面諭："會查貴府有歷歲裁省，如河税，如弓箭弦料等餘銀，苟可以補燒眉之急，而抵得一分便可減派一分。"知台仁丈素以内溝爲痛，拯此危溺，不惜髮膚。願蚤圖利之政在編派，顒翹首以候成命。

與南昌府朱司李

輓輸甫竣，而新漕且經始矣。南昌卒伍，膚愬日至。夫當其減存則告欲代運者，南昌也；及將起運則告欲脱免者，南昌也。人各有心，無所依據，非惠徼寵靈，何以鎮其囂而釋其紛乎？

頃衛官起送旗軍到司，已有八十七名領銀去矣，其餘已僉未領，與夫已報未僉者，望翁丈留神審定，料明信素孚，片言立斷，了此不過晷刻間耳。稍遲則旌麾有典試之行，弟又安所嘉賴也？恃愛草瀆，真切，真切。

復按院田雙南

丙午蠻叢之役，倚傍珠玉，傾聆規誨。嗣是雖山川脩阻，鱗羽闃寂，而典刑仁美，未嘗不瘄寐若對也。項台臺旌旟焜燿南浦，僅從寅寀之後，奉挹斗輝，不獲顒縶《白駒》，披瀝夙昔，每自訟於令親翁李孟老，深慚闊疎。乃華函沃貺，忽從天而下。驄馬行狩，周爰咨謀，弗遑燕息，而顧念及粃糠賤臣，寵以異數，此其雅誼，信與嵩岳等高，滄溟並潤矣。謹百拜登，襲賡《黍苗》之章而頌明德。

復德安鄉宦郭仁宇

憶在武林，比肩共事。舉其重，則倡于而和喁；當其劇，則此犄而彼角。至勢有窮於轉石,而阻於掣肘者,無可奈何,相與躑躅而欷歔。昔人以郡邑比之姑婦,若吾兩人者,無忝姑婦之稱矣。顧所能知者,賢婦之才之德;而所不能知者,則賢婦之命也。

老父母筮仕以來,蹭蹬轗軻。海寧政成,而更調南安,甫試而遭變,其如命何哉?顧不敗殽,奚有孟明?不堂阜,奚有夷吾?往勿論矣。今而後,皆老父母濟河焚舟,方行天下之日也,願努力圖之。倘惠徼天幸,不腆海陬復得借重,則子民某之福也,然而不敢必也。台旌榮發,以何日乎?俶裝戒途,而猶念及遺簪,寵以多儀。謹拜嘉餘,藉手璧謝。

與蘭谿縣莊鶴坡

客夏舟過貴治,洪浸稽天,縛纜城下,經幾信宿,台丈饋以廩餼,共其困乏,居停主人厚意未報,念之面輒赤赤然熱也。嚮附書儀,問候王衷白老師,曾有回息,可得聞乎?

台丈兩邑甘棠,政績茂著,即日璽書內召,出入承明,侍從論思,儲翰賤臣,亦可邀疇昔之雅,借阮步兵青眼一盼乎?不腆江蘋,聊以侑緘。伏祈鑑涵,懸切懸切。

與粵西道臧靜涵

客冬旌旗焜燿南浦,乃以簡書之畏叱御前,征弟某稱東道主而不獲縶維白駒,於我信宿,疏略之辜,可勝言耶?

桂林山水奇峭,政約民樸,台年翁以凝重簡要,鎮而撫之,清净寧一之歌,可傾耳而聽也。聞彼中亦有西湖,不知其樓臺亭榭,亦能與貴鄉相伯仲否?然達人所至,開襟放眼,則六橋三竺,何處不在几屐間乎?愧弟齷齪無當,戴星出入,惟粃糠是問。塵容俗狀,即臨江一閣,且非我有,矧幾百里外匡彭哉?

又

楊都閫至豫章,馬障泥猶然未滌,傾蓋間便爲弟述台年翁溫惻長者,津津不置。既而傳致華緘，則知髯將軍固翁臺所擊節嘉慕，而以意氣交驩者也。當吾世欲求熊羆之士，矯矯虎臣之將，微斯人其誰與哉？敬銜明命，藏在中心。倘有謀仗鉞而登壇者，敢不推轂郤縠以對？

與廣西黃都閫

弟生不辰，磨蝎作難。自勝衣冠以來，辛楚百瘁，集于我躬，今鬢髮星星改矣。秕稗之役，日與釜區爲伍，舳艫既具，則躬領漕卒，凌涉危波，遡大江而度長淮，夙夜劬勞，不遑燕息。向在武林，欲賦遂初，因循不果，乃知"考槃在澗"，信"碩人之寬"，而仰慙飛鳥，俯愧游魚，則形蹟之爲拘也。

台翁丈英略冠海内，文綏武奮，無所不至。灕江之濱，鎮南之頂，有馬、狄二將軍遺烈在焉，掀髯拂劒，表樹奇勳，金印如斗繫肘而歸，我翁得無意乎？

復韓壁哉公祖

客秋自下里謁辭榮戟而入豫章，至則山川蕭條，閭閻痡瘵，雖徼恩綸，且賑且蠲，而挽西江之升斗，以活涸鮒，勢則難矣。矧蠲賑所不及者，漕折京邊之賦，竟不免追呼，而陸突乎子民。某救禳無策，第從中籌畫便宜，有可持漏沃焦者，不敢愛四肢之敏耳。

乃敝鄉災厲洊虐，民贏幾卒，幸藉祖臺廣資宏濟，拔其淪胥，而躋之袵席，鴻鴈安集，萇楚不賦，蚩蚩孑遺，不忘天災，其能忘煦持之厚德耶？虎翼中涓，飛而食人，在吾閩者，計窘而去，遺餘毒于縉紳；在江右者，飽噬而颺，連檣艦以言歸。此曹得志，吾儕之憂也，可奈何哉？

承諭知祖臺爲諸頭巾所苦，子民亦遭此纍。大約科塲之際，不能盡屏卻也，未知景升二豚犬，亦匍匐而曳裾否乎？祖臺何以處之？

與戴贊薇

台臺雅德顯望，國人之屬耳目久矣。執玉呼嵩，既告成禮，陛辭而南，便可耀節西江,開紫薇之華省,聽甘棠之新政。寧直鄙弟某以桑梓葭莩,實有嘉賴,即自薦紳大夫而下,以及黃耇兒齒,誰不景企福星,願沐元澤,如飢者之慕鼎膏,渴者之思洌泉也。倘借道而還吾閩,晝錦榮矣。然跋履山川,舟車繭頓,一入里門,羊酒紛紛,又增一番應酬。以弟拙籌,不若乘便涖任,較省得勞費強半也。願蚤展旌旟,以慰此邦雲霓。

復益陽縣董閬風門人

經生家言,世以鏤脂視之,謂其無當於用,抑誰知攄性闡靈,奮功植節,都是物耶?

不佞春抄督漕入淮州,過儀真,王生縶我白駒,綢繆信宿,因相與屈指貴鄉。丙午,諸君守官中外,譽望烏奕,雖所就人人自殊,然總之皆英英法寶也。

夫不佞當年所遴而收者,非經生言乎?乃得士之效若此,斯已奇矣。而賢弟又以鳴琴餘暇,游戲翰墨,捧讀佳製,卓然大雅。蓋氣象淵源,固有所自,而通達國體,可見施行,恐諸君不無稍讓一着也。及瓜奏績,載在司勳。此番執玉肆覲,便當直承明之廬,侍從論思,平生所學,上下內外,一無負愧,盡以獻納對颺,不佞藉有光寵多矣。

與儀真縣王韋軒門人

輓輸之役,停橈貴治,東道主人縶維我駒,至於信宿,促膝燒膏,傾倒肺腑。又虞羈旅之飢渴也,授餐於數百里外。誰無師弟子,安得如高賢情意之肫厚乎?

鼓枻南歸,不獲面謝,寓書於縣少尹,且還嘉賜,諒必不浮沉也。執玉近矣,此行必以治行高等,直廬承明。見孫、康諸君,若問不慧官況,則語以呫呫儲臣,陸沉秕糠,無別善狀,可為知己道也。

復周斗垣

治學之官,如啖苦茶,只自嘗自知耳。世俗旁觀,若有所羨,而豈知其戟舌箝口,難以告人者耶?翁臺謂勞囮怨府,則誠然矣。至於艷陽桃李,弟沃其根,翁臺茹其華,則非所敢當也。蓋弟以無頭學問,强顔設皋,嚮之低昂抑抗,夢夢然莫辨短長,收薰蕕于同器,置鍮金於並擲,多足以供笑柄。乃蒙垂念婉摯,前隊既與入殽,遺履又細搜索,此非惟二浙人士鼓舞燾載之大,而鄙弟亦銜感覆露之私矣。

頃遣小役往,知試事未畢,棨戟戒嚴,不敢脩境外羔雉,避疑嫌也。政擬撤棘後,顓圖問候,而台既儼然先之。敬九頓登襲,報瓊以李,旋當拜使也。計典伊邇,凡百罪怨,曲爲掩滌,不至斬焉尋斧,皆惟翁臺是庇是賴,千萬留神。

復應天巡撫王玉沙

蠶叢之役,惠微明誨,執玉京國,布示腹心,至今念之,德音猶琅琅在耳根也。朱夏鼓栧維揚,邂逅僊槎,寵之以前席,重之以嘉賜。竣事言歸,方圖報李,而攝官承乏,提董塲闈。及撤棘而出,則蓮使函貺,又儼然下逮矣。

夫台臺望巍斗山,班聯日月,而鄙卑猥陋如某者,乃與之應答如響,且恩數稠疊,有加無已,秕糠賤吏,何以當此如天之福乎?謹淳濯百拜登受,肅勒颺謝,罔既敷宣。

與湖廣糧道劉

儲稰之官,上仰息於部院,下受成於郡邑,一切錢糧,匪惟權不得與,抑且口不得言者也。而南北交催,迫於星火,寧知糧道僅爲贅員,百呼亦莫之應乎?未識貴治政體,竟何如也。前竣役南歸,邂逅傾蓋,祇聆教益,佩以周旋。

兹度台臺且建旄視事矣,敢有所請。江右漕船扣留輕齎一分,爲脩葺之費,奉旨遵行已久。邇當事者,責令盡數起解,兩載旱傷,改折減存,脩船共不過二千餘金,至今未給,軍伍怨讟。兹歲全運費幾四五千金,若不以此項給散,何以待之?貴治與江右一體,有同舟救助之誼。自三十八九年起,至四十三年止,支何項給軍脩艍,每歲動輕齎銀若干,抑遵照部檄完解,別有所設處那移也。伏望不吝詳示,臨楮曷勝祈懇。

復建昌府須日華

玉體康壯,非孱羸者比。而披閱大檄及華札,又覺神情非病,若有所苦,弟環循念之,豈其別有感憤乎?

五馬貴重,而年翁廉仁公忠,一方倚作長城,即事端偶觸,批郤導窾,歸於恬和,亦焉用芥蔕也?旁觀者以意猜度,謂爲近事之難調而發,果爾故者、新者,皆無以自解矣。然亦罪在下吏,於年翁何軒輊哉?弟又知慈度汪洋,必不出此,願惟加意頤攝,純嘏茂綏,以副遐邇怙戴之望。

復豐城縣各鄉宦

不慧某承乏大國,凜凜然羸瓶是懼。入疆以來,驅馳數百里,見苗麥盡萎,山川無色,傷心蒿目,匙箸不甘,然猶謂豫章以東爾。及脫鞅省會,咨詢西偏,粢盛之害,亦復如是。淫霖作苦,繼以旱魃,孑孑災黎,安能堪此煢困?宜薦紳諸老先生之汲汲爲民請命也。矧職在旬宣,食土之毛者乎?所諭蠲停事宜,容與寅伯再四商之,苟可以佐百姓之急,何敢不竭慮殫力以報明命?

與劉魯南年兄

弟從澌馳歸,便欲與敝鄉逸隱,狎主齊盟,乃世緣羈絆,斬除不斷,復爲五斗折腰。然猶幸年翁在事,師保若臨,典刑日親,可以扶其顛頓,置之安全,不謂弓影成蛇,市廛傳虎,而年翁遂決意勇退也。自今以往,所恃彌縫弟闕,匡救弟危者,將誰望哉?

宦路風波,倏忽異態,古來傑人俊士,亦束手聽造物安排耳。想論議旋當自定,猜疑旋當自釋,年翁一片心腸,有如皎日,寧寸雲所能終點翳耶?

舟中聚晤,見尊顏清泰,怨尤不露於辭色,深爲嘆服,信是度量加人數等也。脩途聞關,霜威漸厲,尤望珍重,以慰遐禱。

與梁惺田

江潯折麻,黯然魂銷。及馳入里門,雖酬應紛沓,而夕曦西頹,賓朋既散,燒燭獨坐,則台臺典型,儼然如對,室遠人邇,《棠棣》之章,信足繹而思矣。資深望歸,姓名久覆金甌,宜首推轂,而消息闃然,意謂海壖遐僻,郵報稽遲耳。乃策騶豫章,始知台臺以大事奔歸東粵矣。

方今廟堂需材最亟,內而槐棘,外而牙纛,惟台臺是望。而遭此艱厄,讀禮中廬,豈孟夫子所謂"天未欲平治"耶? 然兔烏如馱,三載隙駒,萬願節哀順變,韜養鼎雉,以俟夢卜,鄙弟某且殷殷翹跂也。

與潘鵬江

曩與台仁翁共事於浙,政令則相咨詢,勞苦則相慰藉。曦馭既頹,燒燭繼之,一樽一豆,傾倒膽肝,更籌報子之半,興猶未闌,兩人掀頤而笑,不知孰主孰客。同社昆季,鬢髮已改,而聚首投歡,尚是措大時臭味,良足快矣。

乃自由拳告別,鼓枻言歸,回想德音,隆隆在耳,第欲溯洄而從,則不能無兼葭白露之感也。及入里門,戚黨故舊,問潘伯子官況,弟對以玉壺凝冰,清徹到底。近聞且有京卿之推,羔羊素絲,庶幾不負生平,夫何猶寥寥至今也? 豈此邦士民攀轅借寇,當事者欲假以便宜,烟雨樓中,且作廉使君留客亭乎?

弟鼠技已窮,雞肋不割,纔解軛豫章,而災黎呼愬,請蠲請折,國病民病,修救無策,台仁翁何以教之?

與熊石門

中秋奉別南歸,曾未幾時,而金風肅爽,黃菊舒萼,今則律轉應鍾,霜威且駸駸迫人矣。聞老公祖履幕清勝,復有覃訏載路之喜,孔釋抱送,蚌珠愈奇。第子民某不獲作湯餅客,染指大鼎一臠,則不能無怏怏耳。

儲輸之臣,以財賦為職,而入疆以來,見貴鄉禾豆盡枯,米價騰踴。詢之道路，皆謂潦潦之後，繼以旱魃，窮簷小民，待命於木實草茹，甚且有闔室流離者。今雖邀恩改折，及請留税金，以佐百姓之急，而部疏未覆，天聽猶高，國計民生，襄救無術，徒仰屋竊嘆而已。望老公祖垂念維桑，授以上策，某即當奉而布之也。

與糧道程黽持

二淛三江，若東西鄰，士習民風，大略相去不遠，獨漕事則懸邈殊甚。蓋淛中政由己出，權不旁借，而府、廳、衛、所急聲疾呼，猶勉强接應。矧台臺以真誠雅德，率倡於上，故綱舉目張，犁然各有次第，千艘萬櫓，奔鶩如馳。乃此中紛紜無序，弊竇蝟叢，不可究詰。即有端緒微露，移文查覈，至行五六十票，經十餘年，而竟寢閣者。尾大不掉，掌孤難鳴，匪朝夕之故矣。

今歲以水旱頻仍，徼恩改折，已十分之九，不折額數，僅居其一耳，而且許多齟齬，倘若全運，將若之何耶？台臺功高望巍，指日内召，此番已不煩拮据中，有喫緊條格，易簡可遵者，望賜開示，俾承下風，不至顛墜，榮施多矣。

復樊致虛

弟與翁臺，周旋數載，膽肝若一，痛癢相關。前談及潯關之政，因偶布聞，然揭中多自明心迹語，且謂商人膚愬之未可盡憑，並非有所瑕疵也。弟報書推轂翁臺平生長者，所議亦就事論事耳，更無他端。邢丈在關，人多稱其脩飭自好，若衙門内外，不敢必爲潔身之人，信有如台諭者。此事徑可置之，聽當塗或覆或否，似無庸再及也，尊意以爲何如？商揭敬完上，詰朝弟解纜行矣，不敢摳辭，煩動興居。羽鱗有便，願惠雙魚。

復操江軍門沈華東

漕事之艱，月異歲殊，追憶治子某初承乏時，規制具在，典刑若新，稟成式而輕重布之，謐如也。客歲雖軍民約會之際，微有齟齬，然禁之即止，令之即從，則窃奉祖臺德威,猶足爲收攝人心之具。今也人持一私,各行其意。州邑之輔貳,與衛所之觡觡,惟利己是圖,不問程限,不問要束。督責日嚴,伉浪日甚。當此際,而漕舟渡淮者,纔十之五六,他可知矣。

某黷技已窮,鳩翼亦倦,此番告成,便欲以半肩被襆,爲歸田計。祖臺掀揭事業,只從馬牛耒耡間側耳嘉譽,與曩時老農圃艷稱知己耳。

祝融爲政,炎威方酷。萬惟珍重起居,以慰遐禱。

復太倉道高縣圃年兄

委積賤臣,勞勞三載,所沈錮者秕糠,所程量者區釜,所日惛惛焉而控抑和調者,凋瘵之里胥,與軱骸之卒伍也。非惟塵容俗狀,自覺可憎,即一片肺腸,混泊垢穢,沃以十斛純灰,寧能澣然不滓哉?

客夏歸自淮陽,假道姑蘇,冀幸瞻望榮戟,倚傍珠玉,釋離邅之邅思,消咨鄙之滋芽。不謂寶山空還,孤我瘖瘂。兹復以鞍輪之役,擊枻潤州,乃大函腆貺,從天而下,盥誦溫誨,則怳乎芝宇之充充在目也。

聞年翁臺近刻甚富,亦可惠第一帙,俾舐鼎餘者,依稀作雲中鳴吠乎。舟中拜賜感怍,兼抱肅勒颺謝,心旌懸馳。

與林天咫

不肖槀昏無識,而獨於二弟舞象之時,認是連錢寶樹,到處相逢,便説項斯。既而伯也茁聲譽序,仲也升歌苹鹿,豐城雙劍,辨氣而知,亦庶幾具眼非肉矣。乃二弟屢起屢蹷,至今未業,何耶?然厚積者,其發必宏,翀天驚人之説,自非欺我,願益努力進取,摩厲以須,會稽之翅,終當奮翼濉池也。若諏、諧兩雛,乃景升豚犬,安敢望孫仲謀哉?鞍輪之役,既告成事,即欲策蹇南旋。聚晤不賖,辭不多及。

與行人廖對竈門人

南浦聚晤,傾吐膈肝,非惠徹天幸,何以得此?愧東道主人不能成禮,第茅容一黍,與郭有道共飯耳,意仁弟亦灑然欣傾蓋乎。筮仕之初,便賦《皇華》而行郡國,大斾央央,所至莫不囊鞬郊迎,亦足以明得意矣。乃謙抑善下,若不勝衣,與俗士甫冠進賢,遂有震矜之色,可同日道哉?

使事告竣,晝繡而歸,見貴同年諸君,爲呼賤名致問,已宦者勤勩旂常,未宦者努力進取。若不慧某,少不如人,今鬖白面皺,居然作老頭陀。但八口自纍,羈絆雞肋,未遽脫屣以去,所願矯翼厲翮,爲我衣鉢寵光者,深有望於諸君後來之秀也。不腆一芹,敬勞紀綱於浮梁之上,伏惟麈存。

復浮梁縣

浮梁漕米徵銀,初議全不由敝道,然既曰賤則扣餘銀貯庫,貴則庫貯量補,蓋斟酌於豐歉之中,通融劑量,敝道只聽縣糧完解,更未嘗與聞其米價多寡也。凡漕規,當於臘月開幫矣,縣糧該以往歲十月交兌。劉世盛已去冬領銀幾六千兩買米,即宜乘秋成之後,價賤買糴,而當時省城米價,尚不滿五錢。捱延四個月,倉無粒米,今始申文欲增米價,又以縣中前扣贏餘之銀,欠在民間,申請通縣另行編派。

夫江右何地乎?目今宗祿額欠七萬兩,脩理漕船,每年當用數千,尚不敢言加派。解官領銀於米賤之時,而圖增價於兌糧之際,是國家漕銀徒以飽解官私橐也。昨見吳府公申文,明言其不可,弟亦即日批駁矣。仁丈新任,劉主簿與吏書暗通以誤仁丈,須作速催完糧米,上倉中有可裒益者,只好就縣中前有贏餘未扣者,略措處些兒,若"加派"二字一出於口,則墮諸奸網中,切宜慎察。

弟叨附梓里,休戚相關,不敢不以直告,幸惟炤亮。七十八州縣糧差告示,俱遵依久矣,獨浮梁屢催,不以告示請印,此亦吏書深弊,速宜查理。

復涂聲宇

吾儕守官,屬職掌以內者,好自爲之,至於越俎而執刀匕,則往往以輕率賈罪。弟每譬代庖之官,如旅寓過客,蘧廬一宿,詰朝即持被襆去矣,安敢問主人户以内利害事乎？所諭細閱其中始末，尚有許多差池，而作敵睥睨，猶然未已。又新藩伯旦暮且至，弟謹持管鑰以需，苟得弛其負擔，免於辜鰲，幸矣。髖髀斧刀之用，非鉛刀所敢輕嘗試也。萬蘄炤恕，不以方命爲討。

與鄔齊雲

老蒼之意，不在乾封，胡爲久靳甘澍，而令此一方民憂雲漢也。連日以來，我同寅率二三郡邑大夫，齋心虔禱，而未有應。淫潦之後，繼以旱魃，則可奈何？吉臨災數，敬聞命矣，而省邑之區，當事者欲同例蠲恤，便宜一分，在閭閻萌隸，亦是昭蘇德澤。候台駕旋時，商之南贛，覆勘屢催未到，但改折只有贛縣耳，未審可徑叙入否？李萍鄉已給請封之文，然此事全聽部裁，即撫臺之疏，亦不徑任也。顓此布聞，未備。

復安福縣陳自公

弟以輓輸之役，一葉小舠，長江闊湖，風濤萬頃，靡所依泊，聽其所至而休焉。推帆四眺，若浮若沉，雖目擊其危，而一身不得自家張主，仕宦苦海，固若此哉？計惟有解組投閑，烟霞爲侶，乃便宜耳。然惟弟技窮飛倦則可，若老仁丈，正是百刃蒙衝，乘風破浪之秋，篙柁在手，瞬息間便可千里至也。瓜期在邇，報績奏最，爲我桑梓光寵，豈顧問哉？揄頌金玉，不能增在檟之價，而景仰欣好，藉以芬其齒頰，則鄙衷竊拳拳矣。草率布復，萬惟珍重。

與吉安府

吾儕比肩共事於此，民飢民溺，誰能作秦越視？若鄙弟與老仁丈，則與農畯相倚爲命，稍有旱潦，若痌瘝之在乃身，蓋職事所關，心神意念自放歇不得也。承諭四邑災冊，披而閱之，真可太息流涕也。俟諸道轉詳二臺，發司之日，自當殫四肢之敏，爲百姓號呼請命。但當事者，亦苦於支吾之無策。

昨奉部文，以四十二年厨料一項錢糧，俱已陸續解完，而且參罰江右八郡十七縣之官,遭此時候,信是千難萬難矣。改折之説,敝道敢不惟力是視? 而造船委官,僉點旗甲,與編派額糧,此時不得已,且循故事申報,至改折有成議,只費一檄轉移耳。仁丈速以造船、僉旗二事賜示,另漕規一册奉覽。

與左堂王岵雲

子民某以輓輸之役,鼓枻淮揚,藉庇告成事矣。長江闊湖,風濤叵測。小舠從潤州而還,假途姑蘇,擬欲束躬趨謁,復竊自趦趄,恐以不速來也,致煩下榻,故托陳郡公郵筒,候問興居,且勸駕焉。

司政繁重,自客歲初秋,李孟老以陞秩行,越俎相繼一年所矣。坐席不温,迭更若傳舍。即黽勉劬勞,人直目爲五日京兆耳,豈能如老公祖,卓敏精勵,指掌一麾,百度自振乎? 錦堂燕愷,固爲可樂,然通國之人,屬耳目已久,矧豫章疊罹災浸,拯援飢溺,此亦老公祖亟亟纓冠時也。伏蘄即展軨啓行,以慰元黃壺簞之望。

上山東軍門李孟白

建牙開府,世俗耳目侈爲尊榮,而當此荒儉之歲,民人羸餒,莫必其命,弄兵潢池者,乘釁而起。聖天子東顧旰食,知流離之安集,反側之銷弭,非借重台臺不可。

車旌一臨,二東之人,歡呼舞蹈,如脱湯火而就慈父母之煦育,枯者濡,瘠者腴,向所稱夫妻子母,割膚互噉者,今且欣欣然喜色相告,復爲齊魯禮義之民。雖福曜懸照,幽汐自耀于光明,而孰知台臺一掬苦心,調劑拊循,顯施於所可見,而嘿運於所不可知乎? 總之,真豪傑作用,其規局自迥别也。

不肖某拮据秕糠,已稍就緒。舳艫鱗鱗,溯流而北,計中夏當抵貴治,河伯效靈,安流無恙,皆仁政之所及也。敬厇小筐,奉候履幕。

與武林陸二生

隱顯有數,出處有時,即聖哲且不能迕,矧我輩乎? 不慧抽簪歸來,門户世俗,事纛塵牽,一切掃去,蒲團之上,沉味經典,破妄還真,六根七大,且如夢幻,如浮漚,刼泥滓濁淖,於我何有哉?

惟是君家伯仲,與二三知己,所期望驪首雲霄者,則寤寐不能忘爾,願相與砥志殫心。凡夫拾決,猶可親證;無上菩提,乃人間俗物,有層有級,又豈難扳袵而登耶?兒孫根器不利,倘得舐淮南鼎餘,作雲中鷄犬,固所願也,然而不敢必也。潦草奏復,不備。

與南靖史邑令門人

吾儕北面委質,義無所逃。忠敬愷悌,反之於躬;淹速升沉,歸之於數,如是而已。《中庸》以獲上治民,而要在明善誠身。此作官律令也。大都仕途崎嶇,蠖屈龍伸,翻覆難測,未有快鞭直走,一蹴而遂抵君卿公相者。同人先咷,北叟後福。一付頭巾腰帶,多不能脫此窠臼也。

仁臺有赤心,而無佞舌,脚跟立定,便成品局,至於去就之際,不妨紆廻婉曲,所謂"大直若詘,道固委蛇"者非耶?若稍稍牾悟,即欲高舉遠翔,不惟於物情有礙,恐於自家腸腑,亦悒鬱不快也。動履行止,恣意所之,安所稱浩坦雅度哉!

仁臺新刃發硎,大業遠圖,未可涯量,孰仁堅志,正當這裏著力。鄙人耄矣,每食必祝施,四明有使者往來,亦諄諄言之不置。孚戀素心,伏惟炤在。

與門人施四明公祖

世情物態,江河日下,勿論其他,即考較一事,熙攘諽嚚,紛如市鬨。高壟登望,東墦屬饜。貴流作俑,逝波效尤。居嘗竊自詫曰:"假令王大癡今日尚戴進賢冠,奔驟塵冗,不審可憎面目,竟當何狀也?"

乃老公祖獨以勁脊鉅肩,靜鎮力持。無妨於義者,姑削圭稜,委蛇其間;至嚴正體裁,不可遷撓者,則操萬斛之舵,一帆飽風,直破巨浪,躋彼岸而後已。此真屠龍手段,委地庖刀,曷足問哉?

郡試三驅，逐隊請間，兼錄鱛鱺，敢不祗謝？潁川治行，久徹宸聰，璽書、黃金旦暮至矣。不腆小筐，豫奏粟卜，伏禱麎存。

與周際五門人

往歲海氛弗靖，重賴公祖貳而討之，服而撫之，吾儕小人，幸得晏然以嬉。不謂祖臺北征，而後當事者，處置失宜，漸生厲階，至今爲梗。

黃口幺麼，初蠢動時，直可尺箠笞之耳。乃爲虺弗摧，養癰貽患，加以饑饉荐臻，愚民被其哄誘，蟻聚蜂屯。我行牌票，彼亦行牌票，是明明與官府爭權也；我欲殺賊，彼亦欲除暴，是明明與官府爭名也；我曰救民，彼亦曰安民，是明明與官府爭百姓也。爲武臣者，未察情形，不知彼己，輕師狃敵，有如兒戲，艨艟百餘，盡化灰燼。

今雖舟楫稍具，士卒稍集，然而新召募者，非餓莩之孑遺，則遊手之狂子也。不熟波濤，不習攻鬪。裹巾領餉，則應聲如雷；撫劍揚帆，則膽驚失魄，此豈可遽言戰耶？且昔有作賊者，潛形匿影，即父母妻孥，不使之知。今之作賊者，瞋目露刃，索人以牛酒，則牛酒至；索人以布帛，則布帛至；索人以金錢，則金錢至。垂橐而出，梱載而歸，父母誇榮，妻孥快喜，鄉黨不敢問，親戚不敢言。甚則有身作賊而僞受募者，混賊於兵，反兵爲賊，其禍敗何可勝道哉！

此中大有機關要局，法所謂"多方以愚之"，經所謂"轉敗爲功，因禍爲福"，此三言可熟慮也。然要以收拾民心爲本。宣布文告，使人知賊之不可久，而官府可賴以長存，寓勦於撫，以撫爲勦，觀變而動可也。漆室罪言，殊無可採，幸深祕之。

與李鹿巢

台旌入城闉，如文阿羅華，照映凡界，倏舒倏斂，可望而不可扳，直令人讚仰已耳。側聞祝釐有期矣，時事多艱，而翁臺叱馭驅馳，以赴公家之急，此其壯膽忠肝，信足以振發宇内頹靡之氣，而定蜀安黔，掃蕩奴虜，在此行矣。

耕釣傖父，從泉石烟霞間，傾聽好音，颺誦大業，寧能自止哉？不腆小筐，聊以修意，伏蘄鑒茹不宣。

與林天咫門人

歸田以來，巷無車馬之跡，户無剝啄之聲，什三在城，什七在鄉。鄉居則曳杖戴笠，箕踞水石之濱，占晴陰，問農圃麥禾生熟。城居則葛巾芒鞋，與一二知己，攜榼遊盼，臺榭郊亭，一惟意所適。有迅風淒雨，即浹旬櫛沐都廢，擁膝斗室，誦大小乘，雖未能指頂放光，然已依稀作阿羅漢矣。悠悠世路，升沉晦顯，不宜談及。

適聞軒旌將有事於信州，謝上饒者，不慧視學政時，所優拔士也，忠愨敬信，可料其殫心營職，第製錦猶新，恐於筐篚履屐之間，或未纖密，敢懇鼎力曲爲推援，薦列高等，引致青雲，在此一舉也。

復兩粤制臺胡泰六

弟某承藉年臺，舒金色臂，運兜羅指，得不墮落迷網，勉竪咫寸。然鼴技既詘，鳩翼亦倦，決策投簪，遯歸隴畝，曩時之銍鎛襏襫，尚居然無恙也。戴笠荷鋤，從事萊污，納稼輸賦而外，剩秫稻數斛，釀濁醪以供農伴醉飲，風夕花朝，逍遥物外，竊自比於羲皇上人。回視二十餘年前，奔馳勞勩，直於騾背上、馬棧下，嘔心短氣，可謂大憨大痴矣。

雲泥懸隔，古意寖衰，乃猶有不忘素交，遠辱厚餉，如年臺者乎？感沐恩慈，謹束躬野服，對使拜登，無以爲報，惟翹竚鼎鍾鴻業，與穹壤並不磨耳。巍臚烜赫，則是第二義也。

復松楊（陽）縣范門人

豈不奉漏沃焦，以赴公家之急，而厥愳未殄，壯圖遂灰。解組歸來，獨坐容膝小樓，闃然無事，則敲小磬，翻貝葉，證菩提因果，深悔二十餘年前，已決斷愛河，作苦行頭陀生涯，乃卻爲一進賢冠勞勞奔馳，至於今始舍去蕉鹿，脫煩惱障，抑何見事之不早也。

仁弟好事近矣，願加弩力。華道尊一書，便閒遣人致之，撫軍前已齒及，遲之當更相懇。倘拊驂陋言，猶蒙採聽，或可以纖埃裨岱嶽乎。

途中極承繾綣，又重煩使者寒溫我家，此其誼，信蒼旻未爲高矣。

復浙中司道邢

流行坎止，進退有時，即古賢哲，亦且隨所遭遇，以爲因應，矧我輩能抗世忤俗，爲其所欲爲乎？

弟自揆疎拙，決計明農，病魔既卻，睡魂不驚，六尺孱軀，始爲我有。回視二十餘年，奔馳毒苦，舍性命之理，浮沉坌埃，悔掉臂之不蚤矣。彼東山寄臥，乃捉鼻自憂不免。弟非其人，又無其志，無其具，台丈豈得以此爲弟望乎？一丘一壑，駒隙可銷。知己大業，拭目俟之耳。

與吳陸諸生

江干雪艇，徘徊追隨，不忍別去，而竟不能不別去，心瘠魂銷，此其時矣。歸入里門，病體漸蘇，坐臥一小軒，焚香撞磬，佛書滿榻，唠唠披誦，百塵盡掃，五蘊皆空，居然禪定菩薩矣。還視官署中，墮煩惱障，若焦若焚，何異脫苦海而登彼岸乎？第悔其濡遲不蚤耳。

三仁弟意氣相許，已非一日。此番驤首連臂，摩厲風雲，端可徙倚而聽捷音也。

復杭郡陳司李

浙事艱難，百孔千瘡，如徵募繹騷，災眚頻告，民力竭于皮毛，官帑洗於懸罄，真台丈所目擊者。弟某不敢憚四肢之瘁，捋荼拮据，至於顛頓危病，而猶勉強支吾，此豈沓沓泄泄，尸素鰥官者耶？乃當事者別有所授而齗齗之，及雖持論未平，然病體尪尩，得完性命於林莽，則實大有造於不肖也。

過蒙遠念，寵以函貺，感怍並抱，謹九頓藉繭完謝。篆鏤雅情，言不能宣。

與方伯游蟄初年兄

某農家者流也，耕雲鋤月，原不知人世有升沉榮枯事。壯而挾策，亡羊迷於歧路，若爲柴栅所絆，抉筋擢骨，愴魂驚心，一如含鈎之魚，繫矰之鳥，無須臾可以伸眉吐氣。

乃自掛冠長邁，始得脱於洶湧危阻之途，復理耒耜，問麥桑故業。殘臘且盡，東作猶遲，獨坐斗室，手披《慵庵銘》，讀一再遍。蒙老公祖拳拳垂念，寵之嘉貺，南畝儈父，陡然暴富，沽醪市炙，以供春樂，醉鄉、睡鄉恣其所適矣。

與安福縣李載其門人

仕宦何必將相乎？即轂不朱丹，服不金紫，上能爲國家效一臂一指之用，下能解匹夫匹婦之困，便是吾志得行，稱不素餐君子，仁弟今日所居是也。從此升霄據旻，大沛遠施，竢之而已。

不慧鼯技已窮，鷦翼亦倦，決策明農，幸遂所請，身退心閑，雲霞爲侣，信林莽之樂，俯仰無礙，第悔其不蚤耳。

與郭符所

浙事艱棘，瑣瑣不具論，其大者毋如織造召募，殫力拮据，帑藏若掃。乃言事者以四十八年加派四十二萬，與協運淮船二項稽遲，抨彈及焉。此二者皆有司爲政，即弟蒙刺之後，重以三院嚴檄，猶不能隨呼而應。一介藩吏，有司視若贅疣，可奈何哉？則惟爲地方受過，掛冠長往而已。起家原是一老農，今以老農還之，更何芥蔕？

第覃恩蒙蘇撫臺再三留意，咨部題請，故遣小价入都門，倘徼大庇，獲徼半級綸命,光賁先人于泉壤,雖終身林莽,有餘榮矣。

復江右門人

昔人謂"士別三日,當刮目相待",矧門下爲不慧素所刮目者乎？客秋得貴省鄉薦書讀之,未見門下姓氏,爲之憮然。顧圖南之翩誠具,亦何慮不扶搖也。

所示諸作,皆有意致,但一日未離筆研,則一日不得輕易放過。已精益求其精,磋琢工夫,自當如此。不慧巖居清致,勝於碌碌風塵遠矣。

與高致衷

今何時哉？以邊鎮則狡虜鴟張,以内地則郡（群）盜蟻聚,得有發憤赴難,挾弓矢而馳,計不反顧,亦已難矣。矧上馬殺賊,下馬草檄,如足下其人者,詎非表裏文武,而可以應鼓鼙將帥之選者哉？授鉞登壇,當旦暮需之矣。

不佞遯世閒居,固不敢問及浮沉榮枯事。然吾里閒人豪俊,能以尺組繫單于之頸,而安集游釜之魚,則未嘗不殷殷翹跂也。山澤石隱,辱承嘉惠。拜手而登,杖頭有藉矣。

與洪位穹

鬢邊之絲且幡然矣,何用腰間組爲哉？棄而長往,一塵不罣,坐卧行游,任意所適,無官身輕,信大快也。第一宫半畝,容膝之外,僅容子雲書一床。當此盛暑,曲肱火甕,熱氣薰蒸,汗下如雨,此則隱家樂中之一苦耳。胡制臺曾遣人到弟家,報書中微爲令舅掉舌,然此際政天下危注意將之時,令舅自有以見知於當事者,奚庸曹丘生喋喋也。桐葉初落,仁兄歸期近矣。屢相促膝,尤所厚願。

與康莊衢門人

浙仕國也,亦難仕國也。不慧官遊其地,而守郡,而視學,而操藩轄,首尾十年餘,雖諧世寡術,不能人人盡中其歡,然堅持一片樸心,而行之以直道,原筮自審,敢謂亦庶幾計過無憾者。至於秦、稽,則不慧之遺甀在焉。清旦啓鑰,屨盈户外,堂下之陰,已移數丈,而横經問答,猶未倦也。今翶翔天路,固多其人,然而澠池未奮者,亦非一二。

仁臺以蓋世雄材,建節此邦,政事之暇,青青子衿,相率而就陶鑄者,繽繽牆序也。願仁臺廣收而曲成之,俾桃李成蹊,有小王大康之號,不亦美乎?

復武榮吳父母

遡自郊關折麻,而老父母之典刑日以遠,吾鄉之習俗日以變。勢家作俑,群不逞效尤,雄行恣睢,弱肉强食,甚且毁人之家,戕人之命而不顧者。訛言傳煽,譸張爲幻,以郡城衣冠雲聚之區,摇摇然若不能以終日,令擇地蹈者市廛不可,林坳不可,鷦鷯一枝,靡所棲宿。倘老父母猶然借徇也,威糾惠懷,豈一旦陵夷至此哉?或者善緣天假,轉均而泉,其終鎮撫我乎,跂而望之,不啻雲霓矣。

與滇南王門人

憶庚子秋,與舍親陳隆老相攜入滇,以赴塲屋之役。當日驛路囏難,備嘗辛楚。及至滇闈,分閲帖括,每得一卷,輒對榻評驚嘆賞。撤棘而後,兩經諸士多是英英國器,而喜可知也。乃造化參差,人事難料。敝房生汶汶寡聞,而門下最稱首座,竟厄於一第,可柰何哉?然宦途升淹,皆不係此。綏陽、新城兩地得賢師帥,居頌去思,亦足以發明用行初志矣。

與鄧壺丘

歸遯巖壑,結伴農樵。今歲夏秋之交,隰原雨足,數畝所入,汙邪滿車,急輸公家租賦,簸揚之餘,猶可以飽百指,斯亦隱者之所娛也。惟是夷氛孔熾,天子旰食,三事大夫,莫不夙夜,方蹴之憂,寧以草莽耕鋤,頓忘國恤乎?

年翁臺忠貞性挺,康濟熟籌,内安外攘,運諸掌上,亦可使野人得聞緒餘乎?

與浙左轄胡存蓼

告窳藩臣，積勞積憂。抱疴纏綿，自愧尸素。決策抽簪，入里門以來，杜門卻掃，託生藥餌，幸而視息猶存，即料理汙邪數畝，煙雨櫌鋤之間，與農圃問答桑麻，俯仰無礙，夢寐不驚，身安分足，稱清世癡遯散人，不亦休乎？若夫攄猷宣力，內修外攘，以佐聖明大業，勒勳彝鼎，則有台臺在焉。戴笠耕夫，侈誇知己於巘穴，快矣！快矣！

又與浙中左轄胡存蓼

藩事囏難，而弟以瓴甋小器處之，猶能支吾旦暮者，則台臺模楷在焉。若調募士卒，若告糴救荒，皆奉石畫而輕重布之，幸得釋於皐蠡。不謂當事者更以郡縣未徵之派餉相齮齕也。鞭阻于腹，病積於躬，當此國家多故，寧可浮沉俯仰，妨賢者路，重速官謗乎？用是決策投簪，歸臥泉石。數月以來，膏肓漸蠲，愁慮不罣，庶幾馬牛未耜間，能傳頌台臺鍾鼎遠業也。武林聚廬，半爲煨燼，邊塵日聳，羽檄如馳，我公之重城萬里，自足倚賴，無俟山澤之癯，爲并州起念矣。

與吳生白年兄

治子某向與老公祖言浉藩之難也，而猶未見信也。及至堲益沓出，拮据維艱，積勞積憂，病困而莫可誰何，且不免於用事者齮齕焉，則惟有勇退一策耳。歸田以來，友朋既疎，僮僕亦散。數畝汙萊，半秫半禾，旱溢無害，斂穧滿筥，家有百指，供脫粟糲飯之外，可釀濁醪，漉以葛巾，招鄰舍老農，箕踞樹下，瓦梧共醉，已則相枕藉而卧，夕陽西下，詠歌以歸。空庭月朗，抱膝獨坐。方悔投閒不蚤，而昔日憂勞病困，甚爲迂且拙也。

粵東政簡，而老公祖敏妙練達，飄飄然有凌雲氣，腹上生松之夢，旦夕徵矣。山澤之癯，不宜強扳當路，而綈袍繾綣，料祖臺不以隱顯殊致而頓絕之也。

與杭嚴道陸鳳臺

某之退而耕於野也，所與偕者，農丈人耳；所與相較量者，雨暘之和沴，麥黍之生熟耳。眸子如霧，視一作兩。邸報卻疎，內外除目，都久不見且不聞，矧敢更問及浙中幽明登黜乎？惟是身雖隱矣，而三載通考恐支離名姓猶掛人齒頰間，自知壁劍絕吼，櫪馬不鳴，而顛白髯落，衰颯日甚，物理人事，既已如斯，即有採勞車之薪，解太行之紵者，見黷、剡不可復補，其誰肯任之哉？然鳧脛不受續，鶴脛不受斷，其苦傷均也。山獐澤麋，病羸困斃，舁而置之榛莽足矣，似又腥瘠皮肉，無煩刀俎爲矣。

伏望台臺，宏開慈度，曲爲包荒。倘有相齮齕者，幸寬而釋之，曰"此癡絕腐生，固鶴鳧獐麋類也，亦聽其自長自短、自滅自沒而已"，如是則櫟樗不至尋斧，川谷無或蒙羞。俯仰跼蹐，寧敢忘環草之報耶？

復耿都閫

弟所與海內知交登壇說劍者，蓋若而人，然肅允深堅，材華不露，而緩急足倚爲長城者，則非門下不可。故極力推轂，庶幾國家得熊虎不二心之臣，以當一臂耳。方今南北多故，禁中頗、牧尚未有慰拊髀之思者，長寧雖未堪展驥足乎，而乘此嘗試艱難，跋涉險阻，異日衛、霍功勳，皆是得力處也。

弟近日亦有以爨餘之桐補牘者，顧烟霞水石，盟心已久，必不能效殷深源書空，授人笑柄也。

復何點蒼門人

某也不敏，僭假稱師，譬則邨社三老，捧土木而袍冔之，號曰菩薩，歲時祈祝，雨暘偶爾不愆，輒驚動遠邇，奔走親媚，疑天疑帝。適有狂無賴叩之不靈，遂以昏夜襫其服，赤其軀，詬彌甚矣。彼菩薩者，慈悲忍辱，未嘗過而彈一指焉，而猶然據半畝之宮，不袍不冔，塵坌滿案，欲令人奔走而祈祝也，不亦難乎？

某今者實類於是。歸田以來,輦上君子,忝一日之雅者,豈不濟濟若林？而鴈帛鯉素,曾不一入羅雀之門。老父母履任不半載,而問貺再辱,何用情之篤摯如許乎？赤軀菩薩,不能放頂臂光明,拔度報施,而尚受此供養,感何可言,愧何可言！率勒致謝,併伸賀悃。儀不成享,伏蘄炤納不宣。

又復何點蒼門人

不肖某初見老父母大篇,意謂翀天驚人,直俄頃事。乃廻翔十餘載,茲始展垂雲之翼也。方不肖爲書生時,雖每試高等,而年少狂士輒目之曰夫夫也,今歲得增,明歲得廩,不過可爲異日鍛羽地耳,無足畏也。詎料不肖竟以力田逢年,而狂士相譏訕者,卒落落無聞耶？老父母淹通遲速,大都與不肖相類,居恒哆口揚詡於當事諸公,曰："何君海內人龍也,寧可作池中物視之？"故會場報榜,非惟不肖躄屢折齒,即妻孥童稚,亦欣欣相告,喜可知矣。

第歸田以來,中外除授,並不及聞。舍親蔣八公送《壬戌齒錄》,始知借重敝省,政圖問候,而老父母命使適至,溫詞隆貺,隔千里如面晤。謹九頓拜嘉,肅版颺謝,力占難罄。

復康莊衢門人

"仕隱"兩字,要自家認得分明,然後合志同方之士,相與扶攜牽輓,仕固成其爲仕,隱亦成其爲隱也。昔夫子將適荆,先之以冉有,申之以子貢,蓋一聖二賢,皆汲汲欲仕,故其周旋不舍若此。假令夫子作丈人荷篠舉措,則求不必執御,賜必不結轍。又令求、賜爲沮溺耦耕,孔轡皇皇,竟何之乎？蹇劣如僕,身已隱矣,仁臺猶以東山相望,問其寒燠,寵以南金,其用意勝古賢遠矣。敬稽首拜嘉,即呼諸孫跽列堦下,舉而授之曰："此康大夫之賜也,爾曹能紙筆,儘有餘資,勿徒覓棗栗,令乃公委口天運而進盃中物爲也。"草率言謝,不勝戁竦。

與孫六吉門人

夫仕宦而持斧服繡,代天子巡臨郡國,旌麾所至,山嶽動搖,此亦人世之至榮也。乃自仁臺視之，則漠然無所動於中。其理鹺政也，滌繁蠲苛，疏數百年未通之財賦；其握文衡也，蒐奇振滯，甄數百年未發之材諝。竭誠無二慮，徇公不顧私，夙宵勞勩，未嘗一晷刻晏焉以嬉。異日者階愈峻，責愈重，其盟心惕厲者，亦若是耳，安知有人世榮華哉？

不慧承乏浙轄時，蒙仁臺不忘簪履之舊，函貺洊加，至今念之，猶若冠蓋儼然於蛛蠨之室也。第山農石隱，戴笠而望，卿雲末由自致。適有鱗羽之便，敬以草莽姓名奉候興居，不敢修儷語、豇縟儀者，懼煩褻也。

與何點蒼門人

蟋蟀在堂，甫拜歲暮之賜，居諸何幾，端陽屆臨，軺軒使者復扣柴扉，而致大夫君子之命。時則子民某擁書晝卧，夢一峩冠絳衣報某試闈之捷。異哉！蓬使之呼，與意外之夢相值也，覺而思之，衣冠儼然者，非老父母耶？試闈告捷者，非台諱耶？知己神交，千里徵兆。語意之懇懇，寵貺之稠疊，又非片楮所能謝而宣也。

志在肺肝，如劌如鏤。另有所言，載之副墨。

與臨海張九鼎門人

曩不慧以三寸不律，索貴省英豪於簪晷間，惕惕焉惟眯目寶物是懼。天誘其衷，大薪小榾，目力所及，多是璠璵美器。今之翱翔霄漢者，已纍纍乎若而人者矣，而仁弟猶滯觷序。然而按劍登壇，旗鼓不衰，曹將軍豈以三北為恥哉？棘闈已逼，驪駒駕矣，不慧足力不敏，弗能走送郊關，薄贐數種，奉壯行色，敬傾耳而聽鹿苹捷音。

與兩浙道憲

弟某憪愚蹇拙，且遭時事艱難，百憂攸萃。加派遼餉，概省縣官，全未開徵，而責之以濡滯；諸公助餉，內報部院，外報兩臺，而責之以矇矓。明明心事，明明案牘,天日可質,愚夫愚婦可指而知,獨蒙不白之疑,不亦冤乎?然自古忠而被僇,信而受謗者,何可勝紀?某雖不得意乎,未若箕商之甚也。多病顛連,一官如蓰,得此題目,掛冠而歸,十畝之間,桑者閑閑,則承言者之惠,亦已多矣。

臺追念往事,諒之于形迹之外,剖膽折肝,相信曾參不殺,母杼自如。大夫君子,其盛德遠度,可勝道哉?蛛雀牖户,忽傳嘉貺。坐客有氊,沽酒有錢,陡爾暴富,銘心之感,百倍尋常。

復邵武縣學廣文

嚮得南都試録讀之,見仁兄姓諱,喜不自勝。竊意名駒馳驟,便一日千里至也,乃猶然暫以六月息。將淹迅有數,必風雲相遭,然後奮鬣揚蹄,使凡群盡空耶?

巖藪遁人,世事塵情,毫無所攖。近者何父母境內問餽,時時相及。杖頭有藉,無事典衣,銜盃樂聖,又一快也。佳卷披玩,遠致可徵。未仕而以南金爲禮,過矣,敬附完謝。分陰尺璧,願言努力。

復台州守張人林門人

台郡事體決裂,欲借異材以善其後,僕雖知非巨源不足了此,而護惜佳寶,防慮損傷,故當日苦口躊躇。然當事者亟於拯溺救焚,竟舉艱重,全托仁弟一肩,乃寬髀理解,剨然奏刀,羊腸九折,叱而過之若康莊焉,始信豪傑之士,急病讓夷,而功能固炳炳在人耳目也。聞已會題金華道矣,但此姑留三輔云耳。建旆秉鉞,徙倚可致。林藪間人,耕雲鋤星,無絲毫世事掛諸胸臆,第天上知己,鼎彝勳伐,廣播傳頌,則區區所每食必祝者也。

承示貴同年諸君消息,七尺無恙,尚可奮策。後來所可悼者,造物多妬,朝露遽稀,短氣酸鼻,潸然出涕,寧能自已耶?勉旃仁弟,時不可失,業與運興,長松勁柏,豈柔脆之姿所可同日語哉?

與周際五門人

解組明農,竊意一丘一壑,可以掩關閴處,無事恤緯。不謂風習流壞,情故萌生，睚眦釋憾，至於攻劫掠殺，而罔所顧畏，遂使無賴惡少，狡焉思逞，郡城百雉，危若纍棊，纓組之家，攜孥避難於窮邨僻谷，一月而四五驚，此從來所未有之變。幸徼老公祖威靈，潛弭默奪，卒就寧宇，市廛、里巷，夜卧始得貼席，雖雷雨既解，罪過可赦，而四戍妖言惑衆倡亂之魁，似不可不重懲一二，以肅風紀。蓋事不成則爲菜傭、乳臭，事成則爲赤眉、黄巾，創之或警於後，不創則蔑視三尺，將來何所不至哉？乃紅夷眈眈，瞰我内地，目前羈縻若可苟安，然江充徙戎之策，政是今日對藥也。

　　草野遁人，杜門結舌久矣，辱承清問，敢布大略，且知老公祖能恕狂瞽，又能爲罪言者深諱也。馮楮曷勝主臣。

復閔曾泉年兄

　　坎止流行，隨時消息，此吾儒進退良規也。然惟台年翁隱繫物望，仕振風猷，其出處方大快人意。弟也碌碌，亦逐行隊，登塲作戲，而面目可憎，歌笑談謔，自量無足諧俗。掛冠歸里，容膝孤居，世事、家事絶不問毫髦。筐牀一帷，經偈一榻，儘足供儈父逍遥。緯恤漆憂，何用老婆心熱哉？第紅毛夷外侮，狂無賴内訌，吾鄉岌岌無可爲藏身之固，信有如台年翁所慮也。節旄高牆，垂念棄簪。寵貺遠頒，敬再拜而受，即以授舍旁酒嫗，王無功可百日作醉鄉遊矣。占瀝展謝，馮楮神馳。

與武林陸二生

　　意倦而還，身閑爲快，庭中風月，窗前經史，儘足優游歲月。蓋世既忘我，我亦忘世，非惟升淹晦顯之事，不徹於耳，而交遊問訊之書，併不涉於目。忽承翰教，信是空谷孤居，聞足音而喜也。

　　君家昆玉，鴻漸之翮，宜奮飛久矣，乃猶然蟄而未伸，此造物者將益培其力，厲其氣，而負蒼天、亂浮雲，可計日需也，豈必問詹尹、君平哉？

　　佳作四首，即付兒輩誦之。楚璞光華，明秋價貴連城矣，千萬珍重。

樗全集卷八

家譜勸戒二十則

十勸規範

孝敬一

夫孝者,天經地義,爲人道百行之首。《孝經》、《戴經》二書,詳哉其言之矣,今不繁稱博引,姑就爾少時所讀《論語》,粗爲講解。《論語》"問孝"四章,獨"子游"章言敬餘不言敬,而敬在其中。何也? 人子事親知養而不知敬,是犬馬蠢癡無識,我亦蠢癡無識,名雖爲人而靈性盡喪,披毛帶蹄,何以自別於犬馬? 認得罪過這等深重,怵惕惶恐,急求自贖,養體盡物,養志盡順,無所不用其極。説到這裏,纔是能敬。至於生事葬祭,無違於禮,自始至終,兢兢戒謹,惟恐干紀踰分,貽親不安,非敬而何? 子有疾病,父母懷憂,體貼此念,履薄臨深,不敢怠遑,朝夕計過,以求無憾,非敬而何? 乃若酒饌具供,服勞盡瘁,都是末節,惟以戰兢恂慄之心,生愉悦和婉之色,手舞足蹈,而不自知,非敬而何? 如是則謂語子游以敬,即語懿子諸人以敬可也。

又《論語》"事父母"三章,獨"幾諫"章言敬,餘不言敬,而敬亦在其中。何也? 父母差誤僅在念頭幾希,人子從眉睫間窺見些兒意思,即怡色下氣,不以口諫而以心諫,委曲婉轉,夔夔惕惕,到底不違,務令親志默化,恍若神明密移。説到這裏,纔是能敬。至於承父母命,不得已遠遊,雖離鄉關,實戀庭闈。身在東,若親與俱東;身在西,若親與俱西。音容可掬,夢想皆真,小心翼翼,明發不寐,非敬而何? 乃若父母之年常存記憶,方喜黄髮康寧,仍懼旦暮風燭,倏爾懼轉爲喜,忽且喜不勝懼,寸陰珍重尺璧,一日貴逾三公,非敬而何? 如是則謂遠遊知年之敬，即幾諫之敬可也。由斯以譚，引伸觸類，念念刻刻，皆敬皆孝，移以事君，移以事長，移以事天饗帝，無之非是矣。

友讓二

《書·君陳篇》曰："惟孝友于兄弟。"《大雅》之咏王季曰："惟此王季，因心則友。則友其兄，則篤其慶。"夫友以人合，兄弟以天合；友以義勝，兄弟以恩勝。而以兄弟爲友，毋乃親疏莫辨乎？曰：非也。《詩》、《書》舉"友"之一字，加於兄弟，最親切有味。今且以友論之。伐木嚶鳴，聲相應也；芝蘭感契，氣相求也；金石締盟，意相孚也；講習麗澤，道相益也。於是有窮交而讓財者，有達交而讓官者，有厚交而讓宅者，有恤交而讓謫者。彼其人合義勝，猶且懇斯懇斯，而矧兄若弟也，生同屬毛離裏，少同嬉遊嬉戲，長同並肩接膝，老同扶笻曳屨。壎篪倡和，而嚶鳴不足諭矣；棠棣韡華，而芝蘭不足諭矣；肺腑聯貫，而金石不足諭矣；手足赴援，而麗澤不足諭矣。兄曰弟吾友也，匪惟一體，而且一德；弟曰兄吾友也，匪惟一脈，而且一心。兄曰泰伯以天下讓，吾友吾弟，而難乎其爲伯；弟曰季札以國讓，吾友吾兄，而難乎其爲札。區區室廬，瑣瑣田地，沾沾粟帛，銖銖器物，任取其厚美而不爲豐，任留其脆薄而不爲嗇。豐者日處有餘，而不爲貪；嗇者日處不足，而不爲怨。無讓名，無讓迹。讓者無德色，不讓者無疑嫌。所謂"因心則友"，慶篤無疆，而兄弟相與以成其孝者，非耶？

敦睦三

古初族類未煩，姓氏不分。凡戴髮含齒、方趾圓顱而爲人者，鶉居鷇飲，與草木同榛榛，與鹿豕同狉狉，混乎無所爭也，安問睦不睦哉？及洪荒闢而文明啓，堯德廣運，重華佐之，舉十六相，誅四凶，平章協和之治，光被四表，史臣頌之，曰"允恭克讓，敦睦九族"，蓋言國本于家，化行自近始也。厥後生齒日盛，氏族益雜，情故滋萌，爭端漸熾。朝爭者鬨於名，市爭者鬨於利，而農民于耜舉趾，築場納稼，亦紛紛郊墅間，讓田讓畔之風，無復有也。井田法行，而出入相友，守望相助，疾病相扶持，百姓乃親睦焉。蓋不親則爭，不爭則睦，是知敦睦云者，亦聯之以恩，正之以義，解紛息爭，而敦其親親之意耳。

吾族姓業農者多，居連棟，籽連畝，靆連烟，牛羊連芻牧，墳塋連阡壠，耕穫既同井，而世系又同宗。今而後，存没慶唁、祭祀燕享、歲節問慰、朔望會聚，推其所以相友相助、相扶持者，倍加恩義，少必敬長，卑必奉尊，富不輕貧，貴不忘賤，周旋往來之間，實有真實懇切情意，又實有正大分明道理，聯屬融貫，薰蒸透徹，無論郊野市朝，而親睦之道，敦厚不衰，則雖百代綿延，何異同堂共室哉？

忠 朴 四

本有根而後枝葉盛，人有根而後福祉昌。忠信朴茂，人之根也。根既植矣，灌溉之，培植之，始於萌蘖（櫱），至于凌雲參天，皆根之爲也。故人須由内及外，從幼到老，只是一段真真實實，做得徹底，言必有物，行必有恒，心事如青天白日，器宇如璞玉渾金，悃款醇固，直與赤子一般，更無毫髮欺瞞肝腸，無毫髮妝飾模樣，有此根本，自然衣食豐饒，多壽多福，一生受用不盡。

平 恕 五

《謙》之象曰：「君子以裒多益寡，稱物平施。」子曰：「一言可終身行，其恕乎？」「己所不欲，勿施於人。」夫不欲不施，則多者裒之，寡者益之，所施皆得其宜，而無不平之憾。所謂「能近取譬」，恕之道也。若不能順事恕施，惟己欲是殉，己所欲多，爭之又爭，占了許多便宜；己所欲寡，損之又損，減了若干節目。非但人己相對，長短、輕重倒置懸絕，而自覺方寸嶢崎險側，不平甚矣。然則平之與恕，做兩字看亦得，做一字看亦得。吾人平居交應酬接，須討個極公道的權衡，定個極穩當的丈尺。凡取舍愛憎，施與辭受，依這平平矩度，分付將去，並無毫釐爭差，無些兒偏斜。如《大學》惡上毋使下，惡下毋事上，惡前毋先後，惡後毋從前，惡右毋交左，惡左毋交右，上下四旁均齊方正。《中庸》求臣以事君，求子以事父，求弟以事兄，求友以先施，不足必勉，有餘不盡。《孟子》自反而仁，自反而禮，自反而忠，橫逆由是，置之何難？此其胸次何等平坦，襟懷何等寬恕。重門洞開，八窗玲瓏，蕩蕩周行，無礙無障，雖聖賢地位，亦從此進。

慎 直 六

嘗讀《易》至《坤》二、四兩爻，二繫以「直方大，不習无不利」，而《文言》申之曰："直其正也,君子敬以直内。"四繫以"括囊,无咎无譽",而《象》申之曰:"括囊无咎,慎不害也。"蓋人之生理本直,直則正,不直則罔。聖人慮其罔也,觸藩羸角,不退不遂,因而示之以敬。敬則不敢暴虎,不敢馮河,而知慎矣。況坤陰也,陰疑於陽,冰堅龍戰,玄黃兩傷,此豈處囊脱穎之時?括而不出,故守其直。及夫冰消戰息,倒囊而施,暢於四支,發於事業,豈惟無害,抑且無不利焉。故"夙夜匪懈,以事一人",當官慎矣,而糾繆繩愆,寧戇毋諛,非直耶?求瘼畏巖,疴痛切膚,臨民慎矣,而風行草偃,寧張毋弛,非直耶?好惡無僻,嫌隙不開,正家慎矣,而防閑有則,寧嚴毋縱,非直耶?執玉捧盈,如不勝衣,提躬慎矣,而拔渾揚波,寧皦毋汙,非直耶?論行結交,比匪是戒,交友慎矣,而他山攻玉,寧拂毋順,非直耶?興戎出好,口必三緘,發言慎矣,而息邪放淫,寧辨無訥,非直耶?履虎集木,若將隕淵,處事慎矣,而據經守正,寧峻毋靡,非直耶?直以濟慎,然後慎不至葸,而無畏首畏尾、摸稜兩端之失;慎以成直,然後直不至絞,而無攘羊證父、責善傷恩之誚。乃知《坤》之二、四兩爻,互相爲用,而學《易》信可以寡過也。

節儉七

聖人作《易》,取上《坎》、下《兑》之卦,名之爲《節》,而贊之曰:"天地節而四時成,節以制度,不傷財,不害民。"天地帝王,且須有節,況士庶之家乎?是以安節者亨,甘節者吉,不節之嗟,無所怨咎,但自苦耳。《傳》曰:"儉,德之共也。"夫儉者纖嗇慳吝,今人多目之爲守錢虜,曷云"德共"?不知能儉,則制節謹度,不敢縱放,收斂簡約,德繇此聚,非共而何?故晏子豚肩不掩豆,一狐裘三十年;文子妾不衣帛,馬不食粟;蕭何爲家不治垣屋,曰"令後世賢師吾儉"。此皆前哲往事,可效可法,矧又《易》有明訓,與"禮奢寧儉,不遜寧固"之語在乎?

勤勞八

天地生人,授之以天時,食之以地德,將使之營辦生殖,厚倫盡義,匪第令穿衣喫飯,自暇自逸爲也。歷稽往牒,崇伯子股無胈,脛無毛,胼胝手足;西伯昌自朝至于日中昃,不遑暇食;姬公旦夜以繼日,坐以待旦;傅説版築;膠鬲魚鹽;孔明躬耕；士行運甓。彼皆聖哲賢豪也，尚乃汲汲孜孜，繇此推之，士農商賈，黔黎少壯，孰是休閑之人？市廛村聚，僻壤窮鄉，孰是休閑之處？春夏秋冬，伏臘晦朔，孰是休閑之期？祁寒暑雨，烈日嚴霜，孰是休閑之頃？故鼓篋授經，佔畢講貫，則勤勞于術序；沾體塗足，稼穡鋤耘，則勤勞于田圃；徵販貴賤，遷化有無，則勤勞于道路；樵蘇弋獵，罝罛緡釣，則勤勞于山海；刀斧錐鑿，磨礱雕琢，則勤勞于木石。蓋勤則事易集，苦則善心生，而況匹夫之身，仰事父母，俯育妻孥，官府之征繇，姻戚之慶恤，里社之往來聚會，凡百資費，何所從出？稍或怠弛，飢寒立至，欲不勤勞得乎？若夫妻妾女婦，亦當責以紡績澼絖，刈穫緀縚。寧為家人嗃嗃，毋寧婦子嘻嘻。敬姜之訓，管子之令，智者觀其詞，思過半矣。

學　問　九

予族姓住廬托處，與遷徙僑寓，長少計不下三千餘指，大都孝弟力田者十之七，而依山者採於山，依海者漁於海，不山不海，工賈為生，總十之三，詩書庠序，渺乎邈矣。迨予繼姪萬起豐沛汗馬，後生始知嚮往，而採芹鼓篋，尚未斌斌，故茲獨以學問勸。

夫學問何居乎？揮戈逐日，鍊藥成僊，聖賢有路，咫尺目前，是在定志。牛羊斤斧，鹵莽滅裂，夜氣防護，用滋萌蘗，是在清心。跛鼈不休，千里非遠，括鏃勿倦，七札可穿，是在勤業。佩蕙握蘭，馨香同味，映珠懷玉，輝光自媚，是在擇交。亡羊多岐，縱馬識途，凍解冰消，雲密則雨，是在釋疑。古今疏註，史傳典故，弋獵蒐獮，嚅嚌蕆腴，是在博收。玄奧要妙，了然心目，魚兔既獲，筌蹄何有，是在約取。輪扁良匠，應手疾徐，慶鑢入神，頓忘誹譽，是在精進。通此八者，學問之道備矣。如斯而仕，則紆青拖紫，勒鼎銘鍾；如斯而不仕，則通儒大覺，陶世淑人，弓冶授受，衣鉢傳習，一脈書種，百代流芳，其視力田工賈、採山漁海所得，孰為多也？

禮　教　十

夫禮者有儀有威，有典有則，自君臣父子、燕饗跪坐、冠婚喪祭、饋獻飲食，巨領細目，纖悉畢具，所以別嫌疑、定猶豫、立堤坊、止淫佚也。故居家教誨子弟，八九歲而後，如《曲禮》、《少儀》、《內則》、《弟子職》、《朱子家訓》、先輩家禮，須與他講解明晰，令其通曉。稍長則《禮運》、《禮器》、《玉藻》、《月令》、《學記》、《樂記》諸篇，皆宜熟讀默識，而日用之間，嚴飭尊卑，秩序長幼，防閑內外，以及升降裼襲，周節俯仰，莫不斟酌禮意，參合時宜，節文度數，繁簡稱情。要於閨門雍睦，有德有義，簾帷整肅，不瀆不乖，而習慣性成，動中繩準，族黨州鄉，薰磨顧化，不亦美乎？

十戒藥石

悖逆一

我聞曰："君子修之吉，小人悖之凶。"又曰："惠迪吉，從逆凶，惟影響。"蓋吉凶無常，在人所召。惠而修者君子，養之以福，不期吉而吉自集；逆而悖者小人，敗以取禍，不期凶而凶自至。曾子不云乎，"不愛其親，而愛他人者，謂之悖德；不敬其親，而敬他人者，謂之悖禮"。德禮既悖，匪逆而何？況親者身之本也，身者親之支也。吾不能以德愛親，而顧能愛人，不能以禮敬親，而顧能敬人，則所云愛敬者，亦不過彌文縟節，瞞人耳目已耳。

世有悖逆之子，淫縱破義，傷敗彝倫者，置之勿論，即定省無曠，溫清不疎似矣，而索之未必在側，呼之未必可得，非悖逆乎？鱒酒篚肉，潃瀡畢具似矣，而將徹不請，所與有餘對曰已無，非悖逆乎？舞綵成歡、賓筵設饋似矣，而父母所好不好，父母所惡不惡，非悖逆乎？唯諾惟謹、箠楚不怨似矣，而小杖則受，大杖不走，非悖逆乎？過端未露、柔怡諫諍似矣，而見志不從，退有後言，非悖逆乎？疴癢呕搔、湯藥必嘗似矣，而詈笞臧獲，叱咤犬馬，非悖逆乎？推此類具言之，未易更僕。

然悖逆不止一種，而獨舉之以警人子，欲令爲子者隨事點簡，隨時省察，視於無形，聽於無聲，必理靡一毫不順，心靡一毫不安，纔認是德是禮。以愛親者愛人，以敬親者敬人。愛人者人恒愛，敬人者人恒敬。有惠迪，無從逆。有君子之修，無小人之悖。福祉駢集，禍災不至。所謂吉祥，善事親與身並受之矣。

鬩 鬭 二

《棠棣》之詩曰："兄弟鬩于牆,外禦其侮。"蓋言雖有小忿,不廢懿親,即內鬩未休,外侮突至,相與禦而止之,惟力是視。非謂鬩牆爲無傷也,誠思我兄弟一塊肉血,都從父母毛裏分割將來,則身即父母之身,亦即兄弟之身,那得有爾我彼此?故舜與象同憂喜,伋與壽同死難,忿自何來?鬩因何起?

今時兄弟,皆由分爨而後漸聽婦言譖愬,遂構嫌隙,疏離骨肉,小爭以詬誶,大爭以挺刃,甚且爲貿首之讎,刺骨之怨,分家破家,拚命隕命,貽父母愁慘,作子孫榜樣,受神明譴誅。嗟嗟!是誠何人哉?是誠何心哉?

譎 僞 三

凡厥初生,惟是一片真心,人所必有。使人人能保任護持,徹首徹尾,言必忠信,行必篤敬,則金石可貫,神明可通,而行於州里,行於蠻貊,又何隔閡之有?

乃世有一輩輕薄子,瞞昧心性,破壞本真,謂言而沾沾訥訥,不足動衆,于是專造詭譎之言,鼓弄脣吻,變亂是非。龜毛如蝟,兔角似犀,而曰目睹其物;山湧碧浪,井起紅塵,而曰親見其事。既涸緇以爲素,復涅素而爲紫;既指雀以爲鷺,復誣鷺而爲梟。無影之樹,婆娑匝地;不彫之花,馥郁四播。譎言若斯,其足信耶?謂行而碌碌硜硜,不足震俗,于是專務虛僞之行,掩頭匿面,厚貌深情。恐人嫌其方也,則刓方成圓,而爲走盤之珠;恐人疑其巧也,則藏巧若拙,而爲韞玉之璞。纖嗇似隘,而裂帛揮金,以名廣大;包納似污,而堙戶卻軌,以示介特。好葉公之龍,立可升霄蹴昊;寶燕人之石,直欲藏櫝待沽。僞行若斯,其足憑耶?之人也,當其創設語言,肝膽已自難欺;藻飾迹象,衾影便即懷慙。矧捕風掬月,到底非真;質羊蒙虎,畢竟是假,果何益哉?

孔子曰:"亡而爲有,虛而爲盈,約而爲泰,難乎有恒矣。"《恒》九三之占曰:"不恒其德,或承之羞。"人知有恒之難,無恒之羞,毋亦斂譎歸實,剗僞還本。忠信篤敬,參前倚衡,終身書紳,而善人、而君子、而聖人,步步躐級而登,奚難焉?

貪 忮 四

宋人有獻玉於子罕,子罕不受,曰:"子以珠玉爲寶,我以不貪爲寶。不如人有其實。"《雄雉》之詩曰："百爾君子，不知德行。不忮不求，何用不臧。"大抵忮求皆生於貪。天下未有貪而不求者，亦未有貪而不忮者。

以貪而求者言之，染鼎嘗鬻，乞墦登壟；觀我朵頤，舍爾靈龜；欺暮夜之四知，營狡兔之三窟；作護法之沙門，效春莊之吠犬。以若所爲，求若所欲有，靦面目孰甚焉？至於貪而生忮，張機設檻，投井下石，引繩批根，推刃按劍。盃酒負慚，竟結魏寶之禍；互戀朝柄，遂構牛李之爭。綠珠在帷，石將軍之族已赤；羊羹不至，中山君之國旋亡。噫！貪而生求，猶可道也；貪而生忮，不可訓也。乃若閭井下隸，貪饕成習，據其所嗜，僅若醯雞；恣其所憎，幾同哮虎。方夫飢渴過求，庚癸一呼，簞豆共飽，則極口頌德，稱是三藐菩提。及夫反目懠忮，麥船以遠，虞人不繼，則入室操戈，指作再世仇敵。不思人各有命，命各由天，天之所興，誰能廢之？衛人奴不車騎耶？天之所廢，誰能興之？鄧銅山不餓莩乎？滕王高閣，風爲誰來？薦福字碑，雷爲誰毀？我疕我困，彼求何用？彼封彼殖，我忮何益？子罕難追，衛媛不作，又何知不貪之爲寶，而以不忮不求爲臧也。

爭訟五

《易》卦成列，以盡情僞、定吉凶，使民知所趨避，而《訟》之一卦，尤見聖人之情。何也？

《訟》次于《需》，需者飲食之道也。飲食，人之大欲存焉。欲起則必爭，故觴酒豆肉，嬉聚笑謔，鼓弄風波，攘臂而仍，此鬨彼佐，遂成仇讐。金矢一入，鬼隸如沸，或索酒饌，或覓錢鈔，衙門以內，某百某千，而又央託貴顯，啓事請間，惟求取勝，不吝金寶。未曾覿官府一面，而室已懸罄矣。囚首對簿，搶地愓心。乃訊者不以剖決曲直爲能，而以多得贖鍰爲快。徒杖之外，加以酷罰。罪案既定，追呼雷急，身膺金鐵，膚受榜椋，必質屋鬻田，典妻賣子，然後主者肯擲筆勾銷。

是以聖人當畫卦時，已逆見衰世之意，戒之以"孚窒惕中"，教之以"作謀慎始"。初"不永所事"，二則"歸逋無眚"，三"食舊德"，四"渝安貞"，獨五爻繫之以"訟，元吉"，說者曰：此聽訟者守正執中，大畏民志，故得元吉耳。不然，以訟而受鞶帶，且終朝三褫，何吉之有？嗚呼！聖人之慮遠矣。

侈靡 六

载观盱盱睢睢之世,其氣渾噩,其風淳龐。迨世變如江河之逝,人習浮華,俗尚藻繢。於是有侈費而不知節,靡麗而莫底止。

故堂構輪奐,茅茨不仍,罿飛鳥革,竣繪極工,宮室侈而靡矣。綺紈綵繒,杼軸幾空,冠履衿鞶,貴賤無等,衣服侈而靡矣。列籩設豆,山海珍錯,歲時伏臘,殽核維旅,飲食侈而靡矣。範爐篆鼎,纍珠斮玉,鐫瑚刻瑩,鏤鳳雕龍,器用侈而靡矣。男冠女笄,燕會纍日,奩妝御送,稇載盈箱,冠婚侈而靡矣。

至於喪祭一事,流弊尤甚。初喪在殯,親賓攜酒饌往勞之,主人亦自備酒饌與共醉飽。又假浮屠超度,披張繡錦,弔客盈門,作樂以娛尸。富者費中人十家之產,貧者鬻田典屋,至稱貸以從。有不然者,人爭嗤笑之,以爲鄙嗇。兒孫甘墜父祖無間地獄,而拘泥風水,窀穸不脩。有積年積世,寄骨荒土,而不藁桿反掩者。

語曰:"作法於凉,其弊猶奢;作法於奢,弊將何極?"今日風俗之弊,至此極矣。不以禮法堤坊之,不止也。去汰去甚,還質還醇,深有望於柄世教者云爾。

酗賭 七

《書》有《酒誥》,《詩》有《賓筵》,諄諄著戒,亦云嚴矣。乃彼昏不知,縱酒沉湎,稱八仙之高興,慕七賢之狂踪。百觚五斗,角量誇勝。花朝月夕,徵逐暢酣。舞衫歌扇,男女雜坐。觥籌交錯,盃盤狼藉。志氣內亂,威儀外喪。散髮裸體,流連叫號。此酗酒之禍也。

至于賭博一事,市井亡賴,鄉邨愚頑,招群引類,爭賽輸贏。茶坊酒肆,聚積排場。墓亭菴寺,動輒喝采。日爲賭徒,夜作盜黨。踰垣穿竇,雞犬不寧。而宦族富息,紈綺膏粱,又被賭師哄去,啗以會食,誘以觀妓,毆創灌鉛,注設假金。衣服輸盡,繼以妻妾;釵釧財物輸盡,繼以父祖田屋。朝爲千金子,暮且市行乞。此賭博之禍也。

兩端爲害,慘於鴆毒。損年傷生,傾家蕩產。前事既敗,覆轍復然,甚可怪也。

驕縱 八

魏世子擊謂田子方曰："富貴者驕人乎？貧賤者驕人乎？"子方曰："亦貧賤者驕人耳，富貴安敢驕人？"噫！驕不可有，寧論富貴貧賤哉？貴而驕，則朝爲趙孟，暮爲匹夫。富而驕，則金玉滿堂，莫之能守。若夫貧賤而驕，非恃其有才智也耶？然木以美自伐，膏以明自煎。窮途之哭，白日之悲，漁陽撾鼓之辱，廣陵絕響之嘆，非不才且智也，而皆以驕縱失之。蓋從驕生縱，沿縱成驕，轉相倣效，輓近猶甚。

不必富貴崇膴也。門戶寖衰，權勢已謝。席父兄之遺庇，藉閥閱以自矜。峩冠長劍，濡轡雕鞍，顧盼猶生，風雲叱咤，便成瘡痏。甚則狡隸頑童，市魁屠儈，床頭數貫，籯中隻金，而且高視闊步，傲倪君卿矣。

不必貧賤賢能也。魯魚未分，虎帝莫辨。拾墨莊之殘蠹，掇塵談之土苴。安窺半豹，遂渺全牛。黃口敢效長舌，青衿直踞上座。甚則畫工弈士，卜郎筮師，能布圖局，善占卦兆，而且揚眉瞬目，凌轢行輩矣。

驕縱成習，恬不畏忌，狂瀾滔滔，莫爲砥柱。然而以正法眼覻之，不過壇裏忙蟻，涸中鬧蟲，出陰蜉蝣，夕瘁菌華耳，何足道哉？

遊惰 九

語云："隕霜不殺，物之災也；逸樂終身，人之禍也。故殷憂足以啓聖，震動然後光明。"昔譚尚矣。人有一副骨力，便有百樣施設；有一段神情，便有千般作用。看古真正英雄，幹出掀天揭地勳業，皆從戰兢惕厲中來。愚公徙山，山神亦畏。精衛填海，海瀾可枯。況尋常底事，尋常去做。除了盜賊一路，不可竄入，其他世上伎倆，孰非衣食之資，生活之計乎？

乃將自家健骨力，徑任頹廢；把自家好神情，全不抖擻。優游泮渙，幸爲快心。怠惰閑娛，惟日不足；風花雪月，願與相親。奔驟經營，懶措半武。不是仁智好樂，而觀山玩水，以寫我憂；非有痾痛顛連，而伏枕踞床，莫覺其故。婚嫁未了，胡驅車而出遊；禪律不窺，何面壁而入定？每向十字街頭，弄傳魔説；輒於二六時內，靜作尸居。分陰可惜，溺晏安之鴆毒；青春不再，躑歲月以蹉跎。一心無所寄頓,四肢幾成痿痺。遊惰若此,以致生理蕭條,家道日蹙,釜甑埋塵,瓶罍懸罄,父母凍餓,兄弟離散,妻垢其面,子鬖其形。既怨天而尤人,復罪命而仇數,不亦晚乎?《中谷有蓷》之詩曰:"啜其泣矣,何嗟及矣!"此之謂也。

卑　鄙　十

人亦有言,"貴不如賤,富不如貧"。此何以稱焉?蓋彼貴矣而貪榮競進,不知退止;彼富矣而鑽核持籌,營利不休,汶汶碌碌,無所比數。吾雖貧賤,而茅屋一區,竹床一筐,點瑟方希,昭琴亦鼓,此中有曲可舞可歌。簞瓢屢空,視連騎結駟者,孰賢哉?奈何識趣凡陋,輕自貶抑,甘雞鶩之殘粒,嗜盃斝之餘瀝。東墦一飽,妻妾可驕;矮巷半刺,華袞自榮。頤指氣使,傴僂奔趨;奴顏婢膝,恥辱不顧。卑鄙至此,門地家風掃地盡矣。

樗全集後跋

　　先大夫自角羈及弱冠,拂亂奇窮,饔飧之弗備,何遑挾册辨志?既天誘其衷,下帷發憤,復尋理觚穎舊業,又屢試弗售。至年而立,始以儒科采芹,育鞠誎昆弟亦稍晚。誎十齡,即攜之館舍,晨夕侍座側,潛窺先大夫學問,大都躬迪闇修,勘研實益于心會。即文戰常冠軍,亦抑抑若晦,不欲鬻虛聲市譽里耳。故當諸生時,間爲鄉紳代觚,就藁輒削去。即通籍後,先達諸公類以有用文章,傳播爲宙合士子嚆矢,先大夫絶不技癢,壹似夫藏拙者。設鐸秦、稽,執經問業者,環炙如堵,強請益,不能辭,酒發制義數首,公之同志,題曰《解嘲》,猶遜不成章,第以解嘲姍耳。及轉成均、部郎,晉郡守、學憲,至大岳,官有職業,夙宵勤修,沐櫛不遑,無暇及墨卿從事。蓋生平造意,不欲以文立名,故題記諸體不多作,作亦不留副墨。遍搜遺篋,僅得著撰若干編,憶前後軼落者多矣,因付剞劂氏,甚非先大夫素志也。而誎昆弟讀父書,乃任散佚以供蠹魚,亦非善體先大夫隱志也。

　　當誎旁輯時,有友前請曰:"尊公沈酣諸氏,貫穿百家,文壇雄壓宇内。斯集剖蚌尋珠,掇貂成裘,毋乃以掛漏自齾乎?"誎曰唯唯否否。夫文無論大小,言要抒自家靈性,使靈性惘然,眇會傍門,戶襲餖飣,非不洋洋纚纚然,聱牙雖工,神骨非有,文而入於詭矣,何取於洋纚爲?《子虚》一賦耳,至令漢武帝嘆賞不置。《出師》二表,便足了孔明終身底就。況先大夫前後無青藍漁獵,師心摹古,竊誦其一叙一詠,參列之今古諸名家,未遽題其甲乙輕軒。抽奇披英,堪稱造論著説之文,又何取於洋纚爲?

　　則斯集也,未敢藏之名山,傳之其人,詮次成編,垂諸家乘。孫若仍賢者,遡前人弓冶,將軒眉抵掌,步武作求;即愚懵不齊,向若望洋,未竟前人之壼奥,猶知侈前人之通顯也。不什襲珍之,猶未至弁髦而茀之耳。存什百於千一,斯集亦吾家獻之坤乾也。

男尚諏謹跋。

樗全集後跋

　　夫儒者雄狎寰中，焜煜不可迫視，享大名於當世者，莫大乎文章。搦三寸之管，擢徑心之靈，風月任其嘯歌，赤緑供其點綴。至于名山之不能藏，車箱之不能積，富無如文；組霞錦于紙上，璨珠璣于簡端，麗無如文；媚生筆頭之花，光驚夜泣之鬼，奇巧無如文。及其豪興静闌，思波寂寞。錯圖日星，歸潛于天象；刻畫河洛，歸潛于地靈；抽鏤肝腎，歸潛于人性。尋嚮之所爲，焜煜而享大名者，竟何有哉？

　　諧家業《易》，羲《易》首《乾》，乾天也，姬公繫爻以龍象之，而首釋之曰潛。夫潛之爲義，不易乎世，不成乎名。蓋有確乎其不可拔者，而不欲用窮偕極，示人以端也。先大夫生平問學，得潛之義居多。淡泊寧静之致，閲終身如一日。發其光，斂其采，與與乎似觚之堅，粥粥乎如嬰之孩，奚取夫叙、賦諸體，强而聱悦之以文哉？

　　雖然，潛鱗於泥，蟠而升騰於蒼昊，奇怪不可方物者，信惟龍矣。然圖其形者，雲霧之間，恍惚見頭角崢嶸之象，則古今猶知有龍，安在翰墨之爲幻也？先大夫已矣，搜遺言於千百，裒集之而成編，凡其忠藎訐謨，朴心古質，根衷抒瀉，具在疏、揭、吟詠中。當世猶知有先大夫者，知其深潛自晦，不欲輕褻于用，品地大都若此，文心亦大都若此。

　　諧兄弟落寞無似，不能貌吾先大夫也。憶庚午仙化，夢一道人贈言曰："士君子有仁禮愛敬之施，而常善存其心；大丈夫有裁成匡濟之術，而自不失其德。"噫嘻！詞簡而意雋，幾幾乎其了先大夫生平問學矣。

　　次男尚諧謹跋。

跋

　　夫士博綜事類，幽探理奧，矻矻焉以至於頭白汗青，乃其所出以示人者，獨此筆舌不朽之靈中有所得，著之詠歌，書之簡牘，而其人之性情心術，亦往往於是乎見。立意慘刻者，必有申、韓刑名之文；寄迹物外者，必有老、莊虛無之説；存心忠愛者，必有激烈真摯之詞。令伯之《陳情》，孔明之《出師》，彼其初豈欲以文重哉？而性之所鍾，發而爲言，使後人讀之，不覺賞歎交集，血誠爲動視。夫賦《上林》而汗顔於竊貲，草《太玄》而愧志於美新者，奚啻徑庭也？

　　且夫文固不容以意爲也。古人無意於文，而奇章怪字，半出於三代之書。今人無不以文自命，而風雲月露之篇，竟不越古人糟粕之餘，是何古今之不相侔乎？則名心太盛，而氣不充，學力之不至也。老子曰："名可名，非常名。"若採春華而忘秋實，雖有刻鵠之才，雕龍之辨，要不過英雄欺人語而已，於天地間之至文何與焉？

　　先大父賦性樸拙，子墨之外，無他嗜好。蓋自諸生時，而於傳記詞賦雜體，已略嘗一臠矣。釋褐而後，兩就青氊，其時無簿書叢雜之擾，亦無五斗腰折之煩，一觴一詠，或叙或歌，是以仕宦二十餘載，而著作之多，半集於此。迨至遂初而歸，輕舟載石，滿袖清風，益不問人世得失事。惟是獨坐小窗，琴書自娛，浮白引滿之餘，時誦古詩數章，隨有題吟，輒作輒棄，其存者十無之二三，蓋無意於爲文，先大父素志也。

　　雖然，文之所以重者，才深而識沉，學高而氣靜，若大海之吞吐百川，不見其涯涘焉，斯足述耳。故方其韜光斂采，退然不勝，如田畯野叟之胸，一無所表見。比其持一陶泓，步入萬鵲袍塲中，淵、雲之所不能賦，嚴、樂之所不能稱，而經其手，遂至與天地同壽者，區區辭華，又何足道哉？

先大父唯不欲以文自鳴，是以茲之所集，非得之斷簡之餘，則搜之廢簏之中，輯而成篇，要無以盡充蠹魚，使後之孫仍，猶得見厥祖精神所寄而已。若曰是可以炫煜當世也，豈先大父遺意哉？

孫昌纘跋。

重刻樗全集後序

　　《樗全集》者,太高祖伯慕蓼先生所手著也。集刻於明季,當時宇内盛傳其書,貴重寶惜,不啻如藏拱璧。兵燹以後,鐫板散失,迄今百餘年,刻本遂少流布,承學之士,仰慕先生遺風者,咸以不得緒言爲恨。夫訂殘補缺,用備採擇,雖世代曠隔,譜牒異氏,猶思開雕梨棗,以垂不朽,況誼屬本宗,其所著作,固嘗懸之國門,傳諸通邑大都,而百年電激,遂使先世遺編,鬱湮不彰,其咎安在耶?

　　爰因家藏舊本,重加校讎,正其魯魚,付諸剞劂,併增入先生本傳、誌銘,弁諸全集,庶幾披覽者,可以彷彿其生平。若乃論著之根極理奥,抒寫心苗,前刻叙、跋固已詳哉其言,小子末學,何敢多贅?噫!文章顯晦有時,惟有德者之立言,爲能不隨運會以澌滅。

　　夫先生以理學祀學宫,直接虛齋、紫峰數先生滴(嫡)派,今其緒言具在,晦而復顯,由此而盛傳宇内,俾承學之士,得宗仰自淑,則其相貴重寶惜,又當何如也?豈獨爲一家之文獻私幸哉?

　　乾隆己卯年季秋朔旦,六世從孫宗敏謹誌。

附　錄

省志人物傳

　　王畿，晉江人。萬曆甲午鄉薦第一，戊戌進士。歷浙江督學，遷左布政。值邊警作，兵餉繹騷，重以尚方機杼之需，畿措處上下，咸無困焉。及掛冠歸，惟以著述爲事。初視浙學時，拔施邦曜第一。邦曜貧不能婚，畿爲備聘，拜雁於官署。是秋，邦曜遂登第。以甲申殉節，爲一代完人，朝野服其藻鑑。

通奉大夫、浙江布政使司左布政使　　慕蓼王公墓誌銘

　　神宗朝，先按察守東甌慕蓼王公，以邊儲望郎，出守杭州，甌支郡也，公年又差長，作兄弟，方來文移教牘，心政交質焉。尋先君轉江右臬，徙左廣，歸侍養。公進督浙學政，遷江右參知憲長，再遷浙左使。予告，先之以寮友，申之以婚姻。出處師虞，爰有同心。於是余元兄之女，字公文孫。迨璟通籍詞林，奉嚴諱，公復推世誼，辟吚詔之。不慧心唯朝野達尊，匪亶父行，姻翁相引重已也。比以天年大歸，玄宮之石，公子不它委，委璟，璟何敢謝不斐？雖然，公之自叙行略，謙而核，足徵信史，謹參以公車所見聞，月旦所評述，潤次之，其可乎？
　　始公太夫人朱臨蓐，太公履至閫，拾一寶錘，鑄官字，若神授。然少長即露頭角，異凡兒。太公媼卜其兀王宗也，顧課督加嚴。甫就外傅，櫛沐蔬糵，任自勞弗恤。值倭寇内訌，太公父繫于賊，挺身請代，公亦幾中賊鋒。兵燹間關，田廬甌脱，痛怙恃之遞亡，竭蹶以事祖父母。農賈工藝，迭彊力自勵，則寓口於筆

畊,資侪脡佐菽水。至襄大事,存者忘亡。而間發父書讀之,下帷靡晝夜,離經構文,揣摩多獨據。薦紳有識者,交以第一人見屬。會公從子萬舉于鄉,公彌奮。學使趙、王、耿、徐諸公,先後拔置前茅食餼,人人祭酒王先生矣。

甲午,果以羲經領閩解,錄其文。戊戌,禮部高等成進士,謁選餘干令,疏不赴,乃改授秦稽。坐皋講《易》,戶外立雪,屨相踵也。滇聘公試官,公不以遠辭,尚意較閱,錄文半出其手。旋檄攝上虞令,辭弗克,則齋芹稍,止束曹,一以風教導民以不爭。新令至,公解事歸,士民遮馬首贈別,咸願得而尸祝之,而國博之命下矣。六館都人士,講德問業,倍於秦稽時。轉計部郎,督太倉。或曰:"司庾俗吏也,毋乃埋糜鬢區釜間,公平出納,刬侵牟。異時襲取寬大,即賢者,借以贈遺所歡,鼠雀因之逾壯。"公曰:"朝廷軍國之務,俗乎哉?"滿代,籍羨米十萬斛,版蓆帚斗稱是。大司農趙南渚掌銓,得所未曾,大奇之,將薦調。公亟辭曰:"此自公家之有,某奉職循理而已。假以此博美秩,如前後政何?"其謙厚不伐如此。

丙午大比,典蜀試,所識拔多名士,錄文尤傳以爲鵠。計曹之差,邊儲特劇,未出都門,已有權貴勾中鹽如干引,名號書商,商不納粟于邊,而冒引于塲,不可問久矣。公甫至上谷,即疏言其弊,按粟派引,釐清宿蠹無遺。未幾,麾浙杭守。公起家于浙,習會城利病,智刃所游,恢乎騞奏。顧始至洪潦作沴,飢民熾閉糴者之室,鬨焉撫軍之門,噤未能制。公談笑而揮之,市肆貿易如恒,已下令賑恤。躬行塍畮間,勸課田作,濬南湖湮塞數十處,以滋溉灌,民咸稱便。臺使者具奏,太上詔賜守臣金勞之。他如訊傅、楊獄、歸島夷俘,釋陳祖皋抵死漁舟數十命之誣,先後全活甚衆。涖郡三載,僅飲武林勺水。每軒車所至,歡呼老佛聲滿道周。計吏者以是爲天下治行第一,用異等錫宴光祿勳。會浙學使缺,上命督視。時士子賓興期逼,公按部,只簡一二謹厚胥史自隨,躬操不律,較甲乙,夜焚膏繼之,徹首尾批閱,無分毫掛漏。纔半載,十一郡科額錄遺,三試殿最,如正考法。然公執法不以尺寸假人,故士無謗怨。至于今《棫樸》之化,歌思弗諼也。

甲寅,擢參知江右,進觀察。積五載,皆董漕儲,公仍太倉邊計推而振之,灼彫刓,汰太甚,弊蝟以次如埽,軍民支兌僉受其利。故江漕之通,視諸省獨少,完視諸省獨先,而鞅掌江淮河黃之久,獨賢勞。迨遷山西右伯,而後弛於擔也,而浙復思得公,未之晉,道拜左伯,轄首藩。遼事孔棘,水陸調募,輪蹄接餉,其繹騷什百。曩時重以織造之役,杼軸金錢,動至百二十餘萬,都亡額徵,涸髓慫懼,奉嚴旨責藩臣,設處完解。公精彊於職,上急公,下字民,雖負霜雪而煦陽春,供億未嘗乏。顧廉飭自持,安所得長安貴人歡? 會廷推太常寺卿,未下而有假遼餉縮額見詆矣,雖文致,雅無所指,終不能以索瘢譏公。公歎曰:"吾十一政致此,年及矣。"力以病告。軍吏士民連上記三臺,爲兩淛借王使君。三臺敦留,疏覆,上准暫回籍調理,痊可奏薦起用,仍給覃恩三世,稱異數云。

公歸,蹟譽益,白地方人材,輒推轂,而公閉門讀書,課子孫,行其政於家,淡如也。大抵公生平修身潔己,砥節首公。所至省縣官之費,不下數十千,率封識貯公帑,終不以此屑屑自鳴。倘所謂清畏人知者,非歟? 至若敦厚睦族,德讓與人,家風媲乎柳氏,名行茂于幼安。孺慕終其身,不純采,不陳宴樂。孌童卯女,弗登許老之牀;鼎鼐樓臺,罕覯寇公之第。服官未嘗致管記,咨算掾。詩文箋檄,口占洋洋,蘊藉贍達。家居僅梓里氛侵,蒿忄旦不寧,爲當道門,故一紓籌而竟愛其鼎也,望之如泉山海。若其德性足以昭馨香,問學足以翼今嬴,其風猷足以肩鉅經遠,而沉幾遵晦足以鎮浮匡靡。

所著《樗全集》、《四書[解]》、《易經解》,門人施太卿序而梓行之。當事者采輿言,特祀于瞽宗,擬陳、蘇先生,江浙亦舉名宦,洵一代賢大夫君子哉!

王之得姓,郡諸望族,公譜以宋青陽遷龍塘曰均疇者爲鼻祖,數傳從仕郎至忱齋,皆孝弟力田。生公大父述齋、父愛塘,並以公貴,贈通奉大夫、左布政使,如公官。大母林氏,母孝貞朱氏,並贈至夫人。

公諱畿,字翼邑,慕蓼其號。生嘉靖己酉十月十三日,卒崇禎庚午八月十二日。封夫人紀,與公齊年媲德。算方期頤,爲家世女宗。子二:長尚諏,府庠生,娶府庠生陳希敏女;次尚諧,府庠生,娶平樂知府林公奇材姪、太學生宸燿女。女二:一適庠生洪挺龍,一適贈都司僉書劉弘仰男、庠生廷執。孫男四,自尚諏出者：昌緟，府庠生，娶南京太常寺少卿李公開藻子、貢生曾震女；昌紈，府庠生，聘光祿寺卿李公叔元子、庠生正樞女；昌綖，聘湖廣副使陳公鳴華子雅州知州炳奎子、庠生豐翰女。自尚諧出者：昌纘，府庠生，娶予兄浙江金華府通判德瓚女，璟姪，晉階中大夫、九觀府君，所與公定婚者也。女孫三：一適户部侍郎恭定郭公惟賢子户部主事夢詹子、庠生祚晨，尚諏出；一適豐縣知縣陳公鳴瑜子、庠生煒奎；一適户部主事李公廷森子庠生曰嫣子、庠生騰芳，尚諧出。曾孫男三：昱增，昌緟出；昴增、暶增，昌纘出，俱未聘。曾孫女五：二昌緟出，未許；三昌纘出，一許江西按察使陳公瑛孫、庠生心傳子希稷，一許湖廣左布政洪公有復曾孫、廩膳生化龍子調基，一未許。餘繩繩未艾。墓在南鄉京山之原，負乙揖辛。介郡城三十里，介龍塘十里。葬以崇禎戊寅年十二月二十六日丑時。公所自卜，惟墨食吉兆也。銘曰：

公生之後茹世荼，百爲歷試開羈孤，弱卯手口拮呷吾。而立待叩抗顏師，彊仕冠冕八閩書，射策仕學雙優歟。服官所至冰蘖譽，士庶仰鏡皈範模，營官體國奏公膚。江越積勣肩長圖，引年難老賦懸車，位靳九卿上大夫。壽鄰九袠八十餘，鄉式耆龜家璠璵，鬱鬱京山仙佛閭。史銘無愧有道碑，垂裕後昆不朽玆。

蔣德璟撰文。

四庫全書總目提要

樗全集七卷附錄一卷_{福建巡撫采進本}

明王畿撰。畿字翼邑，號慕蓼，晉江人。萬曆戊戌進士，官至浙江布政使。與講學之王畿同名，非一人也。是集詩文共七卷。末附《家譜》、《勸戒》二十則，爲一卷。畿立身居官，矯矯自勵，故所爲詩文，皆質樸類其爲人。卷首序爲施邦所作。畿視學浙江時拔邦曜第一，邦曜貧不能婚，畿爲備聘，拜雁於官署。邦即於是秋登第，後殉節爲完人。其識鑒爲世所推服云。

校 點 後 記

《樗全集》八卷,明晉江王畿著。

王畿(一五四九——一六三〇),字翼邑,號慕蓼,福建晉江人。十歲就外傅,飲食起居,親歷親爲,不以爲苦。時值倭寇猖獗,其父被劫持,王畿挺身請代而不得。未幾,其父母相繼離世,敬養祖父母,"倚依荒郊,備嘗困苦"(《閩中理學淵源考》卷七十七《萬曆以後諸先生學派·藩伯王慕蓼先生畿》)。塾有讀書聲,王畿嘗在牆外偷聽。又間發其父遺書和家藏古人書,苦讀不分晝夜。

萬曆二十二年(一五九四),以《易經》奪得解元。二十六年成進士,授紹興教授。二十八年,充雲南鄉試官,所取中之人"多是英英國器"(《樗全集》卷七《尺牘·與滇南王門人》)。遷國子監博士,轉户部主事。三十四年,典試四川。陞授杭州知府,治行第一。其後累官江西參政、江西觀察、山西右布政使、浙江左布政使。

年老引疾南歸,用功研治《易》學,並以《易》學作爲家學,學者以爲得蔡清、陳琛之嫡傳。

崇禎三年(一六三〇)卒,年八十二歲。江浙祀於名宦祠,泉州爲其建專祠於學宮。著有《四書解》、《易經解》、《樗全集》等,身後由其門人施邦曜、六世孫王宗敏梓行於世,惜前兩種已佚。

《樗全集》,又稱《慕蓼王先生樗全集》,卷首有郭賡武、施邦曜、趙珽禹、吕圖南、張燮、王觀光等所撰序文六篇,另附有輯自志乘的王畿傳和蔣德璟所撰墓誌銘二篇。正文共八卷,其中卷一奏疏四篇、揭八篇、議四篇、壽文五篇、序十七篇,卷二序五篇、跋四篇、引一篇、記三篇、論二篇、表四篇、策六篇、學政一篇,卷三解辨二篇、誌銘七篇、行略三篇、祭文四十四篇,卷四五言古詩一首、五言排律二首、五言律三首、五言絶句四首、七言古詩一首、七言排律一首、七律十七首、七言絶句十首、賦二篇、歌二篇、吟一篇、行一篇、傳三篇、贊五篇、婚啓二十二篇、啓四十一篇，卷五啓一百零四篇，卷六啓十篇、尺牘一百三十六篇，卷七尺牘一百篇，卷八家譜勸誡一篇。書後有其子王尚諏、王尚諧、孫王昌纘三人所撰跋文三篇，以及其六世從孫王宗敏所作《後序》一篇。

王畿沉酣諸氏，貫穿百家，文壇上雄壓宇内。論學以洛閩爲派，近世獨服膺薛文清、蔡文莊，而於王陽明，衷其曠；論文以韓、歐爲的，近世獨服膺唐應德、王道思，而於王元美，衷其材。

《樗全集》前後曾兩次刊行。王畿去世後，其子王尚諏、王尚諧及孫王昌纘等蒐集遺文，編爲《樗全集》，校訂刊行，即爲明刊本。"當時宇内盛傳其書，貴重寶惜，不啻如藏拱璧"（《樗全集》卷後《重刻樗全集後序》）。後遭戰亂，書板散失，刻本罕存。乾隆二十四年（一七五九），王宗敏據家藏舊本重新校讎，訂殘補缺，並增加了王畿傳、蔣德璟所撰墓誌銘（此兩篇被置於卷首）及《重刻樗全集後序》三篇，即爲清王宗敏刊本（以下簡稱"王氏刻本"）。明刊本藏於日本東京尊經閣文庫，王氏刊本藏於中國國家圖書館、清華大學圖書館、普林斯頓大學東亞圖書館等。清華大學圖書館所藏王氏刊本，後被收錄於《四庫全書存目叢書》集部第一百七十八册。此次點校以《四庫全書存目叢書》影印王氏刻本爲底本，書中生僻的異體字、訛字、印刷體等，遵照《泉州文庫》叢書體例改爲規範的繁體字，同時將原位於卷首的王畿傳和蔣德璟所撰墓誌銘移於書後作爲附錄，並輯入《四庫全書總目提要》一篇。

編　者

二〇一九年元月

圖書在版編目(CIP)數據

龍谿全集/(明)王畿著;閻海文點校. —北京:商務印書館,2019
(泉州文庫)
ISBN 978-7-100-17435-0

Ⅰ.①龍… Ⅱ.①王… ②閻… Ⅲ.①王畿(1498-1583)—文集
Ⅳ.①B248.25-53

中國版本圖書館 CIP 數據核字(2019)第 082646 號

權利保留,侵權必究。

責任編輯　陳明曉

特約審讀　李夢生

龍谿全集

(明)王　畿　著

商務印書館出版
(北京王府井大街36號　郵政編碼100710)
商務印書館發行
山東鴻君傑文化發展有限公司印刷
ISBN 978-7-100-17435-0

2019年6月第1版　　　　開本705×960　1/16
2019年6月第1次印刷　　印張21.75　插頁2
定價:92.00元